U0947267

沽文化詮真

尹树鹏 著

問津文庫
天津记忆第二十种
主编 王振良

天津出版传媒集团

图书在版编目(CIP)数据

沽文化诠真 / 尹树鹏著. -- 天津 : 天津古籍出版社, 2016.7

(天津记忆 / 王振良主编)

ISBN 978-7-5528-0416-4

Ⅰ. ①沽… Ⅱ. ①尹… Ⅲ. ①文化史—天津市 Ⅳ. ①K292.1

中国版本图书馆 CIP 数据核字(2016)第 146792 号

沽文化诠真

尹树鹏 著

出版人 / 张玮

*

天津古籍出版社出版

(天津市西康路 35 号　邮政编码:300051)

http:// www.tjabc.net

今晚报社印刷厂印刷

全国新华书店发行

开本 880×1230 毫米　1/32　印张 15.375　字数 340 千字

2016 年 7 月第 1 版　2016 年 7 月第 1 次印刷

ISBN 978-7-5528-0416-4

定　价:48.00 元

序言：倾心拥抱津沽大地

张春生

大概是年前吧，尹树鹏先生借开会之机，嘱我为他将要出版的文集作序。我感激他那殷殷的信任，更珍惜曾经的合作所浸润的理解与共识！

说起我和树鹏先生谋面交谈，只有数个春秋，之前没有太多接触。可是，他的名字和学术见解我却早就知晓，有些论述已深入脑海。例如，尹先生对津沽水系与城市关系的研究，视角独到又颇有深度，也拓展了我在内的津门学人对乡土文化的认知。五年前，天津文史研究馆承担《中国地域文化通览·天津卷》的编写，组织部分专家学者集体攻关，当进一步梳理津城演变历程厘清文脉要义的时候，树鹏先生受邀参加。我忝为该书的召集人和统稿人，这时和他有了较为密切的接触，更多的是电话和电子信箱的交流。于是，除了共同为《天津卷》辛勤努力外，我俩也相互传递了对天津文化的看法，尹先生治学的身影便在我心中越加清晰起来。

今天，当我仔细阅读他的书稿，那朴素的叙述和求实的考证，显示了树鹏先生在地域文化研究上的努力。他原本读的生物学专业,工作后长期从事天津水文地理和地方经济史研究,并怀揣记录本迈开双腿上寻下访,走遍津门大街小巷、老村古寨、短溪长河、沽地埜岗,在遍查资料斟酌推敲之后,学识的嫁接使他开启了学科跨界之旅,对沽水流霞的天津有了深层的认知,写出了思维别具的《天津的亲水文化》《杨柳青年画中的生态美》等“水与天津”的文章。

于是,对地域文化的探求他有了“另一只眼”:看天津地名,揭示其特点具有“水文性、指向性、祈水性”三大特征;看津城文化,强调其历史的节点、发展阶段和个性步履之间不可偏废,主张“要去解析那时候的政治、社会、历史、生态条件”。尹先生据此研究清末民初的天津教育,深刻而鲜明指出:第二次鸦片战争后,津城的开埠为新式教育落户天津提供了先天条件,其中军工学校在洋务运动中先行驻足、兴办新式教育在维新变法中形成社会共识、天津新式教育在北洋新政中位居之首等等,使海河两岸的近代教育不仅走在全国前列、推促了各省对觉醒才俊的培养,也为当时的“强国梦”搭建了历史的温床。继而,他总结了天津这一时期教育的贡献:“率先提出了普通教育的概念、样板校的建设走在中国的前列、教育行政机构的建设为国家教育制度的建设提供了最早的参照系、最早为中国教育现代化培养了一大批优秀人才、丰富多彩的社会教育领先于全国、为教育立法、入宪呼吁最早的城市。”从中足以领略树鹏先生的见地。

他的研究,尤其关注文化空间、地理空间与生态空间之间的互动和对津沽大地的影响,获得了大家的认同。在《中国地域文化通览·天津卷》编写过程中,他写了“绪论”的部分章节,重点就是津城的水文地理铸就了独特的文化肌理。他指出,天津曾是一个沽地水网遍布的城市,对天津市发展作用很大,甚或是天津人文的处女地。而近代新兴的经济体尤其铁路、道桥、商厦、工厂、学校的出现与闸口、庄落、洼地、衢巷的变迁,造就了天津如今城市建设的基石和格局走向。包括天津人的性格、习惯,都和此密切相关。这就清晰叙述了天津城市的衣食住行,老城厢、河北新区和租借地组成的城市结构,近代百年崛起和军事、经济、教育、文化的辉煌以及别样的政治舞台的形成,都和津沽大地的空间变化相对应。可见,尹先生对津沽文化的论述是从宏观出发经深入诠释而走向启迪读者的。

树鹏先生主张,地方史研究应彰显文人的良知。作为一个负责任的文化人,“应该关注民生、关注我们城市的命运。不能把一些很粗俗的表象,当作趣味去把玩。只有生产文化占据主流,消费文化作为附属品,这个城市才健康”。依此,他对待文化包括地域文化,甚或小到老街水铺,都十分注重在挖掘分析中“把人文中的善良提取出来”,以“唤起人们对文化的敬仰、对生态的关注,唤起人们要接近自然,回归敬畏自然、敬畏社会、敬畏科学的精神。”尹先生这些观点既有远见又接地气,适合大众由此及彼地了解天津文化的需求。

写到这里,我不由得跳出一个想法。学界不知从何时起对文化研究的某部分人,称其为“草根”学者。那意思是说,学研足迹不那么循规蹈矩且埋头民间的,与院所出身的有所不同。其实,文化研究注重的是学力,至于来自哪里并不要紧。我主张,学术要海纳百川,而天津发展本身就是九河归一,文化研究与宣讲只要有益于大势,何论门里门外,走进去就是一家人。

树鹏先生这本名为《沽文化诠真》的文集,由“水韵新说”“故里风情”“旧事钩沉”“实业谈往”“乡贤琐记”“津史综观”六部分组成，以求真、求深的视野探讨天津文化的底里。字里行间含蕴着他的浓浓乡情和对津城的尊重与礼赞。他发自内心，驾舟学海，诉诸笔端，不论长文短论、不论纪事写人、不论分析商榷，都能亲切细致地道来。读他书中的文章，会在进一步了解津城文化的同时，了解了一位倾心拥抱津沽大地的学者。尽管他身躯较瘦，年已七旬，但他口述笔谈的是天津这部大书中的一页——有着韵味的一页。

是为序。

2015年秋于苦乐斋

导论:沽文化是天津历史的空间视角

尹树鹏

作为北方畿辅重镇的天津,设卫建城不到千年,但从空间视角上溯它的历史,天津地区的历史空间和华北平原一样古老。和华北平原退海成陆,最后形成海河水系直接关联。历史文献记载可做信史,考古、野外调查、科学分析、数理统计更使人信服。地名是地域空间文化的第一要素,"沽" 作为天津地区最早的地名其虽然有多种解释,但不外两种:一个是地、一个是水。它是最有资格代表天津历史和文化空间的载体。从空间角度研究天津历史的两位学者:一位是鲍觉民先生; 他从天津城周边地形的高程来论证三岔河口一带最适合人类活动。另一位是原河北省水利厅厅长老水利专家徐正先生;他对海河水系进行了毕生的考察、研究和实践。他对所有叫"沽"的地形进行了仔细的观察,提出了"沽"都处在三面环水,一方开放的近水高地。我的专业在这两种理论的启发下, 使我认识到:空间自然条件形成的地理景观就是此地文化景观的基础。并加深了我对人类文明的生态史观的认识。冷凉湿润条件下的植被最让人宁静，这使我深刻的理解了天津古诗词中为什么都集中在秋水闲静的意境中。日本国立民族学博物馆馆长梅棹忠夫在1965年完成了《文明的生态史观》论文集，他提出了生态条件对文明史进程的重要作用，用生态学的观点解释世界两大地区文明发展走上不同道路的历史原因。更印证了我这些想法的合理性。这促使我在考虑天津的历史和文化时愿意从宏观来鸟瞰，用空间来找原因。天津市的原始驻民点都是沿河分布在大大小小的沽地上。所以东沽、西沽、丁字沽、葛沽，它们都早于天津卫，以致有了天津七十二沽的说法。从属天津的宁河、静海、武清、独流等大地名，都表现出亲水、敬水、治水的思想期盼。天津的地名能精确地表达出多水环境里的不同地形。如：垈、圈、滩、汀、口、嘴。沽水一体的环境决定了天津城的选址和未来城市发展的布局。最早的直沽寨应在三岔河口一带，此地地势较高，并有河湾环抱。金家窑高地河套的西部设卫建城，体现了古人的智慧。这一地区也是以后河北地区形成的原点；西沽是以后红桥地区形成的原点；大直沽（小刘庄）是以后河东、河西两个地区形成的原点。有学者提出西庙早于东庙，极为合理。我认为大、小直沽是直沽整个区域的分化，不是大在先，小在后，而是水域宽窄而言。天津人的衣食住行都和丰水的环境直接相连，晴天走路，雨天走埝，渡口渡船密布。仅以紫蟹（三疣梭子蟹）作为天津人爱吃的海鲜代表而言，因其在济州岛和渤海湾周边海底越冬，开春在河口觅食，春末和秋末籽满黄肥，堪称极品。对海鲜的独享，吃法之别致，无地可与天津堪比。

天津的白菜萝卜因秋末的冷凉气候而壮芯和增甜是北方蔬菜品种的优秀代表。因众多洼淀水面明镜般的分布在天津平原各处，又形成了候鸟迁徙的必经之路。天津人吃野禽也成为一大特色，雁户们的粗犷与使枪技能使天津民间武装形成了自己的传统。九河下梢形成的易于水患又让天津人形成了乐善好施的义举思维。没有北方的缺水、贫瘠与干旱;没有南方的湿热、酷暑与过密人口,使环境易于生存。天津人乐观、豁达,天津民间文化最大的特点是喜兴。天津的士子文化都有一种立在北方,欣赏江南的亲水情怀,而特别热爱天津的秋水。天津在城市化过程中始终是工业社会与农耕社会交叉并行。农业离不开灌溉,水运是廉价的运输途径。天津最早的面粉、纺织、印染、制革以及而后的发电进而形成的工业区无一不沿河分布。铁路的兴起首先想到的是水陆联运,所以铁路走向大都平行在河的外围。当初极为合理,在现代严重影响了铁路以外地区的发展。但被铁路包围的一些区域又形成了大大小小的江湖世界。如北开、小王庄、河东地道外等,都是天津市著名的底层文化带。丰水的环境是天津的轻工业在北方城市中发展最为迅速的基础。直到20世纪80年代,天津的农业用地仍占土地资源的大部分。其一个重要的原因就是工业起步都在沿河区域。最早的怡和斗店在南运河畔;天津最大的面粉企业——寿丰面粉公司,在海河马家口附近;庆丰公司在新开河畔;佳瑞公司在北运河畔;福星面粉公司在南运河畔;津浦大厂在津浦和京山铁路之间的三角地带。河西工业带完全是沿海河南下。日本占领时期建立的小王庄工业片完全依靠新开河排水取水。河北区的制革、印染、纺织无一不沿河分布,靠近海河和金钟河是比国电灯房选址的依据。所以天津市的工业也是亲水地形的工业。天津的生态条件是京津冀一体化的先天资源,扇形的海河水系把它们连成一个系统。人流、物流、信息流沿水路汇集到天津,再加陆路,天津成了"三北"经济带的终点,再由天津走向国际。验证了雍正时期天津四个城门名称的寓意:带卫归海。天津的世俗文化、文人文化都很发达。其世俗文化的风格比“东北风”的浅俗乐观要深厚，比“西北风”的苍凉要快乐，比江南的吴侬软语要爽朗。天津人嗓子好，爱唱爱乐，都决定于丰水的生存条件容易获得。这也是天津成为曲艺之乡、戏曲之都的重要原因。天津的士子文化缺乏相对的独立性，仰视北京的官态，又羡慕海派的恣意与创新，造成了文化流动的速度大于积淀的速度；再加上受欧化的影响使天津文化有极强的开放性与包容性。天津的教育在清末民初无论是规模和质量，还是制度创新、制度建设都走在了中国的前列。行政区划对天津来说有时是福音，有时也是灾难。大工业城市需要很大的自然资源，所以天津市总是处在一种渴望多种自然资源被扩入的区划争取过程中。这也是从空间研究天津历史文化的一个重要原因。中央最近再次提出京津冀协同发展的一体化设想，正是说明了行政区划便于管理但并不全利于经济和文化的发展。

历史学被学术界定义为高于其他社会科学的人文科学。因其有为人类探寻古往今来的魅力，工业革命前的西方历史学沿袭着从时间序列上研究历史，拘囿于叙述以往的各种事件而忽略了这些事情与社会经济、文化等因素的联系。从19世纪下半叶西方新史学派改变了历史学研究的视角。开始把空间作为研究历史的新视角。中国史学自古就受天人合一的理念影响，始终把时间和空间作为一体，《禹贡》一书就是例证。各时期的经典史籍中都有专门地理志部分。继承这一优秀传统，从空间视角来创新城市史研究，能解释过去是什么，还能解释为什么是这样，能更深刻地了解我们的家乡和谋篇布局地发展天津。

目录

水韵新说

故里风情

旧事钩沉

实业谈往

乡贤琐记

津史综观

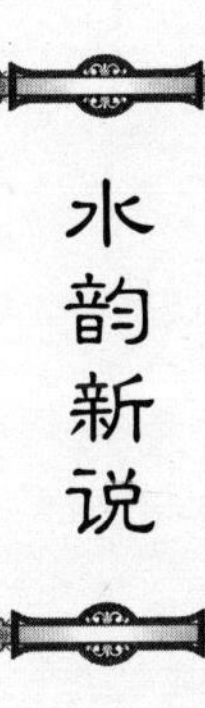
水韵新说

天津的亲水文化

地名文化是人类文化的基础部分。人类认知生存环境的第一表现往往是对属地的表述，因此很多地名都带有地域特征，如:蘇（“苏”的繁体）州的“蘇”就由艹、鱼、禾组成,天津的“津”也有渡口的含义。“沽”最常见于天津的地名,弄清沽的含义和内容就找出了天津文化的源头。

亲水地名源于生存环境

古老的扇形海河水系,冲刷出了一块海河平原,它的地理组成特别简单,仅有平地和水面。在这种地理环境下,低平的地势使流水不畅,让大小河道都呈现出羊肠般的弯曲。海河平原上,还镶嵌着众多大小的淀洼和蜿蜒的河道,它们连成一个能自然贮水、泄水的水文环境。

沽被认为是河道演变过程中形成的有开口的环水高地，不论枯水期和丰水期都可住人。古人经过长期观察,发现这些年代久远的水边沽地非常适合生存和居住,于是欣然前往。这就是天津先民逐水而居,以利运输取水、捕鱼行舟,同时近水而不被水淹,居而择高的大智慧。各种文献和古地图皆表明天津先民的古聚落基本都沿河分布。

天津的沽十分多,于是就有了“七十二沽”之说。我们试想,每当登临鼓楼的高处,看到大小河湾处错落有序的村落里冒出了清晨的袅袅炊烟、大小舟楫的片帆在水面往返浮动,正是天津鼓楼上“七十二沽往来帆影,一百八杵早晚钟声”一副楹联的真实写照。

几个曾经著名的大型沽更是天津的地理标记。在元代大直沽已成为天津最初的城市管理基地。小直沽最初的名字是直沽寨,为金代的军事要地。当时这一带水势很大,是三水交汇之处,又称三岔河口,现在的金家窑一带就是其遗存。

有趣的是这些沽从未有过水患,又都是各个周边区城发展的起点。大直沽是天津现河西、河东地区发展的起点,小直沽和东沽(现窑洼地区)是现河北区发展的起点,而西沽则是现红桥区一带发展的起点。这些地方都是最早形成人口聚集的村落,最早建庙最先形成社会和文化繁荣的风水宝地。

沽上优美景观催生了早期亲水风格的风物诗篇。如清代诗人对西沽之美写到:“一路通春水,春风漾绿波。过桥人影乱,夹岸橹声多。客子匆匆去,渔家缓缓歌。垆头新酒熟,未暇醉颜酡。”这类诗篇非常多,直接表达了天津先民观水、用水、治水、敬水的亲水情感。

地理位置影响饮食文化

饮食文化是一个地区繁荣发达的基础和最明显的标记。天津的饮食文化尤为发达,以致有了“住在北京,吃在天津”的说法。

渤海湾弯曲的海岸线上有海河等大小河口，这种咸淡水混合处的饵料及有机物非常丰富,是大小黄鱼、多种河豚洄游聚集地,也是对虾、梭子蟹、中华绒螯蟹和贝类最理想的交尾、产卵、越冬的场所。而密如蛛网的淡水河道和众多淀洼水面是淡水鱼蟹幼体成长和育肥的好场所。此外,便利的水路运输为杂粮、蛋品、肉类的输入提供了条件。

天津人习惯抓住时机大饱口福，最有代表性的是吃海鲜。据《天津卫志》记载:“津门蟹,肥美甲天下……”每年农历三月半,人们开始大吃海蟹。这时的海蟹满子满黄,此时蟹壳背面边缘和大螯的背面呈紫色,而腹背结合处能透出体内的蟹籽也呈微紫色。天津人都称其为紫蟹。足见此时的海蟹是何等的肥美和鲜亮好看。蒸熟后食之,蟹肉的鲜美中还略带甜头。于是,大量的诗文对此时的海鲜进行了描述。“巨罗网得正春三,煮好腾香酒半酣。巨细况盈三十种,已教鱼味胜江南。”“津门三月便持螯,海蟹登盘兴尽豪。转瞬又看秋稻熟,重阳时节好题糕。”此时,各大饭庄的时令海鲜异常火爆,馋得人天天客满。天津人吃蟹到了极致的程度,专门将雌蟹腹中大块的蟹子取出，再和以精猪肉和嫩韭菜做出上乘的饺子和包子,其味美可想而之,也说明了大海蟹是如何的便宜。秋天是河蟹最肥美的季节,中秋节前后为最。此时吃河蟹又是天津人一道食趣风景线。为吃河蟹,天津大户人家专门备有精致的小锤、小铲、小刀、小叉、小挠……杨柳青年画还专门出版了“美女吃螃蟹”的木刻年画。

农村较为贫苦的人家吃不起海蟹，便用小网在河汉芦荡中捕些鲫鱼、鲢子、麦穗等小杂鱼。回家后去掉鳞鳃,用点儿油煎煎,放上酱油、醋等佐料在大铁锅中一炖,炖时多放些汤汁,或者煨上点萝卜丝和白菜丝,四周再贴一圈玉米饼子,用柴禾火慢慢炖,到时饼子熟了,鱼也熟了,又省时又可口。这就是不富有家庭的饭食,但现在看来,这种吃法营养全面,合乎科学。就是这些河、海里的鱼虾蟹让天津人吃的好,吃的便宜,不缺钙不缺碘,胖子多。

明成祖迁都北京后,天津的物流、人流、信息流迅速剧增,使天津饭菜必须满足多种消费者的口味需求并受到竞争的选择与淘汰,餐饮娱乐业开始迅速繁荣起来。因此,天津饮食不仅种类多、口味全而且档次不一。大饭庄承载着天津市的上中层饮食文化,小饭铺、杂碎铺、蒸食店、小吃店承载着市井饮食文化。这些都与天津物产极大丰富,以及便利的地理位置有关。

水陆开放型城市铸就津派艺术风格

天津本不是河口城市，但有海河通海使天津成为水陆全方位开放型城市,再加现代百余年各种文化交融,使得天津的文化有了多元、包容的特性。

天津为各种艺术风格的汇集、发展、成熟提供了一个大平台。譬如,天津是曲艺、评剧等平民艺术的大本营。多种鼓曲大都由民间艺人结合民间传说在农闲消遣时创造,而后由西河(子牙河)沿水路入津后得以提高、成熟而成固定曲种。如:西河大鼓、京韵大鼓,以及更为豪爽的京东大鼓。至于评剧由蹦蹦戏发展成社会喜爱的一个剧种更是在天津完成。河北梆子在天津得名,京剧也必须先在天津唱红才行。特别是许多特色鲜明的外省外市的异乡曲种也能在天津提升和火爆。如河南坠子、山东快书、越剧、黄梅戏都在天津有固定的观众群体。这都和天津水陆交通便利、信息流丰富畅通有关,也和天津环境提供的易于生存的社会空间直接相关。

易于生存是一个城市承载能力最具体的表现。这样的城市性格必然易于吸纳周边事物汇集,成为各种艺术类型、风格发展的大平台和繁荣的土壤。天津也因此成为曲艺之乡、评剧基地、京剧的竞技场。很多艺术种类融入了天津特色。比如雅俗皆顾、乐观善良、幽默爽快、简单明快等,都是极符合天津人性格的一种境界和风度。最明显的是音质音色有独特的天津韵味。天津的气候多水而不湿热,水域空间远疏于江南,故比软腻的吴音响亮;文化积淀厚于关外,故比东北风格的浅俗更显细致深刻;生态环境良好,故比西北干旱地区那苍凉顽强的艺术风格更加丰满润美。

这种天津味的艺术特征也直接对应了天津人乐观、乐善好施、务实、安土重迁的性格和境界。这也是天津文化的基础境界。

天津的水文地理环境和四季分明的气候造就的景观为文人提供了闲静和谐的美学境界。但天津水文环境比江南疏朗,尤其是秋天的秋水更具凉、美、静、闲的特点。所以天津诗文表现出的优美,一定程度上能安抚人们的心灵。

我们曾经粗略统计过天津的诗文,无论是咏物还是抒情,几乎无不将沽上的静水写入,即便是潮水也都写出其柔顺。诗人青睐天津的秋水,因为水天一色能让人仰望天际扩大思维空间,能让人享受一种空旷的静美。特别体现出一种没有紧张的闲。所以,天津诗文的总体境界是“闲静”。

我们不妨举出几首古代诗文供人们欣赏，清代诗人沈峻针对小关一带写道:“数株烟柳受风多,半亩方塘绕芰荷。何处临流吹短笛,锦衣桥畔挂鱼蓑。”清代诗人梅成栋针对西沽写道:“晚景多幽趣,夕阳古渡前。荒村依水尽,老木得秋先。青幔桥边肆,红灯柳下船。钟声在何处,敲动隔溪烟。”又对紫竹林写道:“高柳绿围村,村烟抱水痕。板桥通古寺,花圃背衡门。露棘虽填井,霜菘尚满园。吾乡已泽国,到此似桃源。”

天津的美在水。其水文环境为中国少有,因位于北方,原始风貌整体粗旷,但每个局部都是很别致的水边绿洲,使人们的精神映射出水乡田园的境界。天津的文化是北国的水乡文化,故水丰水美的时期文化就凸显繁荣,反之则平平。

如今,天津由多水变为缺水,地域文化中少了生态的支撑,很是遗憾。我们在城市现代化建设中,应该有意识地为人们保留一些原生态的自然风光,让天津的生态之美永存。

优良的生态环境是每个人的心理家园,有位先哲说过,生态崩溃了,文化景观和心理景观也就没了,文化便会随之消亡,文化消亡正是人类最大的悲剧。

(刊于 2011 年 9 月 15 日《中国环境报》)

天津，露出半个笑脸来

常听人说天津是退海之地，但究竟退于何时，始退于何处呢？这个问题非常复杂而有趣。现在可以告诉家乡父老，天津市区最先露出大海的陆地是现河北区的育婴里地区。

公元1074年，大科学家沈括在现河北省西部考察，发现在太行山东麓山崖之间有一条带状的卵石层堆积，里面含有蚌壳、螺壳化石，他因而推断出“此乃昔之海滨，所谓大陆者，皆浊泥所湮耳”。道出了华北平原形成的原因。又过了800多年，现代人对华北平原的形成进行了古地质和古气象的研究。不但证明了沈括推论的正确，还弄清了海陆变迁的全过程，自然使天津地区的成陆过程一目了然。

原来距今二万多年前，地球处于地质年代史上的第四纪盛冰期。极寒的气候将地球上的大量水分凝成冰川和冰盖。海平面也就急剧下降，浅海底变成陆地，露出水面。到1.4万年前气候又变暖，冰川、冰盖大量融化又使海水上升，大片陆地被淹没。这样的海进、海退使整个华北平原经历了五次沧桑之变。这就直接决定了天津地区的成陆和发展。距今约六千年时,天津地区陆地上的海水靠以退为主的潮汐运动形式缓慢而持续地向渤海方向退去。被淹没的土地伴以少量海陆沉积物和冲积物，以潮间带的过渡形式露出了海面。距今约五千年时,海面后退趋于停顿。海浪对海岸带的作用相对地加强。海浪把含有贝壳的沙质搬运到海滩上堆积,形成了与海岸线平行的岸堤——贝壳堤，也就形成了第一道由贝壳堆积成的古海岸线(现通称“第四道贝壳堤”)。其位置和走向在育婴里往南到团泊洼,又趋向东南再到河北省的同居和苗庄子。这条贝壳堤说明中心城区的河北区及其以西南地区成陆最早，距今已有四五千年的历史了,它处在新石器时代晚期,仰韶文化之后。向东的成陆过程,在以后的岁月进行。它是以间歇的黄河水淤进为主,海相沉积为辅的再成陆过程。海岸线和贝壳堤又向东依次形成三道。天津成陆后的沃土为先民开发这一区域创造了历史舞台。

(刊于 1995 年 2 月 10 日《河北报》)

沽水沽地沽文化漫谈

中国历史地理学的奠基人顾颉刚先生1925年对当时的初中学生通俗的讲道:社会的形成必有附着的地盘才得有托迹。又必有环境的驱迫才得以交流变迁并逐渐构成新的境界，地理对历史影响极大。即地可以证史,就史可以证地……日本著名学者、人文科学研究所所长梅棹中夫博士提出：人类的历史就是人类活动与生态变化互动的历史。生物的生命信息全部来自环境信息,是环境信息的积淀、显化和映射。因此,人们最本质的身体素质、精神气质和行为特征的差异都来自最原始的地理差异。地理环境是一个民族的先天条件,并影响着他们的发生和发展。不同的社会文化在个人精神世界里会形成不同的感情、信念、希望。所以才会有百里不同风十里不同俗的说法。

一、沽为天津创造了人水皈依的心理景观

天津地域文化特征的产生和天津人的精神境界无一不由天津

水文地理构成的生态所支撑。我们只有搞清二者的关系才能对天津的历史和文化加深理解并达到"理解才好感知"的境界。沽是天津地理中最早的带有特殊含义的地名,它本是河名,但很快就变成了地名,并有了七十二沽之说。我们弄清沽的含义和内容就找出了天津文化的源头。

古老的扇形海河水系,冲淤出了一块海河平原,它的地理组成特别简单,仅有平地和水面,完全可以用水文地理来代表。在这种地理环境里,低平的地势使流水不畅,让大小河道都呈现出羊肠般的弯曲。海河平原上,还镶嵌着众多明镜般的大小淀洼和蜿蜒的河道作伴,它们连成一个能自然贮水、泄水的水文环境。这就是天津先民生存的先天条件。正是这多水的环境养育了我们的先民,是它孕育了我们的社会和文化。乍看起来这没山没谷的环境太简单了,但若仔细观察这简单的整体中的细部却丰富多样。这些水边多得数不清地貌为全国独有而我们的前民都使用了不同的细致名称加以区分,形成了天津独一无二的能精确表达水文地貌的地名文化,并丰满地流淌出先民们的亲水情感。

这些能展现水文地貌的地名中最为亲切、最先使用的正式地名就是"沽",沽和河流直接相关并也曾是河的名称。沽也是天津最亲水的自称。自从有了沽,才有了沽上、沽水、大小直沽、西沽、丁字沽、葛沽……七十二沽。天津的先民都住在沽上,才形成社会,有了历史并创造了文化。所以我们的先民都是沽上人家。天津的乡邦文献对沽的描述和诠释极多,但无论如何诠释都大抵从字面到字面的解释,至于为何天津的先民都选择沽来生存,他们先在沽上设寨或设卫驻守,后在沽上形成最早的村落,沽是何种地形和空间字面就无法解释了。这就难以确切地解释出天津文化产生的空间原因。

因为天津城市的发生发展是和水直接成因果关系，而文化的发生发展也无法脱离沽和水的环境孕育。

我们应该从沽的形成和空间特点来解释天津文化产生的环境源头。就像夏商周的断代考证使用了科学手段一样，我们不妨用些水文科学的规律辟出一个新的视点和切口。依据水文地理的规律来研究一下沽的形成和定义。凡是蜿蜒的河流，在水向前流时会改变方向，而水流的惯性总愿意直流。水流的力量就要冲刷河床凹形一边的内缘，河床土层就要受到冲刷和浸蚀，这样就扩大了河的弯曲。被冲下的土层自然移向对面，久而久之河湾愈来愈大而淤出的地面愈来愈高久而久之就形成了大大小小半月形或新月形的高地。一旦面积够大并且稳定后，这些大大小小的沽就形成了，而且稳定后的沽地距水的高程也稳定了。

不论枯水和丰水都可住人，古人经过长期观察这些年代久远的水边沽地非常适合居住生存自然乐而前往。这就是我们先民逐水而居，以利运输取水、捕鱼行舟，而居又择高，近水而不被水淹，体现了逐水而居，居而择高的大智慧。这种现象最早被我国水利史学家所发现，并由最先掌握现代水文力学的水利学家们给予了科学诠释。但他们又没有和人文科学结合起来，故也是遗憾。各种文献和古地图都表明天津先民的古聚落基本都沿河分布，都是沽地先民，明清时的村落也大抵沿河形成。这是中国多水地区独有的最亲水的居地选择。其密度大，数量多，全国独有。

天津沽地太多了，沽就成了天津先民的通用地名。于是就有天津有七十二沽之说，并又有人试着计算天津市区有多少沽？宝坻县有多少个沽？宁河县有多少个沽？蓟县山脚下的河边又有多少个沽……直到现在也没说清。其实，七十二沽不是精确数字的统计而是对沽地特别多的一种又爱又泛的称呼。沽就成了天津的代名词。我们试想,每当登临鼓楼的高处,看到大小河湾处错落有序的村落里冒出了清晨的袅袅炊烟、大小舟楫的片帆在水面往返浮动,不正是“七十二沽往来帆影,一百八杵早晚钟声”的真实写照吗?

几个著名的大型沽地更是天津的地理标记。大直沽在元代已成为天津最初的城市管理基地。1236 年在大直沽设立了三汊沽盐使司。为管理漕运和方便漕粮交卸,在其地又设置了接运厅和广通仓，并在每年漕船集中时加派临清御河万户府及其所属的镇抚司来保卫,最先成为舟车攸会聚落始繁的兴旺之地。小直沽最初的名字是直沽寨,是金代的军事要地。1214 年之前不久就在这一带派驻了正副都统来保卫漕粮中转枢纽和进京关口。当时这一带水势很大,是三水汇集之处,又称三岔河口,现在的金家窑一带就是其沽形高地的遗存。此处的清真寺是天津少有的明代大寺。而西沽和丁字沽的聚落规模和风采也早已展现。

我们说完上述沽的形成，自然就发现先有某某沽后有天津卫的说法再正常不过了。沽是天津最早的正式地名,等战乱刚结束社会开始稳定的明代出于防卫，于三岔河口以西以南筑城设天津三卫只是强化了一下军事作用。而众多沽形成的城市基础早就有了。有趣的是这些沽从来未患过水患，天津水灾频发但被淹的多是原先就低洼的城西南地区,但这些大型沽地离河很近却没被淹过。这些沽又都是各个周边区城发展的起点和原点。大直沽是现河西、河东地区发展的原点。小直沽和东沽(现窑洼地区)是现河北区发展的原点,而西沽则是现红桥一带发展的原点。这些地方都是最早形成人口聚集的村落，最早建庙最先形成社会和文化繁荣的风水宝地。

无一例外的优美景观催生了咏沽的早期亲水风格的风物诗篇。元代诗人傅若金是这样描写小直沽三岔河口一带风光的:“远漕通诸岛,深流会两河。鸟依沙树少,鱼傍海潮多。转粟春秋入,行舟日夜过。兵民杂居久,一半解吴歌。”清代诗人把西沽之美也写得很到位:“一路通春水,春风漾绿波。过桥人影乱,夹岸橹声多。客子匆匆去,渔家缓缓歌。垆头新酒熟,未暇醉颜酡。”对一个村落密集的水域分门别类地将景观和风物用诗来咏颂,就是物质环境折射出的情感最直接的表现。

天津河多水多,水边的地貌大的用沽来表示,那其他又各有细部的较小的水边地形也是人们居住劳作捕鱼行船的地方。也是形成较晚较小聚落的小宝地。人们也都各自为它们起了具有精确表述的名称。对较大河流的出口、渡口和开堤留出的出口都叫口,对河汊中的小码头叫港(读 jiǎng),对水边的平地叫汀,对大河中的小湾叫圈对水边退水而开垦出的耕地叫垡,对水枯露出水面的大片土地叫滩,河边防汛的堡房的堡也成了地名,对较小较窄河道凸起的岸边叫嘴……而对整市整县的大地名则使用了:海津、天津、静海、武清、宁河、独流、东流……都直接表达了天津先民观水、用水、治水、敬水的亲水情感。这种文化现象的高密度集中远远超过了多水的南方。

二、天津的水文地理直接造就了天津的饮食文化

天津在中国城市历史并不悠久,但它的发展速度远远超过其他城市而成为北方最大的商埠。一个重要的特点是饮食文化尤为发达,而饮食文化则是地域文化的基础层面,更是商业文化的基

础，以致有了"住在北京，吃在天津"的说法。凡一地饮食业发达必有二大要素。其一，即物产丰富，物流通畅。其二是有市场锤炼，即有人群流和信息流。这二大要素对天津来说是得天独厚。

先说物产，渤海湾弯曲的海岸线上有海河等大小河口，这种咸淡水混合处的饵料及有机物非常丰富且风浪不大，是大小黄鱼、多种河豚洄游聚集地，也是对虾、梭子蟹、中华绒螯蟹和贝类最理想的交尾、产卵、越冬的场所。而河口以上密如蛛网的淡水河道和众多淀洼水面是淡水鱼蟹幼体逆水成长和育肥的场所，天津培育出的粳稻型系列水稻品质上乘，再加便利的水路运输为杂粮、蛋品、肉类的输入提供了便利条件。另外还有另一优势是他地所不及，这就是塌河淀，七里海的浩森水面及芦荡是鸟类迁徙的必经之地，为天津提供了丰富的野禽资源。每年春秋二季，被捕捉的野鸭、大雁等野禽从四乡水面一船船的集于金钢桥畔上市。在东北角协利永野鸭店销售，又送至各大饭庄，烹调出野味菜肴，是外市所不及。我们可以自豪地讲：唯有天津菜能使用本地产的鲜活原料，所以天津菜能按时令烹调河海二鲜。天津人能尝到本地原料烹制出的山珍海味。

天津菜从产生到成熟一直经受着市场的锤炼，明成祖迁都北京后，天津成了北京的门户和物品集结地。物流、人流、信息流剧增。为官、为商的各种旅客以及各种市井人员，都在南运河畔的侯家后落脚休息。餐饮娱乐业先在此处迅速繁荣，使天津饭菜必须满足多种消费者的口味需求并受到竞争的选择与淘汰。此外，多水环境里产出的莲藕、菱角、荸荠、地梨和芡实又是儿童食品和多种小吃的天然绝佳原料。而沿陆路流向天津的，口外所产优质白蚕豆派生出了天津独特的种类繁多的崩豆食品。花生、核桃、栗子、榛子等干货,又以天津为集散地。这种条件和背景使天津的干炒食品享誉海内外,丰富了天津的饮食文化内涵。此外,冬天的铁雀儿、夏秋之季的蝗虫,也被天津人制出了炸铁雀儿、炸蚂蚱这种极其低廉的好食品,来给穷人解馋。这种物产多样的条件让天津的饮食文化有了如下的特征:

第一是应时应节,应时应节让天津人处于持久的美食环境中。鲜活的食品总有最肥美的季节。天津人习惯地抓住时机大饱口服,最有代表性的是吃海鲜。春夏之交,海蟹对虾、大小黄鱼、鲙鱼比目、河豚等多种海产,以及蚶、蛏等贝类最为鲜美。它们或成汛向渤海游来,或在河口交尾产卵。此时被大量捕捞上市是天津鱼市最繁忙的季节。经营水产的商人用槽子船经新开河运向市里,并用高超的冷藏手段把它们保存在大木桶里推向市场。但这些名贵的海鲜在天津卖的非常便宜,人人都可享用。即便是鲜美的海蟹和对虾也是中心城区的大众食品。可想当时天津人的口福和久而养成的喜食海鲜的习俗,天津人吃海鲜非常考究,构成了一种活生生的饮食文化。

据《天津卫志》记载:“津门蟹,肥美甲天下……芦芽茁岸,河豚压担皆是……”《天津县志》对虾类中的虰虾、线虾、对虾、虹沙等多种命名进行了解释。每年农历三月半人们开始大吃海蟹。这时的海蟹满子满黄,此时蟹壳背面边缘和大螯的背面呈紫色而腹背结合处能透出体内卵巢里橙黄色的蟹子也呈微紫色。天津人都称其为紫蟹。足见此时的海蟹是何等的肥美和鲜亮好看。用水煮熟后食之,蟹肉的鲜美中还略带甜头。个大的海蟹能让一个人吃饱。而烹河豚时先要去掉鳍和有毒的肝脏、卵巢,并放净血,剥掉鱼皮,这需要高超的刀法,而后用上佐料炖好。此时的河豚个头不大,熟后因形状椭圆肉质极软而白被叫做西施乳。

于是大量的诗文对此时的海鲜进行了描述。“巨罗网得正春三，煮好腾香酒半酣。巨细况盈三十种，已教鱼味胜江南。”“磨刀霍霍切河豚，中有西施乳可存。此味便无它处比，春(脊)鱼只含数津门。”“津门三月便持螯，海蟹登盘兴尽豪。转瞬又看秋稻熟，重阳时节好题糕。”此时，各大饭庄的时令海鲜异常火爆，馋得人天天客满。天津人吃蟹到了极致的程度。专门将雌蟹腹中大块的蟹子取出，再和以精猪肉和嫩韭菜做出上乘的饺子和包子，其味美可想而之，也说明了大海蟹是如何的便宜。

一般家庭主妇从鱼市提回几条大小黄鱼，收拾好后用油煎好，放在小铁锅里再倒入量大而又多样的鱼佐料用小火慢慢熬炖。快熟时，诱人的鲜味从锅里飘出，很远就知道谁家熬鱼了。出锅前再加上一点韭菜或蒜薹，出锅后漂亮诱人。烹对虾则与其大致相同，出锅后的汤汁里漂着一层红色的虾油，用它们就着稻米干饭吃，孩子们都吃一大碗。鲙鱼的味道更鲜美，但细刺太多。红烧比目鱼更是饭庄的时令菜，这种状况在 20 世纪 50 年代后期达到顶峰。要知道，当时一个煮熟的干碗的七八两沉的海螃蟹只卖 3 角钱左右，这些情况在 1956 年以后逐渐消失。从古至今，外地以致京都吃虾吃蟹都必须学天津。而秋天天津人则要大吃河蟹。因为整个的渤海湾都是河蟹交尾的场所。每年初春，被孵出的幼蟹都要沿河口逆水一边蜕皮一边长大。它们一路向东向北逆水而上，直到白洋淀和胜芳为最终目的地。有些也在七里海、塌河淀及四周河汊芦荡中蜕皮长大。七月份性成熟后不再前进开始返回，于是就有了“七上八下”之说。七月以后，河蟹也是满子满黄。要下行在海口产卵交尾。所以秋天是河蟹最肥美的季节。中秋节前后为最。此时吃河蟹又是天津人一道食趣风景线。为吃河蟹，天津大户人家专门备有精致的小锤、小铲、小刀、小叉、小挠……杨柳青年画还专门出版了“美女吃螃蟹”的木刻年画。

秋末以后，许多大户人家将上好的小梭鱼去净内脏和鳞鳃，用花椒盐水和料酒等作料慢火煮熟，然后滤去佐料一层层码放在瓷坛内再倒入煮鱼的汤汁，将口封好。冬天打开每条梭鱼都成了又凉又鲜的梭鱼冻。用它佐餐佐酒只有鲜味而没有油腻，又爽口又败火。而银鱼火锅也是人们的常用食谱。而农村的较为贫苦的人家，用小网、小罾在河汊芦荡中都能捕到许多大小不一的鲫鱼、鲢子、麦穗等小杂鱼。回家后去掉鳞鳃，用点油煎煎，放上酱油、醋等佐料在大铁锅中一炖，炖时多放些汤汁，或者煨上点萝卜丝和白菜丝，四周再贴一圈玉米饼子，用柴禾火慢慢炖，到时饼子熟了，鱼也熟了。又省时又可口，这就是不富有人家的最平常的饭食。但现在看来，这种吃法则是营养全面，合乎科学。就是这些河、海里的鱼虾蟹让天津人吃的好，吃的便宜，不缺钙不缺碘，胖子多。是沽水养活了天津人。

第二是天津菜脱胎于鲁菜，但又发展了鲁菜。保留了咸鲜口，强化了海鲜并将天津的野味菜系融入其中，让天津菜更丰富更大气。天津的饮食业以天津人开的八大成为代表。从清代的康熙一直到新中国成立初，即有聚庆成、聚合成、义合成、聚乐成、义升成、福聚成、聚升成、聚源成。还有山东人开的十大庄，即：同福楼、天源楼、登瀛楼、晋阳楼、松竹楼、全聚德、天兴楼、会英楼、万福楼、蓬莱春。它们依靠天津的乡土资源将天津的饮食文化推到了极致，引领了天津菜系的成熟，让天津菜享誉海内外。

在这里要特别提一下，聚合成的“烧红腿”和“炸铃铛”两道特殊菜。“烧红腿”是用协利永野鸭店提供的野鸭和大雁的后腿。油炸后再用浓汁烧好,是名副其实的肉厚味鲜的野味。“炸铃铛”则是将铁雀儿的头取下,摘净毛再用带调料的面糊糊好,先用温油炸成八成熟,再用热油炸脆。吃起来酥脆,骨肉同食是一品高档补菜。

第三是天津饮食文化层次多。大饭庄二荤馆承载着天津市的上中层饮食文化,小饭铺、杂碎铺、蒸食店、小吃店承载着市井饮食文化,而各大公馆银号、邮局、铁路等各种集团企业和平常百姓家承载着各具特色的家庭饮食文化。

这些特色全仰赖于天津物产丰富得以保障。就是老百姓的饺子捞面也成了中国独一无二的系列食品，达到了平常百姓饭也能进宴席的地步。天津的馅子食品为全国之最。肉、虾、海参、海螺、海蚶、螃蟹、鱼、鸡蛋都可和馅。再加入韭菜、白菜、豆角、芹菜、茴香、旱萝卜等各种蔬菜非常可口。素饺子别具风味，花样品种层出不穷。常见品种有:饺子、包子、锅贴、回头、肉饼、馅饼、火烧、老虎爪、合子、干烙、韭菜篓、大白脸、懒龙、烧麦。

天津人特别爱吃面条,并有时令吃捞面的讲头。如天津人二伏吃面条,娶媳妇聘闺女、过生日、乔迁新居又必吃面条。结婚办喜事的面条都配有红粉皮以表示吉利,天津人叫吃“捞面”。还要打卤,配菜码,而配炒菜俗称“拌面四大碟”,通常有:炒面筋丝、炒肉丝香干、炒鸡蛋、炒虾仁。捞面卤有:三鲜卤、炸酱卤、麻酱卤、花椒油卤、果子卤、西红柿鸡蛋卤、螃蟹卤、皮皮虾卤等。有的饭庄专门承办四季捞面席,其按四季不同季节配以不同的面码和炒菜,原料考究,时令海鲜精工细作。将捞面变成了捞面席,搬上了大雅之堂,成为公馆、富商和大户人家办事时的一种宴席。仅就饮食文化而论已见天津社会繁荣。

三、九河下梢铸就了天津文化的艺术风格

天津本不是河口城市，但有海河通海使天津成为水陆全方位开放型城市。九河的水网从西、从南,陆路从东北方向,海口从域外把人流、物流、信息流汇入天津。天津成为多种文化交融汇集的大平台,再加现代百余年各种文化交融,天津文化有了开放、多元、包容的特性。

天津为各种艺术风格的汇集、发展、成熟提供了一个大平台，并终成天津风格。譬如,天津就是曲艺、评剧等平民艺术和唱歌的大本营。曲艺除子弟书等少数文人发起外,其余多种鼓曲多由民间艺人结合民间传说在农闲消遣时创造,而后多由西河(子牙河)沿水路入津后才得以提高、成熟而成固定曲种。如:西河大鼓、京韵大鼓,以及由陆路冀东入津的且更为豪爽的京东大鼓。至于评剧由蹦蹦戏发展成社会喜爱的一个剧种更是在天津完成。京剧和河北梆子也必须在津红了才行。特别是特色鲜明的外省外市的异乡曲种也能在天津提升和火爆,如河南坠子、山东快书、越剧、黄梅戏都在天津有固定的观众群体,因而都乐于来津演出。这都和天津交通便利、信息流丰富和畅通有关,也和天津环境提供的易于生存的社会空间直接相关。

易于生存是一个城市承载能力最具体的表现。这种城市性格必然易于吸纳周边事物汇集，必然成为各种艺术类型和风格的发展的大平台和繁荣的土壤。最后在天津达到鼎盛成为天津风格甚至成为天津的代表和象征。这些因素和历程使天津成为曲艺之乡、

评剧基地、京剧的竞技场。这些艺术种类在天津都铸炼出了天津的性格。最明显的是音质音色有独特的天津味。天津的气候多水而不湿热,水域空间远疏于江南,故比软腻的吴音响亮。因文化积淀厚于关外,故比东北风格的浅俗更显细致深刻。因生态良好的生存环境使其比西北干旱地区那苍凉顽强的艺术风格更加丰满润美。此外,天津还是歌唱家的摇篮。一个地区成长出众多的歌唱家而且高、中、低音都有,除了天津有丰富的艺术风味的社会环境外,也和天津的气候因素有关。因为气候也影响人们的性格和体质,湿润而不湿热的气候和食物成分好的环境养育出的人群嗓音易于响亮而不干哑。

这种天津味的艺术特征也直接对应了天津人乐观、乐善好施、务实、安土重迁的性格和境界。这也是天津文化的基础境界。天津的水文地理环境和四季分明的气候造就的景观为文人诗文提供了闲静和谐的美学境界。天津的诗文大家祖籍多源于江南,所以诗文几乎都会有亲水的情感。但天津水文环境远比江南疏朗,尤其是秋天的秋水更具凉、美、静、闲的特点。所以天津诗文表现出闲静的优美,特别能镇静人们的心田。我们曾经粗略统计天津诗文,无论是咏物还是抒情,几乎无不将沽上的静水写入,即便是潮水也都写出其柔顺。诗人特别喜爱天津的秋水,因为水天一色能让人仰望天际扩大思维空间,能让人享受一种空旷的静美。特别体现出一种没有紧张的闲。所以,天津诗文的总体境界是“闲静”。

我们不妨举出几首古代诗文供人们欣赏:元代诗人傅若金写道:“海成沙为堡,人家苇织帘。使收通漕米,兵捕入京盐。蟹忆霜时贱,蚊愁夏夜添。南人倚船坐,闲爱草纤纤。”清代诗人沈峻对小关一带写道:“数株烟柳受风多,半亩方塘绕芰荷。何处临流吹短笛,锦衣桥畔挂鱼蓑。”清代诗人梅成栋对西沽写道:“晚景多幽趣,夕阳古渡前。荒村依水尽,老木得秋先。青幔桥边肆,红灯柳下船。钟声在何处,敲动隔溪烟。”又对紫竹林写道:“高柳绿围村,村烟抱水痕。板桥通古寺,花圃背衡门。露棘虽填井,霜菘尚满园。吾乡已泽国,到此似桃源。”

天津的美在水。其水文环境为中国少有,因位于北方,原始风貌整体粗旷。但每个局部都是很别致的水边绿洲,使人们的精神映射出水乡田园的境界。天津的文化是北国的水乡文化,故水丰水美的时期文化就凸显繁荣,反之则平平。天津由多水变为缺水,地域文化中少了生态的支撑,很是遗憾。我们在城市现代化的建设中,难道不应该有意识地为人们保留一些原生态的自然风光?让生物之美永存!让我们能追忆北方自然水域中的天津之美,让七十二沽创造的自然文化遗产永存!

(刊于《渤海大讲堂文集》第一集,天津科技出版社,2011 年 8 月)

三岔河口，天津的摇篮

翻开早期的天津地图，我们会看见三岔河口的河道是海河干流上的第一河套，它像一条闪光的玉带紧紧地环绕着金家窑高地。整个高地向西略南均高于海平面6至8米。算盘形的天津城紧傍河套而建，犹如一个婴儿横卧在摇篮之中。

海河干流流经区域地势低平，土质松软，兼之潮水上逆，水流不畅，致使在平原上形成羊肠状的蜿蜒河道，亦即大小不一的河套。河套外缘河床被水流冲削愈深，其内缘河床则越淤越高。这就形成了许多三面环水的高地——"沽"。"七十二沽"实为天津一大特色。

沽，三面环水之高地，适宜人们聚落。故而"先有某某沽，后有天津卫"的说法实不新奇。据考古研究，战国时期海河沿岸已有先民足迹，汉代海侵又使人踪消失。宋辽对峙沿河又形成了许多军哨性质的"寨"和"铺"，但对天津建卫有直接影响的仍是三岔河口处的河套高地。从位置上看它是水路进京的咽喉，自然有其理想的港口码头和重要的军事意义。所以,金朝1213年在此设直沽寨,元朝于1316年改其为海津镇。1400年明燕王从此地密造浮桥,渡河南下,破沧州。遂将地名改为天津(天子经由之渡口)。这些重大的军事行动愈显其地的重要。1404年明成祖下令在其西偏南筑城设卫。“卫”是军事建制,其行政管辖范围极小,仅有城内和东门、北门以外区域归其管辖。也就是说,金家窑、东北角、北大关是天津卫最早的辖区。综合历史、水文、地理的分析,所以说三岔河口确实是天津的摇篮。随着战争平息、时代的变迁,天津逐步完成了由军事要塞到经济中心的转变。用“地当九河津要,路通七省舟车,海河之要冲,畿辅之门户”形容天津绝不为过。由此派生出来的文化氛围为天津的城市发展打上了深深的历史烙印。尽管现代天津城市建设布局南重北轻,但要寻觅津门故里,我们依然只能向三岔河口投下深情的一瞥。由此发端的天津文化不会因城市急剧扩大而偏移,也不会因人为因素而减弱。人类文明越是发展,人们越想回头看上一眼过去,具有中国特色的现代化应该饱浸着深厚的华夏历史积淀,古老的三岔河口将永远受到现代天津人的垂青。

(刊于1995年3月24日《河北报》)

漕运与天津的发展

站在狮子林宽阔的桥面凭河眺望，天蓝、水碧、树木葱翠。三岔河口地区曾是漕运的黄金水道和海河流域第一大港。早在唐代已有"三会河口"的记述。

1153年金朝迁都燕京(今北京)，海河河道相对稳定，潞水(现北运河)，御河(现南运河)汇合处的三岔河口逐步形成了直沽寨，也就有了"直沽港"。金朝海陵王迁都燕京后，京师所需大量粮饷、军需均由河北、河南、山东供给。"直沽港"在担当起转运任务的同时，也促进了自身的发展。当时"春秋二季，装载濒河诸城及傍郡之税饷、米粟在直沽集结潞水至通州以达京师"(《金史·河渠志》)。1279年元朝统一了南北，大都(现北京)所需赋税和糖、茶、丝、绢等江南物资也源源不断地经直沽转运至京城。为此从1260年到1293年或开新河，或疏浚旧有运河，终将大运河南北贯通一气，形成了现有京杭大运河的格局。运河初开，岸狭水浅，运力有限，故又以海运为主。三岔河口既是海运终点，又是入潞河航道的始点，每年有万余艘船次经常来往于此。元代诗人张翥写道:“一日粮船到直沽,吴罂越布满街衢。”反映出南方瓷器及丝织品已大量进入直沽市场。元政府鉴于直沽的重要,在直沽设立了各种管理机构,从而提高了直沽在元朝政治和经济中的地位。

元末明初直沽又成为元、明双方战争攻守的前哨和转运兵员物资的重要港口。1400年明燕王朱棣在直沽渡河,攻下沧州后遂赐名此地为“天津”。明永乐二年(1404)朱棣因直沽是海运、商船往来要冲,遂在此处设卫筑城。1416年由天津转运至北京的粮食已超过五百万石。1420年明朝宣布定都北京,兴建京城用的大批江南的木材石料也从天津转运。至清代又在北运河上开挖了多条减河,以排洪截沙来保证漕运的畅通。

清政府已将漕运视为经济命脉。为鼓励商船运输,准许船商载运停泊在东门外等候验收,并将自运货物寻找买主进行贸易,这样就促进了海河东岸粮食交易市场(即粮店街)的形成。

漕运,还促进了天津东北部的水利建设和航运发展,使东乡的鱼虾苇草经水路源源入市。畅通的水道,发达的贸易,为天津成为北方的经济中心打下牢固的基础。

(刊于1995年6月16日《河北报》)

天津文脉中的西河文化流

悠久的大清河和中亭河在古老的东淀汇合，多水的环境孕育出了胜芳古镇。子牙河又在第六埠与大清河合为一体，流入天津。天津人简练地合称它们为西河。这两条河及其支流再加东淀的水面，使胜芳成了水运的中枢。胜芳人独得水路进津之捷径，并在大红桥西边建起胜芳码头，天津人干脆称其为西河码头。通过这个水网，河北省腹地丰富的物产运入天津，民间艺人创造出的优美鼓曲和略带苍凉高腔的河北梆子等民间艺术，也随着这个水网流入天津，形成天津文脉中的西河文化流。

天津之所以成为曲艺之乡，很重要的一个原因就是西河文化流的入津。最著名的就是西河大鼓、京韵大鼓、河北梆子等说唱艺术在津落户。它们从河北省的腹地经子牙河、大清河进入天津而成熟，最早在天津老城北部沿河地带驻足，由此在天津老城东北角以北，诞生了天津最早的大众娱乐带和手工业聚集区——北开。北开最先成为亲民的底层文化带。清末民初，源于西河流域的这些民间艺术种类，都先在北开落户，这早于天津城周边的许多开拓地，如东开、南开、老西开和广开。为北开地区繁荣做出贡献的，以胜芳人为最多。其中引导艺人在北开落户，经营五金工具销售、黑白铁加工、铸铁机械配件、农具和废旧钢铁收购的，也以胜芳人为主。

胜芳的农产品，直接支撑了天津人喜食鱼、虾、蟹、莲藕的饮食习惯。这些物品夏天随船，冬天封河后用冰床运进天津，快捷而成本低廉，是白洋淀地区所不能比拟的。现在一提河蟹，往往提南方的大闸蟹，实际20世纪五六十年代之前，天津最有名的是胜芳河蟹。因为中国沿海只有渤海湾属于内海，风浪很小，再加弯曲的海岸线上有众多河口，这些咸淡水混合处的饵料非常丰富，且是大小黄鱼及多种河豚洄游聚集之地，也是对虾、梭子蟹、中华绒螯蟹和贝类最理想的交尾、产卵、越冬场所。河口以上密如蛛网的淡水河道和众多淀洼水面，是淡水鱼蟹幼体逆水成长和育肥的重要场所，很长时期以来，外地包括北京吃虾吃蟹都学天津。每年初春，河口附近孵出的河蟹幼苗，要沿河口逆水一边蜕皮一边长大。它们一路向西向北逆水而上，直到白洋淀和胜芳的东淀为最终目的地。有些则在七里海、塌河淀及四周河汊芦荡中蜕皮长大。到七月份性成熟后，河蟹就不再前进开始返回，于是就有了“七上八下”之说。农历七月以后，河蟹个个满子满黄，开始下行到海口交尾产卵。所以，秋天尤其是中秋前后，是河蟹最肥美的季节。此时吃河蟹是天津人一道美食风景线。为吃河蟹，天津大户人家专门备有精致的小锤、小铲、小刀、小叉、小挠……杨柳青年画还专门出版了“美女吃螃蟹”木刻年画。在这个过程中，胜芳河蟹占了天津河蟹市场的半壁江山。至于秋天从胜芳运来的白莲藕和夏天运来的荷叶、冬天运来的芦苇以及编成的大小蒲包，都是天津建筑和商业的必需物品。老一代水产专家提起天津人爱吃河蟹都必须指出三个点：一个是胜芳河蟹，二是七里海河蟹，三是白洋淀河蟹。其中以胜芳河蟹进津最为快捷，所以在西河码头附近的红桥，形成了极大的鱼市。

在以农业为骨干的自然经济条件下，农耕文化及其产品在汇入天津经济文化的过程中，胜芳做出了朴素而自然的贡献，顺势也促进了胜芳经济文化的发展。

(刊于 2013 年 4 月 20 日《今晚报》)

金钟河的演变

金钟河的演变,在最近七八十年变化较大,但变化过程缺乏明确的记载。它的名称曾或因当时的走向,或因地名和功能而有所不同,如:东河、淀河、芦台运河、陈家沟引河等等。

据现有资料分析,它实际上是由塌河淀以东的旧有河道和市区的陈家沟引河及一些村间沟渠,在自然条件的基础上又经人工开挖连接而成的一条减河。它最长时是上口从现在河北区海河东路的海河交汇处,下口在北塘附近注入蓟运河下泄入海的时候,流经市区、北郊区、东郊区和宁河县四个区、县。从上口到北塘之间长48.8公里。

它的中段和下段是旧有河道,成河年代不迟于明代,而上段是清朝中期开挖的。根据所能见到的资料,其演变过程可大致分叙如下:

在天津北郊开挖减河的尝试从明末就开始了。明天启五年(1625),太仆寺卿董应举"闻余庆甫(今宜兴埠)塌河淀东地多洼下，旧有河身隐见，至菱角沽通桥城所入海，长可百余里”，于是命石衎督军开浚。所开河大体沿菱角沽—刘朴庄—余庆甫一线，名通海屯河。这条河的确切位置现已很难确定，但从其走向和长度来分析，和后来的金钟河差不多。

清乾隆十年（1745）开挖陈家沟引河，其上口和贾家口引河共用，即现在的河北区小关一带、裁弯取直以前的北运河故道，往下自陈家沟南引，再折向东，经陈家台、赵沽里入塌河淀，全长 2900 丈。但这条河到清末已将近淤废。同治十二年（1873）天津运堤东岸漫刷成口，顺天、保定、河间、天津四府多遭水患，天津的河北，今中山路一带广大地区一片汪洋。当时，督直的李鸿章命淮军统领吴长庆率人将旧陈家沟引河再次挖成大河道。河底宽 20 丈，河面宽 40 丈，称新挑东河。东河也是金钟河上段的第一个正式名称。它从三岔河口迤北东入塌河淀，再经淀南小河，斜趋入蓟运河，经芦台至北塘入海。因为沿河能到达津东重镇芦台，故又称芦台运河。到光绪十三年（1887），这段河道又近淤废，而再次挑挖。这次共从水中捞挖 1570 丈，底宽五六丈，深五尺至六尺。至此金钟河的走向和长度才基本固定下来。

金钟河的得名也是个复杂的问题。光绪以前的文献找不到这个名称，仅在乾隆《宁河县志》中记载，塌河淀和七里海之间的小河上有金钟石桥一座，位于西堤头村。当时河道如果已有名称，想必就不会这样叙述了。另据口碑相传：金钟河的潮声如钟。康熙《天津卫志》和雍正《直隶河渠志》在塌河淀的论说中亦均指出：淀东南有一条小河出堤头入七里海，七里海有河下通北塘，海口潮汐往来不竭，水流湍急。可见口碑所传金钟二字含意和潮汐声如大钟相吻合。金钟桥是一座石桥，旧时修座石桥很了不起，起个正式名字要有意义，桥下之河潮汐声高势大，取名金钟也很自然。桥有正式名称以后，以桥名称河也好理解。所以我个人认为，有桥名后，河才得金钟之名。以后所挖的上段河道又和这段相连，人们也就统称金钟河了。以后证明，金钟河的潮汐确实很大，1952 年的实测证明，金钟河的含盐量曾超过海河。五六十年代为保证农田用水水质，曾几次在下游打坝，根据防汛需要，坝又必须在汛前拆除，一打一拆耗费大量人力、资金，因此，经市政府批准，于 1966 年在东郊区的永和村附近建了金钟河防潮闸。1969 年永定新河挖成以后，金钟河的泄洪作用就不那么重要了，基本成了蓄水河道。

金钟河上段处于人口稠密的地区，人与河争地的现象严重，再加上潮汐回流淤积沉淀以及塌河淀西部的淤积，极度削弱了三岔河口一带的泄水作用。光绪十九年（1893），李鸿章又派吴廷斌沿堤头引河故迹开挖了新开河，使之成为北运河最下一条减河。这样，金钟河的上段仅能起到四乡农民取水灌溉和走行少量船只的作用了。在这以后，因为不修不治，河道愈来愈窄，淤积愈来愈严重。到 1919 年，三岔河口在进行裁弯取直时，使金钟河口向西延长至海河。这时是金钟河最长的时期。1898 年，帝国主义采取塞支强干的办法，曾在金钟河上建闸，以后京山铁路又在小树林处的金钟河上架铁路桥一座，限制了大型船只的通过，再加上两岸居民大量倾倒废水和垃圾，使大毕庄以西的河身逐年淤平。1932 年成立了金钟河疏浚委员会，由港务局和工务局负责，后因款项问题，又归市政府负责，聘请陶帮仁等 19 人组成的委员会，在河口处设进水闸一座，计洋 1400 元；修排桩木桥一座，计洋 4700 元。同时深挖河身，在河口打了板桩，并重修了贾家大桥和锦衣卫桥。所以在 1919 年以后的地图上，金钟河标记是从海河交汇处算起。但到新中国成立前夕，金钟河已成为一条臭水沟，下雨时臭水向两岸漫流，蛆虫遍地，成为河北的“龙须沟”。新中国成立后，人民政府立即着手治理。1951 年开始测量，并采取了用海河水冲刷河床、两岸喷洒石灰等临时措施。1953 年采纳了市人民代表的建议，彻底割掉了河北区这条盲肠河道。采取的措施是将明渠改建成地污水管道，然后填平河身，修成碎石路面。到 1954 年，西起海河，东到金钟河大街的一段已成为大道，后又延伸至王串场。至今从海河边到民权门都已成了柏油大道，正式称为金钟路和金钟河大街。1958 年海河进行了清浊分流工程，这段下水道和大毕庄以东的明渠已被建成为我市的北排污干道。如今的金钟河只剩下从孙庄子以下到金钟河防潮闸的一段了。有人把从耳闸到孙庄子附近之间的长约 13 公里的新开河也称为金钟河，那是不恰当的。

（刊于《天津水利志通讯》1986 年第 1 期，总第 4 期）

耳闸史话

在天津河北区的新开河连接子牙河处，建有一个水闸，通称它为“耳闸”。这个闸又是连接新开河南岸、天纬路西窑洼西端和堤头村的人行通道，所以“耳闸”这个地名，在“河北”是比较“闻名”的。

天津的海河是“九河下梢”汇合而成，各河水在三岔河口汇入海河。每到汛期，对三岔河口这个天津最早的居民聚集、人口稠密的地区，是个严重的威胁。为了有效地减轻洪水对进入海河处(三岔河口)的压力，从很早就有开挖减河泄洪的拟议。明天启五年(1625)，太仆寺卿董应举指出：“闻余庆甫(按：即今宜兴埠)、塌河淀东，地多洼下，旧有河身隐见，至菱角沽通桥地所入海，于是命石公督军开浚。”(见董应举《崇相集》《屯政善后疏》)至于从东北方向开河道分洪，那是在清乾隆年间(18 世纪中期)的事，并先后开挖了贾家口引河、陈家沟引河、南仓引河、霍家咀引河和堤头引河。但这些减河，到同治年间(19 世纪中期)便已淤塞。尤其陈家沟引河的淤塞，直接威胁着三岔河口的安全。根据当时技术条件，疏浚旧河道比开挖新河还要困难。直隶总督李鸿章便于光绪七年（1881）向清帝奏陈直隶河工情况称：“乾隆以后未兴大工……堤头地方在三岔口之上，该处为五大河群流总汇之区，堤外迤东一带，渐趋低下，开河泄水甚为得势。”（见《畿辅通志》卷 84）于是在光绪十九年(1893)春，沿堤头引河旧迹开挖新减河，仍称为堤头减河。这项工程，据(继任) 直隶总督王文韶的陈奏：“光绪十九年……挑天津境内堤头河……建天津县堤头减水坝……石坝金门口宽二十五丈，迎水簸箕上口宽三十一丈，进深三十二丈六尺，两面石金墙各三十一丈四尺，高一丈二尺八寸至一丈七尺。又坝南建石闸一座，口宽一丈，高一丈四尺四寸……天津县堤头减水坝……石上扣锭（按：用双燕尾型铁件固定相邻二石）用塞门德土（按：即水泥，也称士敏土）勾缝、灌浆。”（见水利科学院水利史研究室藏《清官档案》照片，光绪二十一年）这清楚地告诉我们：“新开河”最初仍叫“堤头减河”，开挖时是一闸一坝的格局。这闸外面全用石块砌成，石块间剔槽镶铁再用水泥灌缝。很明显，这是中西技术相结合的建筑。1919 年原顺直水利委员会对坝身进行测量，坝高大沽高程（海平）为 16.2 米，北运河水涨到这高度就可越坝而过。但这时河身淤积严重，坝身也年久失修，于是决定改建西式涵闸。后得到当时直隶省长曹锐的批准，1919 年 2 月动工修建，到 7 月竣工。这项工程是由海河工程局日籍工程师平爵内设计，闸有 14 孔，闸墩由石块砌成，截面是两头尖的圆形，每孔净宽 3 米。闸的上部设有木制机架桥和两部人力绞车，用以提、放墩间的木制平板闸门。闸槛为大沽高程（海平）6 米，并将出水口的河槽稍加挖浚，使泄洪能力由原来 35 立方米 / 秒提高到 220 立方米 / 秒，预估工银为 34 万元。闸墩充分使用了石料，两侧进出水口的护墙也是用石砌成，减轻了洪水季节北运河水对下墩的威胁，也使北运河以西的平原地区在伏汛期间有宣泄的通道。1921 和 1924 年天津两次大水海河得以无恙，就是这条减河发挥了巨大的泄洪作用。

在这里关于船闸的问题，需要再作些说明。1895 年直隶总督王文韶在奏折中明确指出了在减水坝南建石闸一座。但入民国后熊希龄在《顺直水利改善议案》中提到省里有人提议金钟河口无闸，故在小关设卡收税。三岔河口裁弯取直后，金钟河失去效用，天津以东的船只入海河须经新开河口，故添设船闸以收税，并具体地指出了建闸耗银 312578.08 元，看来这船闸并不是清代所建。但王文韶所提到石闸的精确尺寸和现在尺寸相近。1919 年后闸的南北两端的铁路和工厂布局已定，二文所提的船闸的方位正相一致，笔者认为以上二说都是实情。在该闸初建时，不见得专为走船，功效也不大，那是因为金钟河入海河处在市中心；随着减水坝和船闸的失修，到顺直水利委员会接管时，已破败甚，且只见痕迹，所以不言重修，而言添建。再者当时建闸是为专供行船，所以熊希龄也就可能不再顾到先前那座功能不明确附属于减水坝的石闸了。这些尚有待新的材料来核证。1919 年 8 月顺直水利委员会第二号报告书，提到了泄洪闸的改建，并没有介绍船闸的修建状况。这座船闸门宽 5.2 米，闸室宽 8.6 米，高 5 米，长 115 米；两侧护墙均用进口紫色烧结砖砌成，整齐匀停。在闸旁岸边的空地上建有几间欧式的青砖瓦房，那是旧船捐局所在地，几株高大的洋槐树错落有致。这里早先居民稀少，环境寂静，三面环水，很像一座别墅。河口有冲淤的一小块三角形的沙洲，土质肥沃，便有人在这里种菜或来此垂钓。但是，随着水源的减少，人口的增多和乱搭乱建,这清雅的景色已荡然无存了。从北洋军阀混战到日本侵占天津,泄洪闸多年失修。到 1947 年华北水利委员会(1928 年前称“顺直”)始对泄洪闸进行了一次较大规模的维修。这里除了闸墩和护岸尚属完好外,闸门、机架等附属设备均已朽坏。闸口以下 3 公里的河床积淤很高,严重影响了泄洪的功效。所以这次维修是对闸墩以上和对河道进行疏浚,闸的结构不做改动,计划用木料 5500 板尺,铁件 18.96 吨,油漆面积 2000 平方米,挖土方 72900 立方米,连同行政费共需“中央币”35 万元。(见该会 1947 年 8 月《新开河节制闸修复计划》)

新中国成立后,对两闸进行了几次维修和改造。1952 年拆除了已腐朽的高架木质机架和桥面,直接在闸墩上铺设新木板。其上铺钢轨,用手动绞车可以依次提升的叠架式闸板。1959 年船闸的砖护坡护脚被水冲刷毁破严重, 闸两侧已出现 2 米的坑洞,木板桩也被水冲走 11 块。经潜水员下水检查,在下闸首 10 米远的左侧护坡下有被水冲成长 5 米的坑洞,高 2 米,深竟达 5 米。闸首 5 米远的右侧护坡下也有长 5 米、深 2 米多的坑洞。特别危险的是距船闸下闸首 10 米右侧护坝坡上出现长 18 米, 宽 1—2 厘米的裂缝。为防止冲坑继续发展,1960 年在闸室内抛下石块 1000 立方米,使闸室和闸门底高程都为大沽高程(海平)0.1 米。1972 年又将船闸的立轴旋转式闸门改为电动启闭的平板直开闸门。上闸首开启式桥改建钢筋凝土桥。(见水利局工程处总结)在泄洪闸上有水利工人的“工作桥”,新开河两岸居民便也在这桥上通过。工程处便把木板桥面改成水泥桥面,仍用原来的启闭机提闸,只是把启闭机上原来在铁轨上的铁轮改成脚轮。1982 年又把木制叠梁闸门改成平板钢闸门;同时又恢复了高架机架,改为钢制,并采用两台

5 吨“电葫芦”提升闸门。这就是现在耳闸的格局。耳闸这个名称，早已熟闻，并经常为人们说道，但新中国成立前的文献里并未见到过。人们揣测，这大概是因为这闸的位置就像北运河的“耳子”，于是习惯地称成耳闸了。这地带由于过去河道通达宁河芦台，就在 19 世纪 20 年代，津东地带所产的粮、苇、鱼、虾，要从金钟河转入新开河再进入海河，耳闸这地方就成了个咽喉，因此船只往返繁多。现在忆起当年新开河上的船队和小火轮，以及在北运河面上等候过闸的长串船只，还很真切。这种情况，一直延续到“文革”之前。那耳闸的排洪大闸，就像值岗的警备战士，监视着水情。1963 年天津遭到特大洪水的威胁，这里提了闸，把滔滔洪水，向北泄去，海河的流量已达 1200 立方米 / 秒，耳闸就分导了 380 立方米 / 秒的流量。耳闸和新开河对天津泄洪发挥了巨大的作用。

耳闸这地段，河道汇流，堤岸蜿蜒，是个很幽致的地方。1964 年夏季，泄洪闸下口一度开辟成天然游泳地，水下是平整的石面，由西向东“慢坡”，颇像游泳池的池底，许多青年学生、职工和成年人都曾到此下水游泳，到“文革”时，就停办了。在耳闸西北方北运河上原有津浦路的铁路桥，后来改线横跨子牙河，剩下的桥墩，如果利用它修建便桥，那就使志成道成为红桥、河北两区的一条横向连接带。辛庄街、新开河街也会由交通便利而活跃繁盛。据说也有人民代表提议建桥，未能实现。在耳闸北口西侧的新开河边，有空地一块，那里原有一段像城墙的堤身，最高处颇似可以四顾观景的城楼。河北区政府的主管部门于 1986 年在这里建成一座临河小公园，上了“城墙”。宛如登上小长城之感。外侧筑有假山，高低错落，也似重峦叠嶂。山脚下有石凳石桌，可供游人小憩或对棋。尤其是在炎夏的傍晚，彩霞满天，南风吹拂，登上“城楼”，南望是宽阔的子牙河直灌海河，波光粼粼，真是“水天一色”。北望运河弯折，小舟浮游，是一幅“渔舟唱晚”的画面。西望则见雄伟的新红桥，车流滚滚，高楼丛丛，又是一派现代化快节奏的气度。我们也不禁又作遐想，如果从耳闸起，沿新开河两岸加以修整、绿化，不仅改变这一带脏乱的环境，还可以使河北区增添新景，多一带状公园，这也是天津市郊间一座绿色走廊。

(刊于《天津河北文史》第2辑，1988年11月)

因水而兴 因河而盛

天津市河北区中山路地区，经路、纬路交织，构成了一个整齐的棋盘形街区。这种格局在天津仅此一片，充分体现了先规划后建设的科学思维。古老的天津从这里迈出了近代化的第一步。

这块地域最早的地名叫窑洼。“窑洼”二字含有明显的地标和地貌特征，一是和烧砖窑有关，二是地势低，有水面。最初并非村落名称。起码在清朝康熙以前未形成村落。清代诗人龙震诗曰：“水寺分秋色，寻僧每独游。不登七级塔，但一上层楼。蝉树落黄叶，芦风起白鸥。贪听欸乃曲，日落大堤头。”这虽然是从大悲院写起，但说明窑洼离明代形成的大村“堤头”很近，唯有大悲院等少量建筑，比较荒凉，尚未形成群居聚落。

窑洼的“窑”字，又作何解释呢？窑洼稍南的金家窑村，所处的水文地理环境比较特殊，其位于南北运河、三岔河口的大河套处，是有明显特征的“沽地”，其位置和形态与金元文献中所载的小直沽相似，可知此地先民“逐水而居、居而择高”的智慧，是典型的“沽上人家”。金家窑村近水,但少患水灾。明代弘治年间驻津副使刘福包砌城墙,急需城砖,共有 15 座官窑和 4 座私窑为其烧砖,4 座私窑中,由金四爷经营的金家窑就在此处,村名即由此得名。但此村面积太小,取土有限,移至窑洼处取土烧砖,也就合乎情理、顺理成章了。从窑洼取土、取水、取柴草,极为方便,且非村落,自然而然就称之为窑洼了。所以,窑洼也是明代产生的地名之一,也是因附近村落存在而被人们泛指的一个地名。

西临运河、东边无界、南距金家窑村、北邻堤头村的窑洼,明末清初时,到处是芦苇、野菊、艾蒲及遍地的蘼萝,水面上有大量鹤、雁、鸥等野禽,尽显恬静野趣,堪称天然的生态区。上佳的自然条件,为文人提供了一处远离尘嚣的闲适处所。迭经明末的战乱,清初的文人很想静练品德,以超脱世俗,而儒、释的高度结合并被本土化了的佛教禅宗,成了他们心注一境的皈依所在。

禅宗高僧世高在此“结茅”,施往来行人,后由其友曹斌捐建三楹,始成大悲禅院。清代诗人张霔诗曰:“窑洼木叶动萧森,一棹将来冷不禁。秋色无多雨里过,诗人几个寺中寻。未开菊径犹疑浅,才入芦塘便觉深。半坞白云真可爱,焚香啜茗细谈心”。诗中点出了文人参禅品茗谈心的境界,点出了窑洼地区的灵性。大悲院时为此地最高处,光顾寺院需船至。大悲禅院无疑是窑洼后来发展的明确地标。

北有新开河,南有金钟河。这成为窑洼区域后来规划开发的天然界标。这两条河都是淮军开挖的、通往塌河淀的减河。地域开阔,多为民田,地上建筑物稀疏,1874 年淮军首领购得民田 66 亩,并将其中 40 亩建成淮军义地,这大概是开发窑洼的肇始。1895 年,在三岔河口东北侧建成海防公所,窑洼从此沾上了官气。若把 1902 年修建大经路（今中山路）作为开发新河北之始，那么第一条纬路——天纬路当时已有路影。这条人们踏出的土路，与在窑洼北边的新开河上修建耳闸大有关系。

新开河原名堤头引河，金钟河上段原名陈家沟引河。李鸿章督直后，为消除老城附近的水患，动用了很大的社会资源开挖减河，驻防于此的淮军也派上了用场。看来军队直接投入水利设施基本建设，那时已不足为奇。因淮军士兵都穿肥大的黑色裤子，并扎裤脚，天津人都称其为“大裤子兵”。1874 年淮军首领吴长庆亲率“大裤子兵”对陈家沟引河进行了疏浚，挖成的新河通至塌河淀。洪水先入淀再入海，征服了津门水患。这条河从此也改名金钟河。但临着三岔河口的上游河段，很快又被淤废。

1881 年，李鸿章又上奏清廷，提议把北边的堤头引河开挖成新减河，以消除永定河的水患。直到 1893 年，直隶总督王文韶才将工程完工。他在奏折中介绍了修建水坝、水闸的详情：光绪十九年，挑堤头引河，建天津县减水坝（也称滚水坝），坝体用石砌成，并用“赛门汀”（水泥）勾缝灌浆。地面石块用铁水铸成燕尾型的扣件固定，每当北运河水位上涨到特定高程时，洪水就可漫坝而过，并在坝南建石闸一个，因形状像人耳，故称作耳闸。

1919 年，滚水坝又被改建成西式涵闸，并把其南边的小型石闸改建成新式船闸，闸门为旋转式，能很快调节闸内水量，使航道水面提升到规定高度，便利过闸船只。之所以改建此船闸，是因为 1918 年三岔河口被裁弯取直，与其相连的金钟河口，失去了船只运货进入海河的功能，不能再收税。此时，通过北塘一带进津的船只，只有在刘快庄以上入新开河（由原堤头引河开挖而成），经船闸进入海河，再入城内。直隶省长曹锐支持此项工程的建设，并下令在船闸岸边设立船捐局。参与工程设计和施工的日籍工程师平爵内和另外两位日籍工程师,后来都被大总统徐世昌授予文虎勋章。

耳闸之上可行人、通车,为堤头和北乡沿河居民南下提供了便利,可经窑洼顺利地到达三岔河口和小关一带。所以天纬路在河北新区开发前已有道路雏形,是窑洼居民进城的第一条大道。

1902 年后,金钢桥以东已相继建成李公祠、安徽会馆、直隶督署、高等审判厅等设施,这片建筑群均为典型中式风格,但也都附有西式建筑元素,成为有目的地规划建设的天津行政司法单元。三岔河口的河堤犹如亲水平台,加之树木广植、民居相间,窑洼地区成了上风上水的宜居新区。

窑洼工商业的发展,同样因河而盛。1919 年,因靠近耳闸,取水排水便利,恒源纱厂在此选址建成。大型企业的落户带动了人员的聚集和流动,也拉动了商业配套。附近成为北河蛋品的批发市场,中段出现了许多杂货铺和食品店,民居如雨后春笋。大悲院四周因淮军撤离、营房取消,闲置空地面积很大,建成了天津许多新式工业厂房。窑洼地区也分成了两块,称为东西窑洼。1926 年冯文询所作《丙寅竹枝词》中写道:"昔日山丘尽华屋,东西莫辨二窑洼。"因窑洼地处河北新区开发前沿,袁世凯还为天纬路、元纬路书写了牌楼匾额。

1910 年,"北洋女师"迁建至天纬路南端,成了窑洼地区女学堂林立的新标志。"女师"背后的地纬路虽然路面狭窄,又是断头路(中间被大悲院阻断),却是依托学堂发展校园经济的风水宝地。如新式印书局、洋纸局、书铺等相继在附近选址开张。其中的兴业印书局专门印制宣传新政的《自治章程》《民法原论》等新理论书籍,很是畅销。

天纬路和元纬路最先成为通路。其他几条纬路都沿大经路分别向新开河方向开发，但都稍晚才成为通路。其中天纬路最早也最先繁荣，带动了窑洼地区的兴盛。

综上，无论从地名演进规律、道路的形成与走向，还是周边水文地理分析，窑洼都可以说是清末以来“新河北”发展和繁荣的原始起点。

（刊于《天津河北文史》第 26 辑《经纬天地》，2011 年 6 月）

河淀丰水润河西

水面是城市的精灵，古今中外名城都和水面契合，美丽的海河纵向穿过这才让天津有了性格，有了魅力。城市化的进程吞噬了众多水面，但河西区却仍保留着友谊南路以西至梅江这片多水的区域。这些珍贵的水面资源使河西区成为会展中心。

历史上的河西是天津县的南乡，河网密布，淀洼分布其间。明清即成为种稻的沃野良田。蜿蜒的海河河道向东南延伸，河湾处密密麻麻地分布着村庄，最先得到海河的滋养。其西的沃野腹地分布着人工开挖的几条著名河流，有卫津河、贺家口引河。1910年后，因修建津浦铁路陈良支线挖土筑基又形成了一条河。1947年国民党军事当局又将这条河作为了城防河（今复兴河）。这些河流在形成以后的岁月里，不但发挥着灌溉、运输、泄洪等功能，还伴生了路网的形成。多水的空间滋养着河西的肥田沃土并孕育出众多村庄，最后形成街区。

海河西岸孕育出梁家园、小刘庄、挂甲寺、杨庄子、土城、宣家楼、上下河圈等村庄。因取排水方便,率先形成天津的海河西岸现代工业带。西部腹地官方督导开挖的人工河流为河西的农业和较晚村庄的形成提供了先天条件。其中的贺家口引河贡献最大,它成为河西发展的东西向的中间大动脉。东楼、西楼、小王庄等村庄都是在此引河中段拐弯处的高地上形成的。乾隆四年(1739)开挖了贺家口至佟楼的引河,后又继续开挖至八里台,总长度1336丈。这条引河在以后的岁月中因横穿河西地区不但在河湾处形成了众多居民片,还在沿河空旷地带形成了众多园林景观和私家花园别墅。如:荣园、养心园、浙江义园、陶园、丁家花园、西湖别墅、倪家花园、新农园、激碧园等私人园林。其中在吴家窑医院原址是蔡家花园,为中西合璧建筑,自设引水排水系统,里面种着成排的钻天杨,是夏天避暑胜地。

1745年,何家圈引河开挖,它自西部的波水洼向东经仉黄庄到何家圈入海河,即现在的河西上下河圈地区。这些河流使河西地区的腹地长期获得优质淡水,使残存的贺家围、何家围等地区稻花飘香。陈塘庄、土城、尖山、上下河圈、贺家口等村落鸡犬相闻、鱼蟹肥美。西部纵向河流是卫津河,它是一条解决南乡水患的泄洪河。1890年南运河决口,水淹南乡,李鸿章遂下令于1891年开挖此河。上口自八里台向南经卫南洼(即波水洼)、水柳殿、秋麦港等洼淀共长50余里。再向东南将诸村庄之间的支河连通,形成一个南乡的泄洪水网。在而后的岁月里或因修城防挖宽了壕沟,或因灌溉和排污又形成了四化河、双林引水河、长泰引水河,连同仍残存的减河,共同构成了河西的水网,保证了河西地区泄水的畅通。纪庄子南部很早就有德新、信义、大生、义兴、利华、公记、信大、金城等十余家烧砖的窑厂,多年取土形成了众多水面。这连片的水面开发较晚,为天津城市建设南移预留了多水的空间。这就是现在走红的梅江地区。

河流的堤埝是最原始的路，台儿庄路即是海河的西河堤；卫津河的堤岸形成了卫津路和卫津南路；1917 年修的南围堤与而后的小围堤共同构成了河西区东西向的一条主干道——围堤道；1918 年在原起点向南向东又修一条新的围堤，并和 1924 年沿陈唐支线铁路外围的围堤相连，形成一个新的大围堤。其中一段又演变成现在的郁江道。这条弧形界限至今仍控制着河西区的核心地带。路网与河网"联姻"形成的景观非常优美，使河西区的物流彰显一片生机。

自 1958 年，海河上游来水骤减，天津由水丰变成了水枯，众多引河、减河等二级河道没有了动态的补水，水位急剧下降，丧失了运输的功能。逐渐淤积，最后仅剩下排污的功能，成了死河和臭河。2000 年起天津市政府为建设美丽天津将这些河流的进污口全部外移。修建片石护坡，修理岸边道路，分层绿化，注入生态补水，一改旧观，并为它们改名为津河。津河周边又形成了津河北路和津河南路，占有津河水面最多的河西区独享了美丽天津南部的水面景观。

（刊于《河西文史资料选辑》第 11 辑《天津河西老街道》，团结出版社，2014 年 12 月）

引河河水润荣园

现河西地区的西部和南开区的南部在 20 世纪初还有一个很大的洼淀——卫南洼(即波水洼)。乾隆四年(1739)官员陈宏谋组织开挖的贺家口至佟楼的一段引河和以后又向西继续开挖的佟楼至八里台的一段,总长度 1336 丈。目的就是为了与波水洼形成一条活的水系。这条引河在以后的岁月中因横穿河西地区不但在河湾处形成了众多居民片，还在沿河空旷地带形成了众多的亲水景观。无水不成园林,这条引河的河水也就润育出了许多私家别墅花园。如:荣园、养心园、桃园、丁家花园、西湖别墅、倪家花园、新农园、激碧园、蔡家花园等私人园林。其中荣园最早,也是第一个位置被划入租界的私家园林。

之所以有此结果是李家当时已由传统盐务经济转向了工业、金融、贸易等新型经济活动,与多国外商、银行交往深厚。在天津众多大户人家中李家是转型最快的一户,有着政治前瞻性。所以他们最先产生了把居住和发展空间离开老城并南移靠近租界和海河水运线的设想。河西贺家口引河沿岸地区的土地又是李氏经过运作以极便宜的地价由旗地转换而来。地旷人稀,建一个大型的私家园林非常便宜。很快荣园所在位置被德租界二次扩展期间划入租界内。

荣园在修建和以后的发展完善过程中使用了原先西楼、东楼建村取土留下的水坑作为湖面,并直接从东、西楼之间的贺家口引河段开挖一条直达花园南围墙的河道。这样使花园的环园水系既有原先的水面蓄水做保障,又有贺家口引河与其连接的河道做补充,所以荣园与其他几个私家园林比较起来获水最多,是静、活两水都滋润的花园。这段河流早期流量很大,与贺家口引河在河西提供的水文空间融为一体,还有了泄洪兼运输的功能。建园的一些材料就是从这条河道上运到园内的。所以荣园园内小河很长,河道蜿蜒交叉,或弧形,或拳头形。它们在园的东、南、西都有水道经环园河道与此河道相通。形成了其他花园无法比拟的河流景观。在堆山取土过程中有意让土山左右两侧小湖面被土山隔离,与原先借用的大水面(现西大湖)形成一山、一塔瞰三湖的三潭映月似的杭州西湖模式。

早期的荣园一年四季从不枯水,使荣园春、夏、秋三季的植被因水丰而保持绿色的生机。而冬天下雪之时,雪地上疏朗的建筑群给人一种宁静而不荒凉的景观。春天,冬雪融化时大片的草地和芦芽展现出的嫩绿使荣园非常美。因地下水丰富,荣园仅栽有少量的柳、榆,较高处还有几株野生的杜梨、椿树和枣树,没有松柏。芦苇、莎草、各种耐湿的植物长得特别旺盛,空气特别清新,在人口密集的闹市区有这一处清静地再加藏经阁藏有多种书籍,一些宽大的房间成为天津市文人雅集聚会的场所。

直至抗日战争前夕，这种空间为天津的文化人举办各种活动提供了难得的环境。这种环境让到此的文人都产生了亲水、宁静、浸染野趣的天人合一的心理景观。但随着周边人口的剧烈增长，社区的迅速扩展，贺家口引河急剧淤积，逐渐成为废河。再加1917年天津大水，荣园遭遇严重水灾。幸赖有完整的水系在大水过后还能泄出，李家只好出巨资取土垫高地面，使它的高程比周围居民区高了半米。但水系从此不再通畅，园内湖面和河道逐渐淤积，再加而后岁月的破坏，到新中国接收前夕荣园的水面大为缩减，许多河道已被淤塞。人民政府组织大量的人力和财力，在接收后立即清淤疏浚河道恢复水系，使它又重现了生机。

（刊于《荣园——人民公园》，中国教育出版社，2015年6月）

名咸水甜的咸水沽

“高敞快登临，看七十二沽往来帆影；繁华谁唤醒，听一百八杵早晚钟声。”这副嵌刻在鼓楼上的楹联，是对天津诸多沽地最生动的描写。天津是海河孕育出的城市，但组成它的地理单元就是这些风水宝地——沽。沽不但是组成天津的地理单元，还个个都是风景优美的形胜之地。沽都有一个很美的名称，而只有咸水沽的地名带有一个没有美感的“咸”字，但它却是天津众多沽地中少有的名沽。

带有明代《三卫志》遗存的康熙十七年（1678）修订的《天津卫志》里，对天津诸多形胜地的记述中仅收录了两个沽：一个是丁字沽，一个是咸水沽。对前者的记述是：“丁字沽去城北七里，其河形有如丁字之象，万艘分载于此。”对咸水沽则专门有如下表述：“咸水沽去城东南六十里，命名以咸而沽水甜淡。”足见它们的重要性和古老性。咸水沽三字和名咸水甜淡的矛盾性的记述，给我们留下了许多解析的空间。

解析这个记述不但要从文献里理清它的沿革，还要从水的含义入手通过水文地理规律来剖析其内在的科学依据。清代史地学家顾祖禹的《读史方舆纪要》,对成书于元世祖至元十七年(1280)的《通鉴地理通释》中的“豆子卤亢”做了如下的论断:“河间之豆子卤亢,今咸水沽也。东去海四十里,地斥卤,广袤数十里。宋时置戍于此。”这个论断包含了两个刚性的论点。其一,咸水沽的出现远远早于天津的出现;其二,“地斥卤”和“广袤数十里”有盛产食盐的科学依据。海河平原是退海与河流冲击双重作用形成的平原,地势极其低洼,流水不畅。地下浅表水含有大量的盐分,在若干地区盐分富集,以至于渗出的地表水中盐分极高,形成卤水,稍有蒸发即出现水和盐的颗粒共存的现象。若再蒸发就在土壤表面结成含盐的硬壳。将其取下稍加淋煮即成优质海盐。这就是“地斥卤”的科学含义,也是咸水沽远在宋元之前就有名的原因。

“咸水”二字不是不美,而是标明了其周边环境有独特的产盐功能,也是它最朴素的原始地名,同时还反映出天津地区在设卫之前以产盐为经济基础。天津海河下游地区基本没有多少农业行为。而后又为何称其“沽水甜淡”呢?沽水不是海河的水,沽水甜说明其水呈弱碱性,淡说明其水质清洁。咸水沽地区的水环境由斥卤变成了甜淡,和海河下游的水利、农业开发以及经济发展直接关联。这个过程距今有400余年。

海河是一条典型的潮汐河流,涨潮时海水可沿河道逆水至杨柳青、扬芬港和杨村,故有“潮不过三杨”之说。退潮时又将流入的各种污物倾泻入海,使海河水保有活力。这使其水质既不能饮用又不能浇地,老天津人都说喝着御河水长大,而不说喝海河水。1958年,在海河口修建拦河坝,防止海水上溯,也是为解决咸淡分家。海河下游地带人类饮用和灌溉用的淡水怎么解决呢?这是随着水利和农业的深度开发一同完成的。因为随着土地的开发和农业的发展，众多的分支河流带着丰富的淡水流经其间，再加上海河平原上有众多储水量极大的淀洼，水丰时存水，水歉时放水，由它们辐射出的众多引河调节着旱涝。使海河下游形成了密如蛛网的淡水河网，为两岸利用淡水冲刷盐碱开辟稻田创造了先天条件。从明至清，大量屯田、围田、排地在此建成。

李鸿章等官员督办着驻军开挖引河、筑堤坝、冲盐碱、开辟稻田，使津南地区的咸水沽和葛沽以及小站等地都成了北国的江南。所以，清代的咸水沽在数百年的水利和农业发展历程里，地形地貌发生了变化，地下的盐碱被冲淡了，常年的精耕细作使其周边的土壤浅表水变得甜淡了。又因其地理位置处于中枢地位，对周边地区有调控作用，故又成为津南重镇。它的发展和周边地区的发展，形成了互相促进的积极作用。故清乾隆四十年(1775)，在长芦分司任职的孟淦对咸水沽的美景咏道："浅深沽上雨初收，特向津门放小舟。借得半帆风正好，绿荫浓处一声秋。"咸，是它原始成名的原因。甜淡，是它后来的发展状况。水由咸到甜的变化，不但证明了咸水沽的发展历史，也表明了津南地区鱼米之乡的形成历程，更证明了名沽皆宝地的铁论。

(刊于 2013 年 3 月 28 日《今晚报》)

宜兴埠的母亲淀

我的家乡宜兴埠原本在一个百里大淀——塌河淀的淀边，可能在金元时代就有先民在此驻足。到了四百多年前的明代，我乡的大量先民或从山西洪洞县、或从江淮千里迢迢来到淀边建村，人们靠这水，行舟楫之利，靠这水，种稻兴渔，靠这水，养莲种菱，过着渔舟唱晚的安逸生活。只是为了天津城的安全而自我牺牲地承受了永定、北运二河的洪水和泥沙，在几百年的放淤过程中变成了平地。讲一讲它的故事既是对大淀浩森水面的留恋，也是对遥远历史的甜美回顾。要问大淀是怎样生成的，还要从大禹治水的故事说起。三千多年前，悍猛的黄河三次北上窜到了冀州入海达数百年之久。此地地势低洼水流不畅，造成洪水泛滥，就有了禹带领众人挖九河泄洪治水而留下了禹播九河的故事。实际上改道北上的黄河水势极其凶猛，入海前其尾闾或淤或徙变化多端，和其他河流把大量泥沙淤进海岸。公元前602年黄河才离开此地，不仅制造了新的陆地，还加厚了地面上的黄土层，使天津平原得以新的开发。黄河和其他河流入海时，和海潮相互作用，将浅水海域的沙嘴和沙坝封闭而形成了许多条形的淀洼和潟湖。塌河大淀就是和七里海连在一起的较小的潟湖。距今已有两千多年了。转眼又过了一千多年，这个大淀连同白沟河再连上海河都成了宋辽对峙的边境防线。水边除去少量的军事寨堡外，没有居民。

一天淀北来了一队辽国的女骑兵，为首的是能文能武的辽国女统帅。她姓萧，名燕燕，都称她萧太后。她当时三十出头，英姿勃发，骑在桃红马上，站立水边向水面望去。只见方圆百里的水面宛如平镜，淀边水草茂盛，气候凉爽。她感叹到，天下竟有如此好的地方，这可比塞上的海子（草原上的湖）强多了。这里没有山峦的起伏，一马平川，水甜草清，冬天不很冷，夏天不很热，真是天赐的牧马场。遂急忙派人告诉坐镇析津（现北京）的儿子，让他派人在此处为她修建一处行宫。不到一个月行宫修好了。议事处是大小不一的帐篷，中间一座是50人拉手才能围起的中军帐。地铺红毡毯，小帐分布四周。近水处修一宫殿，面水开窗，檐脊上挂满银铃。每当月亮升空，她都面窗而坐，或赏月或吟唱，快活无比。每早都要面窗临水梳洗打扮，水面的微风吹动银铃，带来阵阵响脆的铃声，遂给宫殿起名为“银銮殿”。萧太后着实在这享乐了几年，谁知后来的日子里，发生了几次地震，萧太后也离此而去，银銮殿也就倒塌沉入淀中了。

四百年后的明朝，燕王朱棣在北京坐稳了江山，面对黄河以北因连年战乱而土地荒芜人烟稀少，于京师发展不利，所以必须充填人口，发展北方经济。虽然其父亲早已从没有战乱的山西和江南几次迁民，但仍然不见繁荣。一天他大发脾气，下令山西加大移民的速度和规模，并对山西官员移民不力严加斥责。这可吓坏了山西各级官员。急忙从太原、平阳、潞州、汾水、泌水等府、州、县急征居民一万户迁往京师腹地。

这天,一万多户乡民只带很少随身物品,哭哭啼啼集合在洪洞县汾河东岸的大槐树下。他们被告知全部东迁到地广人稀的京师管辖地带。允许他们随便垦荒,3 年不纳粮,官府免费提供一年的口粮和种子,不去者坐牢。就这样连哄带吓,将一万户农民东迁上路。那时没有现代交通工具,全靠步行,就这样走了一年才翻过太行山到达京师腹地。一过山西地界,这些移民看到地势平坦,河流纵横,土地肥沃,比山西条件还好,非常高兴,愿意落户。于是有的沿河,有的寻淀,各奔东西。其中很多人沿运河南行到距天津卫二十多里处的一个河湾,见其东北方向有一片汪洋水面。当时正是傍晚,红日西坠,火红的阳光将东边大淀上方的雾气照得五彩斑斓,宛如一层祥云。大家顿觉吉祥宝地就是此处。于是老者们聚到船头,大家议论到:既然官家让我们自寻出路,我们就到淀边有祥云的地方落户吧。当时就得到马、黄、韩、苏、温、蒋、杨、王几个大姓人家的同意。一夜过去,这几家的长辈找到领队官员,说明愿在此向东落户。官家立刻允许,给他们开具了晋民东迁的文书,填上各家姓氏和人口,并给足粮食和几条小船,任凭他们去了。

这几户人家沿着现成的河道驶向大淀,大约行了八九里路,就看见有一块三面环水的高地,四周长满芦苇,中间还有一棵大槐树。使大家联想起出发时是在老槐树下,一年后又在老槐树下落脚,非常高兴。立刻动手在此建村立户。此时,又有另外几户人家说到:看这水面一望无边,一定还有别的高地,不妨再寻觅几处看看,要是找不到好地方,再回来和你们相聚。蒋、韩等几家上岸后,其余人家继续东行。不料,三四年后,他们也都回到此处,并带来许多新户，从此这块高地人丁兴旺。人们不用种地，仅水里的鱼就打不尽吃不完。大家就给自己的新村起名“渔家铺”。以后为了吉祥，又改称“渔兴埠”。就在后来的二百多年里，这个大淀的四周竟建成二十多个村落，“渔兴埠”和另一个淀边偏东的村庄“大毕庄”结成姐妹村。这片水把这众多的村落滋养得五谷丰登、人丁兴旺。

有这么一天，鸡叫三鸣天已大亮，早已起床的黄家婆婆，煮熟了白米稀饭，又煮熟了几个咸鸡蛋，还切好一盘咸菜，拌上葱丝淋上香油，又在锅里起出金黄的玉米面饼子，一起在小桌上摆好。正在洗脸的黄老汉，一见小桌上的吃食，馋得直流口水。匆匆擦了几把脸，拉过小板凳，坐下就吃。黄家婆婆用手指了指黄老汉说道，你到淀北割稻子，干活加点劲儿，晚上回来我烧几条大鲫鱼，烫上一壶酒犒劳你。黄老汉连连点头，眼睛笑得眯成一条缝。对老婆说道，你擎好吧。就在这时，两个孙子，抱着他的大腿闹着也要去。黄婆婆说道，这两个小子水性不错，带着去吧。于是爷仨带上午饭，撑起小船向淀北驶去。小船一进淀里，他们就觉得平静的水面雾气腾腾，约莫一个时辰，太阳已升起一竿子高，只见西北方向的天空出现了一个高大的宫殿，在漂浮的雾气中时隐时现，非常壮观。黄老汉第一次见到这奇险的场面，很是好奇，急忙撑船迎了上去。谁知又过了一个时辰，雾气消了，宫殿也没了，而船也离大淀的北岸不远了。黄老汉想到刚才的情景，遂想起小时候曾听一个从运河来淀里打鱼的老翁曾经说过，大淀北面一圈是萧太后的养马场，每年有万匹战马在草地里养秋膘，还建有她的梳妆楼“银銮殿”。莫不是银銮殿显灵了？让我们不能忘了大淀的灵性……他们到了岸边，急忙收拾工具准备割稻，谁知两个孙子看到水边片片菱叶开着白花，颗颗芡实顶着红穗，急忙跳入水中，摘起菱角和芡实来了。看着两个小孙子的嬉闹,再看看自家大片沉甸甸的稻穗静静地低着头,一派丰收景象,让老汉心里美滋滋,不觉晕乎乎困了起来。一觉醒来已是下午,只见两个孙子早已上船闹着回家,黄老汉一想,今日反正也晚了,不妨明日再干,说着撑起船回家。此时红日已向西落下,谁知一个时辰后,在东南方天空的湿气中又出现城楼的影子。这时的城楼却是上下倒置好不奇怪。黄老汉在淀中一天的行船,竟两次见到宫殿的影像,而且相互倒置,心中顿生一个念头:这肯定是萧太后的梳妆楼银銮殿沉入淀里,现在显灵了,淀里一定有淀神。他让我们敬天畏祖善待大淀的风水。到家后,黄婆婆一看船上没有稻谷,刚要发火,老汉一拱手:"老婆息怒,不是我不干活,而是我今天遇见淀神显灵了,萧太后的梳妆楼银銮殿在天空出来了。"遂将看到的一切告诉了乡邻。大家一致同意黄老汉的看法,大淀就是地陷而成,以后就叫它塌河淀吧。

从此,大淀就被渔兴埠村民改称塌河淀了。村名也因渔兴埠念着咬嘴,由文人润色改成宜兴埠了,念着既顺嘴又雅致。并约定俗成在每年农历四月十八碧霞娘娘的庙会日时也附带祭祀淀神,不忘她养育了淀边的乡民。

(刊于《北斗星》2011 年第 6 期,总第 115 期)

塌河淀的故事

在今天北运河以东的地方，有一个面积一百多平方公里的大淀。这个大淀在宋辽时期，连同白沟河和海河，便成了宋辽对峙的边境防线。水边除去少量的军事寨堡外，没有居民。

一天，淀北来了一队辽国的女骑兵，为首的是文武都有作为，姓萧名燕燕的萧太后。她当时三十出头，英姿勃发，骑在桃红马上，向水面望去。水面宛如平镜，淀边水草茂盛，气候凉爽。她感叹到，天下竟有如此好的地方，这可比塞上的海子（草原上的湖）强多了。这里没有山峦的起伏，一马平川，水甜草清，冬天不很冷，夏天不很热，真是天赐的牧马场。遂急忙派人告诉坐镇析津（现北京）的儿子，让他派人在此处为她修建一处行宫。不到一个月行宫修好了。议事处是大小不一的帐篷，中间一座是50人拉手才能围起的中军帐。地铺红毡毯，小帐分布四周。近水处修一宫殿，面水开窗，檐脊上挂满银铃。每当月亮升空，她都面窗而坐，或赏月或吟唱，快活无比。每早都要面窗临水梳洗打扮，水面的微风吹动银铃，带来阵阵响脆的铃声,遂给宫殿起名为“银銮殿”。萧太后着实在这享乐了几年,谁知后来的日子里,发生了几次地震,萧太后也离此而去,银銮殿也就倒塌沉入淀中了。

四百多年后,燕王朱棣在北京坐稳了江山,但黄河以北因连年战乱土地荒芜很多,人烟稀少,于京师发展不利,虽然其父亲早已从没有战乱的山西和江南几次迁民,但仍然不见繁荣。一天他大发脾气,下令山西加大移民的速度和规模,并对山西官员移民不力严加斥责。这可吓坏了山西各级官员。急忙从太原、平阳、潞州、汾水、泌水等府、州、县急征居民一万户迁往京师腹地。

这天,一万多户乡民只带很少随身物品,哭哭啼啼集合在洪洞县汾河东岸的大槐树下。他们被告知全部东迁到地广人稀的京师管辖地带。允许他们随便垦荒,3 年不纳粮,官府免费提供一年的口粮和种子,不去者坐牢。就这样连哄带吓,将一万户农民东迁上路。那时没有现代交通工具,全靠步行,就这样走了一年才翻过太行山到达京师腹地。一过山西地界,这些移民看到地势平坦,河流纵横,土地肥沃,比山西条件还好,非常高兴,愿意落户。于是有的沿河,有的寻淀,各奔东西。其中有多人沿运河南行到距天津卫二十多里处的一个河湾,见其东北方向有一片江洋水面。当时正是傍晚,红日西坠,火红的阳光将东边大淀上方的雾气照得五彩斑斓,宛如一层祥云。大家顿觉吉祥宝地就是此处。于是老者们聚到船头,大家议论道:既然官家让我们自寻出路,我们就到淀边有祥云的地方落户吧。当时就得到马、黄、韩、苏、温、蒋、杨、王几个大姓人家的同意。一夜过去,这几家的长辈找到领队官员,说明愿在此向东落户。官家立刻允许,给他们开具了晋民东迁的文书,填上各家姓氏和人口,并给足粮食和几条小船,任凭他们去了。

这几户人家沿着现成的河道驶向大淀，大约行了八九里路，就看见有一块三面环水的高地，四周长满芦苇，中间还有一棵大槐树。使大家联想起出发时是在老槐树下，一年后又在老槐树下落脚，非常高兴。立刻动手在此建村立户。此时，又有另外几户人家说道：看这水面一望无边，一定还有别的高地，不妨再寻觅几处看看，要是找不到好地方，再回来和你们相聚。蒋、韩等几家上岸后，其余人家继续东行。不料，三四年后，他们也都回到此处，并带来许多新户。从此这块高地人丁兴旺。人们不用种地，仅水里的鱼就打不尽吃不完。大家就给自己的新村起名“渔家铺”。以后为了吉祥，又改称“渔兴埠”。就在后来的二百多年里，这个大淀的四周竟建成二十多个村落，这片水把这众多的村落滋养得五谷丰登、人丁兴旺。

有这么一天，鸡叫三遍天已大亮，早已起床的黄家婆婆，煮熟了白米稀饭，又煮熟了几个咸鸡蛋，还切好一盘咸菜，拌上葱丝淋上香油，又在锅里起出金黄的玉米面饼子，一起在小桌上摆好。正在洗脸的黄老汉，一见小桌上的吃食，馋得直流口水。匆匆擦了几把脸，拉过小板凳，坐下就吃。黄家婆婆用手指了指黄老汉说道，你到淀北割稻子，干活加点劲儿，晚上回来我烧几条大鲫鱼，烫上一壶酒犒劳你。黄老汉连连点头，眼睛笑得眯成一条缝儿。对老婆说道，你擎好吧。就在这时，两个孙子，抱着他的大腿闹着也要去。黄婆婆说道，这两个小子水性不错，带着去吧。于是爷仨儿带上午饭，撑起小船向淀北驶去。小船一进淀里，他们就觉得平静的水面雾气腾腾，约摸一个时辰，太阳已升起一竿子高，只见西北方向的天空出现了一个高大的宫殿，在漂浮的雾气中时隐时现，非常壮观。黄老汉第一次见到这奇险的场面，很是好奇，急忙撑船迎了上去。谁知又过了一个时辰，雾气消了，宫殿也没了，而船也离大淀的北岸不远了。黄老汉想到刚才的情景，遂想起小时候曾听一个从运河来淀里打鱼的老翁说过，大淀北面一圈是萧太后的养马场，每年有万匹战马在草地里养秋膘，还建有她的梳妆楼“银銮殿”。莫不是银銮殿显灵了？让我们不能忘了大淀的灵性……他们到了岸边，急忙收拾工具准备割稻，谁知两个孙子看到水边片片菱叶开着白花，颗颗芡实顶着红穗，急忙跳入水中，摘起菱角和芡实来了。看着两个小孙子的嬉闹，再看看自家大片沉甸甸的稻穗静静地低着头，一派丰收景象，让老汉心里美滋滋，不觉晕乎乎困了起来。一觉醒来已是下午，只见两个孙子早已上船闹着回家。黄老汉一想，今日反正也晚了，不妨明日再干，说着撑起船回家。此时红日已向西落下，谁知一个时辰后，在东南方天空的湿气中又出现城楼的影子。这时的城楼却是上下倒置好不奇怪。黄老汉在淀中一天的行船，竟两次见到宫殿的影像，而且相互倒置，心中顿生一个念头：这肯定是萧太后的梳妆楼银銮殿沉入淀里，现在显灵了，淀里一定有淀神。他让我们敬天畏祖善待大淀的风水。到家后，黄婆婆一看船上没有稻谷，刚要发火，老汉一拱手：“老婆息怒，不是我不干活，而是我今天遇见淀神显灵了，萧太后的梳妆楼银銮殿在天空出来了。”遂将看到的一切告诉了乡邻。大家一致同意黄老汉的看法，大淀就是地陷而成，以后就叫它塌河淀吧。

从此，大淀就被渔兴埠村民改称塌河淀了。村名也因渔兴埠念着咬嘴，由文人润色改成宜兴埠了，念着既顺嘴又雅致。并约定俗成在每年农历四月十八碧霞娘娘的庙会日时也附带祭祀淀神，不忘她养育了淀边的乡民。

（刊于《北辰史志》总第6期，2014年6月）

天津首家野禽专营店"协利永"

六百年前的明代，永乐皇帝把山西洪洞县老槐树下的乡民迁到天津一带，其中有多户在离天津城20多里的塌河大淀边住了下来，并发展成该村的大户。他们给村取名：宜兴埠。要说这塌河大淀，本是离天津城最近的一个澙湖，何时形成早已说不清楚。反正天津东北方向的各河各渠的水量全靠它调剂。旱时它泻水灌溉，涝时它蓄水纳洪。天津的发展和安全也着实靠这大淀。而淀边的宜兴埠依赖着大淀的滋养，朝气蓬勃。当时这个大淀方圆百里，碧波荡漾，绿色的芦荡布满淀边，红色的荷花和白色的菱花灿如云锦。多条减河在此会聚，水运网络四通八达。各种水鸟在此觅食，淀边十里稻香。它产的白莲藕又白又嫩，煮着吃清香甜面，炒着吃脆爽可口。紫皮菱角皮薄肉细，剥出的菱角米成了天津人不能离口的好吃食，还有那锅盖大的绿荷叶也成了商家包鱼包肉不沾水的包装纸。嫩荷叶则成了各大药铺的上等原料，把它阴干磨粉就成了化湿痰、败心火、养神安眠的好药材。就靠这片水这些出产，600多年来把这个村滋养得人杰地灵。

转眼到了清朝的乾隆年间，有一户姓孙的人家从金钟河畔慕名迁到宜兴埠。他家有一套绝活，就是打野鸭、捕大雁。靠这种本领，孙家成就了本村的野禽产业，并将宜兴埠变成了天津经营野禽羽毛行当的中心，在天津独操牛耳近百年。天津本来多水，为何仅有宜兴埠人能执此业，全凭天时地利与人和。先说天时，天津自打建城设卫后，发展极快，人口剧增，商业繁荣。人们所需的各种物品，种类多数量人。天津人还养成了吃海鲜吃飞禽的高档饮食习惯。再说地利，天津是候鸟每年两次迁徙的必经之地。每年春天，候鸟从江南飞往中国的东北和俄罗斯的贝加尔湖一带，在那儿产卵繁殖后代。到了秋天，又老少成群地返回江南过冬。地上的水面就是迁徙路上休息觅食的落脚点。塌河淀是天津最后消失的水面，所以宜兴埠人能将此行业坚持到最后。而人和，就是在淀边世代生活的人们养成了吃苦团结互助的团队精神。人人都是驾船捕鱼的高手，也是打雁捕鸭的能人。并形成了天津一带，最大的雁户队伍。雁户中的孙姓人家始终起着带头人的作用。

到了咸丰年间，孙家又生了一个男孩，取名年宝。年宝从小跟着父亲，驾舟织网，捕鱼捞虾。那年月，穷人的男孩，从小就要随父辈学习谋生的本领。他父亲教他的第一件事就是学会游泳。他 4 岁时的一天，背立站在船头，认真地看着父亲撑船。只见父亲灵活地用篙，将小船撑得飞快，驶向淀心。因为淀心水深鱼多，这时，父亲照例用手捧起水来朝他脸上泼去，为的是锻炼他从小就不怕呛水。他正满不在乎地嬉笑，谁知他父亲忽然轻轻一推，将他推入水中。他顿时吓得大哭，拼命挣扎连喝了好几口水。谁知他这一挣扎，身体也翻过来了，头也抬起来了，只见父亲站在船中，一边用手比画，一边喊到:“用手扒水,扒水……”不知是求生的本能还是明白了父亲的意思,年宝的小手快速的扒起水来,谁知一扒水,身体也浮起来了,而且往前走了。但只游了两三下,就没了力气。眼看要沉底,只见父亲轻轻跳入水中,双脚蹬水,游到他的侧面,一手托起他的肚皮,一手抹了一下他脸上的水,笑着说道:“别害怕,沉不了底,现在你就跟我学凫水。游水时,头不能太高,两腿缩回后蹬,两臂要前伸,再分开向后拨水。”他试着做了几下,总怕呛水不敢低头,结果游得特别慢。父亲说到:“你不会换气,回家学憋气吧。”晚饭后,父亲端来一个大木盆,里面装满清水,对年宝说到,你先用嘴吸一口气,要尽量多吸,再将脸浸入水中,再一点点用嘴吐气。并先做了一个示范。小孩也许好奇,很愿意做,一下一下地一直做了十几次。最后父亲说:“你吸气越多,在水里憋气的时间就会越长。以后在水中游泳时,不能用鼻子吸气,要用嘴吸气。这样吸进去的水就会顺口吐出来。游泳时要想游得快,头不能抬高,要在水下吐气,然后仰头张嘴,气就自然吸进去了。”年宝就这样学会了游泳和潜水。10 岁时就会在水下潜泳,有时,时间能长到一柱短香的时辰。到了 17 岁时,他又从父亲那里学会了装火药、开排枪、织天网的本事,20 多岁时,他竟成了熟悉各种野禽习性的行家,并把这些本领全部传给了儿孙。

至此,孙家的后代个个都继承了年宝的这些本领。他家春秋两季,打大雁捉野鸭,平时就贩卖鸡鸭和蛋类。日子虽然辛苦,但温饱有余,逐年发展,等到孙子辈成人时,孙家已被天津人称做“鸡鸭孙家”了。孙家的传统是子继父业代代相传,长孙恩发,次孙恩禄,两人这方面的本领都超过了其祖父孙年宝。他们在以后的生意岁月里,成了天津野禽行业的专家。

起先，兄弟二人，每日早起挑担进城到官银号菜市贩卖野禽，慢慢结识了“裕顺德”鸡鸭店的掌柜。并租用他半间门脸存货，还允许他代销。谁知，“裕顺德”的鸡鸭卖不动，而代销的野鸭大雁卖得红火。一年下来，“裕顺德”鸡鸭店，欠了孙家三百多元，“裕顺德”改成了孙家的买卖。孙家弟兄靠挑担起步，竟在天津官银号大菜市创立了第一家专营野禽的商店。弟兄二人虽不富有，但经常为救济院捐款，两个穷孩子要干大买卖，让救济院的文案穆先生非常钦佩。他提起大抓笔，写下：“协利永”三字为字号，金字黑匾很是气派。

1941 年，日伪政权将社会上重要物资全部统配，许多商家因此而倒闭。“协利永”旁边有一家“利发源”海货店，也将倒闭。此店有两间门脸，一个仓库，柜台货架齐全，还有电话一部。但要价一万元，兄弟二人资金不够，又有心将买卖做大，遂找到静海县刘宝文兄弟三人，让他们合作投资。刘家卖了一百担麦子，再加上宜兴埠村的张在田入伙，凑足一万元，将“利发源”盘过。这样，“协利永”的规模扩大了一倍。人员也有了十几名。大家公推孙恩禄为经理。孙恩禄是一个胆大心细、精明强干的行家里手。他将店内全部员工进行了明确的分工，刘家兄弟负责天津以南的野禽收购，孙家兄弟负责天津北边的野禽收购，其他人员，各有其职。因地点好、字号响，天津周边的野禽都转向了“协利永”。每年的收购季节，一天可售大雁一千多只，野鸭三四千只。丰产时期载满大雁野鸭的船只，依次排在金钢桥下，等待卸船。这么大的一个买卖，运转起来也着实不易。因为野禽是时令产品，旺时如山倒，淡时静悄悄。所以旺时要组织大量人力，突击加工。平时各大饭庄又要保证供应，野禽肉的利润极低，不搞多种经营商店无法维持正常开支。但这没有难倒孙恩禄，他想起许多收羽毛的人天天到各个野禽店去收购那些羽毛，就证明羽毛一定有人要。

当时，天津是华北地区土特产出口的基地，天津有“宝德生”和“赵寿柏”两大羽毛庄。它们资金雄厚，出口渠道畅通，但要求羽毛标准高、质量好、数量大，它们也急需一个能常年供应羽毛的基地。得知天津有了第一家专营野禽的大商店，就找上门来要求合作，并能先付款后提货。但是要求按规格分拣，优质优价。这可难坏了孙恩禄，因为他要面对出口的标准及不同客户的需求，就必须掌握货源的来龙去脉，就要将野禽栖息的水面调查清楚，还要稳住源头，团结雁户。孙恩禄知难而进，刻苦学习，由自己打自己卖的单干户变成了收购、加工、批发、零售、内销和出口的一条龙商家。

既然羽毛的利润大于野禽肉的利润几十倍，他就提出了以副养主，分解野禽各部位的价值资源，分别经营的方针。为落实这些个策略，孙恩禄登门拜访了“和记”工业社的技师付先生。“和记”工业社是一个制作教学用具的工业社，而付先生则是博物馆博物标本的制作师，他制作的动物标本栩栩如生，是各个学校争购的好物品。他经常来店里寻找一些个体匀称、伤口小、羽毛漂亮的水鸟，时间长了，和孙恩禄有了很深的交情。一天，孙恩禄正式向付先生提出，学习这些水鸟的知识。付先生非常高兴，说道，你先跟我学鸟的分类吧，鸟的分类对你最有用。我先送给你一本日本出版的《鸟类图鉴》，你仔细看，你认识的鸟就在旁边用中国字把它标上，然后我再告诉你它正式的名称。孙恩禄和野禽打了几十年交道，一看就明白，把平时这些鸟的俗名标在图鉴旁边。这样一一对应，这些水鸟的学名和俗名他都记住了。然后，付先生又把这些水鸟的生活习性、迁徙觅食规律一一讲述。有了这些理论和实际知识，孙恩禄的鸟类知识和收购能力有了更大的提高。以后，每当雁鸭收购完毕就立刻先科学分类再统一取毛,这样,从事羽毛出口的羽毛庄非常欢迎他分好类的羽毛。

羽毛庄的老板还告诉孙恩禄,有的野禽正羽非常值钱。如:绿头鸭翅膀的第二层翎子和螺纹鸭翅膀根的十几根翎子更值钱。以后凡是遇见这类翎子一定小心取下,羽管不能折断,这是西洋妇女帽子上的装饰物,是以支论价的。野鸭的绒毛,你有多少我们收多少,这样"协利永"羽毛的利润超过了野禽肉的利润,做到了以副养主。一次,"宝德生"老板领来一个外国人到店里,要买好看的翎毛。孙恩禄将平时有意留下的几十支拿出来让他挑选,他选了十支竟给了一百元。这时,孙恩禄又从一个小盒里拿出一只翎毛,用手举起,对着阳光旋转。羽毛上油亮的光泽竟然出现了彩虹般的颜色。他把这支羽毛递给外国客人,问道:"这支羽毛你们要不要?"外国客人举起羽毛在阳光下旋转了一周,然后说道:"我要,我要!"孙恩禄说道:"这支翎毛很贵,少于一百元不卖。"谁知,对方竟欣然同意。事后才知道,他是英国商务参赞。这几支羽毛,回到英国要送给皇室的夫人们做帽饰。

人们都知道,天津人讲吃会吃,天津菜好吃,这是因为天津菜脱胎于中国第一菜系,鲁菜。鲁菜又源于鲁东的环海地域,因地域物产丰富,文化发达,造就了鲁菜的高贵与大气,它一直是皇室与贵族乐于享用的菜肴。它因原料丰富、山珍海味、无奇不有,刀功精细、色泽透亮、口味咸鲜称著于世。天津菜不但继承了鲁菜的风格和优点,还融入了天津的地域风味,那就是在菜品中,加入了飞禽和野味。其中"聚合成"最为著名。这"聚合成"饭庄本是清代的字号,最早建在运河边的繁华地带"侯家后",以后又迁到南市,最后迁到租界地,是天津"八大成"中规模最大的饭庄。自己设有酒席处，承接各种红白大事的宴席。能成为它的原料供应商，是各商家巴不得的好事，但它看中了“协利永”。它只从“协利永”一家进货，他们做出的扒(野)鸭、烧红腿、溜鹊脯、炸铃铛，是天津美食家们推崇的名吃名菜。

当时，天津“跑合”的经纪人有一个习惯，在谈成一次买卖后，都要在聚合成的雅间吃上这几种菜，再喝点酒，放松地享受一把。一天，京剧名票金少山专请扬子云大律师吃饭，他们来到聚合成。这扬子云律师是京津一带的名律师，吃过见过，看了看菜谱，点了扒鸭块和烧红腿。这天还是早春，“聚合成”没有野鸭，用家鸭代替，虽然精工细做，但吃时感到油太大太腻，肉太软太绵，有些不快。对跑堂的说道：“都说聚合成的这些菜是天津的绝活，现在看来不怎么样。”大堂听后连忙解释，实在对不起，现在野鸭没上市，临时用家鸭代替，口感自然差些。您这次包涵，过几天给您重做，送到府上。律师仍不高兴。就在这时，“协利永”的伙计将两只大个头的绿头鸭送到，厨子赶忙下灶制作。杨律师吃后连忙说好，并高兴地说到：“以后每月给我家送两次，让我的家人都尝尝你们这道菜。”从此聚合成饭庄的菜谱上，凡是野味菜的后面都注明“官银号协利永专供”的字样。两大商家携手了几十年，共荣共兴。

“协利永”在全体同人的辛勤努力下，业务稳步发展。到20世纪三四十年代，已能控制天津全市野禽的行情。他们春秋两季，天亮前2点到3点开盘定价。把货物按级别分类再依次批发给饭庄、公馆、大户、小贩。野禽肉虽然很便宜，普通人仍然吃不起。“协利永”没有忘记底层市民的需要，他们把饭庄不要的翅膀尖、胗肝、鸭肝、鸭心八分钱一套卖给小贩。小贩把它们卤好再叫卖于市。当年河东堤头一带每到傍晚，总能听到推车小贩们喊着：胗肝翅膀。百姓们花一毛钱，就给孩子们解了馋。有些个大的雁鸭胗肝就用盐、酒、糖、香料和硝，淹好渍好，风干后卖给辽宁路稻香村南味店，专供舞女和宁波人吃着玩。

饭庄不要大雁，大雁主要供给酱货店和小贩。他们用老汤把大雁煮熟卤好，推车叫卖。有人买时，可以白送两勺卤汁，若专买卤汁，五分钱给一碗，和白菜一烩就是一家的好吃喝。“协利永”在售货的每个环节都兼顾了各个阶层。这些民间风味小吃，也是天津饮食文化的可贵成分。

1956年，“协利永”完成了公私合营，归入了天津食品公司。正值新中国第一个五年计划实施阶段，国家急需外汇，而我们出口换汇的大都是土特产品。孙恩禄精于此行业务，组织野禽和田鸡肉出口，为国家换得大量外汇。因贡献突出，被提升为工段长。1973年，外贸部在西安召开中国土产进出口工作会议。天津派出孙恩禄为代表。他在会上介绍的经验得到一致好评，会后被邀请到西安和延安等地一些基层单位讲课，培养了一批土产收购人员。鸡鸭孙一家世世代代没有什么惊人之举，但他们世代接受着北辰地区风土人情的熏陶和培养，又迫于生计而刻苦努力，终成一门行当的专家，也推动了一个地区的经济发展。这些很值得我们永远怀念。

（刊于《北辰史志》总第9期，2014年12月）

杨柳青年画中的生态美

杨柳青水美、人美，到明初，已是京杭大运河畔的大码头、大驿站。此时的杨柳青河中舟楫不绝，物流、人流繁盛，岸边杨柳成林，青翠叠嶂。良好的生态环境为民间艺人提供了自然景观，也使他们产生了心理景观，促使他们创成了融南北风格为一体的年画——杨柳青年画。

杨柳青年画是最亲民的绘画种类之一，处处体现着百姓的祈盼，其画意往往包蕴着天人合一、敬畏天地、珍惜资源、保护生态的思想。杨柳青年画的背景画面，也大都有突出鲜明的生态美的意境。

在杨柳青年画的发展史上，有三位里程碑式的人物：钱慧安、高桐轩、阎子阳。钱慧安把宋代江南细腻的画技挪入民间绘画，使其提高了档次。高桐轩用写实的技法来表现社会生活和历史故事，他注重比例，让每幅画的背景都能达到层次丰厚有序，增强了年画的表现力和感染力。阎子阳除保持以上特点外，还让绘画带有提升道德、鞭挞丑陋的社会教化功能。他们在杨柳青年画背景的表现上有一个共同点，就是对各种景色都使用多种层次的表现手法。画面上的一草一木一亭一榭，都要点缀出地点环境和岁时月令，对人物故事要表现的喜怒哀乐给予最恰当的衬托。画春景用花茂表现朝气和快乐的氛围，画秋景用月圆表现人们团聚的惬意，画冬景则多用桥面人少暗示冰天雪地河上可以走人，故桥面人迹稀少。夏季画面，亭台楼榭较多，呈现人们多在近水处、遮阴处纳凉避暑。这些背景所突出的生态景观，极大地提高了年画的艺术感染力，也使得画面中的故事更加鲜活。

杨柳青年画的作者们把突出环境特点作为创作背景的要诀。"作画先点题，春夏秋冬要相宜，经史诸子各故事，配景恰当画出奇。"高桐轩所画的《瑞雪丰年》，展现出冬天宁静中的惬意。画面上雪厚松挺、腊梅吐红、青竹婆娑，"岁寒三友"在瑞雪中展示着自己的个性和风采，提升了年画的意境。

辛勤劳作、祈盼丰收是中国农耕文化的永恒主题。《同庆丰年》这幅年画里，在一块新筑的场地上，中年农夫正赶着黄牛轧场，其左有一年轻农夫用木锨扬场，再左有一年长的老人，正端详着他们的劳作——年岁大了，干不了重活了，但有看场指导的资格。其身后的小孙子正给大人们从泥壶中斟水。在画面的右面，年老的妇人正在哄看着另一个孙儿。年轻妇人背着自己的孩童也在看场，而一条大花犬正温顺地偎依在其脚下。另外两个小姐妹正在柴门旁私语，几只公鸡和母鸡正啄食着扬场散落的谷粒。轧好的谷粒，或装袋或装筐或盛箩。最具动感的，是通过柳枝的飘动告诉人们此时天气晴朗而略有微风，最适合扬场。天空中的雀鸦在低空盘旋,寻食地面的谷粒。村中的房屋、院落、池塘以远处的青山为背景,很高的柴草垛和碾米的碾子置于屋前。这幅年画呈现出农耕文化里蕴含的和谐、安宁和生态美。

(刊于 2013 年 12 月 22 日《今晚报》)

故里风情

中山路，天津迈向近代的第一步

1900 年至 1949 年是中西文化剧烈碰撞的时期。

1902 年袁世凯来津就任直隶总督，在一批有进步思想、先进知识、熟谙中西文化的专门人才周学熙、卢木斋、严修、林墨青等人的积极建议和具体运作下，袁世凯把天津作为新政的实验基地，并把目光投向了金钟河以北的"新河北"。

"新河北"东有铁路，西有运河，南临金钟河，北有新开河，四条天然界限便于控制和管理，且没有村落影响开发。因此，1902 年总督衙门迁至"慈禧行宫"（现金钢公园），为开发此处定好了坐标。

开发先从交通做起。一是修建新的火车站，解决在租界上下火车的诸多不便。二是在衙门旁的北运河上建一座便于和旧城区联系的铁桥。三是修筑其间的大道。1903 年 1 月 30 日新车站（现北站）建成。11 月金钢桥建成。它们之间长 2.4 公里，宽 24 米的大经路（现中山路）也随之建成了。随后向北修建与之平行的二、三、四等马路，和与之垂直的天、地、元、黄等纬路。短短几年，天津第一块靠国人力量，经统一规划的棋盘格式的河北新区建成了。为加强新区的建设管理。连续公布了《开发河北新市场十三条》和《变通现行章程十三条》。很快，衙门、学校、工厂、商店等新建筑整齐林立。至此，“新河北”已经成为天津最有朝气的新区。至 1911 年，此间新建和迁来的衙门和“机构”有：直隶劝业道（直隶工艺局，在新车站附近）；直隶提学使署（现河北区少年宫处）；天津府、县劝学所（现宁园南）；直隶交涉使署（现十中北院）；天津审判庭（现第二医院后门对面）；顺直咨议局（现中山公园后门）；北洋银元局（现大悲院内）；天津造币总厂（现宇纬路对面储蓄所）；工艺总局所属的劝业铁工厂、教育品制造所和陈列室、种植园、实习工厂等机构都在该区域有秩的建成。新建的文教卫生机构有：北洋军医学堂（现新开河南岸）；直隶高等工业学堂（现黄纬路）；图学算堂（现天纬路小学）；大才女吕碧城创立的女子公学（在三马路）；北洋女子师范学堂（现天津美术学院）；北洋法政学堂（现武警二支队处）；直隶水产学堂（现水产前街）；北洋师范学堂（现志成道中学）；天津第一个图书馆——直隶图书馆和中国第一个学术团体——中国地学会也都在此区域建成。这些机构的建立及其所开展的政治、经济、司法、教育和文化等活动，开创了许多中国之先，天津之最。它是天津迈进世界潮流的第一步。它的形成和发展既为旧民主主义革命提供了舞台，也为新民主主义革命创造了条件。

李大钊、周恩来、邓颖超等老一辈革命家在河北的革命实践不是偶然的，历史注定了“新河北”在天津近代政治、文化、经济中心的地位。

（刊于 1995 年 12 月 1 日《河北报》）

小王庄史话

一、小王庄的来龙去脉

小王庄所指的地点是该地区发展变化的一个原点，它早已淹没在成片的里巷、密集交错的街道之中，以至于人们每每见到这片工商兼备、人口密集的小区时，赫然入目的是小王庄大街，水泥浇筑的路面两旁朴素而齐全的商店，人们大都知道小王庄大街而不知小王庄，只知小刘庄大街而不知小刘庄。这一现象都是20世纪初该地区地形地物变化的结果。1893年前，该地区仅在北运河沿岸有几个明代就形成的村落，它们是：堤头、辛庄、席厂、于王庄（现东于庄）。村四周除少量农田外大都荒凉。1893年由北运河东侧的堤头减河故道开挖成现新开河，并在堤头村南二河交汇处修建滚水坝。到1910年12月津浦铁路线北半部通车，该铁路由东南向西北在小王庄地区穿过，大大地改变了该地区地物地貌，也改变了该地区的经济生活。原因是在修建铁路的过程中为取土垫基在铁路两侧形成大量一丈多深的水坑,有的水坑至20世纪80年代才填实。再者铁路开通使堤头村东面的地区活跃起来，因在修路征地过程中私地成官地而沿路两侧又无人管理，遂在许多水坑边的高台上有了多个一家一姓的居民点。如小郭庄、小刘庄、小王庄等。为什么小王庄成了显著地名呢？因为它占的位置特殊。它离新开河很近，又位于该地区中心地带,它是宜兴埠人王姓在此养鸭子的地方。宜兴埠本原是塌河大淀边的一个渔村,人们有打大雁、打野鸭的习惯并形成了他们的一个行当。当时津门各大饭庄都让他们提供原料。这些大雁野鸭除了为津门菜肴提供了扒野鸭、烧红腿、溜鸭翅等名菜外也为这一地区人们提供了便宜的小吃。由于鸭子畅销,王姓到此地养鸭,并得“鸭子王”的称呼。其原址就在同义里(现同昌里)附近,当时四周仅有少量菜地和乱坟,并有通于王庄(现东于庄)的土路。为便于经营自然叫起“小王庄”了。随着社会的发展,同义里、吉德里、安定里等成片住宅建成。小王庄仅有地名而无地址了。至抗日战争前该地区发展很快,以前人们购物还要西行至堤头大街,其东侧的小刘庄也被通宜兴埠的道路所湮没而仅留下小刘庄后街了。小刘庄旁的土路因水路退化旱路发展,在1930年前后终于形成了小王庄大街。以后大街两侧沿纵向发展成街区,而堤头村因位于一隅之地而较闭塞,中心地位让于小王庄大街了。并使其北连进津的郊县,南连进市的几条“纬路”,一举成为市郊缓冲地带和水陆要冲,为其发展提供了地缘条件。

二、门类齐全的商业区

天津众多的商业区和商业带大都店铺林立,商风淳厚。人们在此不但能购物，还能悠闲遛街，交流感情，获得信息。它们的布局极有规律，一是有明显的四界，二是外部必须畅通而内部都比较拥挤，且门类必须齐全。小王庄地区既能满足人们消费，又是进入市中心商业区缓冲地带。20 世纪初袁世凯规划新河北，在与新开河垂直处修建多条纬路。其中元纬路、黄纬路北端是北洋实业和教育基地之一。小王庄与它们仅一河之隔，往北的铁路涵洞又使小王庄土路成为大街，并和后建的京津公路衔接。这样，一块地域大且便宜的地皮吸引了众多目光开发和建房。从 1910 年至 1930 年，成片的住宅和商店建成，并出现过乐户和烟馆。1928 至 1936 年由于社会相对稳定，这里发展迅速，新中国成立初期又有所发展。据现有资料统计规模较大的店铺有 50 多家，较小店铺有百十户。当时该地区是两纵六横的道路格局。其间有许多空地，天津北乡及冀东、东北干山货老客商人和赶脚搞运输的骡马大车进市前正好在这休息存货，联系交易，促使多个货栈建成。小刘庄后街有三义成栈、公兴源粮栈、宏发仁货栈、永兴诚煤栈。小王庄大街有公记货栈、永山栈、庆记大车栈。小马路有永聚花栈（棉花货栈）。吉德街有铜陛栈、赵家老店和集兴货栈。在德善街还有华通客货粮栈。就连山西人开的德冒公大颜料庄也在聚昌烧锅后建有北栈。每年秋冬季节，山货、干货、棉、粮、油等大宗物资运到这些栈里。栈里既包吃住，又管储运，又有经纪人介绍和包揽业务。每年秋后至冬底好不热闹。开春后各种柴草苇木料源源运来，各路商人云集交易。人多首先要吃，米庄面铺纷纷建起，较大的有小王庄大街两侧的印生米庄、公济米庄、永立成米庄、德义恒米面铺和杨桥大街上的同义米庄。在新中国成立初还建有永庆成玉米粉厂和鸿义成香油作坊。它的香油质量极佳,远近闻名。吉德街东口南北两侧建有规模很大的穆记羊肉铺和金茂永干货花生店、庆丰永杂货庄。抗日战争胜利后,在小王庄北端又出现了平津油行、四合汽车行、东北木号等新商家。之前建成的同心饭馆,它的猪肉包子和扒肉条很受欢迎。鸣达堂药店、博文照相馆及幺家线店、李大眼肉铺联成一线。同春书场、联华书场、小王庄大街北口的浴池也都开始营业。此时小王庄地区仅水铺就有 5 个,小吃、理发店、修理、电料、杂货等摊点比比皆是。吉德街东口还形成了较大规模的鱼市。1939 年天津周边地区大量难民拥入小王庄,各种小商小贩倍增,人们为了谋生,五行八作无人不干,这时的商业还能基本满足劳动大众需要。1949 年 1 月 15 日天津解放。小王庄是天津最早成立工会、最早组织生产自救地方之一。各行各业的自救又使商业有了发展。1956 年后小王庄的商业进行社会主义改造,使绝大部分货栈和较大的门市保留下来。它们或改成旅馆或改成大车店、马集或土产门市部。其他商店则并转调整。1958 年后网点大量合并但门类还算齐全。至 1965 年小王庄已呈现新的欣欣向荣的景象。国家在计划经济模式下将小王庄大街建成商业一条街,除旧有商店外,新建的有大众食堂、京津百货商场、回民饭庄、京津电影院、京津理发馆、五金电料行、自行车门市部、吉德街大副食店等中型设施。全国第一批从匈牙利进口的 4 路浅米黄色高速柴油大客车平稳地行驶在小王庄大街上,路两侧商店整洁干净。当时新开河以北的居民购物到小王庄就可以了。它已成了新的门类齐全的商业区。随着道路的拓宽,旧貌已不多,原有的商业点已完成了历史使命,但我们不要忘记开发建设、发展该地区商业的先人们。

三、衣食住行乐琐谈

小王庄地区除堤头辛庄早有先民定居，其余皆是迁徙而来。该地区因近河、近铁路，去乡、下卫十分方便，又因谋生容易，故人口每个阶段都有增长。除去众多店铺的主人是些殷实人家外，余皆劳苦大众。他们生活艰苦但却方便，人们的衣、食、住、行、乐都和津人大同小异。因地缘造成的职业特点也使他们的生活多了许多特点。

衣着服饰方面，有资产的长袍马褂，无资产的冬天都有一个二大棉袄和毡帽，腰扎一条大布带。脚行扛活拉车则是靸鞋、坎肩，腰扎硬板带。妇女们负担最重的活是纳鞋底，为男人们做鞋。为了让鞋结实，新鞋做完就让鞋匠打上皮包头。主食是玉米面、杂豆面、小米面、高粱面混制的饼子和窝头。当时因玉米面销量大，印生面铺和同茂生的面铺都有电动大石磨供应大宗玉米面。由于该地区店铺多，每年大宗物资土产在此储存交易，一些质量较差的物品往往贱卖，这又使穷人得其实惠。金茂永店里较瘪的花生、较陈的崩豆往往是一个大铜子买一柳条簸箕。红果 5 分钱一大串。黑枣、榛子、核桃都不贵，在抗日战争前人们生活还是较为可以的。此地仅在安定里后街有一清真寺，在刘庄后街有一供育婴堂使用的小教堂，所以中国人的岁俗宗教活动都有。但和吃有关的时令人们决不放过。如从阴历初一至初五决不做饭，立春必吃紫色萝卜和薄饼。正月十五吃元宵，看灯。二十五在院中用草木灰圈成圆囤状再放些粮食和撕下窗上的吊钱填入，称作“填仓”。二月初二吃焖子，四月二十八药王节，东于庄许多小贩到宜兴埠去卖些杂耍，顺便也光顾这里。五月初五家家吃粽子，儿童们背后脖领上缝制一串老虎耷拉。门框上插上一把艾叶以避秽驱邪，凡此种种。因小贩太多，特别是宜兴埠、东于庄的小贩也到此谋生，更是杂耍小吃应时必至。夏天卖冰镇梅汤，冬天必有烤山芋。什么江米藕、牛羊杂碎、炸果子摊煎饼、京糕凉粉、江米黄米切糕……小孩们从早到晚，花几分钱就可吃上几样。早上热闹，晚上更方便，酱肉和酱杂样儿要贵点，不是人人可享用的；但天黑还有人在胡同卖崩豆萝卜，青果金橘也是一二分钱的事，还有拎着大提盒收活儿、绱鞋、租小人书的。天特热时还有专门为妇女们卖芭兰花、晚香玉的。家家从早到晚不用储存物资，从煤球、劈柴、麻秆、荞麦皮到各种小吃物品只要有钱就行，真是方便。有几样得专门说说：一是香草；多为宜兴埠人从野地割来，它属于蒿类植物，将其阴干，成把插在桌上瓶内，淡淡清香久释不竭。实际是挥发油在起作用。一是刘记蜂糕，小关有蜂糕刘，专用缅甸金豹大米磨碎发酵再加上糖料食色和果脯蒸熟后，孔隙如蜂巢，放入口中松软香甜爽口，是老少皆宜的食品。每日下午至傍晚用玻璃面大提盒拎着叫卖。另一是做卤鸭剩下的鸭杂儿和卤汤5分钱一大勺，用它烩白菜下饭又是大众廉价美食，使人不忘。

小王庄大街西侧多是20世纪初开发出来的成片住宅，而东侧多是水坑空地和窝铺，日本统治时期窝铺增加很快。人们平时外出大都步行，舍不得坐胶皮车，使拉胶皮的人多进入市中心找活。身上脏了到旱桥头花一角钱去洗澡。先在池内泡泡，再用小木桶盛些净热水冲头，澡堂没有暖气，靠火墙火地增温，十分暖和。玩的地方是书场，在抗日战争前小马路就有了同春，而后有了联华、民生，共三个书场。从早到晚多部评书和西河大鼓上演，来的演员多为西河“梅”字辈的门人，多能西河兼评书，其中宗氏的《三侠五义》，最受欢迎。人们花上一角钱能听上一小时。因老客多、赶脚的多而场场爆满，本地人也乐于前往，小王庄虽然也出现过妓院和大烟馆，但大都自然消亡。小王庄的人们旧时的生活是简朴而有生气的。

四、工业的形成与发展

小王庄，不仅是门类齐全的商业带，还是天津少有的工业区。这块不大的区域，密集排列着机械、化工、印染、色织、造纸、食品、制革、烟草等轻重工业厂家15个。它是旧中国留给天津的宝贵财产，是天津工业起步的基础地域之一。无论是新中国三年国民经济恢复时期，还是以后的天津经济调整阶段，它们都做出了巨大贡献。天津人不会忘记动力机厂的高速柴油机；光荣酱油厂生产的红钟牌、光荣牌原色酱油；第一印染厂生产的纯棉花府绸；第一染整厂生产的涤棉什色府绸和线绢；提花织物厂生产的提花大浴巾；长征造纸厂生产的马头牌餐巾纸。这些产品享誉国内外，它们增加了国力，丰富了人民生活，为国家创出可观的外汇。

早在1929年，住在四马路的陈调甫先生，在小王庄河堤西部菜园子投资8000银元，购地7分，建房9间，建立了永明油漆厂，并于1931年利用我国独有的桐油调成一种新型酚醛漆。它将垄断我国市场的美国瓦利斯清漆击败，这就是我国涂料界第一个名牌产品——永明清漆。而后在杨桥大街和安定里后街有出现了一些织毯、轧胶等小厂。但大规模建设现代化工厂是1937年日本帝国主义侵占天津后。以前小王庄的经济成分主要是商业，而且东西地区不平衡。西部已无空闲地皮，东部除永平里建有少量民房外，其余仍是荒地、水坑、坟茔和散在其间的穷人窝铺。日本的侵华战争和1939年华北地区的水灾使天津周边郊县大量难民涌进小王庄。该处的劳动力特别廉价，为该地区工业发展提供了人力资源。这时期正是日本大肆对我国进行经济掠夺的战争时期。大量的日资流入小王庄，遂使东部在1941年连续建成4个规模大、设备新的大工厂。1941年，沈阳人林孚治和崔善之(朝鲜人)，在小王庄后街三义成货栈以东投资40万元，占地15200平方米，建成天津染织厂。当时该厂设有织、染两部。从1942年为日军加工草绿布，日产1200匹，是当时天津规模最大的织染全能工厂。同年，日商有光龟雄、有光良助投资1000万日元，占地2644.8平方米，建成二菱酱油厂。1942年日军1820部队将该厂改为军需供应厂。其原料由日军提供，产品全部收走。其日产量达110石(重量单位)，并在8月组建二菱酱油株式会社，成为华北最大酱油厂。往东还有两个工厂，一是江商洋行开办的兴亚铁工株式会社，一是日商杉野一三等人投资生产军用棉毯的泰兴纺织厂。到1943年前者又发展成华北机械株式会社。在两三年的时间里流入小王庄的日资达近亿日元。这些厂家对工人进行了残酷的剥削，工人每天工作12小时，工钱仅能买四五斤玉米面，普遍遭受搜身和工头的虐待。这时此处也成了汉奸们的"乐土"。大土匪汉奸柳小五，在小王庄大街北端修建行营，在南端小马路东口修建了仓库和碉堡，平时带着马队在大街横冲直闯。一次为找开心，让东于庄一个绰号叫"赛火轮"的人力车夫和他的马赛跑，他骑着马在前，"赛火轮"拉着胶皮车在后，从天穆村往小王庄快跑，跑到东于庄时"赛火轮"吐血而亡。因该地区重要，马路上一队队荷枪实弹的鬼子对路人进行盘查,人们处在水深火热之中。直到 1945 年 8 月日本投降,国民党将这些日资工厂全部收归“国有”。新中国成立后,这些工厂成为新中国最早的国营企业,为新中国的建立做出了贡献。1956 年国家将它们转并成目前的格局。“大跃进”掀起的工业高潮,愈显出该地区的重要,但人口太密,工业无法外延,遂在其北延伸建成了河北区最大的白庙工业区。

五、新中国成立初期的岁月

小王庄的居民特别留恋解放初的岁月。1949 年 1 月 15 日,解放军 45 军的官兵从南、从东两个方向解放了小王庄。第二天军代表接管了酱油厂、机器厂等大型企业,并使之成为天津最早的国营企业。到 5 月,聚集在小王庄的丐民被收容遣返。8 月,第一批无力治病的劳苦工人的医疗费被减免。100 多户无力修房的穷人得到无息贷款。几十个生产自救的小组成立,展开了装订、编织、洗废棉、编草帘等手工劳作。穷人感到有盼头了,有劲头了。

这年 6 月,数十辆卡车,满载木桩、水泥、钢筋,卸在已朽的木旱桥对岸,十儿条大木船也停在河心,要修大桥了。这时的人民政府口袋里没有多少钱,这不多的建设投资却投向了小王庄地区。为工业服务,为劳动人民服务,小王庄数万人口,十几个工厂,进市的交通被破朽的木旱桥卡住了。此桥建于宣统初年,因过度使用和年久失修已成危桥。载重车辆必须绕行法政桥,这使志成路拥堵不堪。把新天津第一座大型水泥桥建好,“为劳动人民服务”的口号激发了修桥工人的干劲。他们铲去破碎的桥板,拔去朽烂的木桩,大马力的气锤将水泥桩打入了河底。整体浇筑的水泥桥墩稳健地排列在河水中，水泥桥面平卧其上。到1950年8月，100多米长、9米宽、承重16吨的京津桥建成了。9月1日这天，小王庄的人们拥向桥头，他们欢呼跳跃地参加了通车典礼。这是新天津第一个大型市政建设，也成为小王庄的一景。

1950年12月25日上午，在小王庄大街北端，铁路涵洞东侧的三角形空地上，处决了罪大恶极的汉奸巨霸袁文会和残害妇女的老鸨孟毕氏。以后又在这里处决了几批仇视新社会的反革命分子。小王庄又成为坏人听了害怕的地方。

新社会创造了人民的新生活，民间艺人最先组织起来，成立工会，为劳苦大众演出。小戏园子建成，“小蘑菇”亲临剪彩，他牺牲后的葬礼队伍也特意来到小王庄大街。1951年大家投入爱国卫生运动，人们把不宽的胡同砖墙刷上白灰，把地面扫得干干净净。人们开始规范垃圾和脏水的泼倒，但脏水除去几个臭水坑外别无去处。1952年，又是人民政府想到了小王庄，将炉灰铺的大街建成水泥路面，并在下面铺设了1.5米直径的下水管。在小刘庄后街东段也照此处理，并在志成路北岸修建三个泵站。每个胡同都有了污水池，雨水也能很快排净了。这年民主建政开始，小王庄区域建成了安定里和辛庄两个街公所及20多个居民委员会。一批街道工作的积极分子无偿地投入社会工作。原来民众教育馆的大教室里，妇女们踊跃识字。人们组织起来宣传《婚姻法》和三反五反的政策。群众们一扫陈旧习俗，婆媳矛盾解决了，受虐待的妇女获救了。一批暗藏的奸、特被揪出。青年学生则动员有偷、漏税行为的家长向政府坦白。10月1日，各家门口都挂上了五角星红灯，插上了国旗。随着4路汽车的开通，小王庄已是天津和三区（河北区）中最具活力的社区之一。在以后的岁月里，小王庄随同新中国迎来了社会主义改造和“大跃进”等运动，也融入了中国的命运。

六、规划、变化、未来

20 世纪末的小王庄在天津各大片平房消失变成高楼迭起的过程中，成了都市村庄。它老了，显得破旧与疲惫。它被太多的人口和标准滞后的市政设施拖得透不过气来。但老话说，后来者居上，市、区政府就是让它在最后的变化中独具一格，给人们一个惊喜。

1998 年春天，区领导把改造小王庄的历史重任扛在肩头。市政府决定，改造小王庄这样的难点大片，要按照以拓路带动危改的思路。从拓宽小王庄大街入手，改造市政设施，改善地区环境，推动危改的启动。为此，区领导把它定位全区一号工程。全区公安、交通、环卫、规划、商委、信访、法制等部门组成“集团军”通力合作，奋勇拼搏，按期完成了拆迁任务。市政工程局和电力、煤气、自来水、通讯等部门的近千名工人和民工交叉作业，多头并进，埋设水、电、气管线 14 条，6 万多米，铺设路面 18 万平方米，使昔日 10 米宽的小王庄大街变成了 40 米宽的天泰路。

如果将小王庄的彻底改造比作大乐章的话，天泰路的建成仅是一个精美的序曲。这条大动脉使京津公路无障碍地直达天津站，使全片地皮升了值，使小王庄的发展有了规划轴线。

1999 年春，市区规划设计部门，送上了一份最好的蓝图，它述说了小王庄的未来。狭义的小王庄仅指小王庄大街两侧。新规划的小王庄东起育婴里大街，西到子牙河、北运河；北起北运河和津浦铁路支线，南到新开河；全片面积102.5公顷。整个区域由主、次干道和津浦高架铁路分成10个地块。10个地块中有7个居住区和1个独立单元。子牙河、北运河环绕西北部，将建成城市公园。津浦铁路内外东北部的三角地带，将建成集中供热的锅炉房区。志成路将拓宽至30米，东段有10米宽的绿化带与其平行。西段则利用沿河绿地公园与绿化带融合，使其成为建筑与水面间的自然过渡。住宅大都是南北向，以6跃7板式砖混楼房为主。12至14层的中高层次之，再有少量18至24层的点式高层楼房。天泰路两侧是商业服务轴，其中的商业文化中心和各小区之间的次中心形成有机整体。这些公共建筑在布局上都突出了区位性与标志性，使它们都成为建筑经典和沿街景观。将需要安静的文教设施安排在各小区内，市政建筑安排在边角异型地块处。在公共建筑的规划中保留原有的启智学校、清真寺。新规划了文化艺术中心，大型超市购物中心和综合办公楼，商业次中心内设置商场、超市、净菜市场、储蓄所和其他配套设施。各居住区和独立居住单元内均设置副食、土产、早点、电器维修、发廊、报刊亭等社区服务便利店。在津浦铁路南北两侧，分别规划出两个农贸市场。按照服务半径将文化教育设施分设在部分小区，建36个班的中学1所、30个班的小学3所、9个班的托儿所1所、城市综合文化中心1座、地区文化中心1座，小区级文化站（含物业管理会所）7座、卫生院1个。市政设施的场、点、站结合各类管线出入情况及负荷中心服务半径进行规划，使其既保证供应经济合理，又减少对生活环境的影响。保留原有泵站，并在其北侧规划雨水泵站。4路汽车总站处规划多层停车楼，首层架空扩建为公共汽车首末站。小王庄邮电支局处规划为新邮电局大楼。集中锅炉房区将占地 1.6 公顷。其南侧规划消防中心、35KV 变电站、煤气服务站、垃圾转运站，还规划了自行车地下存车场和地上、地下的汽车存车站。

小王庄的人们品味着未来变化的蓝图，仿佛听到了高潮将至的乐章。他们深信世代居住地是块宝贝，不是吗？天津唯一的一块三面临河，水水环绕，历史、文化积淀极深的一块地域，在长期久伏之后，必然展翅高飞，后来者居上。

(刊于 2000 年 2 月 16 日起的《河北报》总第 268、269、270、273、274、276 期)

小关，昔日也曾风流

狭窄的胡同扭曲着向前延伸，低矮破旧的平房见缝插针似的钉在地上。拥挤产生的混乱使人感到难受。人口密度为637人/公顷，为河北区各街之首。这片土地被开发得太早，它的年岁太大了。这就是改造难度最大的地区之一——小关。

早年的小关曾有过自己的风采，早在明清时代它已是经济发达、名响津门的地区了。当时宽阔的白河（后来的北运河）在这里形成了一个半圆形的河套，圈外为河东（现小关地区），圈里为河西（金家窑地区），其东北不远有一个近200平方千米的塌河大淀。明天启五年（1625）太仆寺卿董应举从河套外向大淀，开挖了通海屯河。清乾隆九年（1745）和十年（1746）相继开挖了陈家沟引河（后来的金钟河）和贾家口引河。这些从白河套向塌河淀辐射出的引河使这一区域河网纵横，堤埝交错。这些高于地面的堤埝又成了陆路进京或去宝坻的必经路段。位置的重要引起朝廷的重视，1417年在此地略东北处设立了锦衣卫，路便有了“锦衣卫”的头衔。清代又在贾家口附近设立了工部管辖的竹木关——小关。各引河均与白河相邻相通，故架在陈家沟引河上的锦衣卫桥成了水旱两路的要冲。水多、路通使该地区很快繁荣起来。绿柳成荫、水田盈盈，车辱之声遍野，海鸥、雁、鹤、鹭鸶等水鸟在河网中觅食戏水。北方的"江南水乡"陶醉了名流学子。康熙初年曾任兵部车架郎中的张霖在锦衣卫桥东北方修建了一座私家别墅——向津园。园外垂柳环绕，园内树石葱翠，亭榭疏旷。张霖在此接纳南北名流，饮酒抒怀，布棋藏钩（古代游戏）。洪升在园内完成了《长生殿传奇》的订稿，桐城派大家方苞来此"适馆受餐"。有诗写到："小筑池旁傍北郊，双扉时许故人敲。庭前不蓄闲花草，手种双松待鹤巢。"至此，问津园已是海内过津名流必到之处。康熙三十九年（1700）张霖家败而园圮。其后人在附近又修建思源庄（中山公园周边），但无法与之相比。

名园虽荒圮，但锦衣卫桥四周的老百姓仍能得天独厚地享受着这里的地利。诗人李珠光写道："锦衣桥枕巨门涛，白鹭沙滩晒羽毛，渔唱一声烟雨霁，半船红日海风高。"另一诗人沈峻写道："郊原雨足麦油油，长夏江村只是秋。何处垂杨堪系马？锦衣桥畔酒家楼。"当时的海潮这儿是看得很清楚的。这种美好的风光一直延续到 1900 年，以后因为河道的淤塞、生态的破坏，致使水少了，水没了，再加上天灾人祸，此地已无法再现当年风华了。到解放前这片地区已成臭河环绕、环境恶劣的贫民窟。1953 年人民政府接受人大代表的建议割掉了这条害人的"盲肠"——金钟河，极大地改善了环境。近闻区政府已对该地区的改造有了周密的规划，愿这片古老的土地重放异彩。

（刊于 1995 年 4 月 28 日《河北报》）

东半环的一村三庄

中环线的东半环要开工了。这条路要直穿盐坨村，然后架桥过新开河向北斜穿张兴庄及马庄，沿京山铁路平行向前直穿仓联庄北去。

盐坨村有人定居已近四百年，旧称老盐坨，以区别清代海河东岸的盐坨。它原是明朝堆贮贡盐的地方，因远离盐关，装卸不便而废弃。清顺治十二年(1655)有一些穷人在此地盖了几间草棚居住，到康熙八年(1669)形成村落，今已成为人口稠密的大居民区。三庄出现不过百年。新开河开挖前，从宜兴埠到锦衣卫桥的土地联成一片，因为是北运河的减引河淤积区，所以地势低洼，荒冢成片没有人烟。仅宜兴埠处于塌河淀边缘而呈江南风光。人们进市的水旱路都很便利，向西直达霍家嘴，向南直达小关。1893 年新开河挖成，1897 年京奉铁路通车，迫使他们进市改走下卫道(即现在的张兴庄大道)，或沿堤自东向西过铁道进市，使这一地区有了人迹。

20 世纪 20 年代初，铁道外堤坡下开始有人居住，最早定居者为张姓故称张兴庄，至今片内许多小工厂已发展到北环线铁路附近。

马庄出现比张兴庄略晚。当初仅指它以东堤坡下边最早的几间草屋。它是看坟地兼种菜的姓马的老人所盖，堤上行人有时下堤歇脚，为便于记忆称它为马庄。直到1958年才大规模向北盖宿舍供转盘村迁来的居民居住，现在是工厂林立、宿舍成片的一大居民区。

仓联庄出现在新中国成立后。1951年始盖第一批铁路宿舍，因其与南仓火车站相接，起名仓联庄。以后发展很快，是三庄中最大的一个。因一村三庄被铁路和河流分割，地处一隅比较落后，通衢大道修成后，将使它们焕然一新。

（刊于1985年11月30日《今晚报》）

河西由来源刘庄

人们现在一提河西，都知道是河西区。河西是海河西岸的方位概念，天津人早就知道，但把它作为有方位指向的通俗地名来使用则较晚。它真正叫响是1956年天津将第六区改名河西区后，而不像天津市区其他通俗地名“河东、河北、新河北、西头、下边、关上、关下”早就叫响。这和河西地区的腹地离旧城较远并长期处于农业区域状态直接相关。天津城市化的过程是从北往南逐步完成的。早先天津人对河西地区的指向是直呼：小刘庄、三义庄和“德国地”等老地名。若翻开各时期的老地图就会发现小刘庄是河西地区最大的一个节点。其北是文化和商业带为主，其南是工业带。它及四周很早就已繁荣，而距河较远的西部腹地长期处于居民点和农田互相交错，发展较慢。这种现象是不是告诉我们小刘庄就是河西地区发展的原点，其地名来由又掩盖了什么？河西地区发展演变的过程是否是从小刘庄开始呢？我们先对小刘庄的地名进行探究。

地名是地域文化第一载体。天津地名有三个特点为全国独有，一是水文性、二是指向性、三是祈水性。小刘庄是海河西岸最早的居民点，虽没有直接文献锁定，但间接文献都可明白推证。早在金元时代天津有了直沽的名称，这是天津最早的名称，也是最具沿河水文特征的地名。到元代大直沽已成为保障元大都粮米供应、海路漕运的终点码头，自然最先成为天津地区海河岸边第一个行政中心。大直沽地区在元代已形成了天津最早而完善的区域管理和社会控制系统。这一地区是在一个海河河道大河湾处的临水高地——沽。这一地区是个范围较大的临河区域，必然包括东西两岸，只不过东岸为中心，西岸为辅助，而西岸正是以后较晚得名的小刘庄地区。明早期的文献多把两岸周边地区统称大直沽。也就是说，小刘庄地区和大直沽始终锁联为一整体。

1954 年在浦口桥出土了一块黄溥的墓志，碑文上刻有："奉柩于静海县大直沽河西祖茔之次"，再次直接证明了小刘庄地区和大直沽是一个整体，只是当时尚未独立。显然小刘庄地区形成村落是在元代，远早于其他形成于明清时期的村落。而它的规模和繁荣程度一直也早于强于其他村落。也许有人提出疑问，在现在出版的地名文献中明明写着小刘庄是清道光年间形成村落。其实这是小刘庄作为村名最早独立出现在《津门保甲图说》的时间。《津门保甲图说》是天津官方首次对天津县全境村落进行户籍调查所作的图示文字说明，是官方有文化的人员操作，对村名记述会有所改动。《津门保甲图说》只是一个现状调查，最有价值的是用图示标明了各村落的相对位置，为研究村落在道光年间的状况有了精确记述。但要追述各村来历尚要有以前文献进行考证。小刘庄就是一例，说明小刘庄早在元明之际就形成村落的依据，还有另一佐证，即官渡的修建。明万历十六年(1588)天津兵备道查志隆命天津三卫经历司造渡船，设渡口8处，其中就有大直沽渡口，这是8个官渡口之一。西岸若人烟稀少不够规模，官方决不会在大直沽建立渡口，而此时河西沿河地带已有许多村庄，都没设官渡，也说明大直沽西岸繁荣最早。之所以不提出小刘庄村名，仍然是将两岸当做一个整体村子来看。而后，西岸越来越发达，聚落大了，有独立资格了，就以村中大户刘姓为村名也就自然了。初名小刘庄的“小”并不是规模小，而是和大直沽的“大”相对应。村中建有关帝庙也是村子独立的象征。1923年刘庄大街东口所建牌坊上面镌刻的“刘庄大街”四字为大直沽的书法家李学曾所书，也说明了二村斩不断的社会关系。经过这些分析，我们可以说在海河西岸众多村落中，小刘庄早在元代就出现了，在明代其规模和繁荣程度都大于其他沿河村庄。在清代独立后有了小刘庄村名。它应是河西地区最早的村落，是河西地区的原点。有了原点再谈河西地区的发展就有了坐标指向了。1404年明朝在三岔河口筑城设卫，城的北门和东门一带最先繁荣起来并有通俗的河北、河东两大指向地名。河西地区因离城较远，没参与最早的城市化过程，而是以原生态农耕区为特点保存了大量土地资源和发展空间，为以后城市发展重心南移保存了潜力。

明代是河西地区快速发展时期，但村落密度小于其他地区，一是该地区在明代属静海县到清代才划归天津县。二是河西地区是设卫和屯田并举过程中的屯田区域。从贺家口到上下河圈都是十字围的范围。到清代天津总兵蓝理在城南从海光寺到贺家口围田种稻表明此时河西地区仍是鸡犬相闻、鱼蟹兴纲，风景依稀绝似江南的农业带风光。只是改变了以往水乡泽国人烟较少的局面，并将这个区域向北推进和老城四周连成一片。这种状态一直保持到1900年前后。此时各国租界相继建成，它们为了航运方便，大都沿海河两岸向外扩展，河西地区低洼多用疏浚河道的淤泥吹垫。1895年德国较其他国家稍晚占得海河西岸最南区域建成4200亩的德租界，使河西地区有了域外风情，形成宁静沉稳的日耳曼文化风格，也为河西区引入了先进的德国工业技术文明。河西地区因取水、排水和水运方便，19世纪末，天津最早的民族工业在小刘庄地区起步。开此先河者，为中国早期实业巨子吴调卿（懋鼎），1886年他获准在刘庄地区的贺家口开办了天津第二家民族工业——天津自来火公司，也是天津最早的合资企业。而后，大量轻纺工业也在此地区沿河发展。如：裕元纺织公司、北洋商业第一纺织公司和许多织毯厂。到20世纪二三十年代，已成河西工业中心。小刘庄地区，也名副其实地成为河西最先城市化的地区，快速超过了海河东岸地区。日本侵占天津后大力拓展沿河工业带，又建成一系列造纸、纺织、印刷等企业。这些企业以后成为新中国接管的早期工业基础，这些工业基础也为新中国在"一五"期间规划天津工业布局南移打下基础。20世纪50年代在陈塘庄周边地区建成一大片由机械局、建材局、化工局、一轻局、电子仪表局等14个系统所属的大中型企业50余家组成的陈塘庄工业区，使河西区成为天津6个市区中的工业区和纺织中心；并大规模建设了成片的职工宿舍，为服务这些企业又重新修了新的陈塘庄车站和各大企业的引入铁路。这仍然是沿河发展的外移。随着城市发展，周边毗邻郊区地域划入，河西区区域面积逐渐增大，但在西南楼以南周边地区仍有大片菜地，直至改革开放后河西地区发生飞快的变化，由于没有铁路分割，土地富裕，为城市南移创造了条件。许多大型公共设施都建在河西，使河西成为天津的会展中心和文化设施中心，由于南部仍保留天津少有的水面而兴建了高档次的梅江中心和迎宾交通干道。这些变化在进入21世纪后使河西地价大幅升值，地缘优势凸显。市政府将河西功能定位为“商务河西”。河西遂率先建成了文化大区、经济强区、宜居城区，保留了转变经济结构的活力和条件。

总之，经过文献和水文地理规律的分析，我们可以欣喜地认定小刘庄就是河西地区的原点，是最先见到“紫气东来”的地区。

（刊于《河西文史资料选辑》第9辑《天津河西历史文化》，中国戏剧出版社，2011年10月）

河西原点小刘庄

先有小刘庄后有天津卫，小刘庄在道光年间出版的《津门保甲图说》中有具体的图示，但它不是道光年间才有的村庄。它的历史早于天津设卫，是河西区古村落的源头，即河西地区发展的原点。说说这个原点既有史实也有故事，还得从漕运说起。宋朝末年，北方战乱不息，少数民族政权更迭。1153 年金朝迁都燕京（现北京），改燕京为中都。为解决粮食问题，漕运日兴。为管理和保卫漕运于贞祐二年（1214）前夕，派都统完颜佐、副都统完颜咬住驻守直沽寨。这是天津地区的第一个上了文献的地名，就是现在的三岔河口一带。一提直沽，往往就有大小直沽之分，其实早先的直沽范围很大，从三岔河口以北直至大直沽以南这一带都是直沽。但很快金王朝被蒙古铁骑打败，以武功称著的忽必烈从 1213 年 11 月到 1214 年 1 月就把河北、河东、山东的九十余郡全部占领，并很快在北京地区建元大都，强化了直沽地区的漕运功能。

1282 年，全部改为海上漕运，海河下游成为漕运大动脉。直沽地区南部河面宽,两岸阔地多,故形成大码头被叫做大直沽。北部的三岔河口一带,河汊多、水面窄,被叫做小直沽。大直沽遂成为漕运的中枢。到元代延祐年间,大直沽已成为保障元大都粮米供应、海路漕运的终点码头。也最先成为天津地区海河岸边第一个行政中心。明代胡文璧写到:“元统四海,东南贡赋集刘家港,由海道上直沽,达燕都。舟车攸会聚落始繁。有宫观、有接运厅、有临清户府……沿直沽西北为丁字沽……又北为仓上、为南仓、为北仓,元朝储积之地也。”大直沽地区在元代已形成了天津最早而完善的区域管理和社会控制系统。这一地区是在一个海河河道大河湾处的临水高地——沽。这一地区是个范围较大的临河区域,必然包括东西二岸,只不过东岸为中心,西岸为辅助。而西岸正是以后较晚得名的小刘庄地区。明早期的多种文献始终把两岸周边地区统称大直沽。

1954 年在浦口桥出土了一块黄溥的墓志，碑文上刻有:“奉柩于静海县大直沽河西祖茔之次”。黄溥是卒于 1520 年的天津左卫指挥,是明代天津早期的高级军官。这个墓碑再次直接证明了河西的小刘庄地区和河东的大直沽地区是一个整体，只是当时尚未独立,它也说明小刘庄地区在元代就是村落,早于其他形成于明清时期的村落。也许有人提出疑问,在现在出版的地名文献中明明写着小刘庄是清道光年间形成村落，其实这是小刘庄作为村名最早独立出现在《津门保甲图说》的时间。《津门保甲图说》是天津官方首次对天津县全境村落进行户籍调查所作的图示文字说明，它只是现状调查,其价值是用图示标明了当时各村落的相对位置,为研究村落在道光年间的状况有了精确记述。但要追述各村来历尚要有以前文献进行考证。决不能根据“图说”而认为它们都是道光年间形成村落。天津官渡修建的文献也说明了小刘庄早在明朝之前就是村落的依据。明万历十六年(1588)天津兵备道查志隆命天津三卫经历司造渡船,设渡口8处,其中就有大直沽渡口,这是8个官渡口之一。西岸若人烟稀少不够规模,官方决不会在大直沽建立渡口,而此时河西沿河地带已有许多村庄,都没设官渡,也说明大直沽西岸繁荣最早。之所以不提出小刘庄村名仍然是将两岸当做一个整体村子来看。而后西岸逐渐发达壮大,有了独立资格,以村中大户刘姓为村名也自然了。小刘庄的“小”并不是规模小,而是和大直沽的“大”相对应。村中建了关帝庙就是村子独立的象征。1923年刘庄大街东口所建牌坊上面镌刻的“刘庄大街”四字为大直沽的书法家李学曾所书,也说明了二村斩不断的社会关系。综上所述,在海河西岸众多村落中,小刘庄早在元代就出现了,在明代其规模和繁荣程度都大于其他沿河村庄。在清代独立后有了小刘庄村名。它应是河西地区最早的村落,是河西地区的原点。

(刊于《河西文史资料选辑》第11辑《天津河西老街道》,团结出版社,2014年12月)

小刘庄的青萝卜

“萝卜就茶百病全拿”。萝卜是中国古老的本土蔬菜。天津青萝卜栽培始于明代,到卫青萝卜形成品种约在清末,地点就在小刘庄的沿河地带。从此品种的性状固定并起名为卫青萝卜。小刘庄也成为华北地区萝卜栽培的引种地。就连都城北京的青萝卜也是由天津引种的。我们可以自豪的说:小刘庄是优质青萝卜的发祥地。

提起小刘庄的青萝卜,早就出名,并首创中国出口鲜菜的特例。1926年《丙寅天津竹枝词》的作者冯文洵就写道:“冰桃雪藕赛京华,果路清香沁齿牙。最好秋宵助谈兴,刘庄萝卜正兴茶。”秋凉了,天气燥了,北方水果很少很贵。但吃着小刘庄的青萝卜喝着正兴德的茉莉花茶,可以聊上一晚上而兴致不减。他同时又写到:“夜市篝灯贮竹笼,堆盘风味色青葱。引吭齐向街头卖,一唱令人三日聋。”也就是说春晚、秋晚、冬夜,天津人不会口干,因为晚上提灯挎篮走街串巷的小贩们把湿布掀开露出像嫩葱般绿色的青萝卜和青果时,您就可以消食败火了。它已经成为老天津卫晚上一道食趣风俗和商业场景了。天津名医陆观豹更是将萝卜写进了食疗本草。他写道:……味甘辛,功能破气化痰,清热消食……天津的卫青萝卜为天津人的健康做出了特殊的贡献。天津的卫青萝卜为什么好吃,那是由风味决定的。而风味是特定的自然条件,栽培技术所培育出的生物特性。首先说说卫青萝卜为什么口甜:这是因为天津卫青萝卜(变态根)的薄壁细胞内含有可溶的果糖和葡萄糖并高于其他品种,而在生长期内光合作用制造成的淀粉在冬贮期间所进行的一系列生化分解,最后也降解成可溶性的果糖和葡萄糖,吃起来就会感到甜味了。又因为天津卫青萝卜肉质部的细胞壁特别薄,液泡大而水分多所以咬起来口感脆而汁多当然就好吃了。但只甜不辣就没有萝卜味了。卫青萝卜体内所含的辛辣成分——芥子油,就成全了萝卜味。卫青萝卜体内含有的芥子油是一种含有硫和氮的异硫氰酸化合物的混合物。其中异硫氰酸烯丙酯是它的主要成分。它具有挥发性和辛辣的刺激性。这就是各种萝卜体内的辛辣来源。但卫青萝卜由于品种优良和栽培条件和技术独特,使它所含有的芥子油成分比例小而适当。含量多集中在白根尾部和外皮里面,所以卫青萝卜既脆甜又略带丝丝辛辣表现出了特殊风味。

为什么卫青萝卜在小刘庄的沿河地带培育而成呢?这就要讲讲小刘庄的环境特别符合青萝卜的生长习性。小刘庄直到灰堆等沿河村落完全是海河水系淤积成的众多沽形小高地,分布的土壤全是通水通气良好而且颗粒均匀的沙质土壤,为卫青萝卜的栽培和生长提供了优良的土质和水质,是卫青萝卜在小刘庄诞生的先天条件。这种土质条件使卫青萝卜的根尖扎得深,伸得直。主根粗大而须根少,“露肩”(萝卜顶部叶子生长盛期后根的上部立即快速膨胀,顶出土面)容易。卫青萝卜露肩后,因根部外皮细胞也有叶绿素，能和叶子同时进行光合作用，因此，需要水量极大（地面见湿不见干）。根部生长又需要大量磷肥和钾肥，切忌氮肥过多。小刘庄的区域环境正好具备这些条件。一是靠近海河，众多沟渠汇集于此，浇水极便。二是旧时小刘庄一带还有一个特殊行业——收鸽粪。再加河西有天津最早日够规模的养鸡场和奶牛场为外国人供应蛋奶。有机肥料十分充足，都被用来施肥。这种禽粪便的磷含量极高再加入人们施入的草木灰含钾肥极多，满足了萝卜快速生长期的水肥需要而使刘庄青萝卜长势格外好。在长期栽培实践中，小刘庄的农民掌握萝卜生长的物候期。他们在最热的头伏前整地并施足有机肥。在头伏期播种，在高温高湿的物候条件下萌发长出油绿的缨子叶并及时松土，在主根露肩后再次追肥，待立秋后再加施草木灰的追肥，促进其在立秋后冷凉气候条件下，快速生长并积累糖分。并尽量延迟收获期，力争在霜降前再出土收获。实践证明当时天津气候没有现在这么热，特别是立秋后白天日照充足，晚上凉快，利于夜间萝卜体内的糖类积累，再加秋雨很多，创造了冷凉湿润的气候条件。卫青萝卜终于自成品系，风味独特，成为中国青萝卜之最。

小刘庄的卫青萝卜不但成了天津城里各界人士喜食的果品，也让洋人第一次尝到了别于只有辛辣而没有甜味的其他萝卜。每见翠绿透亮的卫青萝卜就感到赏心悦目，他们纷纷组织出口。广帮商人看到南方炎热无法长出甜味浓、水气大的萝卜而组织南销。卫青萝卜也就在 20 世纪二三十年代就远销港、澳、南洋。特别是香港，每个极品萝卜（25 厘米以上，直径 6 ~ 7 厘米，没有弯根）可卖 1~2 美元。而广州春节送天津白菜和萝卜也是贵重礼品。随着刘庄萝卜的出名，小刘庄也出名了。

随着海河两岸的开发，小刘庄附近工厂增多，农田减少，但市场对青萝卜需求量极大。刘庄萝卜的栽培便向南推进到灰堆和葛沽，向西推进到西郊沙窝，形成了较粗短的葛沽萝卜和细长的沙窝萝卜。从20世纪五六十年代天津食品进出口公司向境外大量出口天津青麻叶白菜和卫青萝卜，创汇很多。为此，与相关区域建立了专种基地，使卫青萝卜得以发展。特别是在计划经济时代，仍能有较大的种植面积。直到1995年外贸专营取消后才停止专项出口。但在新中国建立后的几十年里，天津白菜萝卜都是我国商业部唯一指定贴牌专供港澳的菜品。现在天津卫青萝卜在天津农科院和天津农业局的技术人员积极参与下，对品种进行提纯选育，使品种性状更加优秀并有计划地推广，使天津沙窝、葛沽等地都成了出口基地。一种平常的萝卜成了创汇品牌，人们再也不敢小看它了。最近又证明卫青萝卜所含的芥子油可以促进人体脂肪在体内的新陈代谢，防止脂肪在皮下的堆积，多吃卫青萝卜会安全的减肥和美容，目前市场需求量和身价骤增。所以，它变得比通常的水果都贵多了。每当提及天津的卫青萝卜，人们总会想起小刘庄。小刘庄竟因萝卜而出名，也是天津地名来源的一个趣闻。

（刊于《河西文史资料选辑》第9辑《天津河西历史文化》，中国戏剧出版社，2011年10月）

三义庄的来历

河西区有一个区片叫“三义庄”,但在现代地图上没有明确的标记。它的四至是东起大沽路,西至南昌路,北起绍兴道,南至浦口道。在这个方块内干道横竖成棋盘状,胡同走向也很笔直。一点村庄的痕迹都没有。这是历史上因其与租界毗邻,发展太快,村庄的痕迹在80年前已经消失,现在它成了泛指的区片名。它是河西本土文化和西方文化和谐融合的一块区域。自20世纪30年代它已是成片格致的青砖平房和整齐的里巷。有许多小院独门独户,苏州道、南昌路、江西路等较宽的道路都非常繁荣,形成河西地区最宜居的区片。这片区域有三个特点:一是街面整洁:表现为交通方便,市政设施完善,繁荣而不混乱。特别适合小康人家居住。二是居民职业档次较高,有洋行的司机和职员、中小学教员、医生、银行职员、个体裁缝、军警人员,还有面点师等。三是学校密度和设施非常标准。王绍圃先生发捐组建的三义庄小学吸纳了三义庄地区李姓等绅士资助,有学生二百余人。樱南小学、三义庄汇文小学,师资和设施水平都很高，尤其是附近还有国家许可的小型屠宰厂和外贸的加工点。出口的铁雀和做装饰用的羽毛都在此加工和收购。

三义庄民立第十一小学学生合影

三义庄是由三个村庄演变来的。提起三义庄不得不谈天津的墙子河。天津因地势低洼常有水患,1801 年诸河漫溢,天津城三面城墙被泡淹。1860 年僧格林沁亲王在天津周围修建一环城的土墙。人们俗称“墙子”。1868 年捻军起义,崇厚督办天津的防务,又将此围墙加固。墙外深挖壕沟,形成后来的墙子河。1881 年,直隶总督李鸿章又命盐运使如山重修各个营门。梁家园附近的营门为“凝晖门”,即现在的大营门。1895 年 5 月德国驻华公使绅柯向清廷总理衙门提出照会,要求享受英法等国同等待遇(开辟租界)。12 月,清廷官员盛宣怀和李岷琛与德国领事司艮德签订《天津条约德租界协定》,允许德国在天津设立租界。四至为:北起开封道,南至琼州道,东起海河,西至海大道。1900 年八国联军入侵京津,联军司令部设在梁家园附近的北洋西学学堂,并临时借用其西部的村庄和空地露营、放马、存储军械粮秣。1902 年租界当局将这一带扩张为租界新区,并要求清政府把位于墙子河以里的三个村庄迁到墙子河以外。清政府答应了这种无理要求。

这三个村庄离得很近又很小,村民很快达成共识三村合一,又因崇拜刘关张桃园三结义的精神定名“三义庄”。推举萧鸣等五人负责迁村事宜，新的村庄必须有一象征，于是在村中修建了一座“三义庙”,供奉刘关张。因该地区与英德国租界交叉毗邻,发展迅速,在行政区划变动中于1917年划归特一区,形成了中西文化融合的一块区域。其核心地带的面包房胡同及由它派生出来的带“面包”的地名也说明了这个问题。

翻开大比例尺的天津老地图,在上海道(现南京路)与其西南侧的面包房胡同交汇处的南边有一条胡同叫三义胡同。再打开1945年的《天津市街巷详图》,此地明确的标着三个字“三义庙”。由此可以证明“三义庙”是一个规模不小、香火很旺的庙宇。它就是三义庄村存在的铁证。它也确定了三义庄村的原始地标。

(刊于《河西文史资料选辑》第11辑《天津河西老街道》,团结出版社,2014年12月)

漫话谦德庄

谦德庄在河西出现有地缘规律，一是此地地价便宜；二是外围有河，形成通纳型的交通结构；三是行政界限模糊，是“三不管”地区；四是小商业极为发达；五是善恶交叉，江湖文化养人。

谦德庄从字面上看含有典型中国文化的内涵，但它却不是中国人起的地名，而是引申天主教直隶东南教区（后改为献县教区）经租机构“崇德堂”的堂号，取名“谦德庄”。

清末，李善人家利用此处的水面修建了“荣园”（今人民公园）。园内堆积了9米高的土山。1921年献县教区的法国耶稣会在绍兴道以北创办“天津工商大学”。它们的夹角空地为谦德庄地区的发展提供了空间。

谦德庄是一个沟、渠、坑、塘多，取、排水方便的地区。荣园、浙江义园和江苏会馆面积都很大，使得此处建房成巷都必须抢占高地，见缝插针。1917年夏，李家见直隶南部水灾造成的灾民聚集此处，遂在荣园的西北角建平均9平方尺的简易平房300间，形成第一个居民片，人称“李家小房子”。1921年天主教会在此大量购置荒地，用于耕种和建房。1927年，在浙江义园西北部用统一图纸建成一片面积约8000平方米的整齐青砖住宅，取名“三德里”。它由一条南北纵向的长胡同串联起横向的三条胡同，中间还有一个四方的小广场。1929年又在其南端加盖了一片新住房，将绍兴道和永安道贯通。里巷北部幽静，南部热闹。有些教徒在此居住，修建了礼拜会所“圣母无原罪堂”和崇德学堂(后改名谦德学校)。学校的董事和教员由法国、意大利的一些大学和北洋法政学堂毕业的人士组成。至此谦德庄地名叫响。

1925年在谦德庄的西部边缘地带，天祥的股东们集资建成一条北达永安道南达废墙子河的天祥里，后改名元兴里。它们是方向正，大院套小院的青砖平房。谦德庄地区迎来了第一个建房高潮。1926年此地出现了供水的洋井。永安道初期很短，与三德里衔接后繁荣起来。其南口交汇处最早出现临街的铺面，而后相继建成了乐贤里、福德里(后改为树德里)、四合顺、怀远里、存仁里、聚兴胡同等房产，一直到抗日战争前保持平稳发展。1939年大水更多灾民涌向此处，大量窝铺群建成。

谦德庄形成后一时没有正规的社会管理体系。江湖势力趁势而入。西楼村的青帮混混李珍和李玉赶走了崇德堂经租人韩氏父子的势力，成立了保安公司。1931年公司取得执照，网罗了一批讼棍、刀笔吏，及一些烟鬼文人、账房先生为文案，雇佣了一些地痞流氓做打手，对谦德庄地区进行了全面的接管，成了一个替警方保地方平安的机构。他们的办公地点还派生出一条谦德庄的骨干道路叫“保安大街”。他们行使着亚政府的功能，并代替官方收缴捐税，用种种黑恶手段取得房地产的管理权，对所有商家、妓院收取保护费,还要吃、拿、卡、要各种利益。

谦德庄的娼妓色情业起步较晚,最初由韩家店为嫖客提供野合场所——“转子房”开始,随后福厚里出现了暗娼集中的“鲶鱼窝”。到此处嫖妓被称为“摸鲶鱼”。随后八间房、树德里出现了“几毛随便”的招牌。至今有一位 90 多岁老人谈起此事时一边摆手一边叹息道:“宝兴戏院以南到河边全是窑子,害人不浅啊!”

谦德庄地区的商业布局是一横两纵一个角。横是永安道;纵是保安大街和桥西街南段,角是李家花园的西北角以外。保安街从南往北有宝兴戏院、大兴影院、元增书局、时代图书社、玉元堂、恒德堂、仁和堂新记等较大的中药铺。保安街 44 号是此地最大最早的柏林照相馆。它是 20 世纪 40 年代后期由冯世乐先生创建。随后还出现了由赵彦杰先生开办的华光摄影社,可上门服务。街上有了第一个公用电话。在树德里北端,桥西街与横向保安街相交,往南直达北河沿。形成了以吃为主的小门脸区域。前店后家的酱肉铺、杂货铺、鲜货店、糖果铺、水铺、酒馆等没有间隔。横向的永安道则是较大的铺面,除去自行车零件以外,其他商品全可买到。聚集着瑞祥号、鸿大号、顺利号、鸿发成等大粮店。还有人们仍在怀念的德海轩理发馆和营业了 60 多年的葛记籂筲店。

一个角是汕头路、徽州道和永安道交会处。这里有零星空地,所建房屋坐落杂乱,有许多隐蔽弯曲的小胡同,成了人们爱逛的地方。天合前街和福顺大街交汇处有许多小书场,十分钟二分钱。陈士和、刘立福、左田凤等演出的《杨家将》《呼家将》《三侠五义》《聊斋》等说唱百听不厌。天合戏院演的小戏两三毛钱一场。戏院附近的空地上,常有武术摔跤表演。张大力耳朵栓绳抡起小孩最精彩。附近卖羊下水的小馆里用十印大锅煮着羊的内脏和胎羊。羊汤咸鲜口，鲜而不腻，热大饼卷肥肠是穷人的佳肴。吃胎羊时：将其撕碎撒上香菜，蘸着捣好的蒜泥拌麻酱一起吃。羊杂碎、猪杂样每到下午开始沿街叫卖。前者一两毛钱一大包，后者三五毛钱可喝顿酒。这一带还是以五金为主的旧货市场，是天津著名的二手五金零件集散地。仅李家小房子就有铁铺17家。新中国成立初期，在这可廉价的买到旧的轴承、马达和车床。在委托店里能买到美国兵留下的"苇子毛皮猴"。1958年全区商业网点裁并后，谦德庄还有小吃店80家，为全区之最。

谦德庄为什么让人不能忘，因为当时社会条件下形成的社会生态图景引起了人们不断的反思。

（刊于《河西文史资料选辑》第11辑《天津河西老街道》，团结出版社，2014年12月）

谦德庄与李家花园

天津的西南部有一处面积很大、独家私享且充满着闲静与野趣的李家花园，它竟和河西地区最繁荣的大众商业、娱乐、文化带——“谦德庄”地区连在一起,成为天津一个独特的现象。深究其产生的地理空间规律有三点：一是贺家口引河的水系把它们连在一起,二是土地资源的丰富与廉价,三是位置处于行政管辖的交叉地区。再仔细分析,谦德庄最早的房地产竟是李家花园主人李氏家族建的廉价房,继而引起对该地区连锁开发而形成谦德庄。谦德庄是在李家花园以西水坑河沟密布无人居住荒凉区的基础上发展起来的。

1917 年夏,直隶省南部发生水灾,洪水波及天津南部。天津附近文安、大成、静海等县灾民逃到天津南乡。首先逃到河西海拔达 6 米以上的小刘庄地区落脚，天津市红十字会在熊希龄的领导下募捐赈灾。每户给一块银元和一袋面粉,搭起窝铺艰难度日。水退后，大部分离津回乡,少部分留津灾民第二年春天流落到谦德庄地区。

在其周边的高台上搭起了窝铺。当时的李家第三代李莀臣见此情形,决定在李家花园的西北角起建间量很小的简易平房 300 间。每间大约占地 9 平方尺,人称李家小房子,为谦德庄的形成建成了第一片民居。此处另一位大片土地的所有者——天主教献县教区,紧随其后在此建房,迅速形成了谦德庄。

李家花园及其以西地区原有水面、沟渠很多,取、排水方便,李家也是看其有水,容易形成野趣才在这建园。在其西北角还预留了一块茔地,后为“德国坟地”,最后又改为公墓。新中国成立后在此建成河西区职工大学。在公墓的西南还有一块占地极大的浙江义园。义园的东北还有由江苏义园改成的江苏会馆。谦德庄东部空地很多,西部狭小的地理环境,使后来快速建成的胡同里巷呈现出见缝插针、先抢高后取低的特点。地价也被迅速拉升,成为河西地区发展较快的一个区片。从此,新形成的谦德庄和李家花园形成了直接互动的关系。

李家花园有名,文化人愿意光顾,顺便到谦德庄买点小吃,很方便,促使了谦德庄一些小吃店提升了档次。抗日战争前许多文化人到李家花园来回都要乘坐洋车,催生了谦德庄拉洋车行业。文化人的爱好也促进了谦德庄照相业、书刊业、通信业等的发展。文化人的追求与时尚也让谦德庄地区的底层群众知道了什么叫享受。

1943 年“新民会”训练总处搬进荣园,荣园也风光了一阵。许多“新民会”“理论家”的汽车进进出出,首先办起了识字班、训练班、职业培训班和职业介绍所。这些活动首先在谦德庄、东楼、西楼等地区展开。“新民会”也对空旷的李家花园做了一些点缀性的建设,在南围墙的中部建了两个花窖,养殖了一些大型的盆栽南方植物。如:槟榔竹、苏铁、棕榈等,都用大木桶成对栽培并摆放在办公室的门前，让当地居民在此最先见到了大型盆景。但这时孩子们只能望园却步，不能再越过土墙溜进园内嬉戏打闹了。国民党机关进驻后更是如此。新中国成立后人民政府将李家花园接收，投入大量的人力和物力进行整修。1951 年 7 月，改名“人民公园”，正式对外开放。在以后的岁月里人民公园里新景点、新游览项目不断增加。谦德庄地区的人民往往捷足先登。有的孩子为省五分钱门票，常常从琼州道河沟旁的短墙处翻墙而入。

20 世纪世纪五六十年代是人民公园繁荣、温馨的时期，也是周边居民深感获益的时期。开园之初，副园长张学铭(张学良之弟)利用自己特殊的身份搜集了旧天津大户院落遗弃的太湖石、金鱼缸和珍贵品种的金鱼，引入园中供观赏。而后还引入了热带鱼，长期由园内自己繁殖，最后成为系列。据说庆王府载振最喜欢的五彩鹦鹉也被移入园中。而后通过购买及与外地交换，人民公园的动物种类快速增加。到 20 世纪 60 年代中期，除大象外，大型猛兽和熊猫及几十种鸟类让孩子们大开眼界。孩子们的动物知识从人民公园最先获得。因开证明还可免票，该公园还是附近中小学中小队日活动基地。

天津从 1952 年开始举办菊花展，人民公园和北宁公园是两大主要展区。当时人民公园展出了菊花 85 种，500 多盆。谦德庄地区的人民第一次看到如此多姿多彩的菊花。20 世纪 50 年代末 60 年代初，在菊展过程中经过精心分化花芽，培养出三种花瓣带有叶绿素和花青素的绿菊花，根据花型分别被命名为绿牡丹、绿浮芸、绿招芸。被天津卷烟厂采用，设计出墨菊牌卷烟的商标。

谦德庄地区小工厂很多，男女青年约会都在公园内。谦德庄的几个照相馆还设计出以人民公园为背景的布幕，为顾客照相。当时带有人民公园风景照片的天津旅游手册、日记本的插页、旅游地图，最先在谦德庄地区畅销。“文化大革命”中开展的“扫四旧”，致使公园的部分景观遭破坏、一些活动项目被取消。1976 年“七·二八”大地震，市民在公园围墙内外搭建抗震棚，公园成为紧急疏散场所，不可避免地影响了公园的景观。1980 年人民公园内的动物全部迁往天津动物园。直到 1986 年左右，临建棚才全部拆迁完毕。人民公园开始了改革开放后的重新规划和建设。至此废墙子河与人民公园水系失去了连接，人民公园与谦德庄没有了地缘水系的直接连接。

谦德庄“平改”以后旧貌换新颜，很难找到旧时的痕迹。老谦德庄的居民留下的是与人民公园相伴的美好记忆。

（刊于《荣园——人民公园》，中国教育出版社，2015 年 6 月）

荣园荣衰岁月新探

天津人民公园前身是天津最大的盐商李氏家族的私家花园。从它始建的同治二年(1863)算起,至今已有150来年了。花园初名“荣园”,社会上都称其为“李家花园”。清同治年间是李家经济实力初发阶段,其第一代李春城通过多种手段为李家取得了长芦63个引岸的盐务经营权,从此李家经营盐务获利颇丰。光绪年间,其第二代李士铭官运、商运亨通,遂有了修建一处附带藏经阁和砖塔园林的规划,供老大人吃斋念佛和自己诵经休闲。建园初的十几年只是进行土方和引水工程，利用贺家口引河周边的水坑进行新布局的开挖，仿照杭州西湖的水系修建了环园的河道并和引河连成一气,挖河取出的土培出一个长方形的土埂作为花园的界限。

1893年陕西省大旱,李士铭上奏清廷,准许在自家的盐引中,每斤大盐增税四文。六十三县的引岸共增加税银四百万两。从中提出二百万两赈济灾民,自己净赚二百万两,既替朝廷解决了困难又获得了褒扬。这时才有了“李善人”的称号,也是他家最辉煌时期。

这期间荣园才大兴土木。但此时李士铭的财力已借着李鸿章兴办洋务而开始投向工矿企业和金融业,修园的费用受到很大的限制。其主体建筑藏经阁和砖塔仅外形依照南方的风格，而结构没使用南方的制式,材料比较粗糙,结构是南北两结合的将就,为后来的碱蚀和坍塌留下了隐患。

此园面积大、区位安静,又比邻租界特别安全,所以 20 世纪的二三十年代一些文化人特别愿意到园中休闲和雅集，是其黄金时代。但解放前的最后十几年却是逐年破败,这里既有社会动荡的外因,又有李家的迅速衰败的内因。李家因何迅速衰败,至今没有专文论述。笔者经仔细梳理中国近代财税史,终于发现倪端。原来李家为扩大经营向英、法、德、日等国以盐引做抵押贷款,后经营不善无力偿还。1913 年多国银行拿着盐引执照找到刚成立不久的民国政府索要债务,此时正值袁世凯执政初期,为向外国银行“善后借款”,挽救财政危机,故民国政府只好替他偿还了 200 多万元的债务,并将盐引收回。至此李家的盐务利润全部消失,经济能力急剧下降。1917 年天津第一次大水,泡淹了荣园,李家只好垫高地基,使藏经阁和砖塔原先的地坡升高很多。

1928 年李氏家族分割析产,李氏十位第三代子孙各分一份。因荣园具有家族公共使用性质,又是不值钱的土地资产,里面还埋着一些坟茔,十位继承人都没索要,荣园也就没有了李氏家族对此园的养护费用。仅凭看园的管事带领一些杂工依靠出租的土地和 1900 年在其西北角所建的公共义地(俗称德国坟地)出卖穴位所获的一些收入维持养护。当时园内没有专门人工种植的树木,仅有一株野生的杜梨树和几株枣树、几株椿树。倒是苇荡丛生,水鸟鸣叫,成为文人的好去处。

1937年，日本侵入天津。12月24日汉奸组织“新民会”在北京成立。1938年8月1日，“新民会天津都市指导部”在大经路成立，并迅速在天津四乡建立分支机构。1942年，天津成立伪特别市政府新民总会。经与李颂臣等第三代协商，租用该园做“新民训练处”，开展教育、宣传、组建合作社、介绍职业、倡导新民生活等活动。

抗战胜利后新民会因与李家合同未断，遂移交国民党市政府。随后一些军事机构进驻，既没有跟他们续租，也没有当做敌伪财产没收。但在这近十几年里，李氏家族的各位主人基本没到园里，随后解放天津的战役打响，园内的土山、四周的土埂及河边修筑了防御工事。园内不多的树木又遭破坏，几乎成了没有树木仅剩芦苇的荒园。园内建筑已碱蚀破损。1950年天津市人民政府对河西地区进行和平土改，租用李氏家族土地的佃农要求立即分田，有政治经验的李颂臣代表李家将土地全部上交政府，完成了和平土改。荣园不是耕地，属于闲散土地，需要交纳房地产税，李氏家族也顺手将此园上交政府，并由管理此园的远房族人李某签字率先代为上交。至此，荣园被天津市人们政府接收，由公园广场处管理，并立即将其作为天津市第一个公园进行规划和建设。7月1日竣工。在张学铭副主任的操办下获得了毛泽东主席亲笔书写的“人民公园”四个大字。人民公园有了人民属性的新生。

（刊于《荣园——人民公园》，中国教育出版社，2015年6月）

荣园里的育德学院

1946年,荣园正门立起“育德学院”大匾。租赁花园办学是件新鲜事,参与办学的人都是社会名流,其发起人是曾任北洋政府国务总理的靳云鹏和身份极为复杂的姜般若,还有王任远等人。学院占据了整个花园房屋最多的东部区域,这些房屋被改成教室、办公楼、宿舍等,藏经阁则改为图书馆。

该校原为1937年建在英租界的天津学院,后改名育德学院,屡遭日伪教育机构打压。1941年12月,太平洋战争爆发后,日军侵入英租界,以育德学院未经伪政府批准立案及“掩护抗战分子”为由,予以查封停办,校产全部没收。1945年靳云鹏以“负有抗战历史之学校不宜泯没”为由,再次联络王任远、姜般若等人筹备复校。1947年正式复校,聘陈仙洲为院长,姜般若为院务长。陈仙洲后因事辞职,改聘夏勤为院长,姜般若代理院务,孙科、李烛尘等十余人为校董,居正为董事长。学院以教授经济法律为主,分为本科与专科。中学毕业生不需考试,只要缴费注册即可入学。新中国成立后,李济深为董事长，学院教师有很多是社会名流，但多为兼职。因经费不足，规模不大，育德学院遂改为私立育德文法学院，但人们仍习惯称它育德学院。

育德学院校务领导全是有影响的人物，每人都有一部故事，但最为复杂的是姜般若。姜般若(1889—1964)，河北青县兴济镇人，第一批赴法勤工俭学，回国后任南开中学学监，是中国早期无政府主义思想的信仰者与传播者。其最初信仰有社会主义成分，因此与李人钊等一起谋划过早期中国共产党在北方的建立与活动。1928年任国民党地下天津特派员，后与孙洪伊谋划河北省自治。1931年在京津组织邓演达第三党分支机构。1934年成为天津洪(红)帮首领。洪帮是一个不同于青帮的全国性帮会组织，成员之间有一套秘密隐语，规矩很多，有职务之别但无辈分等级，故有“青帮一线，洪帮一片”的说法。1937年，姜般若任天津市教育局督学。日本投降后，任国民党第十一战区司令长官孙连仲的咨议。后与李济深等成立育德学院，从事教育。晚年入狱受审，因无明显劣迹，释放后终老于家乡。

育德学院在天津解放前因人员复杂，政治斗争激烈，院长陈仙洲和训育长陈大海都是国民党对抗学运的特务。中共地下党在校内发动了“反饥饿、反内战”斗争，宣传革命思想，做学生工作，1947年发起倒陈(陈大海)运动，最终将陈大海赶下台。

1949年，天津育德学院归属华北高等教育委员会管理，姜般若任院长。设有法律学、财经学、政治学三系和化学工业、农产加工两个专修班。有教职工12名(其中专职教师2名)、学生126名(其中本科生73名、专科生53名)。1949年毕业生27人，姜般若对首届毕业生提出了“读书、学艺、做人”的三原则。教务主任李慕白也对学生们提出要求："不能走违背社会发展规律的死路，要走为人民服务的符合社会发展规律的新生之路。"该校后迁往建设路(今科学会堂附近)。1951 年 8 月，该校因经费无法解决而解散。

(刊于 2015 年 7 月 3 日《今晚报》)

早期荣园的娴静与野趣

荣园非人民公园，人们看到的人民公园跟荣园的原始景观截然不同。私人园林的风格与修园主人的目的直接关联,并受其思想文化意识及经济条件左右。弄清荣园的景观是何种风格才能解析它的文化内涵。近 30 年来市区园林工作者和史志工作者一直在苦苦搜寻资料，通过对藏经阁、中和塔修复过程中结构和材料的研究,及对河道清淤过程中土层淤土和护坡的分析,它们的建筑年代和园内的水系才基本弄清。但对荣园的整体景观缺乏资料。幸好笔者翻出 1950 年两千分之一实测地形图,并和修建园内古建筑的张建和工程师仔细破解地图的细部,对荣园的景观有了空间的认识。对其园内建筑的文化内涵也有了风水学上的破解。荣园的景观风格就是一个娴静中的野趣,其中内含着李氏家族比较长远的用途,但都没有实现。

首先，园的面积和园内的建筑面积比例悬殊。园子的面积很大,其中的河流和湖泊的水面也不小。但地面建筑很少,没有一处大院落，更没有四合套院。显然居住的功能几乎没有。各处房屋各自独立，距离很远，互不干扰。其园总体布局为一长方形，在其西北角切出一块空地，并由环园河流和土堤隔离，应该为预留茔地，后来也确实成了坟地。其东与徽州道平行有一祠堂，为坐南朝北的倒坐方向。符合祠堂建筑对风水位置的要求。祠堂东北有一个五米多宽的便门，沿土墙再往东快到东北角处是园的正门。其结构为砖木结合的方柱型门。进门不远有两个对称的门房式建筑，含有金刚密迹护门的寓意。再往南是两处较大的建筑群，东侧为男眷使用，西侧为女眷使用，中间有隔离，含有男女不通院的规则。再往南，靠东院土墙处有几间长方形房屋，为地位较高的管事所用。

在花园东部的中心有一左拳型环形河道，北边中段有一小桥，过桥有一较大房间（现北展馆处）。该建筑北临河流，南边为开阔草地。这种孤零零的独立建筑明显是斋戒、休闲、会客、赏月之所。园的西北角是和园东北角建筑群是同时期建成的景观，也是该园的核心景观。西北角是湖中最大的水面——西大湖。湖的南面由河流与园外的水系相通，湖的东北角有一海拔九米多高的土山。山外有石，但不多，是造价很低的石包土山。制高点有中和塔，半山腰有山神庙，再往下还有一个面积约为西大湖五分之一的小水面，其东部也有一个面积相似的湖面，形成三湖抱山的景观。寓意着三潭映月的杭州西湖模式。土山的东南端有下山的石阶并向南径直形成一条小路，直到南院墙。在其中部以东有一圆形小亭，其西临河处又有一六角亭，河与土山旁湖水相通。

在南院墙东部，有一面积较大的建筑，其位置临近琼州道环园河，应属于晚期建成的商务用房。再向东，有一南一北的两个花窖。在花窖西北两河交叉处又建有一处咏诗亭。它的东北角有建于

1886 年的藏经阁。全园湖面集中,河道蜿蜒曲折,土山的砖塔和小庙位置极佳,这种各个建筑彼此隔离在空旷的园内布局,形成了极其疏朗的空间,试想在园内月光下园内散步:既有曲径通幽,也可沿河遐想、也可登高远眺、也可读书吟诗,凸显了一个“闲”,一个“静”。湖面和河面都有茂密的苇丛,这种条件又特别利于鸟类栖息。每当春天,芦芽出水嫩绿时,北上的大雁和野鸭在水面戏水。夏季的芦荡随风飘荡响声很大,再加上藏匿其中的水鸟鸣叫,让人听后暑气顿消。20 世纪 30 年代民国时期的大画家阎至阳专门在日记中记述了这种野趣,这种野趣的形成还有一个特别重要的原因是园内树木极少,草地和水面的空旷让人感到空间自然少有人工雕琢的感觉,真正达到了天人合一。

(刊于《荣园——人民公园》,中国教育出版社,2015 年 6 月)

人民公园植被的风姿

公园之所以叫花园是因为园内有丰富多彩的植物，以引起人们对自然的留恋与向往。人民公园是新中国成立后天津改建的第一个公共园林，它脱胎于清代盐商李氏的私家花园。荣园的布局景观和文化内涵完全是为了满足李氏家族的私家享受。园内的植被极其简单，树木很少，虽有多处散落的建筑，但没有集中的院落。特别是地面，基本上是自然生成的草地和大片水边的苇荡，有着闲静的自然情趣。但这种功能不能满足广大人民的需求，从它改称人民公园之日起，人民政府和园林工作者就依照广大人民群众的审美需求、休闲需求，重新种植与功能相匹配的植被。

人民公园建立初期，首先根据公园的公共功能，在护好原有的几株杜梨、枣树外增添植物种类，人工新植多种乔灌木。其中普通乔木以柳、榆、槐、合欢等为主；观花、观果的树木有海棠、榆叶梅、石榴、丁香、桃、杏、梨、苹果等；灌木主要有紫穗槐、迎春、碧桃等；藤本植物主要有藤萝、凌霄、金银花等。刻意把种植花草的地面设计成规则的几何形图案，或根据地块的几何形状栽种不同行距的花草。每当春季来临，黄金盏、蝴蝶梅和雏菊从窖中移出，种在地面后很快开花，让游人感受到春天的气息。藤本植物则在一些长廊、木架上攀援生长。到了五月份，串串淡紫色的藤萝花穗散发着诱人的清香，高大的洋槐花香沁人心脾。20 世纪 60 年代栽种了一些西洋树种：如悬铃木（俗称法国梧桐）、白蜡。20 世纪 80 年代日本樱花也被引种园中。在这期间银杏、皂角、栾树、青桐、五角枫等天津稀有树种也较快地被植入。而小龙柏、铺地柏为主的常绿松柏类树种也大量种植，为凋零的冬季补充了绿色景观。而灌木已栽植了 23 个品种，它们虽然矮小，但多姿的树形、叶形、花形适应了游客低角度视觉的需要。藤本植物中又增加了大量的五叶地锦。

2009 年在公园动物移出后进行了最大的一次封园行动。对景点、水面、绿地进行了多种植物的增种，对已衰老或枯死的品种进行了补种，并重新对一些边缘地块进行了立体种植。配合多色图案水泥地砖道路铺设，加大了以女贞和大叶黄杨为主的绿篱种植。在一些较大的地块播种冷季型草籽，繁殖以结缕草、早熟禾、高草矛为主的地表草皮。在秋冬季给人以绿而湿润的感觉，抵消冬天的冷清与干燥。对一些小灌木又将其剪裁成各种造型。让人们看到了 400 多株龙柏球、石楠球、金叶女贞球、大叶黄杨球等。一直到 2014 年，年年进行补植、补种、补栽。如今全园共有树木近 6 万株，80 多个品种。花草和宿根类植物也有几十个品种。

人民公园的植被有如下特点：一是层次饱满，立体感强。人们从俯视到仰视，从不同的高度和角度都能看到多姿多彩的各类植物。二是时空有连续性。春夏秋冬各有不同植物带来的情趣。春天有初开的草花和桃、李、杏，初夏有石榴、槐花，夏天有荷花，秋天有菊花。月季则从春初到秋末一直开放。尤其冬天还没有离去，春寒料峭时，簇簇迎春花在枝条上绽开了密集的黄花，让人感到了生命的顽强与春天的美丽。炎热的夏天，绿色带型叶的鸢尾开出了淡蓝色的花，降低了人们的暑热感，让游人在季节的变换中得到了心理的补偿。三是生态和谐的补偿性。公园的植被是人工植被，不是天然植被，多种植物共生在一起，对阳光、水分、养料是互争的。让它们长的好就必须科学的规划，科学的养护。在立体的种植过程中要兼顾各种植物的习性。在养护的过程中又要关照各自不同的需求。人民公园的植物枯死率极低，补种的非常及时，没有一处明显的缺失，体现了植被养护的科学性。该园处于人口稠密地带，寸土寸金，园区面积因拓路、建房不断缩小，仅 2004 年琼州道一侧围墙退线，使园区减少面积 10987.18 平方米。这就要求我们必须珍惜公园的每一寸土地，建造以模仿自然美为主的园内风景，发挥公园的感人魅力。

此外，为配合节日庆典，摆花坛用的串红、观叶的龟背竹、槟榔竹、苏铁，以及一些养护困难的仙客来、鹤望兰等窖养花卉更有一番天地。其中槟榔竹、苏铁都是旧荣园遗留下的 70 多岁的植物了。人们常说："千年的铁树开了花"，人民公园的大苏铁雌雄同时开花，成为老员工的骄傲。

人民公园丰富的植被唤起了游人的喜悦和愉快。那袅袅的垂柳、青青的松柏、挺拔的悬铃木、俊秀的洋槐、娴静的玉兰、似锦的蔷薇、粉红的荷花、富贵的牡丹、幽香的兰花、绽放的迎春迎来了络绎不绝的游客。人民公园丰富多彩的植被是其魅力所在。

（刊于《荣园——人民公园》，中国教育出版社，2015 年 6 月）

为人民服务的激情岁月

——人民公园老园工回忆散记

1950年李家花园收归国有，成为人民的公园，至今已有65年的历史了。许多老职工已经故去，尚还健在的也已白发苍苍步履蹒跚。当他们再次聚首畅谈公园65年来的变化时，大家都感慨万千。说道高兴处哄堂大笑，讲到自己的得意处侃侃而谈。85岁的沈敬群女士说道："刚建园时职工仅30多人，当时工资很低，还有10几位职工因孩子多每月人均生活费低于8块钱而吃补助，是组织保证了他们的生活。"张建合工程师通过几次对公园的改造和提升，结合自己的专业和园林文化、风水学对公园的整体布局和建筑结构都做了解析。特别是通过自己编写园林大事记，对公园的修复、改建、提升有了完整的历史认知。

1949年新中国成立了，天津市新的人民政府面临着百废待兴的困难局面，首要是恢复经济秩序和维持社会稳定。但同时没有忘记提升天津的园林景观，让人民享受休闲的乐趣。1950年本市六区徽州道李家花园面积242亩，有水面和苇塘60亩，内有旧式楼阁、假山、亭、塔等。经该园园主李岐美(化名)等 11 人自动捐献给政府,李家花园由私人园林变为公共设施。它是位于市区中心最大的花园。人民政府工务局面对回归人民的园林决定把它建成一个具有江南风格的水乡园林,奉献给人民。工程从四月份开始,6 月 27 日至 12 月 2 日,对花园池塘、河沟进行疏浚,同时培修堤埝、加固土围。共完成土方 35603.41 立方米,用工数 32054.5 个,平均工效为 1.11 立方米 / 工日。这么大的土方量是工务局的职工利用公休日义务劳动和为救济一部分失业工人以工代赈, 共历时三个月快速完成。在这期间公园不限制游人,虽未正式开放,在周末及周日两天来游园者有两三万人。1951 年 7 月 1 日人民公园正式对游客开放,门票每张 200 元(相当于现人民币 2 分)。随后公园的整修在精确规划下,按部就班地进行。对假山(据天津四大买办郑翼之曾孙郑灏回忆,人民公园徽州道进门石山,是由郑翼之孙郑兆良 1953 年将其新华北路 223 号旧居后院假山石头赠送给人民公园后, 张学铭主持建成)、宝塔、藏经阁、水面和瀑布的设计都全面展开。1954 年,毛主席亲笔为人民公园题写了园名。这是革命领袖为新中国题写的唯一的一处公园。当时公园的正式员工共有 30 多人,他们有工务局的旧有人员,也有新招聘的工人,还有一些自备设施,租赁公园场地开展活动的个体经营者。20 世纪的五六十年代他们这些人都年富力强,恪守职责钻研业务。从平凡的事情做起,踏踏实实地为游客服务。

1956 年以前,许多小贩在公园四周摆摊,兜售一些小食品和大碗茶,很受欢迎。但他们不能在园中经营,他们就围在公园四周的短墙外,在砖砌的花墙空洞处为游人服务。许多小贩为了抢占地方还经常吵架! 为此,园方决定自己成立园内商店。出售糕点、水果、冷食和二分钱一碗的大碗茶，并出场地引进一家照相馆。1958年“大跃进”期间这些商店吸纳了一些闲散劳动力和家属，成为园里的职工，扩大了就业。这种园内商店极大地方便了游客，他们可以在茶棚下的长桌上边喝茶边欣赏园内的景色。孩子们能在园内买些糕点和饮料，边吃边玩，让人们看了非常惬意。一些情侣在湖中划船，常常被一些摄影爱好者作为背景吸纳进自己的照片。

当时人民公园是天津市动物品种最多的公园，因而也是孩子们最向往的公园。一直饲养动物的老职工张树浦讲到20世纪60年代，天津的公园以人民公园最兴盛，当时水上公园距离市区较远，比较荒凉，北宁公园远在河北，在市中心地带，得天独厚的是人民公园。1963年动物园进来了大猩猩，1965年人民公园的鸟、金鱼展很有名气。20世纪五六十年代人民公园大型活动不断，中国吴桥杂技团和1963年苏联杂技团都曾来公园演出。他还特别自豪地谈了人民公园是全国最早利用动物的异常行为作为地震预报的实验基地。1963年邢台地震，人民公园的动物有异常，这种情况被地震部门发现后引起各级领导关注。1967年，长岛地震前三小时多种动物打蔫，他们向地震部门反映，两小时十五分后地震发生。当时周恩来总理就指示开展地震预报要“专群结合”。张树浦成了河西区观动物防地震的讲解员。“文革”期间复旦大学的师生和中国科学院地震研究所也来公园取经。人民公园的经验要推广，而后1976年唐山又发生了特大地震，人们公园的动物观察小组一直在敬业地观察。但地震规律毕竟是一个至今尚未破解的世界难题。动物异常只是一种参考现象。而且多是地震即将爆发前夕的表现，没有提前量。

老职工温师傅则回忆了自己奉命援外在中国驻波兰大使馆做园丁的幸福经历。波兰的绿化和城市面貌给他留下了深刻的印象，他说道："华沙是一个花园的城市，草花、绿篱、灌木和乔木在不同的高度层次形成不同的植物景观。许多白色的建筑四周再配以玫瑰让人们感到特别痛快。中国大使馆也必须有自己的风格，所以自己尽职尽责搞好馆内和四周的盆景和花卉。"党的十一届三中全会后全国工作重点转向以经济建设为中心，经济体制快速地进行了改革。各种商业、服务业率先搞活，20 世纪 80 年代初大同歌舞团来天津演出，天津文化局中断了他们的演出合同，他们只好求助于人民公园，人民公园也正在搞活，决定帮助他们。让他们的人员住在北楼，在露天剧场售票演出，度过了难关。回到大同后，发来感谢信，后来大同歌舞团演出兴盛，在全国很有名气，始终没有忘记天津人民公园，又二次进津到人民公园，为天津人民演出。受他们的启发，人民公园也开始利用自己的资源，将一些小型动物运到外地进行巡回展览。他们去过遵化、武清、静海。特别是在静海的巡展受到了农民的热烈欢迎。当时的农民文化生活十分匮乏，当地的驻军经常在空地进行篮球比赛，农民们就常去观看。张树浦、杨文义等人成了明星。在这个空场上杨文义将一条大蟒蛇缠在脖子上，掩着头，让它张嘴吐信，引起农民们的惊恐。张树浦借此讲解蟒蛇的习性和其他动物的趣闻。农民们非常快乐。这种外出巡展的园工管饭并给五元补贴，当时园工特别愿意参与和前往。至今张树浦每当谈起公园的各种动物总有一种难以割舍的感情。1966 年他迎来了天津第一只熊猫、河马。羽毛色彩艳丽而多样的鹦鹉经常出现在他脑海里。工人巴连仲与父亲两代人同为园工，他讲述了父亲参与公园的菊展、种植、养殖，也讲述了自己改造草地、更换冷凉型草种的趣闻。

1979 年水上公园建成并开放，动物陆续迁往该处。人民公园成了只有风景的公园。但它的所有变化都浸透着老员工们为人民服务的激情和付出的辛勤汗水。

（刊于《荣园——人民公园》，中国教育出版社，2015 年 6 月。本文与张绍祖先生合作）

浮想西南楼工人新村

1987年11月24日,河西区政府召开新闻发布会,河西区教师村楼群竣工。六百余户中小学教师搬进新居。市政府推广的平房改造的四个途径，在河西区全部落实。教师村楼群由西南楼新村12段部分平房改建。人们自然浮想起西南楼新村35年以来的历史。

河西区的地名中,东楼、西楼很早就有了,南楼直至1925年才出现。西南楼的地名并不存在。1952年市政府为解决工业区职工住房,决定在南楼西边修建住宅,此地块按方位取名“西南楼”。西南楼工人新村共有平房群18片,故称18段。其中面积较小的段在围堤道以北,面积较大的段在围堤道以南。红砖砌成的平房,每十至十二间房为一排,也为一院,两头都有大门。多为一居室,少数为里外两间。其对面都有一个能放下火炉和水缸的小厨房。这些新大院与过去的大杂院不一样,一是整齐多了,二是方便多了。方便的地方是院外都有固定的水龙头。每隔几排有一个很规范的公厕。在每段的核心区域都有一个粮店、煤店,还有一个由消费合作社发展起

来的副食店。

1956年以前有一些住户在居室内卖一些文具和小食品。许多住户都是同厂家属，大家关系亲密。1958年"大跃进"期间，有些家庭妇女走上了工作岗位，就把孩子交给了邻居们照料。走得比较近的邻居一家做了好吃食总是给周围的邻居小孩解解馋。谁家的主人上夜班，周围邻居们自动的关掉收音机或减小音量，不让孩子们在屋门口吵闹。每当夏大，许多屋门口都摆上小桌，一家人围着小桌吃晚饭。工资高一点、孩子少一点的家庭，饭菜就丰盛多了。主人们或炒俩鸡蛋，或买点酱杂样，喝上二两白酒，吃得津津有味。看见别人家的孩子过来也会用筷子夹给他一口。吃完饭，男人们会围在一起喝着茉莉花茶开聊，老人们扇着大蒲扇听着聊天却看着孩子们的走动，恐怕摔着。大一些的孩子开始院里院外的追逐打逗或做游戏，上学的孩子则在屋里做功课。天气一冷，傍晚院子就不热闹了。这时最受欢迎的就是听着收音机在屋里围桌吃饭。饭后,小孩子们在床上打逗玩耍,关系密切的邻居开始串门聊天。若拒绝别人串门就把窗帘挂上,别人也就不进去了。这种氛围一直维持到“文化大革命”前。

工人新村多是各大厂的宿舍,也有为无房居民建的平房。十二段就是由教育工会牵头为天津市无房的中小学教师所建。天津许多教师在此获得了住房。以后因工作调动或换房,河西区的教师成了居住的主体。20 世纪 80 年代,天津市总工会表彰了天津市第一批自学成才的佼佼者,其中有两位著名作家、戏曲研究家、漫画家,还有一名普通的河西区中学教师。这位教师参加了新疆的智力支边,他原是河北区的教师,回忆起在西南楼十二段分房时的情景非常感慨。他说:“当时负责分房的领导非常深入实际,详细的核查各家的人口。我当时因有母亲和年龄较大的弟弟妹妹,还有孩子,分给我两间,不够住,找到他们。他们了解了情况后当即拍板又给我加一间,我变成了三间。”这位教师 1987 年经过平改在教师村有了两个偏单。教师们的孩子比较少,所以院子里比较清静。彼此见面都很客气,但很少在院子里聊天,也很少串门。晚上孩子们大部分都做功课,显得很安静。在几十年的变化中许多教师住户换成了其他住户,该区仍然是教师比较集中的区域。在此地建成教师村以后被各区仿效,成为尊师重教的实际行动。教师村建成后专门拿出住房奖励有突出贡献的 20 名教师,也成为天津的佳话。

工人新村 20 世纪 50 年代出生的孩子们到“文革”期间都大了,各家房子普遍不够住了,于是都把房前的厨房加大成能住一两个人的小屋。为了不遮挡前排的后窗户,屋顶在这个部位都会砌成一个凹形的结构。院子越来越小了。人们走路也越来越不方便。最难办的是自行车也越来越多,到晚上放在院外的车子都要挪进来,放在自家门口,非常拥挤。大家也能互相理解彼此关照。这时的墙体大部分已经碱蚀,屋内的墙皮也因此起鼓、剥落。房管站就要不时地整排整段地进行维修。因院子特别狭窄又要顾及自建的小屋,所以施工时要格外小心。从1976年开始引水入户,每户都有了自己独立的自来水。到20世纪80年代中期,平房也用上了煤气,每家的生活条件大为提升。但这些成排的平房都已超过了使用年限,破旧不堪。河西区政府顺应民意,经过仔细的调查研究、规划测算,多方筹措资金,按部就班地进行大规模的平房改造,取得了典型经验。成排低矮的平房建成了楼房,混居变成了独居。人们的心情又是喜悦又是矛盾,喜悦的是自己有了独立的空间,矛盾的是过去朝夕相处的邻居和同事现在只能在楼道里和大街上偶尔碰到。最让人感动的是辖区派出所的民警,若有人要找原平房里的某位住户,只要你说出姓名,他们就能立刻帮助查询出新住址。

1988年12月,区政府在工作总结中指出:以平房改造为重点,加快了城市建设的过程,开工面积和竣工面积均创历史最高纪录,连续多年在全市保持领先地位。在以后的岁月中,天津市的主要公共建筑和会展中心、文化中心相继建成,旧貌变新颜。河西区的路更宽了,风景更靓丽了,但是回忆一下老平房的乡情仍然使人难以忘怀。

(刊于《河西文史资料选辑》第11辑《天津河西老街道》,团结出版社,2014年12月)

蓝光闪过之后

——重建黄纬路

黄纬路是一条连通京津公路的区级交通干线，全长1138米。它早在20世纪初就已经形成。1902年规划新河北大经路时，它成为最重要的一条“纬”路。几条纬路中它是最宽的。

在建筑上，这条路也具有它的特色，北口路东有西洋味的曹家花园，路西是恒源纺纱厂的原址。五马路口西有“新政”的产物——直隶高等工业学堂，和一片像城埠似的高大围墙的大宅院，那是旧陈姓督军的“公馆”。南口路东是世医王小万居住的青砖四合大院，临街院门里还有一方砖影壁，上刻有两个硕大的“鸿喜”楷书，别具风格。其他住宅建筑多式多样，有“中西合璧”的小庭院，也有典型的红柱绿檐的砖瓦房，但年久失修，尤其房产公司所属的几处里巷，修建时偷工减料，柁的长度等大都不够尺寸，给后人留下了巨大隐患。

1976年7月28日，天津遭到历史上罕见的大地震，11月15日又再次地震，使市区建筑受损率达到60%。第一次地震后的两小时，区里领导同志赶紧邀请军代表，顶着余震驱车开始对全区的灾情进行检查。许多居民不知所措地站在路上，有的老人抱着孩子打着雨伞坐在边道上。最严重的就是黄纬路片，沿街的女儿墙全部坠落，在墙根形成一堆堆互砾。有的屋顶整个坍塌。“老五片”（从五马路到三马路间）全部震毁的房屋有901间，11217平方米，占24.6%，震损的房屋有1657间，占45.2%，基本完好或稍加修复仍能居住的房屋有1106间，占30.2%，为全区震损最严重地区。杨武进同志向区里主要领导汇报了灾情，并立即召开紧急会议，高速度地开展了抗震救灾工作。首先筹措物资、搭盖临建、转移灾民、安置伤员、疏通交通，半个多月的时间全区基本平定。1976年8月市级抗震救灾指挥部成立，9月20日区级抗震救灾指挥部成立。主要成员有：魏振铎、栗振福、董建中、苏明、郭勇、荆树铭、王存山、朱良成、张玉江、杨武进等同志。霍立三同志具体分管黄纬路片的救灾工作。到10月“四人帮”倒台，全国人民心里搬掉了石头，人们有了干劲，有了目标，抗震救灾工作也能顺利进行了。中央拨出专门抗震救灾款。市里决定六个震损最严重的片推平重建。黄纬路为其中之一。市里还决定哪个区配合得好，哪个区施工快，居民搬迁快，哪片先开工。河北区得知市里已批准黄纬路片为重建片后立即做出部署，全力以赴，争取第一个开工。首先要将全部居民迁出，为此在北站体育场、几个大型中学操场和公园搭好了临建五千余间，然后进行最艰巨的清场工作。没有坍倒的房屋要推倒，这个任务由解放军担任。推倒后的砖瓦木料起先是将木头和门窗无偿地送给区房管局，将砖头瓦块铲除装车倒掉。拆旧房的费用补贴由市里报销，清场费用必须由区里自筹。为此区里经过研究开创了以料抵工的方法，即将每片应拆房屋包给民工，拆完后砖瓦归他们，木料拍卖。

这样既省了费用又使旧料重新得以利用。但剩下的残破砖头瓦砾则需要有人清除,全区干部、中学师生都参加了义务劳动。有时为了抢运,全区干部一直干到半夜。由于清场快,安置好,受到市里好评而得以首先开工。市建筑设计院和铁道部第三设计院负责设计,二建和六建负责施工。针对中山路两侧道路基础好,市区决定对中山路北侧的房屋全部规划建成若干棋盘块式的小区。从金钢桥一直往北站方向推进。第一阶段从 1976 年到 1980 年主要是重建。我们俗称“老五片”,即现在的团结里、抗震里、军民里、胜天里、求是里。老五片原有住户 2691 户,10507 人,房屋 3664 间,建筑面积 46317 平方米。重建后的建筑面积增加到 97126 平方米。昔日破旧平房变成整齐的楼群,人民住房条件发生了根本改变。天津市的震后重建工作一直得到中央的关怀和指导,这为以后的整体规划和大规模住宅建设起了极大的促进作用。

1978 年 9 月 20 日,邓小平同志访朝归途中到天津视察,特别视察了黄伟路片的重建工程。邓小平同志是下午到达的,当时胜天里大板楼正在紧张吊装。团结里和军民里已住上了居民。区里在军民里找了一个单元做临时接待室。

下午二点多,小平同志在市领导林乎加、黄志刚、胡昭衡、阎达开、毛昌五、李定等同志陪同下来到工地。区里领导有魏振铎、侯岐山和二建劳动模范胡法宪等同志陪同视察。霍立三同志引路,朱良成同志负责保卫工作。小平同志仔细巡视了工地,看到一幢幢大楼里住满了居民很高兴,看到正施工的楼座忙问:“现在这些楼每一层多高?”胡法宪同志回答说:“3 米半左右。”小平同志问:“这么高有必要吗?我看是否可以降低每层的高度,整幢楼多盖一层,省点造价,多出点房子。”林乎加同志答道:“居民愿意住房高点,矮了怕憋气。”小平同志说：“可以盖两种标准的房子，一种房子间量大，窗子大，但室内矮；另一种保持现在这种规格。看老百姓要哪种，我看多数人愿意要面积大的。”当得知大板楼五天就可以盖一层时，他非常满意，向在场领导问：“吊装法盖房快为什么没有全面推广？”现场负责人讲出这种楼造价高，小平同志指出，要尽快想办法降低造价才能推广。魏振铎同志请示林乎加和毛昌五是否让小平同志到居民家中看看，在场几位记者也准备入户采访。这时人们都已围满，许多人从楼上、平台上、窗户里向邓小平同志致意。林乎加、毛昌五没有立即回答，后问邓小平同志，小平同志示意可以，但负责保卫的同志见周围人太多，而且还要过马路，同时邓小平周围也围满了群众，于是在工作人员照顾下登上汽车。而胡昭衡同志和人群合在一起，被工作人员找到才上了汽车。群众见邓小平同志平易近人，非常高兴，许多老年人说：“大领导亲自看老百姓，没有戒备森严，我们佩服。”小平同志走后，市区领导认真研究了他的建议，并对楼房高度和室内空气流动状况做了科学论证。证明小平同志的看法是对的。小平同志返京后不久，国家建工部门派专家来津专门研究室内高度和空气流通状况和室温保持的关系。经过研究论证，降低室内高度对二者影响甚微。从此邓小平同志提出的降低高度、多出房子的建议得到贯彻。新标准把室内净高定为 2.6 至 2.7 米，连同楼板的厚度相加成为 3 米一层。这样计算起来方便，施工也很方便。由于整幢楼房高度降低，楼间距离可以加大，各楼采光时间长了，普遍受到群众欢迎。

1980 年国务院向天津派出专家工作组，帮助天津编制 1981—1983 年三年恢复重建规划。天津市政府决定每年竣工 300 万平方米住宅，所以从 1981 年“老五片”重建结束，黄纬路开始了“新五片”的重建工作。它们是元吉里、二贤里、二美里、三戒里、宝兴里。“新五片”充分考虑了全市总体规划，注意了人文景观的协调和公共建筑的美化。在南端，普乐摄影公司装饰典雅，对面几个中型商店后移，门前边道铺成彩色多边形图案，并后退 20 至 30 米形成一个小广场，使人从中山路沿黄纬路北望有宽阔感，从中山路各个方向就能看到黄纬路南口两侧的几幢风格不同的大厦。到 1984 年 10 月，10 个街坊全部改造完毕。这七年多的时间里共拆住宅 88670 平方米，新建住宅 23.23 万平方米，为居住区配套的公共建筑 2 万平方米，其他公共建筑 2.33 万平方米。在黄纬路南端多是为居民日常服务的商业机构，设置了文化馆、区法院、检察院和中型百货商店。它如今已是我区交通最方便、设施最完善、景观最美的地区。我们追忆它的改造过程，必然想起为它流过汗、操过心的所有同志，也更加感谢小平同志对这片土地的关心。

（刊于《天津河北文史》第 4 辑，1990 年 4 月）

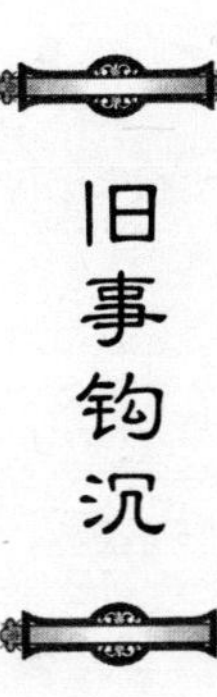

旧事钩沉

长芦育婴堂始末

天津地当九河津要，河海要冲。又因地势平坦，雨量集中，造成水旱灾害频繁，人口八方杂处的地理、历史特点，而津人则形成好善乐施的心理特点和憨直爽快的性格特征。在历史上许多行会据行业的特点建立许多社会救济组织，使天津的各种慈善机构之多、之杂，别于其他城市。

长芦育婴堂就是天津历史最长、规模最大的一处收养弃婴的机构，其鼎盛时期的旧址在现在河北区新开河的育婴里。

一、长芦育婴堂的历史沿革

清乾隆朝后期，有天津人周南樵，字自邠，在广东做通判，政绩名声很好。退职回津后仍乐于慈善事业。有时一些穷人将孩子弃于他的门前，他都收养起来。乾隆五十九年(1794)天津发生水灾，海河在马家口(今广场一带)溃堤，河水四溢，人们逃向高处，许多婴儿被弃于路旁,哭声很是凄惨。周先生看到这些嗷嗷待哺的弃婴,赶忙收到家中。因为弃婴已经很多,家中无法收养,他只得增盖房屋,找乳母,急救这些小生命。他是个中等士绅,财力有限,弃婴增加的速度尽其家财也无法维持,他却仍然坚持。当时天津已是长芦盐务管理的中心,担任长芦盐运司使的嵇承志是周的同寅好友,得知此事后很是同情,并把此事上禀长芦巡盐御使徵瑞。徵瑞很同意设育婴堂收养弃婴, 并上奏乾隆皇帝。他在奏折中开门见山地提出:国家设立育婴堂,收养民间遗弃婴儿最为善政。又谈到天津四通八达,过往的人多,偶遇灾年弃婴无人收养,和长芦盐运司商定在盐务中增添育婴堂一所,"以广圣上保赤之仁"。规模以收养二三百人为度,计所需乳妇、工食、米饭、衣服、柴炭、医药、被服等项费用,需筹措常年经费。当时盐商为弥补亏欠无着的帑课和津贴官造驳船饭食之用的开资,是按每引捐银二钱抽出的,育婴堂准备从这项开支中每年拨出纹银五千两至七千两,作为常年经费。当年堂婴不多。所余银两用于堂务并按年具报内务府查核。因经费从盐捐中提出,由盐商管理不太妥当。故正式荐周自邠掌管堂务。乾隆皇帝钦准,天津开始有了第一个收养弃婴的机构——长芦育婴堂,简称育婴堂,老百姓称它为"娃娃堂"。堂址最初选在镇海门外,即现在水阁大街和袜子胡同之间的地方, 南开区妇幼保健院就是最早的育婴堂堂址。这时天津还没开埠,国势尚且殷足。而天津中心地带人口不多,有一个可容纳二二百弃婴的育婴堂尚且可以,何况有一线希望的父母谁也不愿意将亲骨肉弃置路旁。所以成立以后的八十多年里,该堂就这么维持着。它历经乾隆、嘉庆、道光、咸丰四朝,这期间津门共患水灾三十多次,该堂发挥了很大的作用。

1860 年后天津开埠, 各帝国主义对天津进行了经济和文化的侵略,西方资本主义势力的侵入,首先受害的是劳动人民,大量手工业者和农民破产,生活无有着落。再加上水旱灾害频繁,人民已无法生活,弃婴于是大量增加,该堂明显感到无法承受。这时帝国主义为了冲淡人民对它们的反抗情绪,大肆进行宗教活动或举办慈善事业来拉拢人心。他们也采取了最易收买人心的收养婴儿的活动。如法国人味增爵创建的仁爱会,于1862年和1864年先后两次分拨45000和82000法郎在和育婴堂近在咫尺的小洋货街建造仁慈堂,以抵消育婴堂的作用。但人们还是愿意将无力扶养的婴儿送到育婴堂。仁慈堂的院长马尔盖谢动员天主教的修女们想办法去宣传仁慈堂的好处,大量骗取婴儿,甚至用钱去买,或者到农村去骗,而且不管多大都要。从1868至1869年就寄养婴儿109名,并从育婴堂弄到170名儿童在仁慈堂寄养,后来干脆向三口通商大臣崇厚提出由仁慈堂全部接管育婴堂。因为遭到各方反对,仁慈堂的诡计没有得逞,反而促使天津教案在1870年爆发,天津人民又受到内外统治者的镇压。1871年夏秋之交,华北阴雨连绵。洪水成灾,城里水深五尺余,民房大量倒塌,平地砖缝向上冒水,四乡灾民大量涌入津门。路上弃婴和穷人送到堂内的婴儿已使堂内无法容纳。各项费用暴增,只能向上司紧急申请每月增加款项。当时的盐运使捐了一千吊勉强维持。到第二年春天,婴儿增多,又须扩大堂址,为此准备买下原堂址西南的郑姓民房一所共十几间,需三千吊。郑姓自愿在房价中捐助一千吊,使堂方仅付二千吊。堂方和稽查堂务委员孙知廉、成巡廉商议,决定向官府请款。当时官方不能筹拨,又由盐运使捐助了二千吊才将房屋买下。买下后南房五间必须翻盖,墙壁窗户多半残缺急需修补,而大堂前后两院西厢房各三间不修补便将坍塌,于是紧急筹料找工抓紧修复。就在修理的同时，将乳妇婴儿匀拨分住，使她们在炎热的夏季，得免受拥挤熏蒸之苦。这次修复所需钱项是由芦商纲总杨俊元捐钱一千六百千文（吊），黄世熙捐钱一千三百三拾千文，严克宽助钱一千六百千文。修复后作为长芦育婴堂的分堂，在南斜街马棚胡同北育才商科学校，现天津机械紧固件工业公司大楼所占地方。此后天津又患水灾十余次，该堂规模虽然很大，但仍不够用。这种情况一直延续到1907年。

清末袁世凯任直隶总督，设衙天津，推行新政。他看中育婴堂址，准备建立北洋女医院。他捐银二万两建医院，育婴堂只能迁走。1906年（光绪三十二年）盐商们捐款四万两，在河北新开河购地七十余亩，并由当时的长芦盐运使陆嘉穀监工建屋350间。这时的育婴堂已受到新政影响，按照现代方式建立，并和东侧的北洋师范堂和北洋法政学堂相邻，内部则设置了蒙养院、女子半日学校和女医院。因此收留人员已不仅限于弃婴，还收留了许多无依靠的少年和孤儿，收养之中以女孩为多。

1913年袁世凯（大总统）以全国盐税作抵押，向五国银行借款2500英镑。各帝国主义银行为保证能按期如数获得本息，和中国政府订立合同，成立盐务稽核所，并派人进驻以监督中国的财政。育婴堂经费便由津武口岸每年直拨交经费36000元，这时期收养规模已达500余人，是历史上最好时期，并在这时期买了大量土地和不动产。

由于北洋军阀混战，政局多变，盐务事业不景气，经费不能按时按数拨给，造成育婴堂的经费困难和收养人数的急剧下降。1931年天津已建市，津武口岸将堂款压缩一半，计全年以每月拨1500元，全年拨给18000元经费，不敷应用。堂方又求助天津市政府，由社会局接管。市政府每月补助伙食费300元，并由政府派何子奇任监理，管理该堂行政。这时收养人数已降到200人。1936年3月天津市政府又将该堂交归盐商接办，由李廷玉组织董事会管理。这年10月聘任王贞儒担任总务主任。由该堂五位常务董事分别领导该堂各项事宜，总务主任负责执行。这时收养婴儿约150名。1937年七七事变后日军于7月30日占领天津，因该堂址距北站很近，而法政桥一带又进行了激战，日军进驻该堂将全部房屋改作医院，赶走了全部堂婴，征用了所有设施，堂方只能带领全部弃婴辗转多处。至此，该堂只收养婴儿90名，已接近崩溃。由于经费困难到极点，为了维持堂务，先后三次变卖房屋。但在日伪时期房产行情大跌，房款只能维持很短时间。到1943年该堂董事会推举董事五人，成立资产保管委员会。1945年开始设立堂长，由总务主任王贞儒担任。这也是该堂最后一位负责人。日军投降后津武口岸历年仅拨给1500元为经费，到1946年2月正式取消，使该堂经费彻底无着。堂方只能扩充董事会，发出捐启募捐，但都不能维持。最后，该堂搬到西门里邵家大门时，仅剩46名贫苦孩子。

二、育婴堂的内部情况

由于该堂附属于长芦盐务，经费的多少完全取决于盐务的兴衰，其收养规模、基础建设、历届负责人的任聘皆听由盐务机构和盐商的支配。除首任周自邠有碑文可查，查现存档案仅包括清宣统年间，到该堂被接收期间的143宗，这期间该堂负责人先后为赵、苏、黄、何、丁、王六位。其中最后二位是丁懋英和王贞儒，她们是受过近代高等教育有现代科学知识的二位。丁懋英是位女大夫，任水阁北洋女医院院长，王贞儒是觉悟社成员，很早就和我们党有联系。

清光绪以前该堂仅收养弃婴，无论何人送来都收容，靠雇乳母喂养。育婴堂开始是收养路上的弃婴，后来受到仁慈堂的影响，在袜子胡同建立收婴分所时，在门房墙上开一窗口，在其下面设有木槽。有人送小孩时，将小孩裹好放入木槽里，小孩便从木槽滑到下边，管理人员便可抱走，双方可不见面。到新堂址建立后该堂受新政和西方仁慈机构影响，在堂址建设、机构设置均大大前进了一步。如：将收养对象按年龄分类，婴儿由乳母哺养或喂奶粉，稍大些的进蒙养院，特设女子半日学校和医院，救济一些贫苦女孩。另外开设了一些工厂，让大一点的进行工作。这时许多父母双亡或生活无着落的儿童也可由亲属送入，也可由地方送入。1919 年时收养人数达 500 人，为历史最高水平。在 1910 年前后邓颖超的母亲杨振德曾在该堂做过短期医生，堂方供给母女食宿，并且每月给予 1 0 元钱的零用钱。当时邓颖超年仅六七岁刚上初小，母亲便让她课余同孤儿一道在堂方办的工厂里干活，学习编织、绣花、织毛巾，堂方每天给六个铜板，不久又随母亲离津去京谋生。这时堂内管理人员也开始雇用不同文化程度的人了。例如有教课的教师、各种技工、医生、护士、勤杂人员等，还购买了图书文具。由于送入该堂的儿童大都贫病交迫，特别是一些弃婴，被送来时已是奄奄一息了。至于私生子就更加凄惨，所以堂内孩子的死亡率是较高的。为掩埋尸体，曾购买坟地多块。对死亡婴儿一律造册登记。“文革”期间《天津日报》把育婴堂死亡婴儿登记册混为仁慈堂的死亡婴儿登记册，是不符合实际的。因仁慈堂的档案都被德忠芳离开中国前烧毁，育婴堂内对待儿童是很苛刻的，稍能干活就让干活，劳动量也比较大，吃穿都是低水平的，吃不饱穿不暖的日子时有发生。这当然不能离开社会条件,但该堂腐败的封建性,使其不能为儿童服务,是根本原因。

三、育婴堂的财产情况

该堂的经费1943年前基本取之于盐务税捐,之后“中央”币贬值,经费不足,将房产卖掉一部分,1945年开始发起捐款,1946年和1947年一直如此维持下来。1948年9月开始由儿童战灾义务会每月补助100美元。1949年10月改为70美元。每月还能收房租258斤小米,一切开支靠此。该堂历届负责人理财有方,虽然可怜地寄生于盐务商业中,但是仍坚持到1949年。最后育婴堂剩余全部财产如下;房屋3处466间,厦13条,走廊1条,过道5,耕地7顷54亩1分5厘,坟地14亩3分2厘,坑地9分2厘,房产地基81亩3分7厘5,但这些房除306间破碎失修,所剩大部有产权纠纷。使用着的家具尚有644件,被服4359件,器皿杂品1917件,教具379件,文具242件,图书261册,儿童玩具435件,卫生器材316件,新开河处尚有638件,以上共计9119件。

四、收养儿童的出路

儿童在被堂中收养后的出路有多种,一是由无子女者抱养或领养,或是能自主后出堂自谋生计,若女孩待成人可由人领定为妻,但这些都必须有介绍人担保并交纳一定费用。堂中还根据需要留用一些成年的儿童担任各项工作。还有少量聪颖者上学后也可由堂给介绍工作。但绝大部分被人领走为子、为妻。仅根据现存材料而看,男婴只要没有毛病,不及成年就有人讨领,天津口语叫"讨抱子",而女婴则很少有人讨领,只能长至十六七岁以上时由堂择配。从1930年9月至1934年7月就领出42名。

婴儿在堂中的生活,乳婴住乳婴室,4—8岁居于幼稚班。再大的则分舍居住,有保姆管理。每日上午按照小学校教育分班上学,下午入工厂工作,有织布、织毛巾、织袜子和刺绣等各种手工业,有专门管工技师指导。堂婴的衣服分单、夹、棉,每年按时发给。食物粗细粮都有,但这些都只能在政治安定、财政状况好时供给,否则也是勉强维持最低水平而已。如抗日战争后到解放前这一阶段,堂内已无衣可发,玉米面已不能供足,连儿童战灾义养会补助送给的鱼肝油都卖掉买粮食维持生活。

五、育婴堂接收情况

1949年天津解放前夕，我党在进城前已做好接收大城市的各项准备,并成立了各种相应机构。在进城后立即成立了民政局。长芦育婴堂因经费困难，一再提出交政府办理。天津市人民政府于1950年3月成立了接办小组。由7人组成,田昭任组长,王贞儒任副组长。育婴堂的性质不是敌伪机构,也不是一般私人慈善机构。小组对接收人员进行了专门分工,财产契约由李机、李文远同志负责。经费现款、账簿、粮食等项目由张师明同志负责,家具、图书、文具类、玩具、被服用具及其他杂品由王清光同志负责。人事由田昭、王贞儒、杨光三同志负责。分工完毕后开始接管,先向董事会宣布,该堂已由政府接办为天津市立育幼院。召开了全体干部会议,宣布政府正式接管育婴堂及对员工安置处理原则:一般不做变动,个别介绍改做其他工作，不会失业。又召开全体堂婴会议，向他们宣布政府已正式接管，要把他们培养成建设新中国的人材。在交接过程中编造清册存档。

接管育婴堂有堂婴 36 人，男 7 人，女 29 人。从年龄来分，初生 2 岁者 3 人，3—4 岁者 2 人，7—17 岁者 25 人，18 岁以上者 6 人，大部分为孤儿弃婴。有亲属认领者领出。无亲属能生产劳动者送生产教养院参加生产。学龄孤儿送教养院小学攻读。以后只收六周岁以下孤儿。这样 36 个堂婴，留养 6 岁以下的 4 人，留院做实习保育员的 8 人，有亲属者 1 人出院，能自力谋生的 1 人，可择配结婚的 1 人，送教养院学习的 20 人，参加生产的 1 人。对堂内工作人员的安排是干部 9 人、勤杂工 8 人全部留用。但老保姆吴宜敏已得不治之症，只能送往医院安排后事。勤杂人员刘程氏、赵姚氏送教养院生产，双目失明的倒脏水工也送生产教养院。经费从此由政府供给，不动产交清管局，结存粮食物资可作为伙食周转金。所收房租 258 斤小米作公杂费，儿童战灾义养会的 70 美元全供给儿童费用。家具被服杂品及卫生器材药品等都留给育幼院用。河北旧址的机器零件找内行人装置，能用者作为今后育幼院的生产工具。所剩木料废铁做成部分玩具用具，不能用者拍卖或换回别物。到 3 月 8 日全部按管工作完毕。长芦育婴堂 156 年历史到此结束。

（刊于《天津河北文史》第 2 辑，1988 年 11 月）

天津首座铁路企业

——津浦大厂

近代的中国有两条纵向南北的铁路大动脉，一是芦汉铁路（也称平汉铁路，后称京汉铁路）；一是天津到浦口的津浦铁路（原称津镇铁路）。而津浦铁路是贯穿中国东部沿海经济最发达地区的大动脉，它对旧中国的经济拉动起了至关重要的作用。天津既是它的起点，又是它的摇篮，摇篮地区就是海河西岸的河西区陈塘庄地区。铁路是规划设计、运行、管理、制造、维修等多部门必须集中配合才能运转的综合性大企业。厂站同设是铁路企业的突出特点。津浦铁路的机车修理厂即俗称的津浦大厂就诞生在海河西岸的陈塘庄地区。它是天津设立最早、规模最大、修配功能最全的大型机械修配厂，也是为津浦铁路修建提供建筑材料和缸瓦渣石等辅助材料的工厂。厂址之所以最初选在此处，原因有二：一是津浦铁路北段使用的是德国贷款，委托德方设计施工所以在德租界较近的海河岸边设立专用码头和基地比较方便。二是津浦铁路的始发站建在天津何处起初有多种意见，不好落实。而工期又不等人，施工起点只能先从良王庄开始,为此必须铺设施工辅线来运送材料。于是首先铺设陈塘庄河边到良王庄的施工铁路,即后来的陈良铁路。所以河西区的陈塘庄地区就成了津浦铁路首发站区和修筑期间最早的机修工厂和材料制造基地。它的建成也为日后维修津浦路北段的机车打下了扎实的工业基础。

1908 年 6 月 30 日,津浦铁路北段从良王庄开工,先修建其经傅家屯到陈塘庄河岸的铁路, 以解决开工时的机械器材和诸多筑路材料的运输供应问题。在距德租界不远的陈塘庄附近沿河地带率先建设码头和站场。1908 年 10 月码头和起重吊装设备完工,并向陈塘庄站区铺设轨道。此间站区很快建成站房和 3.7 米宽的站台和一个专供机车(火车头)调头用的转盘,并同时建成能贮水 40 吨的水塔一个,以及给水的水鹤(为火车头供水的柱状唧筒)、贮煤场和上煤台等设施。码头地区建成与之配套的材料厂、公事房、大小库房、油库房等专用建筑 56 处。最重要的是在码头区域北部修建了对车房(组装机车的车间),厂房高六七米,长 70 多米,内有铁道两股。能把轮船运来的机车零件组装成机车(火车头)后再开向车站。从此天津河西建成了天津第一个能组装机车(火车头)和客货列车的大型工厂。在德国技师指导下也培养出了来自上下河圈村民中的第一代技术工人。当时这个厂区已有较先进的锅炉、发电机、大小车床、刨床、气锤、剪冲机、充电机等先进设备。在运行过程中津浦总局也将货物装卸业务批给上下河圈, 村民组建了最早的铁路脚行并购置了装卸设备。1910 年又将其中 100 多名优秀者转成津浦铁路总局北段的正式装卸工人。每 10 人组成一目,优秀者为工目(头目)。每月工资为银元 8—15 元,头目加 2 元,使他们过上了当时让人羡慕的小康生活,河西成为天津最早诞生“农转非”

工人的地区。1909年8月陈塘庄至东流城铺轨完毕并与良王庄接轨,至此这条全长25.48公里的铁路告竣,起名“陈良线”。

1910年4月11日天津至德州间开始通车,陈塘庄站成了中国铁路史上的津浦首站。4月25日正式运行并确定了天津至德州间往返车次时刻表。这期间,天津驶往江南的各路乘客都在万国桥(现解放桥)乘华安轮到码头上岸,登火车经陈良线去浦口。此时老龙头车站下车的旅客和租界洋人及天津本地居民都快捷地乘上了南下的列车。而保障它们正常运行的机车维修、客车检修、材料供应、车次调度与管理、给水、上煤、除灰等机务段的全部任务全在陈塘庄站区完成。这形成了一个站、厂一体的综合保障服务区。与码头毗邻的窑厂为津浦铁路的修建做出了一项特殊的贡献,即为在无石可采的平原地区烧制石料的替代品来解决筑路所需的渣石等建材。德国依靠欧洲工艺烧制强度极大的缸砖,砸碎替代渣石铺轨。用机制坯烧制出优质砖瓦,并用釉子窑烧制高强度而又美观耐水的缸砖、缸瓦、瓷砖、瓷瓦、瓷暖炉、铺地砖、玻璃瓦、痰盂和各种耐火砖瓦及机车专用的陶瓷附件。当时码头附近建有旧式釉子窑5座、新式釉子窑4座,缸砖窑1座。不合格的缸砖缸瓦被砸碎充当路基渣石,也为天津西站的建设提供了全部建材。它是当时天津唯一并规模最大的机制砖瓦烧制厂家。其生产的普通机制砖瓦是天津建材的佳品。其机制瓦(不是通常的手工制坯)有专门的晾坯房、造瓦手摇制瓦机2架、铁质瓦模80多套件、晾瓦用木托板3万多块、木架80多个、搅泥池1个、瓦窑2座、机器房1所、内置以蒸汽为动力的机器制坯机1套。铁斗车、铁架车、出窑木质拉车20多辆,出坯转盘30个,立式砖窑有3层楼高,上下共有出砖口32个。这些设备为天津的建筑市场提供了丰富多彩的欧式风格的砖瓦,为天津欧式风格的建筑做出了宝贵的贡献。特别是其造型各异的机制瓦使天津欧式风格建筑的屋顶得以展现。

到20世纪二三十年代每年能产普通砖瓦600万和特种砖瓦50万块。它是天津最早最大的机制砖瓦和瓷砖、瓷瓦、陶瓷生产厂。它的残存厂区现在仍被陈塘庄冷库区作为办公楼(经内部改建)使用。

1912年后,白马山石料解决了津浦铁路的用石困难,缸砖缸瓦停烧。但与西站配套的旅客房和西沽货场及机务段(现志成路机车车辆厂)的建设用砖用瓦量极大。烧制普通砖瓦的车间又继续扩大烧制规模,到1924年因质量好、产量大已获利4.4万余元,可买上等绿桃面粉8.8万袋,成为津浦铁路局内面向社会市场的第一盈利大户。

1910年11月13日天津西站到良王庄铺轨完毕。天津西站成为津浦天津总站和发车起点,并正式运行。陈良线改为陈良支线,停止客运。这期间津浦线与京奉线二条铁路的对接也在同时进行。11月20日在津奉天津总站(现北站)接轨并在新开河北岸形成一个弧形的三角地带,南岸属京奉线,北岸属津浦线,为津浦线服务机务段在此建成。它有水塔1个、水鹤2个,还有转盘和扇形车库。并把陈塘庄的全部设备运来，上下河圈的技术工人和家属也从河西迁到河北,该地区形成了一个新的居民点,而为火车调头的大型转盘与其毗邻,故此地被称作转盘村。这些住户当时已是天津小康水平的居民,他们纷纷在此购地建房,多幢不大的青砖小院和一排排整齐的胡同很是别致,多数津浦铁路司机在此安家落户。此处僻静、隐蔽,去北站和大经路又非常便捷,遂成为南来北往的革命者联络休息的佳地。随着津浦铁路业务的繁忙，机车修配任务的加剧，厂区的规模和设备迎来了黄金时代。大量德式设备和德籍工程师急剧增加，修配保养车间已演变成大型铁路工厂，技术工人全部从陈塘庄调来，改称工匠。1911 年定名津浦路(西沽)机车厂。1912 年陈塘庄地区的对车厂、材料厂全部从河西迁往此处。这时的厂区完全仿照德国模式进行建设和管理，全厂分为机器房、木工房、机车房、花车房、电池处、发电处。花车房北边建有化铁炉、翻砂车间、锻铆车间，其中锻铆车间有锻炉 6 台，圆盘锻炉 1 台，减冲机 1 台，此外还有大型锅炉和多台直流发电机、电动机、车床等设备。有工匠 300 多人，这些来自河西上下河圈的工匠和家属习惯称它为："津浦大厂"或干脆就称它为"大厂"。这个亲昵的简称一直沿用至 20 世纪六七十年代。

自工厂建成到 20 世纪 30 年代，厂区已占据整个三角地带，而后该厂隶属关系发生了一些变更，但基本隶属于铁道部。它的正式厂名在 1960 年改称为："铁道部天津机车车辆厂"。进入 21 世纪，该厂从铁道部剥离，进行了改制，现隶属于北车集团，但它是天津历史上历届政府都重视的大型国企，其厂区之大、人员之多、设备之全为天津少有。建于 1910 年的花车房和水塔已被列为工业文化遗产。

我们梳理它的历史既看到了津浦铁路的修建过程，也看到了铁路工业的发展历程，更看到了欧洲工业文明率先在天津河西落户并融入天津工业文明的多姿多彩的历程。

(刊于《河西文史资料选辑》第 10 辑《天津河西老工厂——天津河西工业遗产》，线装书局，2014 年 1 月)

“转盘”和“津浦大厂”

在我区新开河北岸京山线和津浦线两条铁路线交会处的三角地带，有个铁路的“转盘”。它的北边原有个转盘村，那里居住着很多的铁路工人。“转盘”这个地方，现在是铁道部天津机车车辆机械厂，这个厂被天津七十岁以上的老人称为“津浦大厂”。当年的确是我区里最大的一座工厂。而这个厂的创建、发展又是和津浦铁路紧紧联结在一起的。

从津浦铁路说起：

甲午（1894）中日海战，清廷战败请和。1895（乙未）年《马关条约》的签订，割地、赔款、开埠、通商，这时帝国主义国家便对中国蓄意瓜分。尤其德意志帝国侵入胶州、青岛并迫使清廷同意德国修建胶济铁路，这样德国就将把它的侵略魔爪深入山东内地，且有扼住我国南北交通孔道之势。当时国内正兴起“新政”的运动，开矿厂、修铁路、铸钱币、造机器，倡议者不乏其人。1898 年江苏候补道容闳（曾一度任出使美国大臣），针对德国修建胶济铁路向清廷建议修建津镇铁路(原意是从天津到江苏镇江的长江北岸瓜州),使德人的胶济铁路修到济南以后,有了贯通南北的津镇铁路干线,就再也难以拓展。这个建议被清廷接纳,1907年开始筹建这个铁路,由清廷指派直隶总督兼北洋大臣袁世凯和两江总督兼南洋大臣张之洞协商筹办。经过测定,选定路线,从蚌埠、徐州到达长江北岸江苏省的浦口,和南京隔岸相对,这便是津浦铁路。

1908年3月4日津浦铁路北段开工典礼在天津举行。按照规定,山东韩庄以北,由德国工程师负责。因为当时对天津起点站的选址有租界和南开两种主张,后经官方指定在赵家场(今西站之东)。又因土地纠纷不能落实,直到开工也未能定下来,所以开工时只能从良王庄为起点往南修。开工后为把德国的器材设备从海轮卸船后运往施工现场,就从陈塘庄码头先铺设一条支线,经傅家屯接到良王庄。1909年8月,该支线竣工。修建铁路必须伴有维修机车和车辆的设施,所以在陈塘庄建成一个机车车辆修配工厂,这就是津浦北段最早的工厂。这期间天津起点站的地址由津浦铁路督办吕海寰定在堤头外,并开始了建站工程。

1910年12月14日车站建成开放,称为天津西站。西站建成,势必要和京奉路的站头(总站)接通,所以在建设西站过程中便从西站向东转北再转东修了一条弧形的延伸线。并在新开河北岸设一小站,定名西沽小站(当时站长姓陶),这样在新开河北岸就出现了一个两条铁道交会的三角地带。新开河南的路线属于京奉路,岸北属于津浦路。这是由于解放前的铁路是分线管理,所以京奉和津浦各有路局,界限分明。津浦铁路天津机务段便也只能设在这块三角地段,以免"越"入京奉路。

津浦铁路通车运行之初,此段的机车并不多,但这块三角地段内机务段的设施已相当完善,有水塔、煤台各一,水鹤两个。为了机车转头方便和少占地方,于是修建了转盘和与之相对的扇形车库。这在当时是很先进而且实用的。转盘是新的建设物体,由此,“转盘”便成立这一片的地名。有了机务段,机车、车辆发生故障就要修理,便由德国人设计,在其东南侧紧靠铁路的地方正式建成了能开进机车的两座车房。一个修客车,叫“花车房”;一个修机车,叫“机车房”。面积均约800平方米,并把陈塘庄的设备全部运来。1911年定名津浦路(西沽)机厂,并正式开工。德国人巴维尔任厂长,马林任机师。这个工厂和转盘是两个单位,都属天津机务段处管辖。工厂的工人都是从陈塘庄调来,称为“工匠”。到十一月这里和总站正式通车,并租用总站的第一站台供津浦路使用。从此这个三角地段就热闹起来,许多司机和工匠开始在转盘之北买地盖房,便形成了“转盘村”。这津浦路为机车车辆修配而设的规模大、设备全的工厂,在这里就通称“津浦大厂”,而它的正式名称反而叫不响。

工厂的规模、发展和变化:

这个为机车和客、货车维修的工厂,完全仿照德国的模式建设,这个工厂分为机器房、木工房、机车房、花车房、电池处、发电处。翻砂、锻铆都在一起,设在花车房北面。机器房的工人粗通文字,其余大都是文盲,只凭经验工作。当时工人的日工资从三角到一元不等,以机器匠最高。厂里的设备有锅炉1台,每天烧煤7吨,交流发电机3台(2台发电,1台备用,每台功率为33千瓦),大刨床、小牛头刨和插床子各1台,一丈二车床1台、八尺的2台、小四尺的2台、小六尺的1台、专门床子1台、70马力电动机3台、半吨气锤1台、剪冲机1台、锻炉6台、圆盘锻炉1台。铸造车间有风葫芦和半吨的化铁炉,化铜就用埋在地下的坩锅。这些设备当时已属先进，但只限修配，并不能制造精密零件，正规零件都需从德国进口。全厂工人约300名。1914年欧战爆发，德国人撤走，厂长职务便由机务处处长兼任。另派专职副厂长负责管理。工程师也由处里另行委派。人员变动很大。津浦路局这些年客货运营业务逐年增加，为适应运输需要，先后添置了机车、车辆，增设了机车车辆厂、电气厂，这个原有的机车厂也得到了较大的发展。

1921年津浦铁路机务处在河北昆纬路忠信里又设立了技术工艺讲习所。从北段招收学员80名，半年学习，半年实习，一年毕业。一些粗通文字的穷苦子弟纷纷应考，一年后培养出有理论知识和技术的工人。后来大都成为我国铁路工人队伍中的技术骨干。这是我国国有铁路职工专业技术培训的创始。

由于军阀连年混战，津浦路每被割据只得分段通车。这期间路上的行车设备受到破坏，运营业务量急剧下降。尤其军阀破坏运行规章，强行开车，许多机车撞坏报废。而截留铁路收入，克扣工人工资，使得工人生活困苦不堪。1926年直鲁联军褚玉璞采取了暗中抗拒的手段，使这个厂的业务基本停滞。不久，国民党北伐，直鲁联军败退北逃，炸毁黄河大桥，日本占据了济南，扣留了津浦路机车400辆，造成津浦全路瘫痪。工厂也因此停顿，工人大量失业。到1930年10月津浦路正常通车后，这个工厂才得恢复生产。

就在这艰难的时期，工人们为了维护工人的生存权利、保卫国家的交通大动脉，和机务段工人联合起来，于1926年2月21日成立了津浦铁路总工会天津分会。经过罢工斗争，迫使路局撤掉了国民党员杨毅的厂长职务，使这个工厂到1935年出现了业务发展旺盛的景象。在这期间，厂里添置了一些设备，如丹麦的小六尺车床、瑞士的六尺车床、一丈二和一丈的车床多台，并着重保养了全路仅有的 2 台 4–40 型编号为 199 和 200 的两辆德国造机车,补充牵引快车使用,还重点地修理 4–6–2 和 4–6–0 型的英美各国制的机车。一些技术难题已能自己解决,基本零件已那能自己制造和修配。

1937 年 7 月,七七事变发生,日军侵占,从“满铁”抽调人员以指导员名义接管了津浦铁路。津浦路的机车人员和设备以及机车多已南撤,西沽机厂基本解散。不久,“满铁”又派来了狄原村等 29 名日本人接管了这个厂,并宣布属于“华北交通株式会社”,改称为“天津铁道工厂”。这时厂里设备既已残缺不全,工人也大都撤光。日本人只有重新招收工人并以优厚待遇吸引散在天津的旧工人,到 1939 年才算完全恢复生产。

这个“铁道工厂”开始还是修理机车和车辆。但当时进行修理的机车多是从东北调来的日本造。德国的设备已不适用,于是日本人对设备又进行改造,并添盖了厂房,增设风泵房及内燃车间等。随着日本侵略军的需要,先是修建了南仓车站和西货场等设施,这里的机务段逐渐失去作用。这个厂也随着日本侵略军的需要,从修机车变成了修铁甲车、军用汽车、货车和某些武器弹药的配件。日本人也进行了较大的投资。这时工人们在地下党的领导下,对敌人展开了巧妙的斗争。到 1944 年正式成立了地下党支部由王俊臣负责,有党员十几人。工人们干活采取了泡、磨、拖的办法,对原料采取了偷、扔、废的办法。特别是对贵重材料的故意浪费,把小修“修”成中修或大修,只做表面的修理,不禁用。有一次工人们把敌人急用的零件 17 箱全部偷出厂外,使得停工待料。

1945 年 8 月,日本投降,国民党政府派员来接管。这时津浦路已不能通车,铁路已无业务,全路工人停薪留职,工人们迫切要求接收大员解决吃饭问题。在党组织的领导下,津浦路 3000 多工人包围了津浦铁路局(在今北站铁三院旧址),要求复工,补发工资,曾取得部分的胜利。1946 年国民党政府把这个厂又改为津浦铁路局天津机械工厂。国民党政府为了打内战很重视这个厂,加强了管理,裁掉了 300 人。地下党为这事发动工人支持被裁工人不离厂,迫使厂方给被裁人员三个月工资。随着内战的加剧,国民党加强控制,在厂里成立区党部,分设 30 多个区分部;我地下党组织保存了力量,进行了隐蔽的斗争。

国民党打内战,由于解放区的不断扩大,从天津开出火车,只能到陈官屯。当时国民党已频临全面崩溃的困境,这个"机械工厂"也就只修军用车和利用列车改装加农炮。工人们消极怠工,进行抵制。到 1948 年底,解放大军包围了天津,这"机械工厂"便全部停工。

1949 年 1 月 15 日,天津解放。18 日军代表李震刚进厂,原地下党负责人王俊臣到厂任接管组长。这个厂经过国民党接收后的摧残, 这时仅有二万平方米厂房,30 多台老式的皮带床子,250 公斤、100 公斤电锤各 1 台、圆盘炉 10 台、还有二十年代德国人留下的半吨熔铁炉。党号召工人发扬主人翁的精神,成立了护厂队,清查反动组织,很快地就恢复了生产。同时提出了"多修车、修好车"的口号;从此,月月超产,最高一个月完成了 140 辆的修车任务。经过三年的努力,破漏厂房修缮一新,残缺不全的机器装修完整,大修车辆的能力比解放前提高了 10 倍。

解放后铁道部统一分区管辖各路线,天津成立了管理局(属北京铁路管理局)。1949 年接管之初,先称"铁路管理局天津工厂"。1951 年改称 "天津车辆厂",1952 年改称 "铁道部机车车辆制造局",改由第一工业部领导,工厂停修机车车辆,改为机车车辆专业配件生产，后又改称“第一机械工业部天津工厂”，从此结束了修理车辆的历史，成为生产专业配件的大型工厂。工艺革新和改革方面，当时吸取了苏联的先进经验，球墨铸铁轴箱试制成功并成批生产。国家为了扩大生产，1954 年沈阳第一机床厂弹簧车间的全部设备和技工迁来，苏联专家帮助设计了弹簧车间和生产流水线，新建中央试验室，增添进口车床，初步建成煤气供能系统。经过调整和加强技术力量，这里已能生产货车用的大型弹簧，到 1955 年命名为“机车车辆管理局天津弹簧厂”。弹簧生产屡创新高，1956 年是 1953 年的 134 倍，到 1957 年完成新产品 145 种，全部产品的总成本降低了 7.82%，胜利地超额完成了第一个五年计划。这里已成了专生产弹簧的工厂。所以这里现在四十岁以上的人，又习惯称它为“弹簧厂”。

1958 年到 1963 年，这个厂进行了大规模的扩建、充实，把整个的转盘村并入，新建许多大车间，增添机车配件设备，厂房增加 4 万平方米，辅助生产面积增加了 1 万平方米，各种机床增加 3200 多台，提高了弹簧和锻件的质量，彻底改变了手工铸造的笨重劳动，初步成为我国蒸汽机车、客货车辆配件生产的重要基地。

1958 年秋，经国务院批准又改归铁道部领导。1960 年改称“铁道部天津机车车辆附件厂”。1961 年又改称“机车车辆厂”。“大跃进”期间影响了调整的格局，在 1963 到 1965 年间贯彻“调整、巩固、充实、提高”的方针，铁道部决定，除少量制造一些机车外，集中力量进行修理和专业配件生产。1965 年开始生产第一代内燃机车。为此，铁道部指令该工厂承担内燃机配件的生产。

十年动乱，生产受到干扰。拨乱反正后，国家为发展交通运输事业，加大投资，机械厂引进国外先进设备，改进调速器和增压器的生产，便成了内燃机车配件生产的重要基地。

从1908年津浦铁路的修建，1911年津浦铁路（西沽）机厂的正式开工，几经变化，到现在的铁道部天津机车车辆机械厂，已有80个年头。现在职工有5600多人，占地69万平方米，建筑面积13万平方米，厂年产值已达6000万元，并继续在四化建设中做更大贡献。而厂房整齐，路面洁净，林木花草和湖水相配，环境幽静可爱。职工宿舍的建设和职工文娱活动的设施，早已看不到过去“转盘村”的面貌。通过“津浦大厂”的变化，更加强了我们社会安定、建设发展的信念。

（刊于《天津河北文史》第2辑，1988年11月）

津浦首列从陈塘庄开出

1910年4月25日《大公报》登出启事:天津到德州之间的客车时刻表进行调整,自5月14日陈塘庄早晨8点开车,下午5点20分到德州。德州早8点30分从德州对开,下午5点50分到天津。也就是说津浦铁路的首批客人是从天津河西陈塘庄乘火车出发的。它告诉我们河西陈塘庄地区是津浦铁路最早的根。我们翻开中国铁路的发展史和各时期的大比例尺地图和相关文献会发现,河西的陈塘庄地区在中国近代铁路史上曾有辉煌的一笔。

津浦铁路是旧中国建设的第二条南北铁路大动脉。它原是1898年由江苏候补道容闳向政府提出建议而修建的天津到镇江的津镇铁路。他之所以提出该建议,是因为他曾是出洋赴美的考察大臣。见到美国铁路的发达和运力的强大,又鉴于德国正在自东向西修建胶济铁路并妄图向西扩张势力范围。他认为中国若修建一个经过济南的南北铁路就可遏制德国向西扩张势力范围。清廷接纳了他的建议并决定该铁路达长江到浦口而改名津浦铁路。在施工过程中天津站选址难度最大，这里面有各种利益者的博弈。仅在非租界地就有南关、西南角、赵家场三种争论。其中翰林院侍读荣光因受地皮奸商和脚行势力的唆使主张在西南城角为站址而受到“交部议处”的处分。最后定站址在堤头以西，以便和京奉铁路总站（现天津北站）接轨。为赶工期决定分段修建，1908 年 6 月 30 日，津浦铁路北段先由良王庄向南开工修建。北段由德国提供贷款和技术操作。为解决开工时器械材料供应的难度问题，决定在德租界南部陈塘庄附近修建码头和站场。1908 年 10 月码头和起重吊装设备全部完工，并向陈塘庄站区铺设轨道。此间车站已建成站房和 3.7 米宽的站台及一个机车调头用的转盘站房，并能贮水 40 吨的水塔一个，以及给水的水鹤（为火车头供水的柱状唧筒）、贮煤场和上煤台等设施。码头区建成材料厂，有公事房、大小库房、油库房共 56 间。最重要的是在码头区域北部修建了对车房（组装机车的车间），厂房高 6 至 7 米，长 70 多米，内有铁道两股。能把轮船运来的机车零件组装成机车再开向车站。这就在河西建成了天津第一个能组装火车头的车辆工厂。在德国技师指导下也培养出了来自上下河圈村民中的第一代技术工人。当时这个厂区已有较先进的锅炉、发电机、大小车床、刨床、气锤、剪冲机、充电机等先进设备。在运行过程中津浦总局也将货物装卸业务批给上下河圈，村民组建了最早的铁路脚行。1910 年又将其中的优秀者 100 多人转成总局正式装卸工人。每 10 人组成一目，优秀者为工目（头目）。每月工资为银元 8—15 元，头目加 2 元。这在当时已能过小康生活，也是河西区最早的铁路装卸工人。1909 年 8 月陈塘庄至东流城铺轨完毕并与良王庄接轨，至此这条全长 25.48 千米的铁路告竣，起名陈良线。1910 年 4 月 11 日天津至德州间开始通车，陈塘庄站成了铁路史上的津浦首站。4 月 25 日正式运行并确定了天津至德州间往返车次时刻表。这期间,天津驶往江南的各路乘客都在万国桥(现解放桥)乘华安轮到码头上岸,登火车经陈良线去浦口,此时老龙头车站下车的旅客和租界洋人及天津本地居民都快捷地乘上了南下的列车。陈塘庄车站及码头区的材料厂承担了材料供应、设备维修、机车组装与调度等全部任务。码头区的窑厂贡献尤为突出,铁路修建需要很多石料、渣石、砖瓦,但天津地区无山取石。德国依靠欧洲工艺烧制机制坯、普通砖瓦,并用釉子窑烧制高强度的缸砖、缸瓦、瓷砖、瓷瓦、瓷暖炉、铺地砖、玻璃瓦、痰盂和各种耐火砖瓦和机车用的缸砖等陶瓷产品。当时建有旧式釉子窑 5 座、新式釉子窑 4 座,缸砖窑 1 座。一些变形的缸砖缸瓦被砸碎充当路基渣石,建设天津西站的全部砖瓦由此提供。烧制普通机砖机瓦(不是普通手工制坯)的设备有晾坯房 1 所,造瓦手摇机 2 架,铁质瓦模 80 多套件。晾瓦用木托板 3 万多块,木架 80 多个,搅泥池 1 个。瓦窑 2 座,还有机器房 1 所,蒸汽为动力的机器制坯机 1 套,铁斗车、铁架车、出窑木质拉车 20 多辆,出坯转盘 30 个,立式砖窑有 3 层楼高,上下共有出砖口 32 个。它现在仍被陈塘庄冷库区作为办公楼(经内部改建)使用。每年能产普通砖瓦 600 万和特种砖瓦 50 万块。它是天津最早最大的机制砖瓦和瓷砖、瓷瓦、陶瓷生产厂。

1912 年后,白马山石料解决了津浦铁路的用石困难,缸砖缸瓦停烧。但与西站配套的旅客房和西沽货场及机务段(现志成路机车车辆厂)的建设用砖用瓦量极大。普通砖瓦生产又继续扩大烧制规模。到 1924 年因质量好、产量大已获利 4.4 万余元,可买上等绿桃面粉 8.8 万袋,成为津浦铁路局内面向社会市场的第一盈利大户。

1910 年 11 月 13 日天津西站到良王庄铺轨完毕。天津西站成为津浦天津总站和发车起点，并正式运行。陈良线改为陈良支线，停止客运。这期间津浦线与京奉线两条铁路的对接也在同时进行。11 月 20 日在津奉天津总站(现北站)接轨并在新开河北岸形成一个弧形的三角地带，南岸属京奉线，北岸属津浦线，为津浦线服务机务段在此建成。它有水塔 1 个、水鹤 2 个，还有转盘和扇形车库。地区附近形成了一个居民点就以转盘起名为转盘村。并把陈塘庄的全部设备运来，上下河圈的技术工人和家属也从河西来到河北成为转盘村的最早居民。这些当时已达小康水平的居民在转盘村购地建房，多幢不大的青砖小院和一排排整齐的胡同很是别致，它成为小贩和津浦铁路司机的家庭住址，也成为南来北往的革命者联络休息的僻静之地。至今，老天津人都知道转盘村的居民来自河西上下河圈。机务段与附近设备连为一体，修配保养车间成为正式工厂。1911 年定名津浦路(西沽)机车厂。技术工人全部从陈塘庄调来改称工匠。到 1912 年陈塘庄地区的对车厂、材料厂全部消失。窑厂也在 1914 年 5 月由同兴公司承揽包销。陈良支线只作工程和部分货物线路保留。1932 年仍完成了 3 万多吨货物的运量。军阀混战中还承担过军运。1939 年码头至车站的站场地带被日本破坏，铁路被拆，大树被砍，窑区厂房被改建为仓库。1949 年改为果品仓库，1962 年天津海洋捕捞公司进入院内，至今老厂房痕迹仍在。陈塘庄沿河地带日本曾留下一些工厂，遂被新中国作为发展工业的基础园区。“一五”期间被规划为陈塘庄工业区。但该地区远离车站运输困难。1957 年国家投资重建陈塘庄车站和西站之间的联络支线。1958 年竣工，全长 23.1 公里。1959 年正式运营。陈塘庄车站开始为河西地区的工业发展和经济建设发挥作用，由车站分期建设进入周边大型企业的入厂支线。从 1958 年首先为天津煤建公司三厂、木材二厂建设运输支线，使木、煤等物资直接进场装卸。到20世纪七八十年代，又为一商局、化工局仓库、新生玛钢厂、天津沥青厂建成入场货运支线19条，构成了便捷合理的运输格局。随着改革开放的深入，城市新规划的布局，中心城区的铁路、货场等设施也被大量拆除，但我们若沿海河漫步，看到那些坐落在陈塘庄大型冷库内的坚固高大的建筑和粗壮的大柳树和大槐树，可会想到此处曾经开出过津浦线首列火车，经陈塘庄站驶向江南。天津河西是津浦铁路在天津的原点。

（刊于《河西文史资料选辑》第9辑《天津河西历史文化》，中国戏剧出版社，2011年10月）

天津最早的"公共书吧"

80多年前的中山公园，很大，很美。外围是一圈青砖砌成的西式建筑。它们是教育局、美术馆、国货陈列馆和省立第一图书馆。西南方还有省议会，西北方还有中州会馆。这里是天津的文化中心，其中图书馆是天津最大的公共阅读中心，为公众阅读提供了一流服务。此处既可以在室内静读，也可以借出书来，在花园的长凳上、假山旁捧读。

图书馆是两层小楼，有56个房间，功能划分非常人性化。二楼藏书室和办公室各有8间，其余12间专为妇女和儿童阅览使用。一楼左侧12间是藏书室和总务处，其余16间是成人阅览室。阅览室有很大的玻璃窗，读者看书累了，可以看看公园美景。中山公园的位置原本是旧贾家口引河河湾的一处高地，是清代盐商思源庄的旧址。由引河引进活水于园内，土质极佳，各种花卉树木极易成活，此时的中山公园内空气新鲜，亭台和花木错落有致，成了远离喧嚣的世外桃源。每至春夏之交，桃红柳绿，花卉竞相开放，整座花园处处是绿荫。许多士女来馆内借书后，携书散步于花间树下，边走边看，别有一番情调。母亲们有的指导孩子读书，有的引导着孩子一边观景，一边轻声练习口头作文。

馆中还有一间较大的房间，为贵宾室，供一些知名文化人来此雅集。家住三马路的河北省教育厅视学张子秀，是和李大钊同期留学日本并创立直隶同乡会的骨干，也曾参与创办中日学校并任教务长。他和周作人是好朋友，每当周作人来津，他们必到此看书交谈。

馆内藏书有20多万卷（册），按经史子集四部分类。其中以旧抄本和各省志书最为宝贵，自购和外捐的杂志达300余种，报纸已有25种，足够当时的学人研究参考。平日来馆阅读者一二百人，周六下午至周日，人多得没有空位。年轻人最爱借阅英文书籍、小说和各种杂志，其次是史类和集类，经类和子类的书籍则很少借阅。年岁较长的读者爱借阅史类、集类图书，经类书籍也有少数学人来抄录研究。

该馆的藏书规模和服务质量，在抗日战争前一直平稳地发展提高，直到日军占领天津。管理此馆的是当时最敬业的一批图书馆人，该馆的建立和筹办浸透了卢木斋先生的心血。1907年他在任直隶提学使时，提出在津设立图书馆，10月委派学务公所的张秀儒、储毓轩经办。第二年5月正式成立，附属于学务公所。成立之初，严范孙将自己私藏的1200余部图书全部捐出，而后两江总督端午桥、两广总督张坚白、云贵总督锡清弼等多省官员陆续捐赠了各省的书籍。直隶总督袁世凯将督署所存书籍1万余卷调入。后任提学使傅增湘请款又购得12万卷。该馆遂成为全国少有的新式图书馆。可贵的是，无论是建馆的倡导者还是该馆的管理者，都没有把它当成藏书楼，始终把它的社会服务功能最大化，始终全天候开放借阅，在喧嚣的大都市，为天津读书人提供一个特别温馨的大书吧。

（刊于 2015 年 12 月 4 日《今晚报》）

宜兴埠的战争劫难史略

宜兴埠是津北重镇，自古是由津门去宝坻和冀东的必经之路，这一地理位置使它成为攻守天津的军事要地。因此许多重要战争都波及宜兴埠。

1856—1860年，英、法两国在俄、美等国的支持下，对华发动了第二次鸦片战争。英法侵略军凭其船坚炮利，在清王朝的投降政策下，占领了天津，并于占领北京后又在天津勾留逾年。这期间有许多资料记录了侵略者的凶残，也记录了中国人民蒙受灾难及英勇反抗的史实。

如1858年5月26日《天津夷物汇实》写到："斯时夷船来计十只，及船至南仓，探北河一带，湾多水浅，又上桅眺望，则见上游多兵截堵……"这段叙述就包括宜兴埠。"……津郡海户商船二百余只被夷等勒索钱财，始许出口生理。……每船给银三十两，共凑六千五百两，并给商船伪照……"宜兴埠船户都遭此劫难。《骨董三记》写道："咸丰十一年二月初四日，英、法二国兵丁数百，由津北上，同治元年二月二十六日未刻，自天津北望尘土蔽天，大风忽至，……宜兴埠洼中温姓，雇工于麦地除碱土，二十余人尽死……此皆耳闻目见。”其后，1900 年八国联军侵华战争中，当侵略军攻打北仓时，沙俄大尉亚罗斯拉夫·戈尔基带领一连人担任后方侦察，他们从新开河以南，沿铁路向塌河淀进发，侵占宜兴埠达一星期之久。进村后首先搜寻义和团，见可疑的人就杀，共杀死三十多人。并放纵士兵奸淫妇女，到处大喊：“玛大摩（女人，太太之意）哈罗嗦（好的意思）。”人们逃到淀里的芦苇塘中，不敢做饭，只好以小鱼、小虾、芦根和野菜充饥。时值盛夏，暑热难耐，蚊虫叮咬，苦不堪言。戈尔基还要放火烧村，幸好有个来村逃难的宋通事（翻译）懂英语，也懂俄语，向戈尔基讲村里没有义和团，女人也都跑光了，并答应给筹集给养。沙俄士兵把抢来的各种物品和索要的给养在碧霞宫门前装满了好几车才从村中退出。到冬天人们从各处返回村里，村子已是断垣残瓦，一片废墟，惨不忍睹。

北洋军阀时期，军阀混战，北宁铁路和新开河大堤都是交通要道，各派军阀都路经宜兴埠。1926 年第二次直奉战争期间，宜兴埠又来了由张宗昌召募的白俄兵。这支俄军由聂卡耶夫任统领，谢苗诺夫为顾问，到处烧杀抢掠，使宜兴埠再遭劫难，元气大伤。

1925 年 12 月，冯玉祥的军队把奉系军阀李景林赶出天津，而后遭到直鲁联军的反扑。3 月 1 日，张宗昌派褚玉璞为鲁军总指挥，经战斗，迫使冯军 3 月 22 日从天津撤出。李景林、褚玉璞随即到天津，并立即向京津路出兵。由白俄兵担任前锋，先到宜兴埠对北宁铁路和天津东北部担任警戒。其中，有一个团的兵力开到村里，驻在王伯晨开办的修业工厂附近，即现在的镇政府西南方。由于村子很穷，可抢的东西不多，白俄兵便到处滋扰，洗劫一空。

1936 年 10 月，日本驻军在天津郊区进行了以夺取平津的“假想敌”式大规模演习。六七千名日军从宜兴埠外西北到东南，形成半月状弧形包围圈。枪炮声大做，许多庄稼和农田被毁。老百姓不敢出门，庄稼不能收割，生意不能做，生活困苦，衣食无着。

1937 年 4 月 22 日，日本侵略者全面侵占华北的战争迫在眉睫，决定修建临时飞机场，为向天津空运兵员和物资做准备。地址选在村东南温家花园附近。当时许多农田被毁，许多农民被抓去干活，使该村又再次遭受损害。抗日战争将近结束时，河北省已经被解放军全面控制，仅剩平、津、唐几个城市及铁路沿线仍被日军和汉奸控制。1945 年 9 月初，解放军已开到西站附近，而蒋介石的部队都在大后方，为发动内战的需要，蒋竟要求美军抢先占领天津，代他们接收天津。9 月 21 日，美军瓦尔顿准将率参谋数人乘飞机来天津建立了指挥部。9 月 29 日，美军海军陆战队第三军团第一师开进天津，随后即在天津周围派步哨或小部队驻守，并以装甲汽车装载美军小部队在天津周围如南大堤、津塘公路、西、北车站、西沽、王串场、宜兴埠等处巡视，监视社会动态和人民活动。直到 94 军牟庭芳的军队空运抵津才换防。在这期间美军向国民党当局提供了天津市内、郊区及北宁铁路沿线解放军活动情报，并指出解放军很快就会进攻天津。1948 年底，平津战役开始，国民党守军为了负隅顽抗，构筑了环市工事和外围工事。在宜兴埠筑有母碉 1 座，子碉 4 座等外围工事。在张兴庄筑有 21 号至 26 号碉堡 6 座，并在它们之间设置布雷区。这样宜兴埠又成为天津东北方向的战略要地。到 1948 年 12 月 25 日，国民党为使火力射程和视野不受阻碍，决定距护城河 5 里以内建无人区，把村落一概烧毁。是日早晨天下大雪，62 军的一个加强团 80 余人在龚营长带领下，手持硝磺等燃火工具从张兴庄来到宜兴埠。先把村民围进杨家柴禾场训话，然后命令士兵放火，先点燃王四的豆腐房，很快西下坡200多间民房燃起冲天大火，许多国民党士兵抱着捞一把、抢一把的动机，一手拿火，一手敲诈，有钱的人家给钱可少烧、缓烧，穷人则无力送钱，大都被烧。到中午被点燃的房间更多，火势越来越猛，有的人被烧死，全镇2694户村民在敌人逼迫下，眼看蒋军放火不能救火。只好带着衣物离村逃难，流离失所。直到28日还大都露宿在城防以外。1月14日，中国人民解放军发起攻城战斗。45军的英雄们很快占领了包括宜兴埠在内的天津北面和东面的外围据点，然后迅速向西、向南推进，于15日在各汇合点与友军会师，解放了全天津。

宜兴埠解放了，很快就进驻了工作队，党领导人民进行了土改，建立了人民政权。宜兴埠这个津北重镇，结束了一百多年来战事纷繁饱经战火损害的苦难史。全镇人民在党和政府领导下，40年来在和平安定中建设自己的家园，安享幸福美满的生活。

（刊于《北郊文史资料》第3辑，1990年12月）

沙俄军队在宜兴埠暴行小记

1900年五六月间，为镇压义和团运动，帝国主义组成的八国联军在大沽口登陆。从围攻天津到进攻北京，沙俄出兵最多，劣迹也最多。7月，八国联军开始攻打北仓。由沙俄大尉亚罗斯拉夫·戈尔基带领一个连担任后方侦查任务。他们从新开河以南沿铁路向塌河淀地区进犯，先后占领了宜兴埠、小淀、前后麻疙瘩等村庄。他们占领宜兴埠一星期。进村前侵略军先用枪射杀从北仓退下来的中国士兵，然后进村搜寻义和团。他们看见可疑的人就杀掉，接连杀了30多人。老百姓纷纷逃进塌河淀的芦苇荡中。不敢做饭，只能吃小鱼和野菜芦根。时值夏天，蚊虫叮咬难熬，许多儿童和老人病倒。这时的沙俄士兵正在村里烧、杀、抢、掠，搜寻妇女。有些妇女不愿受侮而投水自尽。侵略者掠夺后还要放火烧村，这时从城里逃出来的几个洋行买办出来维持。有一个能讲三国语言的宋通事出面和沙俄军队谈判，向他们讲明了村里没有义和团，女人也跑光了，并答应供给食品，总算阻止了侵略者放火烧村。沙俄军队把抢来的东西和粮食全部集中在村前碧霞宫门口，装满车后扬长而去。直到冬天人们才敢逃出芦荡。伤亡人数很多，村子里满目疮痍，凄凉悲惨。

（刊于 1988 年 5 月 8 日《今晚报》）

抗战前夕的军训

1937 年 7 月抗战全面爆发时，天津的很多大中学生都进行过军事训练。

大约 20 年前,我拜访过一位叫王学颜的老人。他的双手粗壮有力,令我印象深刻。他曾亲历 1937 年天津学生军训。

20 世纪 20 年代初,王学颜考入直隶省立一中(今天津三中),1925 年入冯玉祥西北陆军干部学校,1926 年任卫队旅连长，参加过北伐战争,升任骑兵师辎重营营长。1931 年 11 月,因冯部被编遣而回津赋闲。1932 年到母校省一中任军事教官。九一八事变后,华北危机日益严重，天津各界抗日情绪高涨。当时平津形势十分复杂,蒋介石让宋哲元的第 29 军在平津一带维持。天津青年学生多次呼吁停止内战一致抗日,中等以上学校都开设了军事课,王学颜就是在这种形势下,在母校任军事教官的。

王学颜说,那时他们的军事训练不是摆样子,而是按照步兵操典正规训练,使省一中的军事训练名声在外。因此,他又担任了南开大学和其他中学的军事教官,并于1935年被任命为天津体育训练委员会主任。任职期间,他积极推行军事体育,还推荐许多形意拳高手做武术教练。在抗日热情的推动下,各校军事训练水平迅速提高。

1937年7月11日,日本内阁做出《关于处理卢沟桥事件的决定》。之后不久,装满日军的列车大量来津,天津的形势骤然紧张,学生的学习受到极大影响,特别是高中以上学生,纷纷要求组织起来抗日。王学颜利用他的身份和影响,组建了全市的军训大队,以河北省立师范和法政学堂为基地,利用校内和校外及新开河边的开阔地带,进行了正规的军事训练。天津当局对此给予充分肯定,并任命王学颜为军训大队长,下分四个中队。这次训练完全按照新兵入伍的标准,刺杀、格斗、投弹、爆破、攻防演习、工事修筑,学生们练得刻苦认真。有些29军的士兵,还到这里演练大刀。一次学生们训练完,排成长队经法政桥走到大经路,又走到东北角、北马路,喊着抗日口号,极大地鼓舞了群众。

王学颜先生的心里,当时有个更大的目标,就是等机会成熟时组建一支抗日队伍,在天津直接与侵略者进行战斗。他和齐璧亭、刘清扬等人为此还进行过磋商。1937年7月29日凌晨,天津驻军对日军主动出击,经过激战于30日撤出战斗,天津沦陷。就在沦陷前夕,王学颜离津南下,学生军训也由此结束。

(刊于2015年5月12日《今晚报》)

解放家乡

天津有三个叫门的地名。“民权门”现在还用,“民生门”和“忠孝门”在 20 世纪 60 年代和 70 年代消失。这 3 个门都是 50 年前解放军和国民党守军激烈战斗的战场。1947 年国民党守军为抵抗解放军解放天津,在天津市区修建了环绕市区的环形城防工事。即高 3.5 米的护城土墙,有带电铁丝网,外有挖成 4 米宽 2 米多深的护城河。分三期在外围和土墙上及土墙通往市郊的交通口修建了 276 座碉堡,组成天津城防外围防线火力支撑据点。市区与郊区的外向通道只在城防土墙上开设了 12 个铁质栅门,并配备坚固明暗地堡、探照灯。12 座门中河北区占了 3 个。民权门是市区和东郊的联系咽喉。敌军不但在民权门修筑了坚固的工事,远在其东部 200 米的范家堡窑地修筑了环形地堡群并配备了立体火力以保卫此门。敌军推断解放军必然从天津北部进攻,故将最精锐的 62 军 151 师驻守新开河及北线死守民生门和忠孝门,并在张兴庄 21 至 26 号碉堡之间构筑布雷区。

为迷惑敌人,早在 1948 年 12 月 11 日,158 师就对民生门实施佯攻,一举歼灭普济河铁路桥的守敌,使敌人坚信解放军必从北攻。而我135师的官兵按前总命令实施爆破作业,先于8日摧毁范家堡窑地之环形地堡群。同时在民权门以外连夜开挖交通壕接近此门。

1949年1月14日10时,前总下达攻城命令,45军炮兵先用150和105榴弹炮对敌纵深阵地和炮兵阵地实施打击,135师的官兵冒着炮火将小炮推进到仅距民权门一二百米的地方对敌碉堡进行直瞄摧毁。40分钟后敌人的火力变成哑巴,在烟幕掩护下403团尖刀1连实施爆破清障,6班战士用15分钟的时间炸毁八条障碍物,开辟了纵深50米的前进通道,架桥组迅速前冲,架桥交通壕狭窄只好跳出前进,多数战士牺牲。最后只剩7名战士将桥架在护城河上,并炸毁了民权门左侧一个碉堡。

10时45分,突击1排开始突击。机枪班副班长李合最先冲上土墙,居高临下用机枪掩护战友冲锋,将16至18碉堡占领。此时100多名敌人向1排反扑,关键时刻2排战士冲了上来,打退了四五次反扑。12时零1分,步兵在冲锋号声中发起冲锋,3分钟突破了民权门。手持"杀开民权门"红旗的旗手钟银根将红旗插在民权门的土墙上。纵深敌人组织炮火猛轰,想夺回民权门,旗手中弹倒下用最后力气抓住旗杆,用脸颊抵住旗杆,后跟上的战友李泽山高呼:"为钟银根同志报仇",并抓住旗杆将其牢牢地插在民权门上。

随着大部队的攻入,全师分成二个梯队向西实施穿插分割包抄。他们沿小树林、陈家沟大街、金钟河大街向西挺进。而敌人在王串场、中纺七厂、造纸厂、铁路宿舍等地都构筑了坚固工事封锁前进。战士们每前进一步都付出了极大代价,道路窄、人员密,敌人一发炮弹就会炸伤很多战士。敌人还使用化学弹、燃烧弹,有时官兵因此而牺牲。但命令是必须不惜一切代价西进,必须冲到金汤桥。

到 15 日 1 时已伤亡过半，但打退敌 20 多次冲锋占领多处阵地并继续西进。

在 14 日 20 时，第二梯队的 134 师也投入了战斗。其 402 团配合 403 团攻下长江造纸厂后，向北穿插，在中山路、小王庄、东于庄、北洋桥歼敌 400 余名，并将大批俘虏集中于北站体育场。400 团则沿铁路向北，插至堤头，歼敌 280 名。

15 日 5 时，401 团经中央公园直插陆军医院（今 254 医院），最后插到转盘村，此处系民生门防区，敌人以为解放军会从外面打来，现却从里面打来，敌人溃不成军，稍作抵抗随即投降。战士们沿城防一路攻至北洋桥，又解决了忠孝门的守敌，至此河北的张兴庄至北洋桥的东北部全部解放。

404 团在西进过程中于 15 日 3 时击溃金钟河大街的守敌，沿陈家沟、兴隆街、建国道直逼金汤桥。7 连长张玉田、指导员马振海冲在最前，在金汤桥前投弹炸毁了铁丝网、拒马架，战士王青山 4 次爆破炸毁了桥东的地堡。桥周围敌人疯狂组织火力阻止解放军上桥，双方激战，马振海同志牺牲。该团歼灭敌人 180 多名，后冲上了桥头。此时，403 团从小树林大街也冲到桥头歼灭警察 100 余名，攻占了金汤桥。2 时 30 分，38 军 113 师从西边攻占了桥头。5 时 45分，403、404 团从东桥头和友军会师，完成了东西合击、拦腰斩断的任务。15 时，驻守河北区的敌军 151 师全部投降，天津战斗全部结束。

天津战役从东、西二方面展开，河北区也是主战场。我们不但要记住天津西部的战事，更要记住东部的战争，是 45 军英勇的将士们解放了河北区，我们要永远缅怀这些英烈。

（刊于 1999 年 1 月 20 日《河北报》）

新华中学的时空内涵

天津市许多名校,都有明显的三大特征:有高贵的传统形成的性格;有才艺品德超群的校长和教师以及培养出的众多出类拔萃的人才;校址都具有地缘优势并有良好的发展空间。天津的新华中学就是众多名校中三者具备的学校。它建于1914年,是天津天主教徒筹措资金建成的一所女子学校,至今已整100年。其前身是建在法租界义庆里的圣功女学校。

该校因教学质量位居全市前列,因此发展迅速,校址多次迁移都难以满足需要。校长夏景如女士励精图治,克服了种种困难,1941年在英租界马场道以南,与原德租界边缘地带毗邻工商学院的陶园建成欧式校舍。这片校区至今仍是天津最彰显欧陆文化的区域。其原因是这一区域是租界交叉地带,本身就具有域外文化风情,而工商学院又是由天主教献县教区在天津建立的第一所高等院校。圣功女中之所以选择陶园为校址,体现了它乐于与工商学院为邻,是一种西方教育理念回归和共建的必然,也是办学者寻求最宜建校地址的绝妙之笔。这种空间环境使新华中学有了与国际交流的先天资本和活力。新华中学的发展历史，是中华文化和西方文化和谐交融的典型代表。中华文化海纳百川的博大胸怀和欧洲经院文化科学、严谨的特点，共同铸就了圣功女中的校风，也形成了它独特的性格。它的校风始终表现出严谨、稳重、恒定的特色。

陶园是天津南部英、德租界衔接处的露天游艺场。因所有人姓陶，故称陶园。它建于1916年，是德租界尚未拓展的边缘地区，此时这块区域还残存着一些水面和沟渠，因周边还没有密集的居民点，特别适宜在租界地居住的富人在此露天娱乐。但因周边人口越来越多而英租界居民又讨厌喧嚣，于1936年关停废止。但它和已建成的工商学院紧密相连，将它改建成圣功女中十分适宜。夏校长鼓励女学生上街募捐，再加众多教徒和神职人员的大力捐助，于1941年年底建成了欧式的三层教学楼和附属的平房若干。校内四周绿草茵茵，再加几棵德国洋槐和法国悬铃木，形成了北欧冷凉型的校园景观。圣功中学的建成，强化了以工商学院为核心的这一区域的教育功能。

圣功女中从选址到学校建筑风格和设施的锁定，还体现了校长夏景如的文化追求。夏景如是虔诚的天主教徒，她笃信平等博爱，又深受中国传统儒家文化的熏陶。生前将自己购买的所有图书都完好地捐给学校。如《读史方舆纪要》《天下郡国利病书》《杜工部集》《百忍堂摹刻开成石壁十二经》《资治通鉴》《周礼》《礼记》等，这多套古书整洁干净地摆放在学校书库里，使我们加深了对她的认识与理解。她将儒家的“仁”和西方文化的“平等博爱”融为一体，所以在圣功女中有一种中西文化共存的现象。她身为校长支持修女们在学校内任课，但她从不动员学生入教。

（刊于2014年5月15日《今晚报》）

新华中学圣功楼的文化内涵

1941年建成使用的圣功女中新校址和圣功楼，如今已是河西现代校区的典范，与周边景观形成和谐的统一，表现出圣功的性格和文化内涵。圣功楼具有四大功能，应妥善保护和使用。

年代久远的名校，其风貌和文化内涵必须高度统一。南开中学若不是恢复了建校初期的风貌，南开的内涵则失去了大半。圣功女中假若拆掉圣功楼，说它是百年老校也将给人一个虚幻不实的感觉。天津百年以上的够规模的名校，没有一个建在噪杂喧嚣的闹市区。北洋师范学堂、北洋法政学堂、北洋大学以及南开、耀华、圣功等中学的校址，当时都远离居民区，附近都有水面和幽静的环境。英国的伊顿公学，美国的耶鲁、哈佛，它们的校址、校貌和古老的建筑都受到格外的保护，使其文化内涵凸显庄重。圣功女中在日本侵略者占领天津后，迁往租界上学的学生剧增。到1939年，中学部高中为双轨制，初中为三轨制，共有学生550余人，再加上小学300余人，大有人满之患。为了解决校舍拥挤问题，夏景如和校董会多方筹集经费，并发动学生、家长募捐。当时发给每名学生一个募捐册子，拿到亲戚、朋友家，拿到大马路上去募捐，有时还搞义演，学生拿着戏票到处去“化缘”。1940 年，圣功女中马场道陶园的新校舍稳步建造。选址既有地缘文化回归的目的性，也有战时避难的策略性。这凝聚了夏景如校长和全校师生的心血。我们现在必须深刻地理解这一内涵，才能更好地继承名校承载的文化传统。

1941 年圣功女中在新校址上课，学校占地面积不是很大，主体建筑圣功楼朴实庄重。建筑为三层砖混结构楼房带地下室，外立面为琉缸砖清水墙，顶部为平屋顶。圣功楼在当时的学校建筑中有三个特点：一是属于现代派的通用学校型建筑风格，没有华丽的装饰线条和外檐。窗口为直窗口，便于采光，使其简洁明朗，便于维修。二是砖体使用的是当时流行的内燃砖（砖在烧制过程中黏土中含有的燃烧剂在砖体中自燃，砖体虽稍有变形但已琉化），所砌墙可抗碱蚀，优于流行的草砖。三是砖、木、石、水泥混合使用。屋顶既畅水又保温。再加上地下室防潮做得很好，房屋冬暖夏凉。校内四周绿草茵茵，配以几棵德国洋槐和法国悬铃木，形成了北欧冷凉型的校园景观。圣功中学的建成，强化了以工商学院（今外国语大学）为核心的这一区域的教育功能，特别利于学校发展。校址和建筑与周边环境的文化氛围高度统一的同时，也强化了圣功女中的性格表达。

1940 年，之所以选在英租界马场道以南原德租界边缘地带的原陶园旧址建设欧式校舍，并和天主教献县教区在天津建立的天津工商学院毗邻，是一种西方教育理念回归和共建的必然，也是办学者寻求最宜建校地址的绝妙之笔。这片校区至今仍是天津最彰显欧陆文化的区域。这种空间环境使得今日的新华中学有了与国际交流的先天资本和活力。新华中学的发展历史,是中华文化和西方文化和谐交融的典型代表。中华文化海纳百川的博大胸怀和欧洲经院文化科学、严谨的特点,共同铸就了圣功女中的校风,也形成了它独特的性格,使其校风始终表现出严谨、稳重、恒定的特色。

圣功女中从选址到学校建筑风格和设施的锁定，还体现了校长夏景如的文化追求。夏景如是虔诚的天主教徒，她笃信平等博爱,又深受中国传统儒家文化的熏陶。她生前将自己购买的所有图书都完好地捐给学校,如《读史方舆纪要》《天下郡国利病书》《杜工部集》《百忍堂摹刻开成石壁十二经》《资治通鉴》《周礼》《礼记》等。这些古书现在整洁干净地摆放在学校书库里，使我们加深了对她的认识与理解。她将儒家的"仁"和西方文化的"平等博爱"融为一体,所以在圣功女中有一种中西文化共存的现象。她身为校长支持修女们在学校内任课,但她从不动员学生入教。这也是圣功女中虽为教会学校,但始终学生没在学校形成教徒主体的一个原因。现在的新华中学规模太大了,周边环境太喧嚣了,从外表看整体环境景观已失去了幽、静、趣的氛围,只有周边残存的欧式建筑微弱而孤单地表达着早期的景观。有鉴于此,圣功楼必须保留和保护,没有了老建筑何谈百年老校?综合来看,圣功楼应有衔接历史和当代的四种功能:一、作为圣功女中的地标建筑,是永久的历史坐标。二、校史博物馆的功能应大量搜集圣功相关物品，重现旧圣功淑女教育的崇高。三、图书馆科学一般新的比老的先进,但文化新的未必超过老的。圣功女中的图书是一笔宝贵财富,特别是《万有文库》和夏校长及天津华氏家族等一批名流所捐赠的图书，应作为学校的文化积淀刻意保护和使用。四、开展历史文化交流。历史文化交流不是体现在互联网和多媒体上,而是体现在哲学的深邃、历史的厚重和艺术的美感方面。在老建筑里搞历史文化交流,比在水泥框架的空间里交流更有味道。老校的建筑不但是学校历史的证据,也是凝固的音乐。

(刊于《圣功——新华百年校史研讨会论文集》,2015 年 7 月,原题为《校址选择与圣功楼建设的意义》)

圣功的“淑女教育”

新华中学前身为圣功学堂。“圣功”一词源于《易经》的“蒙”卦，“蒙以养正，圣功也”，校训则为儒家所倡导的“温良恭俭”。校名和校训，直接向社会昭示了办学宗旨和培养目标，其思想精髓来源于首任校长夏景如。

夏景如毕业于北洋女子师范学堂，始终从事教育工作，终身未嫁。她是近代中国第一批接受新式教育的知识分子。夏景如入学时，老师吕碧城的先进教育思想，以及学校开设的课程，影响了她的办学理念。当时，夏景如在校期间，除了要学习一些基础学科，还要专门学习家事、裁缝、手艺、音乐、体操等课程。她毕业时，已构建了相对完整的新知识结构。夏景如将相关资源和理念带入圣功学堂，使圣功的学生成为适应社会发展的新知识女性。

“温良恭俭”的校训是圣功的教育大纲，它要求学生们必须在仪容、心境、作风、态度方面追求高尚。温和俭是其核心内涵。因此，学生一律穿着朴素大方的白衣黑裙、白袜白鞋的春夏装和藏蓝衬衣、无袖黑连衣裙、黑袜黑鞋的秋冬装。老师的穿戴也必须端庄朴素。夏校长以身作则,穿着朴素的长袍,戴着黑边眼镜,留着短发,早到校,晚离校。学校管理严格,老师和学生都不许大声喧哗,行动举止沉稳。不放学,绝不许随意离校,小考中考和每周的抽测很频繁。教师必须按进度讲课。因此,别的学校甚至称圣功为"模范监狱"。

在这种环境里,许多优秀的学生读完六年的初高中后,顺利考入辅仁大学,很多毕业后又回母校任教。圣功的学生除了有着淑女的稳重端庄,更重要的是综合素质非常出色。她们在体育活动中非常积极,体操、球类和田径比赛,在天津全市都成绩卓著。学校在课程里,也有计划地开设了各类技能课,来完善学生的知识结构:如美术课,增加了美学、刺绣;手工课加入了编织和制作;生物课增加了园艺;课外活动则经常举行家政技能比赛。这既丰富了学生们的兴趣,也增加了她们的技能,为社会培养了大批高层次的女性人才。

圣功的学生都有良好的阅读习惯。许多男同学感兴趣的书,在这里也有广泛的读者。通过保留下的1945级学生王敏的一张借书条,我们得知,她是一个对探险和旅游感兴趣的女学生。她仔细阅读的这本书是1935年出版的《发掘与探险》。这本书从考古的角度讲解历史地理,其中最精彩的一篇《黄河》,以黄河为考察路线,详细叙述了黄河的险境及其对中国历史文化的影响。

当下社会经济飞速发展,人们的物质欲望膨胀,一些女孩子追求吃喝玩乐等所谓时尚,在这种背景下,圣功的新式淑女教育模式或许值得借鉴。

(刊于2014年12月4日《今晚报》)

中营小学植被与建筑的保护神

1979年4月25日天津市政府接江苏省外办通知，国务院已批准林业部邀请美国著名林学家爱达荷林学院教授、美籍华人王启无来华讲学。他要求到天津参观母校，请市政府帮助接待。

4月28日，汽车里走出年事已高的王启无先生。当他看到样子没变的铸铁大门和门楼时凝视一会儿后，急步走到门楼前方，俯身弯腰双手按住碎裂的青石台阶很快热泪流出，并喃喃自语道："这是我人生起步的地方……"孩童时美好的回忆又展现在面前。他回忆到，60年前，母校——直隶第一模范小学（现中营小学）是非常美好的学校。学校美丽、宁静，抄手回廊围起的池子（空地），长满绿茸茸的青草，我们下课后在那儿捉虫。东边角上的第一间为刘校长的办公室，在其门外台阶下的池子空地上长有一大墩郁郁葱葱的马蔺。每当夏天，纤细的绿叶中长出朵朵紫色小花，我们在老校长关门时偷偷地摘下叶子，编成小动物玩耍。学校四周开满了大麦熟花……一个国际知名的林学家，他对母校的眷恋是学校良好的生态环境，学校水土好，沥水畅快才能长出马蔺。就是学校内丰富的植被，激发起孩子们最初的植物情趣。王启无后来考入清华大学生物系，后又到美国留学研究林学，最后成为国际知名的林学家。但他永远眷恋着儿时的情趣和母校的生态，以至多次要求天津农林局帮助学校绿化，特别要寻到野生马蔺，无奈天津四周已非常难寻。

1981年铁道部第三设计院建筑总工，另一位清华大学的毕业生鲍铭声来到中营小学。1944年他考入中营，他对母校的眷恋除去童年的学习回忆还有对学校建筑的关爱。

建于20世纪初的西洋古典兼巴洛克风格的门楼，上方山花有精美的龙、凤与花卉雕刻，从上到下多条对称的砖线形成笔直的方柱。门楼和各间宽大教室由抄手回廊连成一体，整幢建筑庄严典雅，颇有欧洲中世纪小学院的风度。但现在的任务是拆掉重建。当时的历史条件要求全部推倒，建成红砖水泥的平顶三层楼，腾出空地扩大操场。鲍铭声的专业知识使他深知20世纪初被留下的这幢建筑是当时符合国际高水准小学，它具有文物、历史、美学价值，是中国小学教育第一次和国际接轨的见证。全国少有，天津唯一，不忍将它消灭，要竭力保住它古老的建筑风貌。决心把拆建转为改建，并将改建思路告诉了夫人。夫人聂志华是民族英雄聂士成的孙女，也是一位建筑学家。两人精心研究终于拿出了设计思路。该思路是首先保住原建筑风格，还要顾及当时允许的方针政策。整幢建筑仅将南面拆改成三层楼房，保留纵轴和山花为最高点，保留砖砌方柱形成的对称柱线，保留各门口窗口的拱券和沿上突出的弧形砖线，其余各面的平房和抄手回廊完整保留。但不得不忍痛拆掉雕刻和众多精美的几何装饰。这种淡化装饰后的建筑方案，还是由鲍铭声以资历和身份亲自到规划部门陈述理由才得以批准的。每当忆起此事他非常遗憾地说,要是现在就应该当文物原拆原建,那些雕刻再也无法恢复了,应当再细致些。但中营小学整幢建筑的风格还是保住了。每当老校友们再次聚会母校时没有多大的异样感觉,只因有人在自觉地保护它。

(刊于2003年12月23日《天津老年时报》)

“惠福”的记忆

我小时就知道“惠福”这个名字，但不清楚它是厂名还是商标。我有个表舅早年给惠福做加工，只见他和年老的父亲成天地破料、刨面、凿铆、锯榫，将坚硬的榆木做成白茬的木凳再送到惠福，由他们上漆后上市销售。后来表舅也合营进了惠福木器厂，而后又成了家具五厂的老职工。“文革”刚结束物资奇缺，我凭这层关系在没有结婚证的情况下买了家具五厂的全套家具。所以我对惠福家具厂有着 60 多年的情怀。

1952 年我在广开华明补习小学上学，放学后特别喜欢到一个同学家玩耍。他家在广开大街有个不小的铺面，家境很殷实。到他家最好玩的是骑上堂屋里那只用经过填充和支撑制成的老虎标本，摸一摸两只用玻璃球做成的虎眼，然后再到客厅里看小人书。客厅不豪华但很温馨，原因是几件新式家具带来的朝气。迎面是简易沙发和茶几，屋角还有一个半人高的小桌，桌面由四块绘有精美图案的瓷砖拼成。让我最感到亲切的还是对面的一个双开玻璃门的大书橱。里面有四层挡板,上两层是立放着的精装书,下两层平放着许多小人书和连环画。他母亲打开玻璃门取出一沓小人书说:“你们旁边看去吧。”我一边看小人书一边看这个大玻璃书柜,它太透亮了,木边玻璃门厚实的玻璃砖不但通透而且四边都有磨薄的梢面,镶在木框里显得那么精致。书柜前脸许多凸凹得体的木线,上面的帽和下面的底都有非常漂亮的造型和装饰线。他家别的屋里还有高低错落的镜台、镜子,在开门后才能看到的大衣柜……这些家具全是透明的漆面,底色为米黄或浅棕,木纹清晰可见,充分体现了木材的质感。回家后我和表舅说起这个同学家的家具,表舅说:“这些家具都是洋式家具,是惠福家具厂制造的。”有一天,我带着这个新知问同学的母亲,“这个书橱是惠福厂制造的吗?”他母亲答道:“我家全部家具都是惠福制造的。”由此我才懵懵懂懂地知道这个惠福是专门制造洋式家具的,不是制造我们家那类老式家具的木器行。这种反差形成的对比也在我心中形成了最原始的家具审美情趣。

使用惠福家具成了我的追求。我向往我的房间里也有这种新式的书柜和字台,因为我爱读书。在以后的岁月里我从这个表舅和更年长的亲戚们的口述中对惠福家具厂有了更清晰的认识。家具是耐用品,消费量不大,所以旧天津的家具厂多为规模不大的作坊。20 世纪二三十年代墙子河以外的西部地区空旷,地价贱,再加上取排水方便,许多民族工业在此建厂。最先建厂的是毛纺,而后出现的是木材加工和木器制造。1927 年王楚章在诚士里建惠福木器厂,1937 年在法租界四号路(现滨江道)建门市。1948 年正式成立惠福木器公司,以罗斯福路(现和平路)96 号为营业部。并发展众多加工下家,为其生产半成品,但最后上漆和烘干由自己的工厂完成。1953 年又改回惠福木器制造厂。1958 年扩大生产规模,门市部在和平路,两个大的生产车间分别建在南宁路和汕头路。1960 年又在滨江道 100 号增设门市部。1965 年又在和平区门市部布置展厅,将制造的各种新式家具的展销常态化。再以后合并成家具五厂……

(刊于 2013 年 12 月 13 日《今晚报》)

天津医药研究会

清光绪三十三年(1907),处于北洋新政前沿的天津社会异常活跃。新政的内容涵盖了社会的方方面面,先行的新制度、新事物、新团体层出不穷,尤其是新型教育走在全国的前列。但与民生直接关联的医药界仍是墨守成规、保守固化。由域外传入天津的西方医学,引起了医药界一批志士仁人的关注。他们敏锐地认识到,西方医学中的科学思想必须吸纳与承认。但传统中医的整体观念、辨证施治也必须固守。此时天津医药界的状况是:医界与药界有隔阂,没有新观念的多数中医,已无法应对社会人群对卫生和体育的需要。中西医之间没有汇通的渠道,隔绝了中医吸纳西医科学精神的路径。最可怕的是,没有专门机构能培养将中西医汇通的有科学精神的新型中医人才。天津的名医丁子良此时承担了此项重任。

丁子良,名国瑞,1895 年从北京来津。是天津最早吸纳西方医学理论的新型中医,而且还是一个关注社会的活动家。其编著的《天津竹园报》在普及卫生知识、提倡科学生活习惯方面做了前瞻性的宣传。清光绪三十三年(1907),他联合天津 32 位名医和有官衔、有身份、有地位的知识分子，向直隶提学司提出申请创办“天津医药研究会”，并对研究会的办会地点、宗旨、经费、学术内容和人事财务管理细目，进行了细致的禀告。他们决定先从为贫民治病开始，进而推广各项事业。“由诊视贫病推至立医院，由讨论推至著书，由中医研究推至中西汇通，由改良丸散推至化学考验，或订为几年为研究毕业期。届时大家公推资格较高者，禀请提学宪考试，赏给文凭，以资鼓励，而示荣耀。其程度不及格者仍留会研究，下年再禀请学宪考试……譬如今年入会，订为五年研究毕业，则第一期考试当在光绪三十七年之秋……至第三次考试后则连前共阅八年矣。彼时之学生皆有文凭皆有学问矣。”在100年前，天津就有五年制的中医研究生全科教育，真是我们天津的骄傲。

他们还充满自信地认为，在此八年之中可申请到官方的拨款建立公立的医学堂，天津必将有培养中西汇通的医师的医学师范学堂和自编的教科书。有了自己培养的医学教员、自编的教科书和各种实习用的器材，就不需要再借助外洋的力量来培养医学人才。他们还决定在老河东(现小关以西地方)建立安国药材市场，供研究人员实践中药。他们的申请当年就得到了直隶提学司和南段巡警局的肯定与批准。研究会的地址临时选在西宣讲所。在以后的岁月里，政局发生了剧变，但这个研究会仍然坚持下来。唯培养研究生的学历教育没能如期完成，但这种锐意创新发展新型中医事业的决心，已深深打动了天津的中医药界，为天津中西医结合的发展、民办中医学校的发展奠定了历史基础，也使天津后来成为中国建立新型中医中药的核心城市。

(刊于2014年4月14日《今晚报》)

康泰尔未曾与中国武林交过手

——一桩旧闻的再剖析

近百年来,中国武术界有一个非常感人的故事,就是众多武林高手打败了俄国大力士康泰尔。这个事件在最近十几年又被众多书刊描写得绘声绘色,有的还成为爱国主义的教材。而多篇文章提及打败康泰尔的武林高手有很多。至此,我们就可以设想一个旧俄国流浪江湖以展示肌肉和力气并无其他技能的大块头怎么会有多次找打的瘾?愿意被中国人打来打去?因这个事件和中华武士会的早期历史直接关联,不把它弄清楚有悖于研究中国武林史的严肃性和真实性。对此事件笔者有四点质疑:一、中西个人竞技几率极小。稍微知道中国历史文化的人都知道,中西个体攻防竞技属于两个不同的体系。中国功夫包含了体力、体能、气功、意念、关节破坏、点穴、破解人体重心等全方位的技术,形成了中国独有的擒拿格斗和种类各异的冷兵器技法并和中国医学紧密相连。因此,中国武术门类繁多,博大精深,变幻无穷。而西方个体攻防技能仅靠力气大、出手快、位置准,根本无法抵挡中国功夫的千变万化和灵活多样。

明显的例证是:中国功夫处处都有借力给力,俗称“四两拨千斤”的技法。西方功夫没有这些技艺,因此中国武林高手想打到一个仅有力气的洋人不是难事。是两种不对称、不同流,很难成立的竞技比赛。所以,康泰尔被中国武林打败不是难事,也没有什么实际意义,也不可能对中国武林界增添有价值的光辉。至今也没有发现中西交手比赛的原始文献记载。

二、各种传奇文章有悖当时历史背景:先说俄国大力士康泰尔,能对其身世和个人的相关资料提供较清晰轮廓的文章一篇也没发现。康泰尔在北京进行表演是 1918 年的事,此时,十月革命刚取得成功,国内正在进行残酷的战争。此时的中国北洋政府是以俄国政府为敌对力量,俄国政府及其驻华领事馆不可能对一个白俄分子进行关照。所以,一些文章所述俄国驻华使馆介入此事不符合当时的历史条件。这些叙述也只在某些个人文章里有所表现。没见正式报道,难以让人相信。

三、多篇打败康泰尔的文章在互相打架:近十几年来,一些文章所撰写的打败康泰尔的虽然有多人,但集中提及的武林高手主要有张占魁、王子平、李剑秋、韩慕侠、刘百川、程海亭等人。这些文章都对这些高手打败同一对手康泰尔做了精彩的描写。其中主张韩慕侠、张占魁、王子平各自打败康泰尔的文章都坚决地指责对方不实。在客观上就说明:打败康泰尔本身就是一个伪命题。其中主张韩慕侠打败康泰尔一文的作者最为强势但疑点也最多。作者孙长山先生 1988 年著书《武林奇杰韩慕侠》(以下简称孙文)对韩慕侠打败康泰尔的叙述使用了许多历史资料性的语言。又在 1988 年《武当》杂志上撰文:“谁打败了康泰尔?”反驳他人打败了康泰尔。他主要引用了 1923 年出版的《国际大观》、1933 年出版的《短篇国术名人录》、1930年出版的《当代武侠奇人传》。但所使用的这些资料本身就多有矛盾，连孙先生自己也承认："是谁打败了康泰尔自上世纪二三十年代以开始出现了分歧。""这些作者在撰写过程中不可能对这一事件的细节都有考证，所以，相互矛盾有情可原。"

但孙先生又说道："读者可以看看，当时京津各报的报道再做分晓。"读者看到此处，很希望看到孙先生公布相关报刊的原始报道。但"孙文"在使用报刊文字时没有出现原文。完全以自己的口气来撰写。得出了"只有韩慕侠打败了康泰尔"的结论。

四、权威报道展示的真相：笔者经过查阅1918年9月中国南北著名大报对此次比武事件的详细报道，即有《益世报》9月17日"中央公园演武纪"、9月18日"大力士之伎俩如此"、9月20日"中华武士会赛会详志"、9月25日"俄国大力士康泰尔致中华武士会书"；《大公报》9月17日"演武会停止原因"、9月20日"武士会赛武详志"；《申报》9月19日"中华武士会之演习""俄国大力士之失败"；这些权威报纸对此事的报道内容一致，没有出入，是研究分析这一事件最可靠的第一手史料。为节约篇幅，不能逐篇刊载，但读者可以根据以上线索去核对。笔者仔细阅读完这些报道后也觉得今人撰写的多位武林豪杰打败俄国大力士康泰尔的故事演绎的成分太多。与当时的权威报道不相符合。首先是：中华武士会与康泰尔比武之事是中华武士会的一个集体决议，它的领袖人物是李存义和张占魁。当时这些报刊在逐篇报道中准确的提供了整个赛事的时间、地点、人物、内容、过程，明确的写出了9月14日众多武林高手上台仅是当众献艺的表演，没有和康泰尔交手的任何情节。其中也包括了王俊臣、李剑秋、张远斋、韩慕侠四人。各报都报道了这些武林高手所表演的拿手绝技，和台下观众惊讶欢呼的情景。同时也详细的戳穿了康泰尔这个江湖骗子为显示其力大无比的全部器具全为伪装的道具，引起观众愤慨和嘲笑。道具当场全被拆解破坏。在慌乱中康泰尔狼狈逃窜。我们分析这些报道有一个铁的事实即整个比武赛事始终由李存义、张占魁、刘殿臣为首领，携门人程海亭、王亦韩先到北京接洽，此次赛事始终由他们掌控全局。韩慕侠不在核心内部，不能越过他们直接行事。各篇报道从未提及韩慕侠个人与康泰尔直接接触的任何线索。各报统一肯定了 1918 年 9 月 14 日傍晚是表演，不是比赛。没有中国武林高手和康泰尔交手的任何报道。并说明了比赛改为表演的原因是怕出事故。但"孙文"最妙之处是绕开这些事实用曲笔躲开有报道的 14 日而详写了一个没有报道的 13 日晚上在六国饭店内韩慕侠亲手打服康泰尔的精彩故事。其中还有生死文书和康泰尔服输的字据。在服输字据中还特别注明：康泰尔已同意将 11 块金牌全部交给韩慕侠。若这些史实成立，第二天 14 日正式比赛开始时，一直参与比武交涉事宜的核心人物王亦韩不应该就比武改为演武后再次向警察署长提出同一交涉。"今日改为演武，各献其技可也，当由中华武士会代表王亦韩答云，贵署长代传厅令极应遵守，不过俄人康泰尔自称环球力士，无与伦比，敝会若不与较量，未必不为其所笑矣，况此会定名为万国赛武，敝会为中华国体暨敝会名誉起见，亦不得不与之比赛，该会备有大小金牌十一座，以奖优胜，敝会若不与之比赛，此等荣誉奖牌须均为外人得去，敝会实不心甘，敢请贵署长上复总监，敝会谨遵厅令，今日暂为演武，然为夺取奖牌，计仍拟向俄国力士提出比武条件，总之不得总监允许决不擅与比赛……"这段报纸的原文有两个主题：1. 表演是遵命，比武仍要进行。金牌要夺，否则被社会耻笑。王亦韩是此次赛事始终在李存义左右的人，也是中华武士会里文化高、口才好的人才。若康泰尔在 13 日当着李存义的面向韩慕侠服输,并放弃金牌,14 日的这些现象无法理解。这在逻辑上也证明了韩慕侠打服康泰尔是一个子虚乌有的故事。1986 年,东北举办了全国挖掘传统武术成果展览会,展出了金牌。展出的韩慕侠打服康泰尔的生死文书、认输字据,无论从行文口气、纸张格式都难以让人相信其真伪。另外,赛武大会详情知情者李星阶、阎道生的后代都亲自听到过其祖辈讲述的武士会金牌多次被韩慕侠借走照相,并都否认韩慕侠与康泰尔交过手。韩慕侠功夫确实很好,又和革命成功的周恩来、刘清扬等政治人物有过交往,容易引起当代媒体的关注。但其个人能力和作用在中华武士会这个整体中并没无过人显赫之处。康泰尔是个假大力士,当时能够招摇撞骗极有可是有一些中国人为其宣传、攒局、搭台、表演,从中谋利,故成为社会大新闻。但 14 日的表演赛上,其骗人伎俩被戳穿后狼狈不堪。台上已乱哄哄,在退场时被人推倒也有可能,但一对一的交手比赛没有可能。若用戏说历史来教育后人,只能造成这个民族的浅薄与轻狂。听自己胜利的故事会很幸福,所以,愿意这个故事是真实的。但历史的还原需要我们排除主观愿望,而冷静地去思考、去辨析。许多故事被证明并不存在,虽然难以割舍,但继续传播也没有什么意义了。

(刊于《追寻湮没的武林历史——纪念中华武士会百年学术讨论会文集》,台湾逸文武术文化有限公司,2012 年 12 月)

唱响共和的首幅年画

百年中国看天津。天津民间文化的代表——杨柳青年画，以它与时俱进的创新性始终紧跟着社会前进的步伐。杨柳青年画是涵盖北方区域最广、影响最大的年画，是老百姓极其喜欢的大众画品。几张年画贴上墙，顿时屋里喜洋洋。屋里有年画才有过年味，成为当时全社会的共识。又因价格便宜，喜庆效果突出，它便成为劳苦大众离不开的观赏画。所以，它的宣传魅力超越了其他艺术品。

自1860年开埠后，天津成为中国北方新文化的基地。在中国政体由帝王专制到民主共和的剧变中，天津自然是北方最重要的政治舞台之一，涌现出了很多新思想、新文化，突出表现为先进思想多元、政治主张多元、文化创新多元，社会呈现出独特的活跃与生动。但它又是北京的门户，非常稳定、包容的社会风气，使天津在此期间没有出现政治战争和大规模的流血冲突，为杨柳青年画的创新和发展提供了良好的社会条件。

杨柳青的改良年画用最便捷、最直观的方式，把新事物、新思想、新风俗介绍给了普通百姓，也让不识字的孩子和妇女明白其中的含义。从清末到民初，天津的直隶学务处、教育科、图书局等教育部门直接领导了年画改良，并把它推向社会。创绘的改良年画无论是种类还是印制水平，均居全国领先地位。这得力于天津有一个画稿创作的领军人物——阎道生。在中华民国建立不久，他就绘制了《共和富贵》《中华成立》《民国自强》等专门歌颂共和政体的年画。

此时苏州桃花坞推出的是《上海通商庆贺总统万岁》，画面中上海的商人举着县官出巡的仪仗，穿着戏剧服装，再加上舞龙耍狮的花会，充分体现出南方近商的文化，而杨柳青年画此时的众多作品则基本表达了关注政体变革和社会变化的近民文化。特别是阎道生绘制的两组条幅年画最具代表性，这也是唱响共和的首幅年画。在《中华成立》《欢迎共和》这组条幅年画中，成年妇女背擎五色旗，儿童着戎装，手擎双灯，横杆顶部为五色旗，全为墨线画，五色旗的五色用五条横带表示。第二组《中华成立》《民国自强》，均为彩色年画，成年妇女手擎五色共和旗帜，一个儿童佩刀，另一个扛枪，突出了五族共和的鲜明主题。南京临时政府成立时，孙中山要以青天白日为国旗，各种政治力量角逐，意见未能统一。之后，南京临时参议院通过决议，将五色旗作为临时国旗。五色旗的红、黄、蓝、白、黑，含五族共和之义。画中的妇女手持五色旗明确表达了当时国家统一的共和秩序已经建成，用简洁鲜明的画面向老百姓宣传了共和思想，而代表皇帝家天下的龙旗已经不存在了。

唱响共和的首幅年画是杨柳青年画史的亮点，也是天津文化史的亮点。

（刊于 2013 年 6 月 29 日《今晚报》）

实业谈注

寿丰面粉公司史略

原址位于今河北区海河东路广场附近的寿丰面粉公司是当年天津规模最大的面粉企业,也是意租界里唯一的工厂。日产面粉量达13000袋。它生产的三桃牌面粉以干、白著称,做成面食,晶亮好看,吃起来有劲、口香。南来的申粉和锡粉虽大力压价,终因质量不及而难在市场上与之竞争。寿丰公司在天津也是最早的面粉工业企业,它的发展历史展示了中国民族工业发展的艰辛与曲折,也表现出现代民族工业创办者及经营者们的卓越才干。寿丰面粉公司之所以能执天津面粉业牛耳几十年,除历史悠久资金雄厚外,主要还是其经营者都是出身于粮食行业世家,个个是行家里手,会管理,重科学,肯于在技术改造上投资。从它的组建和发展来看,它是由天津第一家正规面粉厂——寿星面粉公司为基础合并了另一家规模较大的面粉厂——大丰面粉公司,又吸收了天津最早的行业公会三津磨房公会几十个会员磨房户的投资,又收买了经营不力的民丰天记面粉公司。它的发展历史反映了天津面粉工业的发展历史，它的许多经验值得借鉴。

第一次世界大战期间，各帝国主义忙于战争，因此，向中国出口的面粉骤减。以上海和江苏为中心的面粉企业，产品畅销，获利甚丰，便促使了天津面粉工业的兴起。江苏丹徒人朱清斋，曾任长芦盐运使，有积蓄，见天津面粉的需要量很大，与津相邻地带又有大片产麦区，建立机器磨粉厂有利可图。但当时建厂需资金 30 万元，便求助于日商三井洋行天津出张所的负责人。日本人很快做出规划，并提出在麦秋前将厂建成，新麦下场随即开工。1915 年春建成厂房，当时设备有英国来开夏锅炉 1 台，蒸气动力有 500 马力。美国乌鲁夫厂制的磨粉机 15 部、清粉机 6 台、圆筛 4 台、平筛 5 台，可日产 3000 袋面粉。商标用“三桃”，厂名为“寿星”，取其长寿的吉祥含意。

寿星面粉公司顺利地建厂投产，得助于日本三井洋行，其实这里包藏着祸心。日本人对中国的政治经济情报，已有多年的收集，他们知道朱清斋的资金，只能完成建厂，没有能力筹划流动资金收购小麦。那时，三井洋行便可利用雄厚资金由控制而吞并。果然，在开工不久，寿星公司便很快地因缺乏流动资金难以购麦，而不能正常生产。朱清斋陷入困境，三井洋行立即提出中日双方合作，他们提供流动资金。朱清斋曾将部分股票赠送给三井洋行的负责人，却难以满足他们的野心，寿星面粉公司开工不久，便不得不接受三井洋行的“合作”了。

中日“合作”办厂，三井洋行随即派了一批日本职员进驻管理、财会、生产、技术等部门。并由日本人申野担任面粉技师，掌握了寿星面粉公司的经营管理实权，厂名也改成寿星制粉株式会社。朱清斋见自己苦心经营的事业，落到日本人手里，积愤成疾，致精神错乱而死。之后,他的哥哥朱漪斋、朱瀚斋先后进厂参加工作,不过徒有其名而已。

1919 年全国爆发了伟大的五四运动，全国上下掀起抵制日货的高潮。天津市民都不买桃牌面粉,致使寿星粉厂产品大量积压,业务停顿。这时另一位任过长芦盐运使的李宾四,发起筹资,还清三井流动资金,买回日股收厂自办的活动。征得朱漪斋的同意,熟悉日商情况和外交能力很强的佟德夫进行交涉。鉴于当时形势,日商迫不得已退出寿星。寿星粉厂从此完全由中国人自己经营。厂名改为寿星面粉股份有限公司。李宾四任经理,朱漪斋、佟德夫分任营业和生产两部主任。到 1921 年扩建粉厂,又从美商慎日洋行买进磨粉机 5 部、清粉机 2 台、平筛 2 台、圆筛 4 台、洗麦机 1 台及粉麦化验仪器等,使面粉日产量达 4000 袋。每年新麦登场后开工,到年终可开工八个月。佟德夫是制粉内行,负责生产部,对技术非常重视。这年在扩厂过程中,聘请美国乌鲁夫厂工程师韩伯苓来厂担任制粉技师,又先后请来学成归国的张、熊二人担任面粉质量化验师,并招考青年学生学习制粉技术及麦、粉化验,培养出天津第一批面粉技术人员。寿星面粉公司经过这些技术基础建设,使业务发展,销路畅旺,利润增高。

1923 年意租界当局因为工厂锅炉烟尘飞扬，多次找寿星公司,要求改用电力,拆除锅炉安装电动机。经意租界当局介绍由新通贸易公司向瑞士定购电器设备。这一年国内小麦歉收,故寿星向国外订购小麦。原预计有利可取,但外麦到津,正赶上拆卸蒸气机,改装电动机,故障常出,不能正常生产,不得已又重装蒸气机继续生产。延误时间三个月,又值市场面价大跌,寿星受到巨人损失。这时厂方又将进口的美制牛牌面粉换装桃牌面袋,运往冀东销售,又赔了大钱。由于这一系列失利,致使资金缺乏,欠金城银行贷款 18 万元无法清还,生产陷于停顿,于 1925 年宣布歇业。

寿星面粉公司厂房设备技术都是一流的, 佟德夫主持生产期间曾仔细研究了磨粉设备,发现许多设备完全可以自行制造,能节省大量外汇。他曾从外国只买缝口机头,自己制造缝口机的转盘,全部解决了机器缝口的工序,效率大大提高。为解决设备维修而成立了机修车间,购买了工作母机和铸造设备,使原来出厂才能修理的设备,全部由厂内修理。并逐步从修配试制机件,发展到制造整部机器。有:过麦机、洗麦机、打麦机、平筛清粉机、磨粉机等,成为天津制造面粉机器的创始。1923 年还用自制机器扩建了一个有 5 部磨粉机的车间,首创机制玉米粉。此举推动了天津面粉机器工业的出现和发展。永大铁工厂借用寿星木型翻砂,制出磨粉机,并成为天津第一家专门制造磨粉机器的工厂。三条石的达仁机器厂也由该厂派人指导加工面粉机器。这样培养出天津第一代制粉机器工业的技术人员, 使天津面粉工业进入现代化行列。以后还为山东、河南、直隶、察哈尔、热河、绥远、新疆各地的面粉工业提供了技术力量。由于以上原因,佟德夫深知寿星虽然已处困境,但只要有新的资金,立刻就会启动。他找到当时出身于粮行世家的三津磨房公会负责人孙俊卿、杨西园商议,由公会集资接办寿星粉厂。三津磨房同业公会是天津门市零售米面铺的集体组织,它的前身是三津磨房公所,始建于清同治年间,是当年各行业中最早的一个集体组织。在清末各县还有驿站,亦叫"马号",所需喂马的麸料很多,向来由县衙的差役到有磨的米面铺(磨房)去买。但给钱很少,也没有固定时间和固定数量。差役还对磨房户任意勒索，许多米面铺深受其害。时有增兴厚米面铺的创办人孙治、立成米面铺创办人杨立成，为保护同业利益，抵制滋扰，遂联合各米面铺组织成立了三津磨房公所，由孙、杨二人负责。公所依据各家磨盘数，按比例分摊麸料费，名为“官麸”钱，存入公所。公所按实价买入麸料售于县衙，亏损数从“官麸”钱内弥补。杨立成在县衙有差事，公所成立，进行顺利。1903年天津成立商务总会，三津磨房公所也改为三津磨房公会。这时公会已由杨志清和孙俊卿负责，二人又成为天津商会董事。由于二人才华出众逐渐成为骨干。二人既是商会董事又是公会负责人，当本行业出现的各种困难需经商会向社会各方交涉时，能较顺利地解决，从而促进了天津磨房集合体的发展，为以后组建寿丰打下了基础。

1925年佟德夫、孙俊卿、杨西园三人经研究，一致认为；公会各米面铺投资，可当面粉厂股东。工厂有资金开工生产，磨出面粉，股东们的米面铺自然全部成为销货门市部。这是一个稳当的赚钱生意。于是发动各米面铺自愿投资。各米面铺踊跃认购股票，有百分之八十以上的会员投资。这年连同金城银行债务和寿星全部设备作价，投资共计股本为30万元。三津磨房户占三分之一，另外一大股东是大丰面粉公司股东倪幼丹。当年改寿星为三津寿丰面粉公司。组织董事会，董事长倪幼丹，总经理孙俊卿、经理佟德夫、副经理杨西园，沿用三桃牌商标。开业后由于面粉质量高，再加公会各户协助推销，业务顺利，月有盈余。由于孙、佟、杨三人都是行家，作风严谨，团结合作。生产发展极快。这时期虽内战频繁，被迫数度停工，但还是大有利润。他们卡死公积金留成比例，使企业扩大生产，克服困境也有了后劲。新公司在三人主持下月月得利，使董事长倪幼丹深感企业兴衰的关键是主持人的才能。倪幼丹早在1920年就以雄厚的资金20万元接替皖系骨干王祝三，进入始建于1919年的裕兴面粉公司（在今红桥区大丰桥北），成为最大股东，并将其改名为大丰面粉公司。1921年又二次投资，成为独资公司。他本来对企业抱有很大希望，以为设备好规模大定有厚利。但经营四五年，又多次调换经理，业务始终不振，且时有赔亏，于是倪幼丹决定将大丰公司交给孙、佟等人管理。1926年6月实行接管，倪仍是董事长。三津寿丰公司的总、经、副理孙俊卿、佟德夫、杨西园对口分别兼任大丰各职。接管后业务即刻好转，后因时局不靖，业务停顿，于1929年按照三津寿丰的办法，加入三津磨房公会各家股本。大丰资产重新估价，连同米面铺户的投资，股本总额定为70万元，厂名改为三津永年面粉公司，成为三津寿丰公司的兄弟厂。大丰改组后，因为有了三津磨户各铺户进行推销，业务量突飞猛进，第二年已获得很大利润。由于一套班子管理两个厂子，造成资金和实力分散，不利经营和竞争，在1933年决定合并。此时开业于1923年，位于梁家嘴的民丰天记面粉公司，业务正处于困境而停顿。该厂有磨粉机18部和全套制粉设备，日产斗牌面粉3000至4000袋。因投资者和经营者之间矛盾重重，公司面临破产。于是三津寿丰公司几位董事和几个大米面铺集资，又收买民丰公司，正式组成天津寿丰面粉股份有限公司。原三津寿丰公司为第一厂；三津永年公司为第二厂；民丰天记公司为第三厂；总经理部设在第一厂，共有资本170万元，磨粉机66部半，是华北地区最大的面粉企业。

第一次世界大战期间是我国面粉工业的黄金时代。中国面粉一反入超趋势而能较大量地出口，从而刺激了天津面粉工业的发展。但这期间天津仅有寿星公司一户，产量仅可内销不能出口。到抗日战争前，天津才共建成8家大型面粉厂。但这些厂家的建成，却生不逢时。首先是第一次世界大战结束，改变了国内外面粉市场的行情。20年代各国已恢复了经济，洋粉大量向中国倾销，南粉也随势加强向北方推销，使天津面粉工业处于困境。其二是国民党政府于1928年实行了裁厘金，改征麦粉特税的制度。原先从上海进口的洋粉和北销的南粉，在北运途中须在各关卡交纳厘金，每袋约交一角六七分钱。小麦在南方一向视为杂粮，多数输出，向有厘金之征。现时则可一次交税后畅行无阻。这种制度使南粉获益，北粉受害。再有就是大多厂家组织庞大、管理混乱、用人不当、产品质次，大都没干好，或倒闭，或兑出，有的仅干了二三年就关了门。到30年代末天津沦陷时，天津仅剩寿丰、福星、嘉瑞三厂。后来嘉瑞又售与日商，寿丰和福星在40年代几经风险，艰苦挣扎，终于支持到天津解放。尤其是寿丰公司顶住各种困难，保住产品信誉。所以如此，根本原因是它有许多其他面粉公司无法比拟的优势和实力，关键是有一个素质较好的领导核心。

1925年前，寿星公司实际主持人是佟德夫。他精技术，善经营，在生产中精打细算，尽量节约资金。建厂需要安装机器等复杂的技术工种，他注意培养厂内“乡土”的技术人员和化验人员，为厂里准备了后备技术力量，节约了很大一批资金。从1925年开始，孙俊卿、佟德夫、杨西园成为公司负责人。孙、杨二人都是粮食行业世家出身，并始终是天津粮食行业的领袖人物，很有社会基础。三人团结合作，同心同德为公司发展尽心尽力，遵守公司的章程，作风正派,按股分红,按职取薪,注意节约开支,遏制浪费。对工人年终分红,平时酌给生活补贴,能保住基本生活,劳资关系较协调。寿丰的领导核心对旧社会始终保持既警惕又守法的态度，在恶劣的环境中求得生存,所以到1928年冬天,全市只有寿丰一家开工。寿丰领导人利用自己的社会地位和影响，由杨西园出面代表全市面粉业向政府呼吁,天津市当局应制定利于本市面粉工业的地方政策,抑制南粉和洋粉的倾销。天津市政府也深知天津人的钱花在天津,对地方财政有利，遂对裁厘改税作了相应调整，使福星公司在1929年又得复工。寿丰领导人学习外国公司的经营方法,取得社会上对本企业实力的认可。同时也分担风险。它常年和中国银行保持信贷关系,及时贷款,准时付息。1933至1934年中美签定了棉麦借款和白银协定。美国将大量小麦和面粉运来天津销售，津市粉价暴跌,寿丰损失巨大。1937年寿丰在外地所购十几万包小麦又被国民党军队征用,损失达180万元。这些致命打击都因与中国银行休戚相关而得到该行大力支援,该行既不催索欠款,还停止计息,更借给流动资金,使寿丰得以恢复生产。到1939年外汇日缩(外币价涨),洋粉进口骤减。寿丰在其前以低价进口了一大批小麦,又值天津水灾,面粉价格上涨,寿丰获得较大利润,才还清了中国银行的贷款。这年孙俊卿之侄孙冰如升任副经理参与经营。这时天津已是沦陷区，日本成立了华北麦粉制造协会，强化对小麦和面粉的统制。寿丰先用旧存的澳洲小麦开工,而后在日本控制间隙,设法零星购进一点,自产自销,最后只能来料加工了。寿丰在1931年产量为424万袋,1936年439万袋,1939年163万袋,1940年仅有不足100万袋了。从下列购销小麦表可看出后几年日本对小麦统制之严。

1941—1945 年寿丰用麦量

时间(年)	自磨公担数	代磨公担数
1941	295082.78	/
1942	211914.63	109756.23
1943	4084.54	372902.79
1944	312.76	143426.33
1945	/	130291.44

日本军方对粮食严格控制，日本商人便要挟诱迫寿丰接受日股,三井洋行经理八木多次找到寿丰经理,要求“合作”。寿丰以多数股东在外地,经理无权作主,托词拒绝。抗日战争胜利后,寿丰处于更为困难的局面。首先是国民党打内战,交通不畅,北方产麦区已解放。南方粮食因局势吃紧,国民党不许北运。国内经济形势恶化,物价飞涨,国民党当局对面粉实行统配和限价,使厂方赔钱。1946 年 4 月国民党政府经济部规定各厂一律不得生产头号面,麸皮含量必须达到规定比例。寿丰公司的机器不能生产粗面粉,只能将几种面粉混合成“通粉”出售,生产大受限制。国民党为打内战筹款又加重了税收，营业税、过分利得税、印花税就占去全部利润70%以上。这期间寿丰只能让一厂开工,1947 年仅产面粉 60 万袋。到 1948 年小麦已是 300 万元(法币)一包。而面粉仍限价为 8 万元一袋。致使厂方不能生产,只有坐吃山空。1948 年 1 月,天津的南下请愿团去南京,要求取消南粮北运的限制。南京决定从 4 月起,五大城市计口授粮,并寻求美援。天津粮业又力争原定在上海和无锡加工的美援小麦运津,分配各厂家加工。1948 年 9 月国民党当局在各方压力下,曾同意可在南方购买小麦 10 万担,但由于交通阻塞,根本无法实现,寿丰只能靠加工分配给的美麦苟延残喘。这里值得一提的是,在加工美麦过程中,寿丰又起了特殊作用。1947 年 9 月

美国经济合作总署中国分署长莱普汉，对天津市长杜建时表示，从1948年2月可向天津北京援助面粉。1948年2月第一批小麦运到上海，第二批在3月21日才运抵津。代磨、销售、转运、质量等一系列交涉需有经济实体，寿丰代表面粉工会担起重任，各种单据均以现时寿丰总经理孙冰如签字有效。寿丰并负责将小麦公平地分配给各厂家加工，各厂均为满意。面粉是生活必需品，还有销路，这期间各厂赖以苟延残喘。

寿丰公司的第三厂因长期没开工，在解放前夕驻进国民党军队后起火被焚。职工移到第二厂工作。解放后寿丰为政府加工，孙冰如总经理和信托部赵季扬、马兆彭、李志道、乔维熊、技师杨文焕、徐国样、郭鹏等认真负责，在管理和技术上均为全市楷模。不幸在1952年寿丰一厂起火，粉尘爆炸，三小时之内粉麦楼即被焚毁。在灾难面前孙冰如、李志道、乔维熊三人立即在火场开会，研究善后工作。接受乔维熊的建议，做出保证二厂安全生产，一厂合营重建，全体职工工资照发的决定。这项决定，得到市委、市政府大力支持。市财委主任李耕涛指示市粮食局长李肃亭、工业处长刘盼，协助孙冰如购得上海一仓库旧存的进口磨粉机18部及全部设备，并选定大王庄粮食仓库一角重建新厂。这时，市规划部门提出，市中心不宜建大型面粉厂。中央粮食部正有内地建设面粉厂的规划。孙冰如说服了各位股东，与兰州粮食局达成公私合营协议，将机器设备作为投资。一厂除不愿离津的职工外，全部参加新厂工作，该厂订名公私合营新兰面粉厂。二厂于1954年经孙冰如提出，董事会决定，申请公私合营，并得到批准，走了社会主义道路。该厂领导人都得到了党和政府的关怀，他们的经验和成绩得到了肯定，孙冰如和乔维熊也都担任了我市粮食部门和工商界的领导工作。

寿丰公司从1915年寿星起步，到1954年合营，走过了近40年坎坷道路，为天津和中国培养出一大批技术工人和技术人员。寿丰生产的面粉能在市场上顶住各种冲击，关键是以质量为根本的经营思想。南方小麦和进口小麦，淀粉组织疏松，粉质黏，面筋力差。寿丰以北方小麦为主，淀粉组织紧密，再加红麦、白麦比例配得合适，制出面粉柔软而有弹性，面筋力强，拉长不断，吃起来不黏、适口。南粉每斤吃水5两，三桃面粉每斤吃水7两，所以它能长期供应炸果子、蒸食铺等饮食行业。再加销售渠道是从三津磨房户直接批发给零售商，不经过粮商转手，因此寿丰的“三桃”粉始终在天津、北京、唐山畅销。价格虽高于南粉，但天津人仍是愿意买三桃面粉。

与人民生活息息相关的粮食行业，在1955年底全部公私合营。寿丰不论是带头合营，还是为天津粮食工业的发展与壮大所做的努力，它的积极作用，永远得到了社会的肯定。

（刊于《天津河北文史》第6辑，1992年8月）

天津野鸭(禽)行业的摇篮——宜兴埠

北郊重镇——宜兴埠，百年前受塌河大淀的影响使该地形成许多水洼地。这里曾是百里水面碧波荡漾，苇淀荷花灿如云锦，几许河汊在此汇聚，水运网络四通八达。洼水环绕，水产丰富，百鸟汇聚，十里稻香。

由于有丰富的水资源，这里的鱼、虾、蟹、苇、菱角、鸡头、地梨(荆三棱)不但丰盛，而且也驰名津门。

受上述环境的影响，宜兴埠人多数成为使船捕鱼的好手，经商理财的能人。但独操津门牛耳，达半个多世纪的行业却是野禽行业。“凫好群飞栖之水间，人以佛郎机(火枪)聚而歼之，所获甚丰，近亦有以网罗得者。”(《天津县新志》)这就是津人多雁户的原因。当时雁户遍及市郊四乡八方。春秋两季是打野禽的好季节，猎人们将野鸭、大雁等各种野禽运至街头贩卖，成为一种行业。后来随着城市的发展及市郊四周洼地的大量消失，津门最近的大面积水域仅存塌河淀，使宜兴埠打雁行业得以保存，以至后来成为该镇的传统行业。早先宜兴埠打鸭打雁的人很多,但真正掌握布船使枪、撒饵,埋夹、整理、贩卖这一全套本领的人就不多了,最后仅剩蒋、黄、王、庞、苏、马、孙等主要几家。

孙年宝(1852—1934)宜兴埠人,其曾祖父辈由北郊区孙庄子迁来。据说此人身体灵巧,识水性和熟谙野禽习性,每年以捕捉鸭、雁雀为生。实践中掌握了各种野禽的习性分类,价值行情,并传及子孙。其长子则专营铁雀行当,而长孙次孙则成为该家经营野禽行的大成者。这兄弟俩,大哥名恩发,号彩亭,弟名恩禄,兄弟俩不辞辛苦,将收来的野鸭、大雁等挑到官银号市场卖。结识了“裕顺德”鸡鸭店的掌柜。当时的市场多营批发业务,零售很少,早上一过九点就空荡荡了。孙家兄弟往往把剩余货物寄存在“裕顺德”,后来就租下半间房专门存货。谁知鸡鸭行不景气,野鸭买卖倒很兴旺。裕顺德借孙家的 300 元钱难以偿还,只好将门脸抵压,期限十年。早年卖野禽的大都摆地摊或由鸡鸭店少量代销,该行受季节限制很严重,每年只能干五六个月。再加上野禽很便宜,所以,当时无人愿意投资建立专营野禽的门市。孙家兄弟却开此先河,用这间门脸,开设了第一家专营野禽的商店——协利永。

协利永的牌匾由市救济院穆先生所写,很气派。

1941 年左右,紧靠协利永旁边的利发源海味店倒闭。该店仅剩 2 间门脸 1 部电话,其他物品全无。经河东卖蟹肉的刘祥从中说合,以 1 万元买过来。孙家个人财力不够,招静海县独流镇的刘宝文兄弟三人入股。他们兄弟三人共凑足 100 担麦子的资金入股。全店共四股,孙家占二股,刘家占一股半,孙恩禄的好朋友宜兴埠人张在田也入了半股。协利永的门脸更气派,更大了。孙、刘二家的结合,把他们各占天津南北的收购范围融为了一体,使天津市方圆四百里的野禽大多汇集他们一家。在应时季节，每天可收雁 1000 多只，鸭 3000 至 4000 多只。特殊时期，满载大雁或野鸭的船只，条条排在金钢桥以下的河边待卸。当时，全市天津风味的大饭庄、稻香村、酱鸡、酱鸭野味店、挑挑、推车小贩及大公馆所需货源，主要由协利永供应，据估算，他一家的销量占全市 50%以上。协利永之所以有如此之大的业务量，归于他们地道的经营作风和灵活的成交方式，及为“雁户”们提供的方便。此时协利永门市主要由孙恩禄负责，南线收购仍由刘宝文负责。店内有会计、厨师和长工总共十余人。孙恩禄在长期实践中，不断积累知识和学习鸟类的理论，到了中年已成这方面的专家。西门里有个工业社，由付先生主持，他们专门制做动物标本出售。协利永经营的野禽，时有羽毛艳丽者，或品种特殊者，时常被付先生买去，长此以往，孙恩禄和付先生成为好朋友。付先生是专家，对鸟类的命名方法颇为精通，这样孙恩禄通过付先生掌握了野鸭、大雁和天津所能见到的各种大型野鸟的正式学名。付先生也把有关鸟类书籍赠给孙恩禄，使孙恩禄对各种野禽的迁徙规律、分布、习性、食性等了如指掌。我们走访曾和他共事多年的老搭当，据他们回忆，协利永所见到的雁和鸭主要有以下几种：鸿雁、豆雁（大雁、黄头雁、黄勺）、白额雁（上坟雁、沙白）、小白额雁、灰雁，绿头鸭（大红腿）、赤麻鸭（黄鸭）、翘鼻麻鸭（冠鸭、关鸭、良鸭）、针尾鸭（尖尾）、绿翅鸭（小巴鸭）、花脸鸭（晁雀）、罗沙鸭、斑嘴鸭（大白眉、地本浪、火燎鸭）、赤膀鸭、赤颈鸭、白眉鸭、（潜嘴）琵咀鸭（琵琶嘴）、赤嘴潜鸭、红头潜鸭（蒲榛头）、白眼潜鸭、青头潜鸭（猫叫鸭）、风头潜鸭（为辫理）、斑背潜鸭（马蹄里）、棉凫（棉花鸭子、海毛）、斑脸海番鸭、鹊鸭（王八岗、喜鹊鸭、雁嘴、太阳高）、斑头秋沙鸭（鱼鸭、马钢）、普头秋沙鸭（鱼鸭、散白），此外还有鸳鸯、天鹅等鸟类。这些野禽,专门研究鸟类的专家尚难分辨,而孙恩禄能从成堆的鸭雁里逐一分类并根据品种而知大概重量。这些知识帮助协利永业务发展,从送货人的货源就可知该地条件,有无潜力,也可知鸭雁的走向(当时没有冷藏设备、随打随送),为下站收购提供信息。协利永为保证自己的货源,时常对枪头(打鸭打雁的指挥者)优待,并给予先贷后还的资金援助。每年正月十五,枪头来到协利永自报有多少对枪,多少人员船只,然后由协利永提供火药、桐油、玉米面等物品,并给枪头一笔现金,并允许在天津住些天,及供给较优厚的生活待遇。这样枪头就可以安心组织打鸭打雁并保证将鸭雁全部交给协利永。春季猎获期从农历正月下旬到清明后十天左右。秋季农历八月初,枪头再来协利永支取贷款和物品。到农历八月十五开始上货一直到北方河水封冻为止,是一年货源最多的季节。宜兴埠形成一种习俗:八月十五接姑奶奶下卫。即从八月十五日,市里各野禽店都要招雇会拔毛整理鸭雁的女工。从八月十五日把宜兴埠手利索的女工接来到腊月三十前才送回,记件工资,其中有个叫刘老姑的手最快。协利永招得最多,日本占领时期,无论多少货都得由人送到宜兴埠加工,并在天亮前送回协利永,大都是白天黑夜连昼干。孙恩贵和温茂才负责送货,很是辛苦。后来,在抗日战争前期,协利永又把店对过的华中石印局(宜兴埠人陆锡田所有)久闲不用的房屋买过来改做栈房和加工部。当时有南四、北三共七间房。这样结束了在宜兴埠加工带来的往返之苦。

协利永当时控制着全市野禽行业的行情,将野鸭分类划价分三种。每日天亮前 2 至 3 点钟开头牌价,质量不均即混等的每把(10 只)2 元。主要卖给小贩。天一亮开二牌价,即个头均匀、质量好的,主要供给各大饭店,每把 2.5 元。最后再开三牌价,即少量另售专供各住户和大家户现吃,每把3元。这是解放前的牌价。虽然这么便宜,劳动人民也没人到市场上买一只野鸭吃。到春节前,价格最高每把可达8元。讲究人不吃雁,大都卖给酱鸡鸭野味店或个体食品加工者煮好沿街叫卖。根据上述价格分析,协利永利润不大、实际是赔钱的。每只在收购时平均挣一二角钱。加工费五分至一角,这样每只成品鸭赔二角至三角。该店的利润主要从以下途径获得:一是加工下来的羽毛,将其分类分等销售,价格很贵,有许多是出口所需;二是鸭的内脏等副产品也有销路。

羽毛分正羽、绒羽、毛羽三种。有的可填充枕垫、被褥;有的可做扇子;有的可做帽子的装饰物;有的正羽很值钱,像绿头鸭翅膀第二层翎子就很值钱。罗纹鸭翅膀根的十几根翎子最值钱。当时每斤可卖60元。此外,像翠毛、珍珠毛、脖颈毛等也很值钱。而一般绒毛也是出口量很大的商品。协利永就在加工时把羽分好类,由宝德生羽毛庄和赵寿柏羽毛庄包销,有多少收多少。羽毛庄都是天津西头毛行大户,和外商有联系,资金雄厚。经常对协利永进行资金援助。春秋二季在协利永收购市季快到时,往往是先贷款给该店,等羽毛送到后再结算。协利永和这些有外贸关系的人交往,也影响了他们以后和外贸部门进行业务的兴趣。

早年野鸭野雁的内脏也和牛羊的内脏一样非常便宜。在野鸭的加工过程中有时主顾不要二个翅膀尖的肉,这样二个膀子和内脏以每副几分钱卖给小贩,做熟再卖于街市。每到晚上,河东、堤头一带许多推车的小贩高喊:"胗肝翅膀",也和羊杂碎一样为劳动大众可口小吃。对胗肝则另有用项,即在加工过程中将胗肝取出洗净用盐、酒、香料和硝淹渍好,再风干卖给稻香村。稻香村再做熟切成片,专卖给舞女或宁波等地的南方人吃着玩。这祥将野鸭大雁去毛净膛，赔钱售出而有利润，全靠这些副产品的补贴。

抗日战争后，业务竞争愈来愈大，卖货人往往故意将来货信息同时告诉给好几家，造成几家竞争之势，然后谁的价高卖给谁，一次宝坻来了几船货，协利永、河北鸡鸭店、振兴城几家抢买，宝坻货的经纪人叫张瑞臣，在三家之间互相挑弄（行话叫拆花杆），结果协利永以最高价买下，当时一只要赔一元左右。以后再没有店铺愿和协利永争行事了。他们的业务已开发到山西省。

在日本占领时期，统治者为对各行业进行管理，对野禽行业也强行组建公会。当时天津野鸭（雁）同行公会全市有 43 户，理事会有苏成勋、蒋玉杜、苏左卿。苏成勋为会长。这是因为协利永店大生意好，遭同行嫉妒，想组织公会把它统起来，将全部业务集中管理。但该行业进货途径都在外地，关系复杂，很难统一，结果很快解体，苏成勋也跑到协利永找活干，整个公会一半以上都是宜兴埠人。

野鸭大雁几乎成了该村的专利，他们生产的卤雁成为河北河东的风味小吃，做卤雁剩下的卤汤烩白菜则成为人们便宜味美的菜肴，至今老人们仍留恋这些食品。协利永为天津最大的饭庄——聚和成中西大饭店提供了上乘原料。聚和成的扒鸭、红烧鸭块、溜雀脯、炸铃铛（用铁雀头骨做成）等各菜都依赖协利永的支持。

野禽行当虽然干得出色，但每年总还有半年无货期，他们就经营蛋类，生、熟、淡、咸都卖，并以铁雀补空当。在解放后认识了外贸公司王锡九同志，孙因对业务的精良使王深不疑，孙向王介绍了曾用田鸡腿假充鸡肉和辣子做成雏鸡辣子、辣子鸡丁等菜，而后畅销南市一带小饭馆。南方人很爱吃田鸡肉，并详细地介绍了田鸡肉的加工，王汇报后决定试试。协刊永的货由外贸收购运抵香港一炮打响，远销南洋等地。

三反五反运动中，有关部门认为协利永赔钱卖鸭卖雁仍有利润，又查羽毛有销价无进价，属账目不清予以惩罚，再加以后开始了统购统销政策的贯彻，协利永业务锐减，孙恩发已死，孙恩禄身体也欠佳，商店不振。到 1956 年 1 月 16 日，公私合营，并归于北大关副食总店，受食品公司领导，协利永消失。1956 年至 1958 年期间，孙恩禄和原协利永的同事们用自己的技艺为新中国的外贸出口尽了自己的努力，做了很大的贡献。在第一个五年计划期间国家急需外汇，而我们只能出口农副产品。孙恩禄精通加工技术、颇符外商要求，供货迅速，外贸部门很满意。当时出口一吨田鸡可换回四十五吨小麦。在“大跃进”时，协利永的人都已归入食品一厂，车间在三义庄。孙恩禄、刘宝文和另外的同志齐心合力以自己实际行动为“大跃进”做了贡献。共产党员、革新能手田希平同志回忆往事时，对老段长孙恩禄的工作责任心赞叹不已。以后，孙恩禄时常为厂里工人讲课，写了大量的技术资料，至今为人怀念。由于这些基础，食品厂从 1959 年至 1972 年出口了田鸡腿 1181.99 吨，出口整只野禽数十吨，为国家换回宝贵的外汇。“文革”期间，全国召开野禽进出口工作会议，孙恩禄作为天津唯一代表出席，并在西安、延安讲授加工技术受到好评，他自己也感到极大的欣慰。

孙恩禄一生没有惊人之举，但他因生计所迫而勤奋学习并成一方专家值得敬佩。他推动了宜兴埠整个野禽行业的发展。

（刊于《北郊文史资料》第 3 辑，1990 年 12 月）

酱腌小菜忆“天昌”

酱腌菜,人们也称它酱小菜。这是因为和那些制作麻烦,原料复杂,成桌成席的南北大菜相比,显得太简单小巧而已。

酱腌菜都以鲜菜为主料，在腌制过程中经那些有益微生物参与发酵,产生了多种芳香物质和具有鲜味的氨基酸。又因在制作过程中不需蒸煮,维生素得以保存,色泽透亮好看,口感也自然脆嫩爽口,故深为人所喜爱。

我国是世界上最早研究酱腌菜的国家,北魏贾思勰的《齐民要术》,已有专门论述,而后对酱菜及有关酱菜制作、掌故、食趣方面研究论述的文献逐渐增多,像“十香菜”的制作和食趣掌故,就见于清代《食宪鸿秘》。清代诗人袁枚对酱菜很有研究,所著《随园食单》就有大量酱腌菜的论述。所载“酱炒三果”,至今仍是酱菜中的名品。酱腌菜反映着饮食文化,并不只是馈赠亲友的礼品。

在天津,酱菜现已从国内走向世界。1989 年出口 4000 吨,创汇 1000 万美元。其倍受国际青睐的原因,是天津酱菜已把传统工艺和现代科学生产紧密结合。位于河北区的第一调料制品厂是天津市酱菜业中负有盛誉的，它是中国北方唯一的酱菜业的国家二级企业,该厂前身是河北区副食杂货公司加工厂,再上溯则是由天昌酱园等老字号合营而成。天津河北原为清末新政基地,在此基础上派生出天津近代轻重工业,酱菜也成为该区的传统产品。天津酱菜业的佼佼者天昌酱园、誉满国内外的李记大头菜和专门制造朝鲜系列小菜的胜利酱菜厂,都是河北区的老字号。以此三家为骨干的河北区酱菜业的制造和经营厂家在 1956 年合营成为河北区蔬菜副食品杂货公司食品加工厂。而后又发展成天津第一调料厂，并于 1978 年从区管划归市二商局。第一调料厂在发展中,始终保持着老字号的传统,使该厂的酱菜迈出天津走向世界。

天昌酱园,全称天昌京味酱园,创办于 1926 年,是由北京天源酱园派生出来的。开始由天源的帮工王文起创办。他见酱菜利润大、风险小,就动员其姨夫出资,在津办厂。天昌酱园于 1927 年正式生产。厂址选在十字街西,于厂街口“中祥当”斜对过,坐北朝南的青砖大院。二扇大门分别竖写着“天昌”“酱园”。酱腌菜可分七类:酱渍菜、糖醋渍菜、酱油渍菜、虾油渍菜、糟渍菜、糖渍菜和普通盐渍菜。其中以酱渍、糖醋渍的酱菜为主。

60 多年前的老厂从开业之初就讲究经营之道，注意调动技术人员的积极性，刚开业就用老关系把天源酱园的大徒弟张子春请出任天昌第一代掌作师傅。张子春系北京西郊人，从小在天源学徒,有丰富的经验和高超的技艺,尤擅长制酱。王文起在生产上尊重他的意见,使他有组织生产之权,给予较高的待遇。以后又从北京请来王玉林、石长林、刘永福,从山东请来田化恰等行家,来天昌掌作,天昌就以这些行家里手把住每道工序的关键部位,使生产工艺和生产周期决不受销售旺季和淡季的影响。为保证质量在选料上狠下功夫,做到“地道”。在制作上一丝不苟,选料做到“精细”。为此他们总是在各个季节收购上等原料,宁买贵而鲜,不买贱而蔫。萝卜:须根粗的不要,这种萝卜必然是长在生地里,而且是用不干净的水浇出来的;瓜选用外形周正六分熟,大小“中流”个;黄瓜一定要顶花带刺的,最难买的是细豆,它本是菜豆,必须在刚成型就从秧上摘下, 粗细程度不能超过两根香。至于做高级酱包瓜的果脯、果仁、果料都必须是新鲜整齐,变质虫蛀的绝不使用。做酱地环(地葫芦)的鲜地环则有专门指定的基地种植,保证鲜嫩的标准。

酱腌菜业有句行话,菜要渍得好,酱要做得妙。天昌酱园做酱技艺可称一绝,所制豆酱(黄酱)和甜面酱的工艺考究,表面都显出特有的油亮光泽。深褐色的豆酱,散发出特有的酒香味,吃起来味道极鲜;甜面酱深棕色,有酒香味但甜头较大,吃起来确是甜酒味。天昌为制酱花费了全部工艺的大部分时间。因为酱和酒都是酿造物,不同的条件、不同的水、不同的曲种,所产的风味则大不同。酱的醇厚味道是靠投料后在长时间里慢慢产生的。酱的味道正,酱菜的味道就有了保证。熟悉“天昌”酱园的老人都记得天昌院内有近二百口大缸和制酱的许多架子。制豆酱时先将粒大饱满的大豆用水泡二天,再用大锅蒸熟后滚上白面,然后压成糕状制成豆面坯,切成片儿。熟料制成后,干铺在架子上,盖上席,让它“长黄”。这道工序即制成豆酱的曲。半个月后将已长黄的熟料晒干,除去上面的浮黄(“除毛”)放入盐水大缸内酿造。制面酱的工艺大体相同,但原料中没有大豆,仅有面粉。天昌酱的味道之所以醇厚,就是采用了天然大发酵的生产工艺。豆酱需要近一年、 面酱需要半年才能制成。这种工艺所以不同于人工加温的发酵方法,就在于不只是能使需要某种温度的微生物活化,生成一定温度区间的分解物,还在于让原料经过一年四季中的各种自然温度,让各种相关微生物都参与发酵,产物自然丰富复杂。天昌用这种方法制成的酱叫天然酱。这种天然酱中的成分有蛋白质被分解成的氨基酸形成的鲜味;有淀粉被分解成糊精、多糖、双糖、葡萄糖形成的甜味;有部分糖转化成醇而形成的酒香味;还有细菌代谢产生出的各种有机酸和醇化合成的酯类,这些酯类各有各的芳香味,再加上原料中的纤维素和半纤维素分解而成的五碳糖也增加了酱的甜味。多而复杂的鲜、甜、酸、香、酒味和盐的咸味就成为天昌天然酱的独特风味了。还要一提的是,天昌制酱在下料和盐量上有固定的比例:制豆酱是1斤黄豆2斤水5两盐;制面酱是1斤面1斤水2两半盐。这种比例是符合现代科学的酿造用盐理论的。天昌老师傅们还规定在夏至前要向缸内加一次水,这个"谜"现在已被人解开,就是经过半年的酿造,许多产物已经生出,而水分已蒸发不少,及时补水为的是让大发酵顺利进行。这是积累多年的实践经验得到的。更有趣的是天昌酱缸,经过几年的酿造,酱缸里外气味很浓,苍蝇不愿去却引来了蜜蜂。原来天然酱中的糖化反应彻底,许多甜味和香味被蜜蜂闻到故而飞来。质量上乘的天然酱保证了上乘酱菜的制作。

天昌酱菜主体品种有十几个。高档酱菜主要有八宝酱菜、酱包瓜、糖蒜。中档酱菜主要有天然酱制的单体酱菜,如:地环(地葫芦)、萝卜、苤蓝、黄瓜、苦瓜等。低档菜有大头菜等。

腌制八宝酱菜必须有八样,一般包括苤蓝、萝卜、笋、瓜、藕、细豆、花生仁、杏仁、桃仁、核桃仁等,其中必不可少的果仁一定是用天然酱直接酱渍,而不用盐腌的咸坯入酱。成本虽高但味道佳美、色泽漂亮。做酱包瓜则用酱好的八宝菜装入瓜里扎好再酱渍。高档酱包瓜还有两种：内装蜜饯果脯的叫果料包瓜；内装六种果仁的叫六仁包瓜。无论何种档次的酱菜，切工刀法必须漂亮：丁、片、条、丝、块、花刀、菱角块、柳叶片等外形必须均匀，使人看着有美感，激发食欲。

专做五香大头菜而誉满津门的李记咸菜厂也是一个老字号。由李永和创办于1912年，厂址在金钟河畔的小关董家胡同。他参观过天津劝工陈列所的直隶商品展览，看到许多土产、特产，便想干点本小有利的买卖。当时静海盛产芥菜，人们大都制成咸菜吃半年，有些精细人便想出制造五香大头菜的方法，但只限于个别家庭自制自吃，质量粗糙。当时天津三岔河口还没裁弯取直，从西乡来的船只通常都驶到小关附近的金钟河畔。西乡盛产的芥菜大量运到此地集散。因芥菜吃法单调，销路不好，但芥菜肉质坚厚，有脆、硬、艮三种口感，很有嚼头，还是制腌菜的上等材料。芥菜是十字花科植物，体内有异硫氰酸丙烯酯，它是芥末味的主体。生芥菜在一定温度下脱水发酵，这种物质浓度增大再加盐的咸味作用，便产生了芥菜疙瘩特有的香味。五香大头菜在芥菜香味中又加上五香味更加可口好吃。李永和遂决定创办专门制造五香大头菜的作坊，先制作少量试销，利润不小，于是购置200口大缸正式生产。又经过调查研究，发现芥菜须选用个头中上等、体形周正、水分大、须根细且表面光滑的最好。根据这些条件只有选用静海北部土质松软的几个乡出产的芥菜。每年霜降时芥菜大量上市，择优购买。洗净后用18度盐水浸腌一周，捞出晾干，到转年清明开口加料。料的配比为100斤大盐加入半斤五香面。五香面是花椒、大料、桂皮、白芷、三艾。芥菜根据大小开口不一，大的开四至五个口，小的开三个口。切口内必须填入较大的盐粒，以确保其溶解得慢。装完料后分层码缸,加盖封泥,让它慢慢发酵。这种发酵也是利用春夏二季的气温天然发酵,到八月节后开缸出售。腌出的大头菜个个深黄色。若呈现红褐色便是过口,口感发软,淘汰不售。每次可产五万斤,每百斤装一袋,到市场出售。因质量好、价钱低,从不积压。平时可不必向外推销,自有买主上门。尤其南方厂商将李记大头菜定为出口土产。

朝鲜人特别喜欢食用山野菜腌制的小菜。日本统治时期朝鲜小菜传到东北,后来关里也有少量人喜欢这种风味小菜。天津第一个生产正宗朝鲜小菜的是胜利酱菜厂,它是东北人和朝鲜人合伙开办的。沈阳人王惠德贡献最大,他出身中医世家,在日本占领东北时期见到修路的朝鲜人常吃一种小菜,这种小菜是用桔梗腌制的。王慧德熟悉中药,深知桔梗药用价值很大,从而想到用它制成小菜肯定有保健作用。

解放初王惠德一家及其妹夫全家连同几个东北同乡来津谋生,后来有姓李的朝鲜人也来津投靠他们,并顺便带来两桶桔梗菜。由于市场很有销路,促使了他们办厂专门生产。开始他们没有营业执照,只能卖一次补一次临时营业税。但第一批小菜就被北站铁路合作社全部包销。几经周折,终于在 1955 年 4 月有了正式执照,从而大规模生产,取名胜利酱菜厂。由股东六人集资,王惠德为法人代表。该厂主要品种是桔梗菜,后来又增加了辣萝卜条和酱辣明太鱼等。为保证产品质量和市场竞争力,他们将供产销三个环节全程掌控。桔梗的进货和本市药材公司、合作供销总社取得联系,从产地直接大量采购,保证原料充足。生产工艺遵照朝鲜国内正规做法:桔梗先泡三天,中间换水四次,捞出晾干后切成细丝,再放入盛有天然酱油的缸里腌制。约一周左右取出加上蒜末、姜末、辣子末、白糖、味精和芝麻拌匀。口感有咸、甜、辣、鲜、香等混合口味。每次可出90篓。当时我市的消费合作社、南大、天大、天津铁路分局生活供应科都是包销单位,许多商店柜台上多了朝鲜小菜。天津当时进口了许多干明太鱼,原是作饲料之用,他们发现这种干鱼很便宜,若做成朝鲜和日本风味的酱辣鱼一定畅销。于是就增加明太鱼和海燕鱼的生产。将干鱼买进去掉头,用木棒敲打,使骨肉分离,去掉细刺和内脏,只留脊柱大刺,泡入酱油,待鱼体被酱油泡胀泡透,取出拌上糖、酒、辣椒面、五香料和姜面,大火蒸烧。明太鱼便成了酱红色。蒜瓣肉、无刺、香味浓厚,畅销一时。

1956年天津市展开了公私合营,这三个厂子连同二十几个酱园(只卖不产)合并成为河北区副食杂货公司加工厂。天昌底子最大,在合营后的一段时间里"学天昌"成为一个口号。到1978年,生产企业从"块块"划出,从此这个加工厂改为天津第一调料厂。

第一调料厂有天昌的基础,有一批老师傅,再加新老领导的开拓,发展极快,成为全国的佼佼者。天津市劳动模范齐宝山是这方面的突出一例。他从小在小树林凉粉厂学徒,1956年随店合营进入加工厂,一扎就是三十年。他文化不高,但勤奋学习、善于调查。平时留意市场行情,倾听人们对小菜口味的评论。他相信传统工艺深厚的历史价值,坚持挖掘继承。为此向天昌和其他厂家的老师傅虚心求教,询问每道工艺的根由,对一些经验做法仔细分析其中道理。他不破坏传统工艺的科学性,又克服其对现代生产的限制,例如:天昌的老工艺制出的产品风味好,但周期长,品种少,不能大规模生产。他从改革工艺入手,创造出天然酱挤压出汁液再配合辅料进行腌制的新工艺,使腌制周期缩短。制作出的酱菜有高、中、低三个档次,几十个品种系列。

在开发新产品的过程中,他还密切适应社会经济形势的发展。现在人们对酱菜口味的要求已不同于从前，他便坚持在天然酱腌菜的基础上,降低咸度,增加酸、甜、辣、香、鲜等味道,并成功地完成了南味北移,创造出有辣、酸、香、甜四种味俱全的蒜蓉辣酱。他坚持天昌酱园制好天然酱才能腌制好酱菜的信条，坚持自己制造天然酱。在制造天然酱的工艺中保留了天昌大发酵的特点,改进了黄豆自然“长黄”的制造方法,采用人工科学选取纯种制曲的方法。这种方法既保持了天然酱的风味又克服了杂菌感染的危险。在他的努力下,第一调料厂产品质量和品种发展极快。向美国、日本、荷兰、瑞典、新加坡、香港等国家和地区出口,年出口量达4000余吨,创外汇1000万美元。齐宝山将自己积累的这些经验和技术进步毫无保留地传播到其他厂家,使全公司共同进步。1985年后他调到第四调料厂任技术副厂长,使“四调料”也像“一调料”那样取得很大发展。现在他已是中国食品酿造学会酱菜学组副组长,编写了许多酱菜制作技术和天津酱菜历史方面的著作。为此四次被评为市劳模。齐宝山取得这些成绩,他总不忘天昌传统对他的影响,并决心将这些传统发扬光大,永远为天津酱菜的发展做出贡献。

(刊于《天津河北文史》第5辑,1991年6月)

“红钟”与“光荣”

“红钟”牌酱油是天津光荣酱油厂的名牌产品，在我国食品工业中享有极高的荣誉，行销国外，受到华侨的欢迎。

“红钟”酱油在天津从人工酿造改用现代机械酿造工艺的升级过程中，起到了很大的推动作用。“红钟”蜚声海外并享有“金牌”产品荣誉的原因是解放后的光荣酱油厂把原来宏中酱油厂的原工艺保留而取得的结果。“红钟”的享誉连系着两个厂，把我国古代的酿造酱油工艺逐步推进到国际的新水平。我们日用饮食所需的调味品也反映着我们民族的创造和文明。

酱油是人们生活必需品，它不但含有人体必需的八种氨基酸，还有多种特殊功效的成分。近年来还有人认为酱油有抗癌作用。酱和酱油是中华民族的发明。我国酿造学专家方心芳指出：“大豆酿造物对中华民族的繁衍生息起过巨大的作用。”

早期酱油是含有固形体的胶状物，从酱中滤出酱油的方法最晚出现在汉元帝时代。到北魏贾思勰《齐民要术》“做酱法”专章中提到了用“豆酱清”“酱清”浸渍猪羊肉的记载。这“酱清”便是酱油，又称“抽油”。到宋代林洪的《山家清供》中则正式出现了“酱油”这个名称。

酱油约在公元 8 世纪传入日本，成为日本人日常生活中主要植物性调味料。

酱油虽系我国人民发明，但在近代用大规模机器生产的却是日本。日本明治维新后，大量引进西方科学技术，并密切联系生产实际来改革教育。1857 年法国人巴斯德揭开了生物发酵的秘密，促进了发酵工业的发展。日本利用这方面成就来改进酱油的生产，成为世界上第一个用现代方法酿造酱油的国家，并在高等学校开设应用化学系来培养酿造人才。我国第一代酱油酿造专家大都毕业于这些学校，并开创了我国现代酱油工业。

天津原是我国北方最大都市，商业兴旺，食品丰富，烹饪水平很高，所以较早地就已普遍食用酱油了。但当时生产酱油的都是一些手工业酱园作坊。他们主要生产腌制咸菜和制造各种酱菜，酱油只是其副产品，制造方法是把黄豆煮熟滚上白面，经发酵长霉后放入缸内加盐水，露天曝晒。成品是散装“零打”出售。这样的产销方式现在看来是不够卫生的。

天津出产酱油的酱园还有几家，较早的要数北大关的信和斋孟家酱园和河东十字街的天昌酱园。至于以现代方法生产酱油的第一家工厂，是 1919 年李子厚创办的维新酱油厂。但真正具有规模而名扬一时的却是宏中酱油厂。它的“红钟”牌酱油一度在市场上成为“名牌货”，行销国内各地和南洋。

宏中酱油厂的创办人李惠南，1919 年留学于日本高等工业学校应用化学系。鉴于日本用现代方法制造酱油颇为可取，在 1924

年利用暑假归国之便，到京、津及附近各地农村调查了解我国酱油的制造方法、原料、产品、质量和市场销售情况，决意改良我国酱油的制造工艺。1925 毕业后，经学校介绍，到大连日本酱油公司实习一年，初步掌握了酱油制造的工艺。1926 年实习期满回津，就设法筹措建立酱油厂。资金不够，向亲友求援。竟被认为留学六年，只学会这一“不足挂齿”的本领，加以讥笑。李惠南并不灰心，用自己的实验样品请众人品尝，始有人改变看法，同意协助凑足 38300 元资本，租赁了天津西站北营门西大街 207 号大通货栈旧址的 34 间为厂房，修建了 24000 斤到 36000 斤的 12 座洋灰槽和 8 间曲菌培养室。限于资金仅购置手摇抽水机、精选机、手摇炒麦机、碎麦机各 1 台，2.5 万马力电动机 2 台，蒸豆锅 1 个，自凿 40 丈深机井 1 口，化验水质合格。这些设备虽简陋但在当时的酱油工业厂家中已是首屈一指了。工厂组成由李惠南任厂长，负责生产技术。张雅轩任经理负责业务。另有职员 3 人，工人 13 人，于 1926 年正式开工生产酱油。厂名宏中取意宏大中国，酱油牌号用其谐音“红钟”。

李惠南想到事属初创，能否打开销路占市场，全靠产品质量如何而定。于是亲自带领工人严格按工艺要求和制造工序进行生产。原料限用东北金元大豆和高白秋麦，菌种采用日本今野酿造实验室的产品。在操作上采用高盐低温液态发酵，即大发酵。到 1927 年 7 月间榨出产品，质量合乎理想。“红钟”酱油瓶装出售，上市后便以味美、包装好受到顾客欢迎，供不应求。遂又增加设备，扩大厂房，并增添 1 台卧式锅炉等先进大型设备。另在南市荣吉大街设立营业部。

由于宏中酱油厂的工艺是高盐液态低温发酵，约需近一年的周期才能出成品。一滤为一等品(超等)。其渣滓加盐水再度发酵过滤为二等品(特等)。所剩渣滓再加盐水熬煮不发酵过滤出的为三等品(优等)。由于“红钟”酱油味道醇美更适宜生吃,受到欢迎。当时各大饭庄多以“红钟”酱油烹调菜品为招牌招揽顾客。吃涮羊肉更必须以“红钟”酱油为佐料,无形中又代宏中做了广告。土制酱油逐渐被排挤,就连大连的“日本酱油株式会社”在天津设立的推销所也因销路不畅不得已在1929年底结束业务。宏中收兑了它的一切设备。

当时红钟牌酱油超等每市斤二角,特等每市斤一角二分,优等每市斤六分,而那时香油每市斤仅一角六分。足以见得宏中超等酱油的售价是何等昂贵。这也是由于“红钟”是供应高消费人群的调料,一般居民住户还是零“打”酱园的酱油(零打酱油在本市一直延续到80年代才全改为瓶装)。正由于此,“红钟”的“超等”酱油虽贵,却还时常脱销。特等、优等则时有积压。宏中为了打开销路就从装酱油的容器上着手策划。李惠南从日本清水洋行订购四斤装大玻璃瓶十万个,指定烧上“红钟”商标,瓶子质地洁净透亮,国内不能生产。宏中厂将“优等”酱油用这种大瓶包装,1933年春,在国货展览会上特卖,利用广告宣传,只取酱油价贰角四分,瓶子白送,同时又在南市、劝业场、官银号、小白楼等处分设特卖点,以广招顾客。仅在一个月内将积压的优等酱油连同十万个大瓶销售一空。实际优等酱油成本极低,又系积压品,只是瓶子成本一角六分。这次特卖大获利润,资金得到周转,也为优等酱油在居民心中加深了印象,一举数得。宏中厂的产品远销到东北、上海、广州等地,也打破了“百里不贩粗货”的老“生意经”。至此宏中成为当时天津及华北地区最大酱油厂。

1937年七七事变后,日军侵华,所用军需品都在中国就地掠夺。1938年日本三井洋行的一个会社持华北驻屯军特务机关证件要求宏中接受日军订货,并准备了"宏中出张所"的牌子。李惠南几人认为与其通过日商接受订货不如直接与日军联系,于是和华北专管军需的1820部队拉上关系,签订了加工合同。一斤黄豆或麦子换一斤酱油,从此"红钟"产量的65%~70%要归日本侵略军,军需剩下的部分才供应本市市场,外销中断。李等对日军进行拉拢贿赂,日军代表就对宏中的交货和物资要求也给予方便。几年间宏中取得了较大利润,于是又借日本人势力将对过天津铁路局所属的一块空地(现天津酒精厂址)弄到手,并强令附近住户搬迁。抗战胜利后住户代表杨士珍向国民党当局控告宏中强占房地,结果李惠南、张雅轩以汉奸罪被捕入狱。"宏中"董事变卖大量厂方资产保释出二人。二人出狱后不问厂事,再加化学制酱油法已从日本传来,成本低、周期短、利润大,所以在日本投降前后天津的小酱油厂已达200余处,也自然影响了"红钟"的销路和售价。再加宏中厂的老底已空,资金和原料缺乏,故而陷入无法维持的境地。新中国成立后在党和政府的帮助下,宏中开始恢复生产,但这是的市场已被"光荣"牌取代了。

宏中酱油厂1955年公私合营,它的产品主要销往外地。当时有关粮食产品的政策是,粮食制品不许到外地销售,所以1958年宏中厂撤销,人员、设备、厂房、全部归入酒精厂生产酒精,有8人调入光荣酱油厂。抗战前"红钟"牌酱油已经享誉国内外,特别是南洋侨胞非常喜食,七七事变后供应中断,抗战胜利后宏中又奄奄一息,新中国成立后恢复生产只有少量出口,宏中厂并转后考虑到国外华侨喜爱"红钟"酱油,光荣酱油厂便生产小包装"红钟"牌酱油专供出口。这样"宏中"厂子虽然没有了,但产品保留下来了,只不过任务由光荣酱油厂来承担了。

光荣酱油厂创办人是日本福冈县的有光龟雄，他出身贫寒，文化程度不高，小学毕业后在农业学校学习了三年。1938 年初，有光龟雄在日本福冈创办了“有光商会”做小本经营。设在该地的“日本调料株式会社”给他一个来中国建立华北地区代理店的机会。这年 7 月，他在河北区中山路 242 号建立了天津的“有光商会”，并于 8 月 13 日正式开业。他当时主要经营酱油、豆酱和辣酱油，还附带着销售食品杂货和海产。1939 年，来华的日本人增加很快，对调味品的需要量很大，他这个代销性质的商店货品脱销。他便与其弟有光良助在天津建厂，自产自销。当时选中了中山路东二经路 32 号一套民房，院落很大适宜建厂。1940 年元旦正式开工生产，技术和生产设备由“日本调味料株式会社”提供，动力设备由三条石一个厂家安装。厂名定为“二菱”酱油酿造部，全称是“日本调味料株式会社二菱酱油北支代理店有光商会”。产品有酱油、酱和清醋。第一年酱油月产 400 石，每石 90 元，月产值 36000 元；清醋月产 40 石，每石 70 元，总计 2800 元；全年产酱油 4500 石，总计 405000 元，清醋 450 石，总计 31500 元。从它的 1940 年 6 月到 1941 年 5 月的统计，仅酱油一项，大豆用 110000 元，小麦用 120000 元，盐用 66400 元，一年就获利 108360 元。在日本侵略军统治下的天津，日本人经营工厂，生产、销售的利润自然是“可观”的。从这小小调料厂酱油生产，很清楚地可以认识到强盗式的掠夺。

这时来天津的日本人与日俱增，日本当局为加强经济统治，1939 年 4 月日本华北交通株式会社中央生计所对部分商品进行了统购统销，有光商会半数以上的产品已被统购，所剩部分已根本不能满足市场需要。他们便把可卖部分的酱油囤积起来，到年末时再投放市场。鉴于酿造部的生产能力已达到饱和，于是再次提出扩建场地增加生产能力的请求。

1941 年 5 月，有光龟雄“选”中小王庄、小刘庄、津浦铁路边的空地（即现光荣厂址）准备建厂。该地区空旷，并有大水坑便于泄水。这片地原系津浦铁路所有，这时津浦铁路已被日本华北交通株式会社占有，所以很快得到天津铁路分局局长周庆满的认可，并订立了从当年 4 月 1 日至 1946 年 3 月 31 日的五年“租赁合同”。有光龟雄在日本侵略势力的保护下产生了建立华北最大酱油厂的奢望。设备完全由日本调味料株式会社提供。这些设备于 1942 年 2 月从福冈博多港运抵天津。有光龟雄便在小王庄兴建 800 坪（约合 2644.8 平方米）车间和房屋。厂区实占地 2459 平方米，建筑工程用费 75000 元。这个酱油厂已具备较大规模。分为曲室、酿部、榨部、运输部、包装部及大小木桶加工场等部门。机器设备有：小麦炒热机 1 台、8 吨水压机 8 台，12 吨水压机 2 台，空气压缩机 2 台，5 马力电动机 2 台、3 马力电动机 1 台，还有变压器等专用设备。为解决水源还在院内自打机井 1 口。该厂已发展到最大规模，总共资本达 1000 万日元，生产能力已大大提高，月产酱油 1100 石，酱 53.2 贯（日本一种酱的包装箱）。至于产品的销售，驻天津日本军队要多少给多少，华北交通株式会社中央生计所 500~700 石，如有剩余再投放市场。随着抗日战争的扩大，日军需用量剧增，而原料来源也更加紧缩。到 1942 年 9 月日军专管军需的 1820 部队便把这厂改为军需加工厂，产品绝大部分被统购，原料全由军方“提供”，大量是从中国各地掠夺而来的。中国民族工业已被日本摧残殆尽。该厂却在日本军方保护下顺利发展。到当年 8 月有光龟雄便开始组织二菱酱油株式会社，很快便在领事馆办理了厂名变更手续。占总资本

40%的有光龟雄任董事长兼工程师，都甲国久任经理，有光良助任厂长。有光龟雄以一个代理商的身份开设酿部，资金和设备完全依赖日本调味料株式会社提供，这时已成为资本雄厚的独立公司的董事长了。

这个酱油厂有工人147名，多来自河北省南部贫穷地区的盐山、南皮、东光和山东的农家子弟及少量住在厂区附近的穷苦人。厂里全部技术工作和管理工作由15名日本人担任。门卫是3名朝鲜人。工人进出厂一律搜身，工作12小时，无任何劳保设施和防护服装。榨部工人只能整天在酱水泡着干活，曲部工人整天翻曲时连个口罩都不给，只能用破布和毛巾堵着嘴。一班下来吐出的痰都是黄色的，许多人都得了哮喘病。酿部工人倒缸都是人工操作，一个人一班得把上万斤的酱倒翻一遍。由于该厂的车间都是高温发酵，而包装运输又都在室外，冬季室内外温差很大，造成工人普遍得了关节炎。灌瓶的女工一天下来手和腕子都是肿的。工人一天这么繁重的工作量所得不过一元二角钱，伙食每人每天六个(玉米、大豆、高粱磨成的三合面)窝头，一个壮劳力扣除饭钱后每月只能剩五六元，根本填不饱肚子。有的工人饿得难受就吃炒的麦子和黄豆，被日本人发现还要挨打。酿部的一个老工人在工作中跌入池里摔坏了腰而死亡，厂里不作任何表示。他们为了便于管理，在厂里盖了几幢简易房屋，搭个大通铺安排工人住入。无家可归的工人只能忍受剥削住在这里，一直挨到日本投降。

1945年9月，日本投降后酱油厂停工，由国民党政府接管，改成国营企业。厂名改为天津市第一酱油厂，隶属于市政府公营事业管理处。酱油厂商标由原来的“二菱”改成“V”字象征胜利，名称改为“光荣”牌。河东三经路有一个被接管的日本味精厂，生产味精过程中有许多母液可用,酱油厂便制出一种“味之素”牌酱油。

接管后工人只剩下70多人,有光龟雄等日本人曾向当时的天津市长张庭锷申请永远居住中国,未被批准,于1946年年底回国。工厂便再没有日本人了。由于国民党打内战,不注意工商业的发展,酱油厂只不过维持生产而已。

天津解放时党派高惠福、纪熙麟为正副代表对该厂接管,成为新中国第一批国营企业。该厂未遭炮火破坏,生产正常。因产品是光荣牌,厂名也就改为光荣酱油厂了,隶属天津市地方国营工业局。人民当家做主,工人积极生产,当年产量达726.6吨,产值17.9万元,到1950年翻了一番,一直到1959年产量和产值均以年增长10%的速度上升,1956年试验成功固体酱油供应军需和边远地区。在三年极端困难时期,该厂利用下脚料生产蘑菇、人造肉和酱渣代食食品,很有效益。由于该厂老工人多,工作认真,节约原料成风。50年代生产的3个牌子4个规格的酱油,一直保持着传统工艺和价格低廉的特点。光荣1号酱油每斤0.125元;2号酱油每斤0.09元;大众牌酱油每斤0.06元;味之素牌酱油每斤0.08元。1958年厂里成立了小包装车间,专产能创外汇和特殊需要的高档产品,这时宏中酱油厂撤销,有8个工人转入,宏中酱油厂所产红钟酱油在国外信誉很好,光荣酱油厂便生产出新的“红钟”牌小包装酱油。

新中国成立后政府对该厂进行了常规维修和扩建。添置了汽车、变压器、锅炉及动力设备。1967年将日本留下的水力压榨机改成横卧式板框压榨机,1973年又改成高层压榨机,提高了压榨能力和出油率。1974年到1975年重建了低盐固态发酵室厂房1800平方米。十一届三中全会以后该厂总体改造步伐加快了,1982年投资650万元,将老厂房推倒重建,建成水泥浇筑框架六层高楼厂房

6650平方米。并重新调整各车间布局,便利生产工序的衔接。1985年1月正式投产,使酱油年产达7800吨。1985年以后随着改革的深化,该厂克服了原材料涨价过快而产品不许涨价的困难,强化了厂内管理。各车间实行了产值挂钩,五大指标包干的承包责任制,使工厂又向前迈进了一步。为保证人民生活必需品的供应,财税部门在近两年减免40多万元增值税,使该厂得到列项改造的能力。最近又从银行贷款600万元增建大型贮存罐等新设备,并瞄准国外市场需求,积极和外商谈判,到时可年产万吨酱油,年创汇可达300万美元。到1988年该厂总产值已达869.5万元,固定资产达957万元。在北京首届中国食品博览会上,"红钟"牌获金牌奖,"光荣"特号获银牌奖,固体获铜牌奖,并分别是国家级、部级、市级优质产品。光荣酱油厂走过了近60年的历史,"稳"字是这个厂的风格,坚持保证质量。尽管假货有时充斥一时,它却永远保持着自己独特的工艺和质量,这是该厂的精神。新项目近期即可完成,它将发展成一个内外贸双向结合型工厂,我们河北区又一个老厂变新颜。我们祝愿该厂永葆青春。

(刊于《天津河北文史》第5辑,1991年6月)

金鸡长鸣五十年

——从"协丰"到"四日化"

坐落在河北区江都路一号的天津第四日用化学厂(简称"四日化"),是全国唯一的鞋油专业生产厂。所产金鸡鞋油质优、价廉,产品遍及国内并远销23个国家。它享誉海内外,畅销亚、欧、非,为人们美的生活做出独特贡献。现在年产量达5000吨,其中软管鞋油1.3亿支,创利税1500万元,劳动生产率11万元/人,年人均创利1.3万元,自1989年列为国家二级企业。这些成绩是全厂工人和领导的骄傲,也是天津市河北区的骄傲。

鞋油是生活日用的小商品,它是伴随着皮革制造技术的发展而诞生的。它又是化工产品,必须在化学工业发展到一定程度才可能生产。古代制革是将生皮用烟进行熏烤,19世纪有了铬鞣法,制革技术方臻成熟。各种皮制品丰富了人们的生活,特别是染色和磨光工艺所生产的面革润泽漂亮,遂成为皮鞋、皮包、皮夹克的面料。为保持光亮柔软,皮革油便应运而生。

旧中国贫穷落后,早先穿皮鞋皮衣的人少,鞋油需要量小,故英国“开汇”牌(Kiwi)为代表的外国鞋油,控制我国鞋油市场,直到1942年中国人制造的金鸡鞋油问世,才有了和这些舶来品抗衡的国货。而后经过中国人的努力,终将它们挤出中国市场。这个过程充分表现了中国民族工商业者的可贵和中国人的聪明才智。生产金鸡鞋油的厂家协丰化学厂是傅秀山所创办,使鞋油质量达到一定水平的是余瑞征。

河北省的冀县是人多地少较贫穷的地区,从早就有外出谋生的习惯。在清朝中期已形成冀州帮。冀县傅家庄人傅秀山(奇岩),在村办小学就读5年,1931年14岁时由哥哥介绍来到天津一家棉织毛巾厂学徒,因为稍有文化而被安排上街推销。当时天津形势较好,市场稳定,在卖货过程中慢慢熟悉了买卖之道,发现了成品和商品之间利差很大,遂萌发了自己办厂经营的念头。他在几年卖货的过程中结识了许多同行、老乡和知己,1937年便和师兄曹振跃、成德厚百货店经理李清范、生生银号副经理杨桐岗四人(其中除曹振跃外全是冀县人)凑百十元钱,租了河北五马路交邑里几间民房,办了个协成新记棉织厂,织些毛巾、线袜,利用原有销货渠道销售。这年七七事变,天津沦陷。日本对物资严加控制,他们购不到合格的棉线,一度从农村弄来些土纱线,但织出的毛巾像平纹布,不起毛,无弹性,不柔软,根本卖不出。1941年日本对英、美已宣战,李清范熟悉市场百货行情,得知进口鞋油断源,市场上英制开汇牌、钻石牌鞋油已断档脱销。日本三K牌水质鞋油质量差,无人愿用。若能造出和开汇牌质量一样的国产鞋油必然畅销。从1941年下半年,他们四个人就开始了国产鞋油的筹划研制工作。

鞋油虽然是小商品,但产品能使皮革发亮并不简单。首先是蜡含量的度数,太低涂在皮革面上遇热会变黏,而失去光泽。太高则发脆而不易涂薄，在皮革上易剥落。其二，颜色必须和蜡有极强的亲和力，并能顺利渗染皮革。其三，还要有合适的溶剂。至于制造工艺、配比、比例更是难掌握。四个人都没有化工技术，起初只买了一本商务印书馆出版的《化学工业品制造法》如法炮制。但这书仅仅介绍了一些粗浅的常识，根本没有可依据的科学配方，故久久不能成功。于是辗转请来曾在南开中学任化学教员的余瑞征。余是齐鲁大学化学系毕业生，专业为应用化学，对日常生活应用的化工产品颇有研究。他一面利用原有的书本知识展开研究，一面到厂里实践。他们将英国鞋油分析，发现其基本原料为蜡、颜料和溶剂。若原方炮制则全部原料必须进口，增加成本，只有立足国产原料，才有生产希望。傅秀山提出不论花多少时间研制，不达到进口鞋油标准，绝不投产出厂。他们用简易的天平、煤油灯、铁锅将不同成分比例的配方逐一试验，将样品涂抹在皮上、纸上、布上和进口鞋油比较。从颜色、光亮度、保亮时间上反复对比，最后决定用中国四川虫白蜡为基质，其含油量高可达 80 度。当时国产颜料尚不过关，只能用进口。专染皮革的皮青颜料只有德国"狮马"牌和英国"吃饭"牌。因"狮马"牌皮青系膏状，容易和油蜡亲和，所以为主选颜料。溶剂须用 200 号进口汽油，所以决定掺入部分沸点差不多的松节油，既可降低成本，更有些松脂香味。他们整整用了一年半时间，到 1942 年末才研制成功。虫白蜡熔点高，在阳光曝晒下不发黏，不失光泽，溶剂比例合适，使鞋油易于涂抹。黑颜色纯正，渗透力强，一般磨出白碴的皮革，涂上后很快被遮盖，并有特殊的松脂清香味。经测试质量完全达到英国开汇牌，而造价却低于它。当时几位股东见了熟人就给人家擦皮鞋，观察质量。傅秀山将鞋油抹在手上，一个星期后才将全部痕迹洗净。几人见到质量确有把握，决定正式改产，将原棉织厂全部设备卖掉，增筹资金，买下河北三马路一座大四合院改建厂房，挂牌协丰化学厂，开始筹备生产。

以傅秀山为首的几位股东对新产品抱有极大的信心和希望，不达标准不出货。不但要产品质量好，包装也要漂亮，有美感。因为金鸡是吉祥物，又有浓郁的民族风格，还寓意了金鸡报晓、长鸣不衰，便由李清范提议起名“金鸡牌”，请徐光涛设计了商标图案，由益华、万华、明星印铁制罐厂做盒。1943 年 4 月 1 日，25 克盒装鞋油正式出厂投放市场。

傅秀山的经营思想：质量第一，销售为龙头，宣传是先导。他在幼小时候见到中外香烟厂，每投放一种新牌号的香烟，总是先在街面上免费赠送，让人们白抽，然后再吸引人们购买。所以他们也先在本市派徒工带着用布做的广告，广告上赫然大字：“金鸡鞋油免费试擦，请君提出批评”。在街上免费为人们义务擦皮鞋，同时向天津各大百货店及小商贩批发。金鸡鞋油质量好，价钱低，当时市场鞋油正断档，所以一炮打响，销路很好。经市场的反馈证明，金鸡站得住脚跟，有竞争力，傅香山立即决定向“三北”进发。根据西北方面多是商贩贩运，东北气温低，穿皮鞋的时间长，厂方派出专门销售人员到北京建立办事处，供西北和口外的商贩。并派员常驻沈阳、哈尔滨，向全东北辐射。同时仍旧派徒工去东北、北京携带广告义务擦皮鞋，同时在各大报社和电台大做广告。金鸡鞋油的招贴画，画面是卓别林一手抱大鞋油盒，一手拿大刷子，两只大皮鞋闪闪发光，滑稽可爱。这样一来，金鸡鞋油果真一鸣惊人，为占据全国市场打下了基础。有些外国人给做广告擦皮鞋的徒工照了像，还要给钱，但徒工们坚决不要，使外国人很受感动。金鸡鞋油获得声誉，人们不再迷信外国货，从此将开汇牌、钻石牌挤出市场，消除了市场影响。中国货战胜了洋货为中国工业争了气。

协丰化学厂的金鸡鞋油,从投产后生产平稳,原料可靠,每年颇有利润。所有股东都将企业发展放在首位,除原来四位,又加上二位投入股的股东王子周、余瑞征,他们除取工资外,将年终分红大部分添股,增加企业后劲。这样又将旁边胡同几间房买过来,扩建了冲盒车间,自己制造铁盒,以降低成本。当时有工人 40 余名,产量虽然不低,但仍供不应求。

1945 年日本投降,金鸡鞋油还很畅销,刚进天津的美国兵也喜用金鸡鞋油。但国民党忙于打内战,对民族工业增加了各种税收,而对美国货和各种所谓援华物资却敞开国门不征关税。到年底,美国剩余物资涌入天津,美国的花旗、檀香二合一鞋油,以极低的价格涌入中国市场。金鸡鞋油只好一再降价,最后采取买一赠一的方法,并搞了有奖销售。傅秀山亲自向南京政府写信呈请保护中国民族工业,但如石沉大海。因产品卖不出,企业无收入,到 1948 年余瑞征离厂去教书,王子周也离去,仅剩几位股东和几个徒工留厂,已处于停产状态。傅秀山原想解散,但又想到产品质量好,关厂实在可惜。当时有 800 多户商店经销金鸡鞋油,并且关系良好,也不愿他们的产品在社会上消失,傅秀山就为这下决心经受煎熬未散厂。1949 年 1 月 15 日,天津解放了。人民新政府给了它及时的扶持和帮助,使之从困境中走出,掀开了发展的新篇章。

1949 年 2 月,区长李钧同志接见了傅秀山,详细地向他讲述了人民政府对待民族工业的政策和态度。指出:发展经济,扶持民族工业,劳资互利,保障供给是坚持不变的方针,并批驳了社会上的一些误解和谣传,指出鞋油绝对可以生产。但目前人民生活很苦,应开辟出一些面向广大劳动阶层的日化产品。傅秀山、曹振跃二位股东见区长亲自过问生产，使他们倍受鼓舞。他们一面继续生产鞋油，一面遵照李钧同志的指示开展了新产品的研制。

牙粉这种小商品在旧中国很畅销，譬如，日本所产狮子牌牙粉在华北地区，不但城市，就连偏僻小村都无孔不入。生产牙粉，价值虽低，但销售数量大，利润就可观了。分析了这些状况，协丰厂便决定生产牙粉，将狮子牌、老火车头牌等国内外各种牙粉一一分析，用口尝其味道，用手试手感，找出各优缺点，研究自己的配方。最后决定生产仁丹味的金鸡牙粉。原料采用印度进口的丁香油、薄荷脑、人造麝香、冰片、碳酸钙、碳酸镁、滑石粉。包装内用蜡纸袋防潮，外用绿底大红色金鸡，美观醒目，价格适度（不过一角钱），投产后非常畅销。于是进而又生产了金鸡香脂、金鸡康肤宁、金鸡凉油，形成金鸡系列日化小商品。协丰是老字号，质量又过硬。至 1950 年全部产品便由"中百"站计划收购。三年国民经济恢复时期的政策，又极大地调动了民族资本家的积极性，协丰也得到了发展，添制了 4 个加热釜，规模和产值均达历史最高水平。傅秀山在这期间参与了同行业的大量社会工作，被选为行业工会副主任，而后又担任了工商联日化组大组长，协助国家，做工商业在税务、质量、和供、产、销等方面的工作。

对私营工商业改造时，是按行业组建了联营社，傅秀山被选为牙粉、牙膏联营合作社的主任，并于 1955 年 3 月 1 日先期合营成为社会主义企业。而后在全行业合营的过程中，将大中蜡烛厂、建国鞋油厂、中国鞋油厂、渤海电镀皂等 5 个小厂合入，规模进一步扩大。国家立即投资 2 万元增添了锅炉、搅拌机等设备。1956 年全市私营工商业社会主义改造完毕，国家进一步调整了产品结构，牙粉划归五洲化学厂，将冲盒车间撤消，协丰成为以鞋油为主，兼产地板蜡、汽车蜡的专业厂家。

由于牌子老、信誉佳,外贸公司积极组织金鸡产品出口。傅秀山便以国际流行标准改进金鸡产品，并把赶超进口产品始终作为目标。由于质量完全可以和“开汇”牌抗衡,出口后为国家创取外汇,轻工业局特给予奖金,这是协丰化学厂首次打出国门。

协丰系生产小商品的化工厂,在以重工业为基础,优先发展重工业的政策下不可能获得较多的投资,合营后厂房和设备在 20 世纪五六十年代没有多大的变化,固定资产一直维持在 8 万多元,职工维持在 70 多人。厂子小,全体职工朴素的阶级意识,勤奋苦干,产值平稳增长。当时鞋油是微利产品,但年产值一直保持在 100 万元以上。在 1958 年的“大跃进”中工人们干劲冲天,生产鞋油 103 吨,创产值 144 万元。在大搞技术革新的热潮中,由李明书承担的技改任务,在长达一年多的试验中获得成功,计有自动灌装机、自动擦盒机、软管自动灌油器、自动输油管、自动压尾机(软管鞋油,从管尾装后再压封)、配料用的自动搅拌机,使该厂机械化程度由 25. 86 %上升到 86. 21 %,使灌装鞋油速度 516 支 / 小时,变为 749 支 / 小时,压尾由 830 支 / 小时,变为 1328 支 / 小时。焊尾速度由 2000 支 / 小时,变为 2760 支 / 小时,减轻了工人劳动的强度,工业总产值达 359 万元。当时社会上提倡搞“高、精、尖”产品,鞋油不属于高、精、尖产品,该厂调整了产品结构,将已上马的揩光浆、乳化漆转交皮革公司生产,将电镀皂等交给街办工业,自己研制高值产品。在 1960 年 5 月试制成功硬脂酸、红光油、氯化铬、松油醇,后二种很快投产。这年因厂小而成果多,获市级“五个第一”先进单位称号。这年又开始生产新产品环氧乙炔“109”,平平加(一种表面活性剂)、三乙醇胺、单乙醇胺等化工产品,产值增加到 585 万元。1961

年还研制出高级乳化鞋油，经轻工业部科学鉴定，完全达到国外的钻石、开汇两种牌号水平。这都是在工农业比例已经失调，国民经济已经出现困难中完成的，为此工人和干部们都付出了极大劳动和心血。

从1962年厂内开始贯彻中央“调整、巩固、充实、提高”的八字方针。将部分产品转给外厂生产。1963年对厂内布局进行调整，将明火化蜡改为上灶隔离加温化蜡，消除了火灾隐患。1964年，社会上开始了突出政治大讨论，已经很有起色的工业开始有了干扰，也影响到鞋油的销量。这年鞋油不得已减产46%，有30%职工无法安排，产值下降135万元。因为生产不太紧张、厂内继续搞技改，改进了工作台，灌油由单嘴改为双嘴，并开创扩大出口创汇的路子。1965年1月厂领导制定了出口计划，并采取密切与外贸部门的协作，进行国际调研，改进出口包装，提高质量，降低成本，加强出口宣传等措施。使出口量在“文革”前达26吨，行销11个国家。从1966年四川虫白蜡短缺，厂内经过上百次试验，用氢化篦麻油代替虫白蜡的工艺获得成功，并在内销鞋油的19个牌号中使用。“文化大革命”开始后，厂名改为红卫化学厂，1968年又成立了革委会。这期间鞋油销量锐减，产值下降，到1970年为139万元。当时遵照上级指示，研制大庆油田急需的分子筛。分子筛是由沸石除去结晶水制成的，具有均一微孔结构的固体吸附剂。它有分筛分子的性能，选择性能强，常用于石油化工的分离和精制。1972年6月用电厂粉煤灰制成“713”分子筛，使用单位反映良好，遂决定扩大生产，到9月底就完成产值10.74万元。自从搞新产品，鞋油成了无关大局的产品，遂将大部分让给杨村军官家属加工。到1973年时市场对软管鞋油的需要量大增，厂内又抽调一线生产分子筛的工人恢复鞋油生产。工人们冒着酷暑完成生产任务。除分子筛外，又生产了156吨鞋油。在整个“文革”期间，厂内产品处于多样化，搞了当时所称的高精尖产品。但传统产品并没有丢掉，保住了元气。

“文化大革命”结束，又使该厂的发展有了科学的规划和定向，首先是新厂址的获得和全新厂房的建设。早在1971年一轻局已批准该厂在王串场征地30亩，当时条件不成熟，工作进展很慢。由于老厂址实已无法承担繁重的生产任务，从1975年基建任务全速展开，到1979年已将首要的基本设施——变电室建成。1980年又在新址西部建筑分析化验和厂区生活、办公用房，到1981年7月，天津日化公司将该厂改名为第四日用化学厂。这年一月份为解决软管鞋油用管量大的困难，在北站外建成铅管车间。1982年2月迁新厂址，从此第四日用化学厂离开了三马路，来到增产道和江都路的交界处。党的十一届三中全会制定了改革开放的方针和政策，使各行业的发展有了明确的方向，从此该厂产品结构也恢复到以鞋油为主体的系列化工产品。迁厂当年研制成能涂抹白布鞋面的白鞋膏，它不像白鞋粉那样必须用水沾粉涂抹的麻烦，而是直接涂抹，不污染裤口，很受用户欢迎。随着改革的深化，纯生产型的企业必须转轨成生产经营型才有出路。为此厂内充实了销售人员，抓住老关系，寻找新伙伴，加强了宣传和广告的工作，仅1984年就在16个省市的电台和电视台播2000次广告，在15个省市进行了大规模的广告，很快适应了市场经济带来的变化。该厂以产品优、价格廉、历史久、影响大为条件，战胜形形色色牌子的鞋油，在市场上取得稳固的地位。1984年9月1日金鸡溶剂鞋油(铁盒)获国家级银质奖。乳化鞋油获市级优质产品奖。生产的发展，市场的剧变，厂领导认识到必须抓住科技进步为发展企业的关键，才能使企业立于不败之地。为学习国际先进工艺,1984年4月提出引进国外先进设备的申请。1985年5月获准去欧洲考察,第二年6月用509.05万元引进法国斯特劳斯公司的铁盒和软管,化蜡、制膏、灌注、包装全自动流水线。用9个月完成了从调试到投产的全过程,使1987年的生产能力达到100万打。1989年6月12日天津市确认其为市级先进企业,同年9月15日又升为国家级二级企业。为生产更科学、更先进,投资4万元安装了AST286/140微机系统,使厂内生产和管理实现了精确定量型的电算模式。由电子计算机控制化料等关键工序,使全厂设备、生产工艺、生产技术水平居国内同行业首位。科技进步创出高产量,在1991年达5000吨,软管鞋油达1.3亿支,人均创利税1.3万元的显著成就。经济实力又推动了深化改革,1991年该厂率先于全市数千家工厂进行了工资制度改革,实现了岗位、技能工资的新型模式,极大调动了全厂人员的积极性,增强了凝聚力。现在它在产量、市场占有率、出口创汇、经济效益、全员劳动生产效率和产品质量六项指标中均占第一和"之最"。

金鸡鞋油从协丰到四日化走过的50多年路程,能给工业界提供有价值的历史依据。它证明了一个真理:有过硬的实力,有科学的管理,有独特的技术,在残酷的市场竞争面前就是不可战胜的!它50年发展壮大的历史,能让许多处于困境的企业受到鼓舞,有了借鉴。

(刊于《天津河北文史》第6辑,1992年8月。本文与曹春田先生合撰)

河北区的印染工业

清末北洋推行新政,河北地带成了天津政治文化的中心。又因为铁路与河道的交通便利,更适宜建厂兴办工业。我市现代机器染整工业就是从河北发展起来的。从 1904 年河北出现现代染整工业,至今已有八十多年的历史。河北区界内现有天津印染厂、第一印染厂、第二印染厂、第一染整厂、新天津染整厂。共有工人八九千人。再加上染纱和漂炼等厂家,在全市染整工业中占有重要地位。

一、天津现代机器染整业的出现

在纺织品染色加工方面,我国有古老的传统和高超技艺,但只限手工操作,土法生产,染的多是山东河北出产的土布,到 20 世纪初才逐渐有机织市布。颜色多限于毛蓝、毛月、皂青、深蓝、灰色以及漂白。所用染料主要为靛、碱、皂、矾、桦、乌叶、皂灰等天然和矿物染料，设备则仅为大缸、大锅、轧布石等简单工具。1902 年袁世凯任直隶总督，派周学熙赴日本考察工商业，1904 年创办直隶工艺局并设立实习工场，传习工艺。其中有染科专业，到 1907 年共毕业 101 名。这些毕业生学习期间接触了当时我国最为先进，由外国传入的染色方法，并进行了较大规模的实习操作，准备推广到生产实践中。这个实习工场就设在窑洼当时孙家花园附近。我们可以说现代染布技术首先出现在河北区。但是旧的手工业染坊，限于各方条件，在工艺上并不能突破旧的成规。

二、现代机器染整工业的摇篮——粮店街

天津市的染色工业由手工业过渡到机器染色的现代工业是 1927 年在粮店街诞生的。湖南人曹典环在德国学化学专业，回国后在粮店前街 2 号建立了华纶益记染厂（原址在拓宽沿河马路时拆除）。当时从法国进口了丝光机和拉宽机，并从上海购置了烘干机、染槽和锅炉，1929 年正式生产。曹有现代科学知识，且采用德国染料使产品的色泽和牢度大大高于作坊产品。销路好、获利丰，震动了其他手工作坊，促使了我市各手工染坊向机器染厂的转向。到 30 年代初，新开设的新型染厂在粮店街一带则占了天津印染业厂家一半以上。有华纶益记染厂（粮店前街 2 号）、同顺合记染厂（粮店后街 75 号，现针织管理处幼儿园）、万新漂染厂（望海楼）、福元泰记染织厂（旧意奥租界交界现北安道和旧意租界六马路现海河东路）、博明染厂（粮店前街 20 号，现天津第二手表厂为其旧址）。其中有的厂家还添置了漂白设备，主要产品有阴丹士林布，纳夫妥色布，海昌蓝布，硫化青黑布，还有大量漂白布。生产能

力最大的厂家日染可达 500 匹,河北区已具有初步规模的现代染整业。

三、日本侵华时期的畸形发展

1937 年日本帝国主义发动了全面的侵华战争，对资源实行破坏性的掠夺,对中国民族资本家采取压迫和摧残的政策。为了达到以战养战的目的,并由日本国内向中国输出设备和资本,利用中国廉价原料和劳动力获取高额利润。

首先是在河北区出现了 3 个规模、设备和染色工艺都居华北前茅的著名印染工厂,即天津染织厂、染业会社天津工场和已变卖给日商的“华新”并改名为“公大七厂”。这三个厂分别是现在第一印染厂、第二印染厂和天津印染厂的前身。这三个工厂在当时已和以往的工厂有了档次的不同,基本上相当于当时国外厂家的水平。

天津染织厂是由沈阳染织厂股东林孚治和崔善之筹建的。1941 年在小王庄小刘庄后街动工兴建,占地 15200 平方米,首建染色部(车间),1942 年 1 月正式投入生产。7 月又建棉织布以及办公室和生活用房,同年 8 月底竣工,9 月全部投产使用。全厂建筑面积 2726.5 平方米,总经理由林孚治担任,经理由崔善之担任,工人有 200 多人。当时的设备:染色部有染槽 16 对,布夹丝光机 1 台,小丝光机 1 台,24 滚烘干机 2 台,50 尺拉宽机 2 台,三辊轧光机 1 台,叠码机 2 台。棉织部有织布机 52 台,整经机 2 台,打轴机 2 台,打穗机 2 台,合线机 1 台;动力设备有:蓝开夏锅炉 1 台,卧式水管锅炉 2 台,6 吋深井 1 台。当时的生产能力为日染 40 码 /

匹色细布700匹，计25550米，并能日织布40码/匹细布40匹，计1460米。产品以红蓝布为主，主要有士林蓝、靠布、硫化青黑布、纳夫妥小红布。商标为前门、霸王、渔人得利等牌号。它是当时规模最大，设备最新，唯一能自织自染的厂家。在建厂初期，由于质量不够稳定，当时市场物价波动很大，销售状况不稳，一度依靠招揽加工业务维持生产；后接受日军军用草绿布加工业务，货源较为充足，日染已达1200匹。到1943年末又增加了更生车间即利用旧棉花，纺更生纱，为此增加了细纱机4台（1536纱锭），简易木结构摇纱机2台，开棉机2台。该部有工人50名，日产更生纱100余斤，全部供给棉织布作原料。当时本想降低棉织布成本，但更生纱质量不好，强度不够，造成亏损，于1945年春停产。1945年8月日军投降，该厂资本家因和日军有勾结并生产过军用绿布，怕被查究，便极力设法解雇工人，缩小生产规模，织染二部在两年内先后停工。

日本占领天津期间天津虽有相当规模的染整工业，但没有能印染花布的工厂。人民喜爱的花哔叽、花洋布还完全靠进口，主要是日本货。1939年日本染业栋式会社伊藤万商店感到向中国输入不如直接在中国生产，便在北站外开设了染业会社天津工场。全部设备是从日本运来的歌山棉布株式会社的旧设备，主要有辊筒印花机2台（八色、六色各1），还有漂炼、浸轧、起毛、雕刻等设备，有中国员工103人，日本管理和技术人员23名。该厂在1940年12月正式开工生产，由富田五一郎为场长，生产能力为每月30码/匹的花、色布40500匹。商标为三马头牌。这厂是天津有近代印花设备之始。它生产的印花吡叽、印花绒布以独具华北印染设备之优势，垄断了天津及华北各地的市场。

1944 年,日资公大七厂也从日本运来旧的印染设备,增建了染场,但未装完日本便投降了。

1939 年在粮店街又建立了一个在该地规模最大的染织厂——信丰染织厂。现在的新天津染整厂就是以它为骨干再加上这一带其他小厂合并而成的。该厂创办人高文轩,山西人,原在哈尔滨经营信太航运公司,由于日本在东北对中国民族资产阶级的压迫使该公司破产,高便到天津另作经营。他见到当时染整业正处于兴旺时期,便在粮店街狮子林大街西口选定一块水坑,经人协助将地权弄到,抽水垫坑和购置机器同时进行,染整机器由久兴机械厂制造。高原想建成全厂后转让别人,但机器制成后物价已上涨,这套机器实际价值已超过原价格许多倍,高便将这套设备卖给华纶,赚了一部分钱又购买了一套较小的设备,装备在自己厂里。当时它有丝光机 1 台,烘干机 2 台,铁染槽 12 个,漂炼用木染槽 1 台。动力设备有 4 吨卧式水管锅炉 1 台,30 千瓦变压器 I 台,25 千瓦变压器 3 台,5~ 6 马力电动机 12 台;整理设备有拉宽机、轧光机、打码机各 1 台,40 米深水井 1 口。这个厂和当地以往建立的染整厂相比,设备最新,场地最大,由留学日本的薛寒溪任工程师,生产金鹏牌色布。1939 年八九两月天津大水,被淹地区达百分之七八十,许多染厂停工。织厂被水淹,大量布匹有霉烂可能,急需将白布烘干或染色;粮店街一带的地势高,万新、同顺合和信丰等厂还能正常生产。于是满负荷地开工,将白布上轴一转烘干,一匹布即可赚一元钱,信丰由此获利甚巨。

1940 年日本对物资的搜刮控制更严,随后对棉布又施行配给制,再加上物价飞涨,染料缺乏,许多厂家倒闭或转产。其中博明出兑,华纶拆机还债,未倒的工厂也只能维持季节性生产。

四、抗战胜利后到解放前夕

抗日战争胜利后到解放前夕,由于关外对色布的一度需求,天津的染整行业一度出现了发展的势头。河北区在这期间没有出现新厂,旧有几个厂因规模大,有的划归军方管理,有的成为国营骨干企业。

天津染织厂是民营工厂,但有资日行为,林崔二人心虚,在日本投降后便想法解雇工人,缩小生产规模,到1948年下半年全停工。总经理林孚治带家属去往台湾,经理崔善之也离厂他去。最后只剩下职工37人、职员51人守厂,因这厂内股份尚有别的股东,所以没有变卖。林、崔二人离去,他们的股份被政府接收成为公股,占有该广股份大部,为解放后首批公私合营准备条件。

染业会社天津工场被国民党联勤总部接管，改为天津被服总厂天津染整分厂直属工厂,于1946年12月正式恢复生产。产品改为以军用绿布为主，民用花布的生产大量削减。每月染草绿布28080匹,花布仅为9000匹:其他色布只能在军工任务不足时生产一点,商标仍为三马头牌。

公大七厂被接收改为中纺七厂。日本投降前准备开工的附设染场到1946年4月开始生产。在6月下旬正式出产印花布。当时该厂主要设备有八色印花机1台、四色印花机3台、染槽62个、烘干机、拉宽机各6台、丝光机2台、煮炼锅7台,成为河北区后起的最大印染厂。出产七巧牌各色花布。

在这期间国民党政府加剧内战,对经济建设根本不重视。国营大厂有的成为单一军工企业,有的靠开明人士和工人共同努力,勉强维持生产；对民营染厂则限制原料，增加税收。由于物价飞涨，致使粮店街一带的厂家，竞相用起假色、假料染布，向东北做起投机生意，失去信用，到解放前夕基本停产。而国营的中纺七厂和天津染整分厂等直属工厂大部又在解放时毁于战火。到此，河北区印染业基本瘫痪。

五、解放后的发展变化

1949 年 1 月 15 日天津解放之前，由于国民党反动政府发动内战，致使物资奇缺、通货膨胀，市场出现大量投机商囤积倒把、哄抬物价。为此人民政府采取措施，迅速恢复河北区几个大型国营印染厂并扶持私营厂家，且加强管理。市场秩序很快被理顺。人民政府首先把天津染整厂接管，随后最先公私合营改名为振华天津染整厂，并于 3 月初恢复生产。同年 10 月天津被服厂直属工厂修复完毕，印花车间开工。其他车间也相继生产。1950 年在中纺七厂的废墟上建立了国营印染厂，至此河北区内 3 个规模最大的印染厂全面开工，并成为领导印染行业的国营力量。这三个大型印染厂在解放后隶属关系都有多次变更，但最后都归属于市纺织局，其厂名最后依次分别为第一印染厂、第二印染厂、天津印染厂。粮店街一带的私营染厂以信丰机器染厂为核心进行了合并，形成了新天津染整厂。因信丰染厂的私人股份中有部分已由继承人于 1949 年献给政府成为最早公股。1949 年信丰就成了此地最早公私合营厂家，厂名也同时更改，取其建设新天津之意。1953 年把同顺合和另一个“久安”厂并入，1954 年万新并入，1955 年又把大来并入(博明在此前和其他厂并为大来)。这样粮店街一带分散的小厂就成为一个规模较大的新天津印染厂了。最后也隶属于纺织局。为增加色布生产,于1951年又组建天津厚生织染厂。它原是日本在1939年3月创建的绵毛布工厂,没有染色的设备,所以政府进行了较大的投资添置染色设备。1953年7月开始染布。1958年又把厂内织布的设备全部迁到外厂成为单一染色工厂,以后厂名也随之改为天津市第一染整厂。我区又多了一个规模很大的染厂。

从1953年到1957年各厂平稳发展,设备基础建设逐年增加,产值成倍增长。1958—1965年经过“大跃进”出现了追产值,忽视质量和品种的倾向。经过后三年的调整、巩固、充实、提高的措施扭转了这种局面,品种和质量有了实质性提高,开始生产人们喜爱的化纤织品。如:涤棉卡其、华达呢、各种的确良色布、漂白布、中长凡立丁等。为此各厂对原来染、印、整理棉织布的设备进行改造和更新,并引进国外先进设备。从1973年各厂大规模改造纯棉染色生产线为涤棉染色生产线之后,经过科学研究改进,取得许多成果。天津印染厂试制成功涤棉涂料花工艺,开我国的先声,自制成镍网设备,打破了外国垄断。第二印染厂试制成功淀粉酶退浆工艺,第一染整厂在全市首创士林色悬浮体连续轧染机。从1979年以后,几年里我区获奖名优产品有:天津染整厂晨光牌涤棉什色线绢获国家银牌奖;涤棉印花青年纱获部优;第一印染厂交流牌纯棉印花泡泡纱、雪莲牌涤棉印花细纺、第二印染厂东风牌大花哔叽、熊猫牌印花双面绒、新天津染整厂金鼎牌蓝帆布,都获市优。

这里值得一提的是新天津染整厂走过的艰难道路。该厂因多次变更隶属关系,失去了争得投资和发展的机会。但该厂老工人多、传统好,在群厂竞争的环境里结合厂内设备特点,开辟新路,专门染整工业用布,为各类鞋厂和工业用布行业做出了贡献。

我区印染行业提供的利润占全市同行业70%以上，一直是我市利税大户。1985年以后的经济体制改革给各厂提出了新课题,面对原料不足和涨价等不利因素,利税一度下降。但各厂积极开展外销加工,为国家多创外汇以抵消国内原材料涨价影响,收益有较大回升。天津印染厂已组建独立经营的三环公司,为扩大出口打开更大窗口,并已出现可喜局面。

河北区从出现机器染整业到形成全市、全华北地区的印染中心,已有80多年的历史了,这是河北区的特点,也是河北区的骄傲。

(刊于《天津河北文史》第3辑,1989年9月)

开拓创新的印刷业奇葩

——天津第八印刷厂的成长与壮大

印刷术是我中华民族四大发明之一。据说:印刷术的发明,是受到印章和拓石的启示。刻印和勒石需要技能和技巧,是兼有技术性和艺术性的工艺;可以说:印刷从开始便是跨工业和艺术两个领域的行业。自从有了近现代的机器工业,我国手工业生产方式的印刷业落后了。虽然我们也曾引进了一些机器,但由于受帝国主义的侵略、控制,国内政治的腐败和经济的凋敝,印刷业的"迎头赶上",谈何容易!

新中国成立后,我国的印刷工艺不断改进,但与国际水平尚有一定距离。到70年代北京已掌握了"纸塑复合"的工艺。图书、画册从印制到装帧,既具有绚丽透亮的美感,又有防水耐污的功能。天津的印刷业还是望尘莫及。1977年天津第八印刷厂首先完成并施用了"纸塑复合"的技术设备,第一次填补了天津市印刷业上的一项空白。随后又引进商标用的不干胶标签生产线新技术。1980年在我国首先开车投产,工艺达到国际水平。

说起天津第八印刷厂，从正式创建至今已有36年。这个印刷厂原是解放初期纸盒手工业的个体小作坊组成的合作社，从“糊纸盒”焖盒印刷，到“六五”期间（1981—1985），天津第八印刷厂便成为有全国最大不干胶标签生产能力的印刷厂家之一。

在天津，原有的“糊纸盒”作坊里一个案子、几把裁刀、几个卷纸口用的焖盒模具，制些粉盒、鞋盒、药盒，供应厂家，是个体劳动的手工业。1956年私营工商业的社会主义改造高潮中，把他们组成集体合作社。因为这些人大都是带工具入社，没有什么资本和设备，不能组成公私合营的工厂，而称为“纸盒社”。天津第八印刷厂的前身是第六纸盒社，厂部地址在建国道170号余门。各车间分散在学堂街、民生路、宫北大街等处。

1956至1965年的近十年中，国家在重工业为基础的方针指导下，进行建设，发展生产。纸盒社是按照客户（厂家）的要求在计划指令下生产，国家对印刷业未作重点的投资。这十年虽然又赶上经济困难时期，但“纸盒社”靠自己的公积金，添置些半自动化的切纸、裁纸、焖压机器。每年产值虽不大，但从投入和上缴的比例来看，并不逊于其他行业，有时还会超过它们。这是由于他们人员少，干劲足，注意质量，所以经营上日有起色，生产的规模也随着需要发展。1964年纸盒社各车间进行专业分工，在宫北大街组成第四车间，专任焖盒工序，不久又正式定名为焖盒车间。1966年便决定在北郊柳滩独立建厂，取名京津焖盒印刷厂，作为专业的焖盒厂。这时职工已有84名，主要产品是焖盒和铜、锌版印刷，隶属于原北郊区工业局。

京津焖盒印刷厂的设备是原车间的旧机器和工具，连同由行业分工而调入的部分没备，有对开芯子机5台、8至4开圆盘焖盒机 12 台、对开切纸机 2 台、鲁林印刷机 2 台。这些老旧简陋的设备生产效率低下,“文革”又影响了这个厂的建设计划。厂房只得借用柳滩大队的砖坯混合房,搭个席棚权充仓库。客观条件给生产带来了困难,年产值不足 20 万元。

“文革”后期,生产问题开始受到重视。原北郊区业局同意另行选址建厂。于是 1970 年在张兴庄大街建新厂房。厂址计占地 7.8 亩,建筑面积为 5150 平方米,从此这个焖盒印刷厂便有了得以成长壮大的基地。

迁厂后,又逢“全民办电子”的高湖,该厂上马生产 3DD 低频大率晶体管。电子器材的生产, 是需要严格的工艺程序和精密的设备,对原料的要求更高,如生产用水和单晶硅,都要求很高的纯度,这对生产纸盒的工厂来说,难度很大。这个厂的职工并没有被困难吓倒,在吴超群同志的带领下,和上级调来的 2 名大学生刘伯川、冯志义,苦干多日,竟获成功,受到轻工业部门认可,并用于航空工业。但终因设备条件不足,最后由上级决定将这项产品转让给专业电子厂家,这个厂继续专营印刷业务。

印刷品在人们精神生活中占有重要地位, 文字、图形的印刷品,要求清晰、整齐、有美感。书册的封面、扉页和插图更是如此。为了防止污损,保持美感,精装的图书、相册类的印刷品封面,多用素色或漆布烫金,也或静电植绒,有的甚至用昂贵的丝织品作封面。虽然各有风格,但终显单调且造价过高,影响销售。70 年代国际印刷业上以塑料涂布和贴膜工艺取而代之。这种新工艺,是用塑料或薄膜涂、贴在印刷品上,既可以克服色彩单调的缺点,又能保持画面不受污染。当时我国仅有 64 开本《毛选》合订本式的纸塑复合工艺,贴膜印刷品在中国还没问世。

“文革”结束后拨乱反正。这家工厂由于老工人多，素质淳朴，元气未伤。厂长刘林瑞同志和领导班子成员分析了工厂的基本情况，认为无论从基础和优势，还是从发展的前途来看，都应以开发印刷新产品为本厂的发展目标。当时在天津，纸塑复合工艺还是空白，刘林瑞便和几位技术人员去北京，到京华印刷总厂（原北京印刷九厂）学习经验。回津后土法上马，经过艰苦的攻关，试制了塑料涂布机 1 台，纸塑复合机 2 台，分切机 1 台。试车试产，完成了纸塑复合工艺的技术设备。这种工艺制出的高档次相册，能把照片原色印在封面上，又覆上极薄的塑料膜，既显得透亮华丽，又能防水耐污，长期保持色泽，不易污损。高档次的相册问世，价格虽高，顾客乐于购买。纸塑复合的工艺大见效益，于是书籍簿册的封面也相继仿效，各厂家纷纷来厂取经，争相仿制。天津的印刷业，一时掀起了纸塑复合热。天津的印刷产品，在品种和效益上取得进展，天津的印刷业，在“文革”后出现了第一次新生机，这个工厂做出了很大的贡献。天津印刷机械厂更以这个工厂的机器做模板，研究改进，制造了定型的纸塑复合机，为天津市开拓新型印刷品增强了潜力，这又是间接的贡献。

京津焖盒印刷厂经过引进和充实，机器的性能提高了，可以把 PVC 透明膜或 BOPP 薄膜和印刷品经涂布压合在一起，大量生产贴膜封面的书刊、相册。

商品的商标和装璜，在商品经济中是推销商品的一种重要手段。70 年代，在国外兴起一种新颖的不干胶商标。这种商标图样印刷精美，可以省力方便地贴在商品上。为了商品在市场争得地位，厂家的旧有商标必须换代，这又给印刷业提出了新课题。厂方获得信息后经过分析研究，了解了工艺流程。这种不干胶商标的生产，在商标印成后，正面轧上透明的塑料薄膜，背面涂上压敏胶，再将底纸上的商标外缘多余部用模切机除掉，让一个个商标保留在底纸上。使用者可以很方便地从底纸上揭下商标，直接贴在商品上。厂方就本厂有纸塑复合的基础和对贴膜工艺熟练的优势，1979 年开始对不干胶印刷技术及设备进行引进、调研，并立项工作。不干胶商标的印刷、覆膜、模切三个工序，若分离进行，国内机器就能完成。若要连续生产一次完成，就须引进新的技术设备。厂方决定引进日本不二纸工株式会社 A100 型不干胶印刷机 2 台，大型照相制版机 1 台，光敏树脂制版机 1 台和成套模切制版设备。1980 年投产，成为我国第一家引进不干胶标签生产线的厂家，产品达到国际 80 年代水平。新产品问世，供不应求，效益倍增。厂方又在 1984 年扩大引进日本 FSK 株式会社的 B100 不干胶机 2 台、平压平不干胶印刷机 2 台、西班牙 5001 模切机 1 台、英国压模机 1 台。经过更新设备，全厂工艺达到 80 年代水平。不干胶标签，从收稿到画出墨图，再经照像制版、四色印刷、覆膜、模切，一次完成。产品精美，能广泛用于电器、纺织、仪表、机床、日化、食品各类商品，美观大方，粘贴方便，受到厂家的赞许。

这年厂方根据自身独特的设备和产品，申请更名为“不干胶印刷厂”。1985 年 1 月上级决定，重新命名为天津第八印刷厂（简称“八印”），不用专业厂名。第八印刷厂开发了新品种，增加了效益，在“六五”期间，平均年产值 400 万元，上缴利税 25 万元以上，年创利润 160 万元。其实这厂规模并不大，职工仅有 216 人。厂子小，底子薄，却形成了朴实、肯钻、敢于开拓、乐于助人的厂风，所以能闯出路子，做出贡献。在“七五”期间，厂领导本着永不停步的精神。做出进一步扩大生产的决策，1986 年将厂区南侧空地，建起四层大楼,增加生产面积 3382 平方米,再添置国产 4230 不干胶印刷机,以扩大不干胶标签的生产。“八印”就靠技术改造和引进,年综合生产能力为彩色 16000 万印，成为全国最大不干胶标签生产能力的印刷厂家之一。这年也创了历史上最高的利润纪录,达 201 万元,为建厂初期的几十倍，固定资产和人均所创利税完全达到国家中型企业标准。由于厂内职工人数少,由市一轻局特殊定为局内中型企业,并落实了相应待遇。

1990 年市场出现疲软,不干胶印刷技术在国内已普及,对手林立。“八印”靠技术精、质量高,经受了考验。厂长胡桂和、书记刘堪芬等同志,分析市场情况,开拓了新思路,决定立即注入新血液,使“八印”持续高飞。当前的市场有不少“大路”商品积压,同时也存在许多空白需待填补。厂方根据市经委开列的填平补齐的项目,从本厂的技术力量出发,决定引进德国先进精密标牌机。这项工艺,能把金属以外的各种软性材料如皮革、人造革等压印出立体图案和字母,镶嵌在服装、箱包、鞋帽等商品上,可倍增精致、典雅和高贵感,是国际 80 年代水平的设备。1991 年胡桂和携车间主任徐振亚亲自赴德为设备引进接受培训,然后回国完成装、试工作,试车成功。1992 年 5 月 30 日得到市局各部门验收认可,电视台也予报导。“八印”又一次开拓新产品,又一次填补了天津软性标牌的空白。

“八印”从焖盒印刷,不断开拓创新,同时对传统产品还始终保持生产质量。一些中档设备虽不先进,但用于生产时,成本低,好维修,所以至今仍保留了铜、锌版彩色印刷设备 15 台,年产能力 4681 对开千印。焖盒工序能为许多印刷品配套，现还有焖盒设备 6 台套,年生产能力为 80 万 4 开万焖。这些设备的产品,利润虽低微,但能为实力较差的中、小厂家服务,受到用户的称道。“八印”的经营思想，放眼到各层次的用户，注意扩大业务范围，并不斤斤计较于利润的多少。1990 年市场疲软，当年添置 SVP 型丝印机 1 台，制版机 1 套，08 型胶印机 1 台，可以印制精美的包装，并能和贴膜设备配套。现在这家印刷厂可以承印普通的包装纸盒和商标。高档的不干胶商标、覆膜印刷品、不干胶标签和精细标牌更是拳头产品。“八印”已是天津一家功能完善的印刷厂，全厂职工 200 多人，从 1966 年到 1991 年共上缴国家利税 336.27 万元，固定资产已达 510 多万元。

第八印刷厂从建厂至今已 36 年，它是在艰苦实干、开拓创新中成长壮大起来的。为了开拓创新，厂领导和技术人员外出求教，虚心学习。对于自己的成就，凡是前来参观、取经的，无不热情接待。资料不保密，工艺敢外传。山西太行机械厂为仿制不干胶印刷机，河北玉田印刷机械厂为仿制制版技术设备，都曾多次派员前来实地考察、取样、并试制成功。不干胶印刷技术在国内得以推广，是“八印”的贡献，“八印”开拓了别人的思路，自己却增多了竞争的对手，又促使、激励自己放眼量，创新路，这正是“小”厂能有所作为的所在。

现在“八印”还在利用“船小好调头”的优势，挖潜、创新，他们会永远大踏步地前进，更上一层楼。

一家“糊纸盒”的合作社，发展成一流的具有特色的印刷厂，说它“奇”，也不奇，就在于胆子大，迈步快。

（刊于《天津河北文史》第 6 辑，1992 年 8 月）

中国机械工业一颗金星

按现代机械工业分类标准，机床工业有切削机床和锻压机床二大分支。一个国家的机械制造水平取决于锻压机械的制造。我国的机械工业经过近40年的拼搏,已形成门类齐全,成龙配套的体系。制造锻压机械的共有20余个厂,其中建在天津、合肥、安阳、上海的4个锻压机床厂是全国的骨干。天津锻压机床总厂则是这四个骨干厂中的排头厂。它位于河北区新开河畔的五马路月纬路62号。它生产的"金星牌"液压机,广泛应用于冶金、矿山、铁路、汽拖、轻工电子和国防工业。特别是在导弹和航天工业中发挥了独特的作用。现在它一厂的产量占全国总产量的三分之一,产品行销全国29省份,并远销25个国家。这个厂的发展过程也就是新中国的锻压机械工业的发展史。

一、天津的机械制造工业

天津锻压机床厂的历史发展可上溯到半个世纪前。之所以发展较快，是和它建厂初期老工人多，技术水平高，有现代企业管理基础分不开的。该厂以天昌机器厂、益津机器厂、中华机器厂为基础，再加新华机器制造总厂合组而成。这些厂子大都成立于 20 世纪三四十年代，又各有自己的历史沿革和特色，改变了天津机械制造工业的旧面貌。旧天津是重工业很落后的地区，三条石虽然很早就有了小型铁工厂，但大都脱胎于作坊。厂主对工厂的管理和经营保留着残余的封建色彩，再加上设备落后，不能生产出先进的产品。组成天津锻压机床厂的几个厂家的创办人大都受过高等教育，设备、工艺和管理都趋向现代化，所以能生产较为先进的产品。

天津锻压机床厂现厂址是原天昌铁工厂。1939 年大连市某银行信贷部主任王永之因日本侵略者对东北中国民族工商业者的资产进行强制性掠夺，遂同平时在信贷业务有联系的“大连帮”在天津南市平安大街 30 号办了个天昌公司，盖了一座仓库。1940 年初，王永之见办机器厂有利可图，就和“大连帮”中资本较为雄厚的李、王、单几人集资在这个仓库基础上略加扩充，筹办了天昌铁工厂，1941 年 1 月正式开工。王永之任总经理，总管全面。他把厂内分为业务和生产两部分。业务即供销，先后有林景实、王士元、李作新几人任经理。生产部分有铁工、钳工、铸工、木工四个工场，另设一个总监工室。全厂技术由日本工业大学毕业的郭技师负责。这个厂有车床、铣床、钻床及配套设备 50 多部，还有 3 吨化铁炉 1 座。主要生产工作母机，如车床、牛头刨床、钻床，及扬水机、针织机、印刷机、纺织机并兼营修配业务。工厂开工后，受日本铁工厂出品排挤，很难维持。到日本投降后，曾给华北盐业公司生产少量抽水机，又给中纺公司和塘沽新港加工部分配件，并不能满足该厂生产能力。 1948 年夏天给傅作义部队制造步枪和子弹机，因驻厂验枪的军官从中作梗，枪支运走，不予验收，竟以质量不合标准而拒付货款。厂方受到极大损失。1948 年 11 月全厂停工。

王永之任总经理，在工厂开工后，就不常到厂，厂务由其堂弟王际周代管。王际周对工人苛刻，沦陷期间多和日本人往来。日本投降后，便以通敌罪被国民党当局拘留。王永之以“厂主”身份向当局保释了王际周。王际周释出后逃走，王永之便被押。解放后华北机器制造公司协助该厂获得流动资金，在 1949 年 4 月复工，王永之也回厂主持。该厂曾为敌伪制造军火，在 1951 年 3 月被市政府接管，命名“天昌机器厂”。

中华机器厂是在 1946 年 11 月组建的，抗日战争期间，省工业学院的校友 241 人在重庆成立了中华工业社。董事长是前省工业学院院长魏明初。常务董事有李少珊、张延谔、高韶亭。监察人是李烛尘。日本投降后他们返津利用“关系”以法币 10800 万元购买了日本 208 部的泰冶铁工厂，改名为“中华工业社天津机器厂”，地址在中山路(原大经路)138 号。解放后经敌伪产业清理局核查，该厂原估价过低，仅厂内原存生铁，买主就卖得法币 21000 万元。中华工业社等于没出资就白得一个工厂。遂于 1950 年 11 月收归公有，改名中华机器厂。

益津机器厂位于月纬路三马路口（现机床维修丝杠厂处)，最早是兴华明工厂，沦陷时期改为水府合资会社。1946 年 3 月被国民党接收，改为天津企业有限公司机器厂。1949 年 1 月改为中国人民解放军特种兵部队新建修械厂。1950 年 5 月和原国民党的第二、三、四、五、六修械所被接收而组建的华北军区后勤司令部修械所合并改名益津机器厂。1951 年 3 月又把在昆纬路东七经路 19 号合并几个小厂而组建的新华机器厂并入益津。

1951 年 6 月市政府组建天津联合机器厂，益津、天昌、中华各为分厂。1953 年天津联合机器厂又把这三个分厂分别改为二、三、四分厂。到 9 月联合机器厂撤消，各厂独立，取消分厂字号。原四分厂（中华）的一部分并入三分厂（天昌），改为第三机器厂，另一部分和二分厂（益津）一起并入原市政工程机械厂，后又改为第五机器厂二车间。

二、锻压机床厂的组建

1956 年是实施第一个五年计划期间，"优先发展重工业" 是国民经济建设和发展的总方针。全国有 156 个大型工业项目要上马。对地方国营企业发展的方针是：为 156 项目配套，或作为预备项目。当时我国低水平的技术基础还只能瞄准中小型产品的制造。在 156 项目中，机床项目里仅有切削机床。加工大型产品必需的锻压机床仍是空白项目，随着 156 项目的展开和地方工业的发展，制造大型产品已成必然趋势。有关行业对锻压机床的需求量又大又急，市里决定组建锻压机床厂。而现时产品接近这一类别的只有第三机器厂（主要产品为水泵、剪冲机、轧路机等）和第五机器厂二车间（空气锤车间）。1956 年 5 月市政府决定将两厂合并，7 月正式命名为天津市锻压机床厂。原益津的宫震同志任厂长，河北区委副书记史怀珍同志任党委书记。至此以老天昌、益津、中华为主的我市第一个制造锻压机床的专业工厂出现了。职工总数 1673 人，设备 201 台，科室 16 个，车间 4 个。

面对重工业急需锻压设备，厂领导结合本厂实际，决定专项发展液压机和空气锤，搞出自己的特色。当时厂内技术条件很差，发展液压机非常困难。要生产体积大、重量沉的产品就必须有大厂房、大天车和各种精密切削机床。条件不具备,他们就用建设、生产齐头并进的办法双管齐下,以苏、捷、东德的图纸为蓝本进行仿制,制造出 150 公斤空气锤,100 吨以内的四柱万能液压机,60 吨双柱液压机。这阶段厂领导牢固树立大工业意识,克服残留的私营企业自由化的商品习气,狠抓管理,制定了严格的检验规范,为该厂良好厂风的建立打下牢固基础。

三、土洋结合,制造大型机床

1958 年进行第二个五年计划。产品要向高级、精密、大型发展,三马路月纬路的该厂二车间,连续 22 个月超额完成国家计划,生产的空气锤促进了全市机电工业的发展。6 月市机电局授予"英雄车间"称号。毛主席在 8 月 15 日视察天津的消息传到车间,鼓舞了工人们的干劲,人人修订了跃进计划,决定干出更大成绩向党献礼。之前他们已经用旧皮带车床,在高度不够的厂房里生产出 300—400 公斤的空气锤。英雄车间带动了全厂的跃进,迎着困难承接了试制全国首创的两件大型设备——2500 吨水压机和 102 吨巨型蒸气锤。厂房和设备是低、粗、小,要做出的产品却是高、精、大。厂领导发动老工人和技术人员大搞土洋结合。工人们用苇箔接高了厂房,用起重架安装滑轮和捯链,代替天车起重。零件本要放在车床上加工,工人们硬倒过来,把许多小车床捺在坯件上操作。"蚂蚁啃骨头",就这样用积木式的设备生产高级、精密、大型的产品,这是创举。轰动了全市!厂领导为完成这任务吃住在厂里,蒸气锤和水压机在十年大庆前胜利完成。

锻压机床厂取得这样的胜利，和老一代革命家的关注是分不开的。刘少奇同志来津视察，原计划到厂看望工人，但前站多占用了时间，返京时间紧迫，虽未能到厂，却给全厂职工很大的鼓舞。尤其在1958年10月26日上午9点，朱德同志在万晓塘等同志陪同下来到厂里更使全厂职工情绪高涨。那天朱老总在会议室听取了区委副书记兼厂党委书记史怀珍同志和厂长宫震同志的汇报，询问了生产品种和数量、工人生活和学习的情况。随后依次参观了泵阀车间、机件加工车间。在装配车间，朱老总看到工人们正组装即将出厂的液压机，即向史怀珍、宫震同志询问进度。得知在十年大庆可完成时，非常高兴。随即专程到三马路视察英雄车间。他看到人们就用这木结构的厂房和简单的皮带车床造出了许多机器，全国最大的空气锤的骨架屹立在车间并即将组装完毕。工人们正在紧张地为最大的水压机部件加工，朱老总连忙向他们招手致意，并逐个走到近前问候。最后回到门口，面向大家，大声说："同志们辛苦了。"大家热烈鼓掌表示感谢。

朱德同志来厂视察使全厂上下受到极大鼓舞，大家齐心协力终于将两个全国首创的大型设备顺利完成，提高了整个天津的机械加工能力，也为我国机械工业以后的发展立下汗马功劳。"大跃进"中工人们的干劲是大的，但毕竟不能这样搞突击式的生产。为适应成批、正规生产，这年厂里扩建了铸工车间、机加工车间、装配车间、热处理车间和锅炉房、变电室，生产面积已达6200平方米，职工总数2334人，产品有16项，年产量达601台。工业总产值达901.3万元，成为新中国第一个初具规模的生产锻压设备的专业厂。厂领导吸取了成功经验，即自己设计、自己制造专用设备。而后每新增一个品种就相应搞出一套专用设备。到1960年8月工搞出专用机床127台,它们构造简单、花钱少、效率高,保证了产品发展,也为国内锻压设备上马开辟了途径。

四、走上液压机生产专业化

1962年国家第一机械工业部对锻压机床的发展做出规划,要将生产锻压机床的厂家合理布局。当时天津市锻压机床厂是全国唯一生产各种型号产品的综合性厂家。这样使该厂向纵深发展便很困难,同时也要照顾到全国布局。为此将这厂百吨以下小型单柱液压机转给合肥市。1964年又将空气锤转给河南安阳市。锻压机床厂无私地奉献了自己的成果。1965年该厂开始实现液压机生产专业化,能承担215吨至500吨的单柱压装、四柱万能、塑料制品、粉末制品、金属打包系列液压机和专用液压机的设计和制造任务。产品有30个品种,年产量达635台,年生产总值718.61万元。这年7月,根据市委决定,组织托拉斯专业化生产,把"大而全"改成"小而专""中而专",该厂专生产液压机主机,将原铸工、锻工、泵阀、检修四个车间划出独立建厂经营,至此职工总数减至857人,生产相应压缩。

锻压机床厂从50年代后期的仿制阶段,到60年代前期向自行设计阶段过渡。1961年成立了液压机研究所,强化了液压系统元件和主机的设计、制造技术及产品系列化、标准化的研究工作。到1962年又组建了泵阀车间,开始专业生产自行设计的泵阀元件。1965年与一机部合作共同设计了高压轴向柱塞泵系列和高压阀系列。发展到1966年开始生产100、63、40、25、16、10CY系列高压轴向柱塞泵和高压阀。由于这些泵和阀的技术升级,使我国液压机制造技术达到国际上60年代水平。“文化大革命”使全厂生产和管理受到严重破坏，到1968年使生产总值出现了9.3万元的负数。厂领导在极端困难的情况下，顶住了一些极“左”的冲击，保护了许多有才能的工程技术人员，维护了许多好传统，许多老工人默默地工作，使该厂仍为祖国的重工业做出了应有的贡献。1971年为我国新兴钢铁基地试制完成了国内第一台160吨液压泥炮（封闭高炉铁水口的设备）。到1974年完全摆脱了仿制状态，又开发出许多新型产品。

五、从胜利走向一个个新的胜利

十一届三中全会以后，企业管理逐步加强，这个厂基础好，很快消除了“文化大革命”的影响。厂领导敢于抓效益、抓生产，故而在首次八项经济技术指标考核中名列全国同行业首位。为此《天津日报》在头版头条予以报道，这在人们思想上起了振聋发聩的作用。1977年该厂工程技术人员独自编写了《中小型液压机设计与计算》一书。系统总结了该厂（我国）液压机的生产和技术的发展，并说明该厂的技术水平已向世界80年代水平过渡。1979年又首创Y28-500、400双动薄板拉伸液压机。它从上下两个方向挤压板材，使它在凹和凸相配套的模具中一次成型。因为它有400至500吨的压力，既克服了冲床只能加工薄型板材和冲压成件不精密的缺点，又消灭了在制作筒状金属机件时必须把金属棒材用车床镗空切削浪费大量金属的弊病，为在机加工过程中，管壁较厚的筒状机件一次成型提供了新型设备，为我国少切削、无切削工艺的发展做出了贡献。

1978年为解决大型液压机的加工和装配，扩大生产能力，在北郊区小淀兴建面积达9247.8平方米的新车间，其天车有50吨的起动能力，在1979年4月正式投产。

随着国民经济的调整，市场经济逐步扩大，该厂把握市场预测，品种向大型、多样方向发展，在机电行业普遍吃不饱的情况下，以名优打销路使自己的产品长期保持供不应求。1980年11月27日市人民政府改革国家对企业统收统支制度，解决“鞭打快驴”的问题。批准天津市锻压机床厂实行独立核算，国家征税，自负盈亏的试点。从十个方面扩大了自主权，明确了对国家承担的责任。到1983年产品发展到12个系列，31个规格，70多个品种。其中有5种已达到国际标准。在9月所产YT32-315四柱万能液压机获得国家经委颁发的银质奖。这是国内液压机床产品中的第一块银牌。由于这个厂管理严格、质量稳定、品种多样，不但增强了国内的竞争力，在国际竞争中也连续获胜。该厂针对香港地皮贵、房间矮、要求机床产品小巧玲珑、功能多样的特点，设计制造了YA27-80型液压机，一次创收外汇3万美元。在全国大型重点工程——京秦铁路的建设中，中国技术进出口总公司于1982年招标生产两台大型液压机，用于校正和精压道岔。日本、澳大利亚、中国等20几家机械工厂参加投标。这些实力雄厚的厂家激烈角逐6个月，天津锻压机床厂以质量好、成本低、守信誉连中双标，争得价值70万元的液压机制造权。这次中标显示了我国液压机制造技术已达国际先进水平。

将多种功能结构单元和功能单元集中于一台机床，使多种加工一气完成，是人们多年的愿望。要解决这个问题，先得解决如何让机床受控，并自动的在不同环节和时间执行不同工序的问题。这靠人操作是不行的，它需要极精确的程序。把微型电子计算机安装在机床上,完成“机电一体化”是根本方法,也是当前机床工业的飞跃。这项技术国外在70年代初才起步，为填补国内空白,1984年12月，该厂技术人员以顽强的毅力试制成功TDY51-200/360精密成型液压机。使我国机电一体化的液压机直接跨入国际80年代水平。

祖国的国威在长征火箭上得到显示,这种高、精、尖技术综合于一体的航天设备里,也浸透着该厂的智慧。1988年上级要求该厂提供2台特殊性能的液压机,压力要求1000—1600吨,保压性能严格,即胚件在模具中压成形,提出模具后,不得有微小形变。也就是要求模具里的压力在24小时内不许下降。制造这2台专用液压机厂里是赔钱的,但厂方把国家利益放到了第一位,用高昂的代价胜利完成,使长征火箭顺利升空。改革开放越深入,竞争越激烈,要想立于不败之地,必须站在国际前列。对外国先进技术和产品是单纯引进,还是消化吸收,该厂在这方面也走到前列。1989年矿山电器厂从西德引进一条流水线，与之配套的有1台微机控制的高速液压机。厂领导得到这一信息立即派人前往调研。这台液压机不但是机电一体化,而且还具有高速的特点。矿山电器厂自身工艺还不需要速度这么高的液压机。经过多方奔走,锻压机床厂把它买来,组成攻关小组对它“解剖”研究。这期间对其许多部件改进,即在保持原性能前提下,用国产工艺生产,避免了某些大零件自己制,而某些小件仍需要进口的弊病。解决整机国产化问题,即可避免用高昂外汇买样机仿制,不让外国人牵着鼻子走。

这年广交会上,这种高速、数控液压机展出时,引起国内外好评。铭牌上的“金星”标志深入国内外客商心中。为国家挣得急需的外汇。

1988 年 4 月，市里决定该厂升格为天津锻压机床总厂。一些不太景气的小厂并入该厂成为配套单位。厂子这样成为实力更强的集团企业。

该厂从事机械制造工业在旧中国的十几年里艰苦挣扎，在新中国的 40 年间飞速前进。在 1954 年至 1984 年的 30 年里，年产量从 39 台增加到近千台。年产值从 235 万元增加到 2430 万元，上交利润逐年增加。1980 年“利”改“税”后，锻压机床厂仍让国家拿“大头”，企业拿“小头”。多年来形成了团结、求实、拼搏、创新的四大精神和团结协作、为国分忧、为厂争辉、纪律严明的四大传统。大家冲破一个个困难，拿下一个个成果，无论是厂内办学还是班组思想工作，哪一项都力争先进，走在前头。现在该厂决定 1990 年要创利税过千万，拿下金牌。现在的天津锻压机床总厂已能自豪地宣布：我厂的金星牌液压机就代表了中华人民共和国液压机的制造水平。为这个丰碑奋斗了几十年的老领导、老工人、老科技工作者和现在仍为我国机电工业奋斗的同志们将永远共享“金星”带来的光荣。

（刊于《天津河北文史》第 4 辑，1990 年 9 月）

中国驰名的天津玛钢厂

天津玛钢厂始建于 1953 年 5 月,初始厂名为天津市监狱新生铁工厂常泰分厂。建厂是为了贯彻毛泽东主席提出的"三个有利于"的口号,和解决新中国成立初期在押犯人逐渐增多而增设的狱所劳改工厂。其功能有二:一是及时收押和改造逐渐增多的罪犯;二是由犯人在劳改中发展生产为社会主义做贡献。为此,天津市政府批准了天津市公安局的呈请,拨地 165 亩拨款 190 万元,在河西陈塘庄原华北军区常泰窑厂取土晾坯的荒地建厂。其厂名含义有二:一是说明它的来源:在其建厂之前天津市法院在天津市监狱内建有一座小型翻砂铸造厂,1951 年 3 月移交给公安局。接管后公安局领导对五金产品的市场行情和本厂的设备、产能进行综合评估后决定将其改造升级为专门生产小型五金产品和玛钢管件的专业工厂。故称其为天津市监狱新生铁工厂分厂。二是说明新厂的区位:因为新厂建在常泰窑地故全称为新生铁厂常泰分厂。1953 年 5 月建厂开始,困难重重,由干部 10 余人带领在押犯 468 名用简单的工具破土建厂。为尽早产出玛钢件,他们一边建厂一边生产,到12 月 8 号第一批玛钢件顺利产出。而后质量和产量快速提高,上级遂决定 1953 年 12 月 8 日为建厂纪念日。上级为该厂命名为天津市监狱新生第二玛钢厂。1955 年 1 月国家对国营企业的厂名做出规定,其厂名又改为天津市地方国营新生第二玛钢厂。1955 年 4 月原天津监狱内的第一玛钢厂迁出,与其合并,厂名遂定为天津市地方国营新生玛钢厂。两厂合并后有干警 87 名、工人 65 名、在押犯 1049 名,车间建筑面积 9486 平方米,年产管件 1555 吨,总产值 479 万,创利润 122 万。成为天津水暖管件第一生产大厂,也是国企创利大户。因工厂管理严格工人身份特殊,生产的产品内在质量和外观都非常良好。“新生”成为天津市民和公私用户非常认可的商品品牌。1962 年 6 月 1 日企业又更名为天津市新生玛钢厂。1954 年,厂内上下各种人员齐心协力改进铁水配料,首创小型熔化炉铸造黑芯玛钢件的工艺,降低了成本,提高了质量和生产能力。全年生产管件 1369 吨,产值 267 万元,创利润 82 万,此项技术革新填补了中国铸造行业的空白,拓展了玛钢管件的用途。此项经验被广泛推广,拉动了全国的玛钢铸造技术革新,为全国铸造技术的提升做出了独特的贡献。1958 年在“大跃进”期间,厂内大搞技术革新,典型经验在全国劳改系统内推广。1960 年至 1965 年厂内加大基建投资建成了 7700 平方米的金工车间,专门生产机床铸件。建成了 3344 平方米的半机械制造车间,提高了管件的铸造能力并试制成功了三头套丝机、外丝套丝机、“由任”专用机床,使机械加工设备完全升级换代并实现了造型浇铸工序的半机械化。至此,玛钢管件的毛坯和成品产量质量快速提升,工厂获得长足发展。自 1956 年 5 月针对犯人中有知识、有文化、有专长的人很多,结合其在改造中的表现和自身技能展开了技术等级的评定，被评为6级工以上的人员给予技术津贴。1958年9月，技术干部和犯人及劳教人员中有专长的技术人员组建601试验所。进行半导体材料单晶硅的提炼、研究、实验工作。1962年2月，厂内集中有外语专长的刑满留厂人员35名和在押犯3名组建玛钢厂翻译队。为社会完成翻译任务。到1967年9月，除犯人外，其他人员移交天津市科委管理。针对该厂生产经营的大好形势，1965年11月市建委两次为该厂拨地共65亩建设铁路专用线和材料厂。并建成4000平方米的材料仓库。"文革"期间的1967年2月18日该厂被解放军4798部队接管，实行军事管制。此后厂名和信印都改为带有军事管制的字样。1972年厂内遵照上级指示将834名在押犯人调出，并调入674名就业职工。1973年5月15日，与丹麦迪沙公司签订150万美元的合同，进口其生产的无箱挤压机3台和电炉、砂处通等14项设备。所需外汇皆本厂自己产品出口所创，当时的一些在厂的资深干部曾深情地说到：天津玛钢厂生产的玛钢管件出口创的外汇足可从瑞士买回全年进口中国的手表。同年企业名称又恢复为天津新生玛钢厂。1978年12月20日该厂又恢复为关押改造罪犯的单位，并调入犯人356名。此时厂内仅就业职工已达2862人，并对就业职工进行了首次调资。1979年2月为507名就业人员摘掉反坏分子的帽子。随着拨乱反正和思想解放，国家实行了以经济建设为中心的发展道路。天津玛钢厂也迎来了快速发展期。1981年经天津市计委批准立项投入巨大资金分别增建铸造、镀锌和机加工车间。1987年又由市计委批准，自筹73万元建成面积为2751平方米的木工车间。这年又经司法部、财政部和市计委批准，对玛钢机械化浇铸车间重建，投资990万元，新建建筑面积13351平方米。这期间多方筹措资金建成了大型外贸库房、中心锅炉房和煤气站。地方和中央共同投资为该厂铺设了 6140 平方米新路,和 2970 延米的边道。1989 年经司法部、财政部、市计委和天津建设银行决定在塘沽中心桥乡头道沟村征地 35 亩建成 8000 平方米的外贸出口管件储运库。至此,天津玛钢厂已成为中国最大和创汇最多的玛钢厂。此时其产品有 7 成作为出口。1989 年的政治风波以后为消除国际对监狱产品的反应于 1991 年成立由纯工人和技术管理人员组成的法人企业:通宝管件公司。并在 1993 年获得进出口经营权。1983 年 12 月新生牌玛钢件参加了全国外贸展览会并获得外贸荣誉奖。1984 年 12 月,首次为 318 名原就业人员办理了退休手续。1988 年 12 月该厂生产的 H·E型管件被国家优质产品审定委员会评为银质奖。1989 年 12 月 H·E 型玛钢管件被全国建筑五金标准化质量检测中心鉴定,其镀锌管件和黑品管件合格率分别为 99.88%和 99.83%。荣获全国同行业管件产品评比第一名。1992 年 7 月 30 日经国务院经济贸易办公室、财政部、劳动部、人事部和计委等 6 部门联合审核批准天津玛钢厂定为国家大型二档企业。2001 年 2 月天津玛钢厂和通宝管件公司并入天津通宝集团。2002 年 5 月监狱企业常泰玛钢厂建成生产,第二年又将其恢复原名:天津玛钢厂。自 2003 年开始厂内进行产业结构调整,由外购毛坯件替代自产。两年后玛钢件生产线全部下马,完成了它的历史使命。2009 年 12 月陈塘庄科技园区重新规划,收购玛钢厂及其母体河西监狱 521 亩土地。新的监狱及其企业公司迁至梨园头附近。

(刊于《河西文史资料选辑》第 10 辑《天津河西老工厂——天津河西工业遗产》,线装书局,2014 年 1 月)

在困境中见机遇

——记第三织袜厂走过的路程

天津是华北地区最大的针织业中心，有着悠久的历史。近年受商品经济浪潮的冲击，在剧烈竞争中，销路紧缩。原材料涨价、成本上升，更给针织业带来了前所未有的困难。天津市属 7 个袜厂大都步入困境，但天津织袜三厂（简称“三袜”）靠全体职工的苦干，靠领导干部的模范作用，在困境中找出路，树立起困难中找机遇的典型，名副其实地成了天津织袜业的骨干和排头兵。它所生产的三花牌、金帅牌 6 个系列 78 个品种的锦丝袜和国际上流行的棉线高档袜是部优产品和新潮产品。该厂又是产品系列最多、规模最全和商标著名的厂家。现在它的产品是尽产尽销，供不应求。回顾它几十年走过的艰难路程，是很值得深思的。

清光绪末年，针织的“洋”袜才开始在我国流行。当时德国鹰球牌和麒麟牌黑白线袜已成为新派人物时髦用品，非常畅销。它激发了爱国的民族工商业者生产国货线袜的决心。1912 年英国捷足洋行把成本仅有 25 元的手摇织袜机运到天津，以 120 元价格卖出。他们为推销产品还雇用留日的王仲济讲授使用方法。当王得知英国人低价进、高价出的实情，非常气愤，遂筹款组织福益公司，培训男女工人学习织袜。继而小学教员郭有恒创办了天津第一个织袜厂。到 1917 年织袜业在天津已具规模，并将上海袜子挤出市场。到 1929 年天津已有织袜厂家 154 户，从业人员达 2000 多人。但用电力织袜的厂家到解放前夕仅有三户，即：义生、大新和大丰。大丰即现在的第三织袜厂前身。大丰袜厂原是由冀东人韩裕吾在丹东（原名安东）创办的，解放前夕迁到天津东门里石桥胡同 9 号一个四合院内生产线袜、绒衣、秋衣。当时有电力针织机 13 台，工人 20 多名，附有缝纫、包缝、染色等设备，日产袜 600 多双。大丰袜厂在天津具有相当的规模。1955 年率先合营，第二年全行业的合营高潮中，又将位于鼓楼有 60 多名工人、手摇针织机 30 多台的协立袜厂和红桥区几十户个体织袜户，合并成志和针织合作社，又和位于宫北大街新诚里的联华染厂合并一起。因大丰的设备和技术先进，仍名大丰织袜厂，厂部设在原协立厂址，其余改为车间。1957 年针织公司将各厂综合调整，大丰厂部（原协立厂部分）迁到河北区新大路，并建立了人工织袜车间，石桥胡同为机织车间，宫北大街为染色车间。此时工人已有 300 多名，设备 100 多台部。当时的大丰袜厂因产值高、质量好，所以一直是河北区的样板厂。区领导刘亚同志对该厂要求严格，总是把硬任务交给他们，而他们也总能胜利完成。1958 年的“大跃进”，全厂职工拼命工作，早班连中班，中班连夜班，有的晚上回家，在末班电车上睡觉，被拉进了车库。有的骑车回家时，竟迷迷糊糊骑过家门到了郊区。他们为产量和产值翻四番做出了贡献。

天津织袜业的织机在50年代基本属于日式K型或B型机。K型机仅能织出长筒素色袜，B型机能织短筒紧口有横向图案的简单花袜。这二种人工机，构造简单却坚固耐用。袜子这种小商品，花色品种更新很快，一双高质量的袜子需要纺纱、染色、编织、后处理四大工序。但袜子样式和风格主要取决于编织工艺，编织工艺又取决于编织机械的性能。50年代的大丰厂房破旧，机器陈旧，大部分还是手工操作。从1959年，该厂开始了不断地进行小型技术改造和革新，进入80年代实现了彻底的技术改造。就是这种以科学技术为先导的指导思想，使该厂几十年始终立于不败之地。

1959年几位老维修工白手起家凑了些土设备，成立了机修组。第一步将手工操作的织机全部实现电力传动。1962年工人出身的于芳春，从纺织工业学校大专班毕业。于芳春在校学习刻苦，在机械和制图上受业于日本早稻田大学毕业的苏翔林老师，回厂后担任技术领导工作，联合厂内能工巧匠的代表郑德先、李茂华、车玉轩、王春赞等人组成技术革新小组，对工厂设备进行了大规模的革新。当时厂里有一台上海制造的59–3型织袜机是厂里最先进的机型，它能在袜子上织出纵向图案，行业内部称为调线袜。但运行不畅，美中不足。1964年技改小组经过仔细分析厂里的编织设备后，决定以59–3型为模板，全面改造织机。他们以厂里最多的旧式B型织机为改造目标，B型机结构很科学，有“黑老虎”之称，关键是功能不全，只要做出附加设备，就能完善。他们采用结构嫁接的方法，在B型机上安装调线装置和花辊筒，并使各部分的传动系统一体化。所有零件都是一件件用手工在极简单的设备上做成的，用了半年时间改造了4台。改造后的机器有2个花辊筒，所以能织出袜筒上有双色纵向图案的花袜，功能优于原59-3型。主机能变换袜筒上横向色带,附件能织上纵向图案。这种机器轰动了全市各袜厂,来厂参观学习者非常多。天津针织机械修配厂,利用这种样机稍加改进,完成59-4型定型机种,为全市袜子升级做出了独特贡献,也为天津花袜出口创造了条件。这期间还对国产20台506型织机的单花轴改装成双花轴，又自行设计图纸,自己制造了自动染线机。能把线固定在挂具上,在染槽中自由升降,往复运动,克服了人工染色效率低和色调不匀的缺点,并给它起名为:往复升降摇摆式染纱机。在上海举办的全国各行业先进设备展览会上,代表天津在纺织部展厅展出,获得同行好评。之后,各地厂家纷纷索要图纸,厂里由专人描图晒图80多套,免费寄送,为推动全国染色工艺自动化起到积极的推动作用。到1967年在上级基本没给投资的情况下，该厂完成了对旧设备的技术改造和功能完善,使技术设备处于全市领先地位,产品规格和品种也更加丰富。袜子本来是美化人们生活的小商品,对它的首要要求是花色。漂白线袜配以黑鞋,会给人以干净利索的感觉,而袜筒和袜面上图案丰富,颜色鲜艳,更为人们所喜爱。大丰织机先进,织出的"同心牌"袜子花色最丰富,在市内各大商场最畅销,且远销"三北",大丰得了个"花袜厂"的美名。

60年代,国外早已流行的化纤袜子比棉线袜子耐磨。当时由于我国不允许进口生活消费品,自产尼龙丝(锦纶丝)还不能自给,进口尼龙(锦纶)丝织袜,成本昂贵,这是织袜业有待解决的矛盾,大丰袜厂主动承担了这个课题。针对线袜最爱破袜底,试行加入锦纶丝,就可提高耐磨性。起初他们在织袜底时掺入锦纶丝,袜筒仍用棉线。袜底因是混合线,织成后颜色呈杂色,上海同行对此提出异议,但针织站将该产品推出试销后很快售完。大丰于是继续生产,并提高质量。他们改变袜底用混合线编织的工艺,采取先织棉线,再在外面包上锦纶底,这样袜子底的颜色单一了,这种锦纶包底袜是全国首创。这种袜子织起来很费劲,但节约进口原料,价格卖得便宜,消费者能承受,故倍受欢迎。“文化大革命”中,该厂领导和工人经受了巨大考验, 以老工人为主的女工们没有停产,1968 年仍创利润 11. 3 万元。这年 2 月大丰厂名改为文革袜厂,袜子商标改为“三鱼”。70 年代生产有所恢复,全厂此时的车间还全是砖木结构的平房,该厂自力更生,改造厂房。1972 年针织复制公司决定将天津各袜厂分散车间调整, 并在 1973 年将天津各袜厂排列成序,该厂定为第三织袜厂。同时将原第五袜厂在水梯子大街的厂房调换给他们,作为染整车间,使这个厂将多块分散车间并成二大块。1973 年 3 月全厂上下开始了艰苦的厂房改造工作。为减少损失,对新大路厂部编织车间的设备按顺序停车,并在水梯子大街车间院内盖简易工棚。拆一批,安一批,直到全部完成,一直没有停产。该厂没有汽车,自制了许多小拉车担负运输任务。当月拆迁完毕,4 月上报公司,采用减利贷款的方式,即贷款用利润偿还。这种不用上级投资而进行较大土建工程,在天津织袜业还是第一个。为节约每一分钱,厂成立了临时基建组,由厂长、行政股、后勤、瓦工组领导和工人共同承担。小组设计了最佳方案,原料自己买,自己运,招民工施工,自己监督。水泥从南仓水泥厂买散装的,楼板借 84 中场地自行加工。全体职工两三人一辆小拉车,昼夜运输。一次新货场来了 50 吨水泥,自卸自运了一昼夜。电梯从天津电梯厂买零件自己安装。从冬天开工,到 1975 年春,用两年的时间,全部竣工,共建成三层主楼 1 座,五层边楼 1 座。

这种水泥浇筑的框架结构生产大楼在当时袜子行业是最先进的，可和机械行业厂房的强度媲美。建筑面积共2300平方米，每平方米造价不到100元，并附有运货电梯和空调。因质量高、速度快、造价低，得到社会各界注目，公司和主管局在厂里召开了经验现场交流会。全部编织机用一周时间迁入安装好，开始了正常生产，100多台织机全部改织锦纶丝袜。由于质量把得严，信誉极佳，一直畅销。特别是儿童锦纶丝袜，其他厂多不愿意生产，该厂却不怕费工、利薄，满足了消费者的需要。

"文化大革命"结束后，该厂产值增长更快，到1978年产值达303万元，上缴利税达105.3万元，已赚回一个厂。80年代是我国经济领域改革开放的年代，该厂面对新形势、新问题，在探索中前进。好厂风、好传统使他们得到进一步发展。这期间全社会经济活跃，市场发生了巨大变化，社队企业和私营企业，有独占市场局面的趋势。随着利改税和原材料价格的放开，统购统销模式的解体，在80年代后期全国纺织业出现了疲软，天津针织业更为突出。到90年代初期大多数织袜厂出现了困境，而第三织袜厂却能够走出低谷并有较大发展，可算一大奇迹。他们抓住"三关"，以科技为先导，改造设备，开创名优对路的新产品。以销售为龙头，注意研究市场动向，研究消费者心理和各地消费水平，寻找夹缝市场，开发潜在市场。以质量为后盾，严把质量关，宁肯减少利润，决不降低质量。产品在1980和1986两度被评为部级优质产品。"三花"牌在1981年被市工商局评为著名商标。正由于抓好科技、销售、质量三关，在激烈的竞争中取得胜利。在新产品开发上，他们将退休的于芳春、王春赞二位技术能手请回厂内，专门从事新产品的开发和研制。1990年至1991年市场上袜子成灾，社队企业和个体户生产的质次价廉的袜子涌入市场，天津大多数袜厂库存积压，而该厂因早在 1987 年就对市场进行了调查和预测，并制定出应变方案。该厂预见到：质量虽高但样式雷同的大路货是无法在已饱和的市场上站住脚的，必须用“你有我优，我有你无”的产品取胜。他们决定生产超众脱俗的新产品，以满足人们对美和健康的追求。他们摸准青年人追求美和气派、中老年人追求健康和风度的心理，将厂内国产 30 台织袜机进行了改造，并立项申请引进先进的进口设备。从 1990 年 2 月申请立项，1991 年 10 月中旬到货，用一周时间和日方技术人员合作，到月底全部安装调试完毕。11 月正式投产，形成成批生产能力。这些设备有永田公司产 R-2S 双针筒袜机、高鸟公司 TAS-120 自动定型机、百灵达公司 BEMS 型多头电脑刺绣机，设备水平达到国际 80 年代末期的一流永平。这些先进设备完全是以厂的信誉和偿还能力做担保贷款 400 万元引进的，安装在河北区马庄的新厂房内。

先进的设备，储备雄厚的科技力量，在 1991 年最后 2 个月拿出了新产品，在市场杀了个“回马枪”。主要新品种有三花牌棉线绅士袜、高档纯毛袜、女式毛型连裤袜、女士高级棉线袜。绅士袜采用精梳优等棉纱和进口氨纶为主料，经过精心漂练、丝光等深加工制成，色泽鲜艳，光滑柔软，吸湿性好，透气性好，特别是不但具有单向双罗纹组织外，还具有适应脚形变化纵横向罗纹组织，使其穿上舒服不会自动脱落，又不紧箍，是国内首创。款式是日本和西欧最流行产品。质量经权威部门测定，已达到日本产世界名牌“伞”牌棉线袜的水平。纯毛袜保留了开士米细毛线的色泽艳丽、丰满，穿着使人觉得活泼而华贵，满足了人们穿着高档次的心理要求。仅这种纯毛袜就使外地客户纷纷求购,且供不应求。连裤袜是针对女青年在冬春季讨厌臃肿的棉服,喜着各式裙装而设计的,它用进口氢纶纱和毛腈混纺纱编织而成,与裙装配穿,显出婀娜的青春美。它的问世,从较高层次丰富了我国北方人民的衣着,改变着人们的服装结构,给人民生活增添了美的色彩。女士高级棉线袜的款式是当前日本、西欧女学生最为流行的穿着。这些新产品使没有技术和实力的厂家望尘莫及, 也使该厂在最困难的 1991 年仍达到产值 1000 万元,合同承接率 100 %。仅天津市的袜品订货会上就签定了 200 万双的合同。

为打开国际和国内市场, 该厂并没有忘记消费者的利益,采取了让利措施。这些新产品都属于高档次、高技术的产品,本应优质优价,但考虑国内人民承受能力,将价格定为日本同类产品的 30. 5%,比南方同类型产品低 17 %,是目前国内售价最低的厂家,且质量优于其他同类产品。一个仅有 636 名职工的小厂,用自己的成绩换来了理解和帮助,也换来了赞扬和鼓励。粗略计算一下,在 1987 年其全部家当是 70 万元,在“七五”的五年里实现产值 3100 多万元,经济效益以年均 19 %的速度递增,实现利税 890 多万元。固定资产净值增长四倍,为国家挣回四个同等规模的企业,提前一年完成利润承包旨标,在我市织袜行业率先实现了国务院关于开发高技术含量、高附加值纺织品的倡导,为企业腾飞打下了基础。第三织袜厂所以能取得如此成绩,是由于有苦钻实干的厂风。要说他们承受的酸、甜、苦、辣,难以说清,而厂里领导干部以身作则,带动了各方各面。厂长上下班不坐厂里的车,掌权不谋私,工资收入在厂内是第二百多位。厂里开支,精打细算。职工的药费,至今仍然随时全部报销。职工住房困难户,厂方可给补助自买。党团员在党总支领导下，将全体工人的向心力、凝聚力引向企业。全厂上下，都自觉处理好国家、企业、个人三者的关系，自觉地增强了主人翁责任感和产品质量第一的意识。现该厂是市级先进企业，连续 5 年被评为市级文明建设先进单位。几十年的发展道路说明了“团结拼搏，勇于进取，开拓创新”的“三袜精神”，在困难中找机遇，他们为社会主义祖国积累财富，为人民物质生活增添美的感受付出更多的汗水。

（刊于《天津河北文史》第 6 辑，1992 年 8 月）

奋进崛起谱新篇

——记天津塑胶线厂的发展

在新中国电线、电缆工业发展的里程碑上，载刻着天津塑胶线厂的丰功。它历史长、产品优、产值高。曾经创出年人均创利税 2.37 万元，工资利税率 890.4 元的成绩。在全市局属 108 个重点企业中独占两项第一。现有职工近 500 人，厂区面积 1.1 万平方米，建筑面积 8688 平方米，先进设备 40 余台套，年工业产值 2000 多万。该厂有雄厚的技术力量及符合国际标准的检测设备和手段。产品全部达到国际 IEC 标准。它上接宏达和庆生二个最早生产塑胶线的老字号，后又独闯难关，战胜重重困难，为我国电工材料填补三个空白，拿下三项中国之最。它是机械电子工业部专业定点厂家，所产航空牌塑胶电线、电缆，享誉中国北方，与上海塑胶线厂分峙大江南北，为四化建设做出巨大贡献。

电线、电缆是完成中介电能的基本器材。它可以作为线圈的绕组、各种元件的连接、电力输配以及电气通讯系统传输线等。根据它的用途、结构及使用材料不同，可以划分为：裸电线、电磁线、电气装备、电线电缆、电力电缆、通信电缆等。电线和电缆之间没有严格区别，一般把只有金属导体的产品称为电线，有包覆层的产品，结构比较简单，外缘比较细，使用电压和电流比较小或者通话对数很少，而且没有铅管以及铠装的产品，也称为电线，反之则称为电缆。它们一般由导体、绝缘层和保护层三部分组成。导体是传导电流的物体，要求愈纯愈好。绝缘层和保护层就复杂了，因为它们的物理和化学性能决定了电线的特殊性能。譬如：抗油、阻燃、耐压、抗腐等，实际是其绝缘层和保护层所具备的性能。也就是说有什么性能的绝缘层，就有什么性能的电线。但绝缘层和保护层的性能则取决于材料科学的研究，早先的电线在铜、铅等金属外面包以橡胶，然后再覆以纤维织物，或者再浸上沥青或蜡质。金属丝较粗称为硬线，金属丝较细称为软线，金属丝的股数则视需要而定。

20 世纪有机化学的高分子研究领域飞速发展，在有机合成方面首先表现为原料来源多样化，到 60 年代末已有 80%~90%有机化工产品是以石油和天然气为原料生产的，塑料就是最突出的代表。旧中国没有石油，也就是没有石化工业，它严重影响了电气工业对绝缘材料的渴求，阻碍了电气工业的发展。天津的电气工业起初是德国和比利时的电器垄断市场，继而是日本货充斥，直到抗日战争胜利后才有几家生产简单产品的厂家。因电线制造工艺简单，一些小厂用铜线包上橡胶绝缘层，多半是手工操作，将橡胶片经绞刀绞碎加药，再由包胶机包在铜线外面，便制成出售。胶绝缘有许多缺点：容易老化，不论受到空气的氧化作用，紫外线照射，或是受热受冻都会使橡胶分子失去弹性而变脆、龟裂，失去绝缘功能。解放初期，社会安定，生产得到发展，各地急需电线，特别是东北、华东、华中各地客户，纷纷来津采购，刺激了天津电线工业的发展。其中规模较大颇有影响的是建在海拉尔道 19 号的宏达电线厂，它由东北人刘湘清和毛鸣山出资合办，设备有包胶机、编织机、马达等，有工人 70 多名，是当时天津百余户私营电线厂中最大一户。后来公私合营和厂系调整，宏达本身的主体已成为现在的塑胶线厂，并成为机械电子工业部定点生产厂之一。1956 年宏达电线厂实行了公私合营，并将和平区的永明电线厂、永进电线厂、祥记电线厂、荣记复兴电线厂等几个小电线厂并入，职工近 300 人，厂名为公私合营宏达电线厂。厂部和最大车间在原址，其余厂家改为车间。原宏达的刘湘清为副厂长，毛鸣山为生产股长，另派进三位公方副厂长。合营后生产规模和品种扩大很快，以铜铝橡皮线为主，兼产白花线、地埋线、蜡壳线、铠装线、橡套线。在 1957 年率先用树脂为原料试制塑胶线。由于塑胶线外皮颜色丰富，在安装电器过程中容易将各种线路分清，绝缘性能又优于橡胶，故颇受欢迎，只是技术复杂。当时橡胶生产技术也不先进，影响了橡胶线品种的发展，而塑料包被已成为电线绝缘皮发展的方向，必须解决这一技术问题。当时技术厂长吴清元、保全工韩庆信、电工杨光等同志承接任务，将铺盖搬进厂里，昼夜研究、最后解决了包被技术难题，生产出天津第一批塑料包皮电线通称塑胶线。“大跃进”中工人们有很大一部分去炼钢，再加上塑料原料国内不能自给，所以塑胶线虽然很受欢迎却始终没有成为主体产品。1962 年因故许多工业下马，上级决定宏达和振华电线厂合并，将厂部设在振华电线厂，但厂名仍叫宏达，原厂改为一个车间。1959 年我国大庆油田建成，到 1964 年左右，我国石油已基本能自给。由石油副产品合成的高分子原料愈来愈丰富，塑料制品愈来愈普及，电线的塑胶包被完全取代了橡胶。上级针对宏达制造塑胶线的历史，决定将两家重新分开，1964 年 7

月 1 日宏达厂部又返回海拉尔道，同时也调整了几个分散小点归它使用，其中并入了庆生塑胶线厂的技术骨干和设备。庆生塑胶线厂的前身是庆生橡胶厂，该厂长期专门为电线厂加工胶料，1947 年创办人刘首善最先收集市面上俗称玻璃料的废塑雨衣、废塑料腰带等物品，将其洗净，用盐酸除去纤维，再渗入颜料热轧成片状，供电线厂使用。解放后和恒义电线厂、德昌和电线厂联合生产塑胶线，因原料不纯，质量不够稳定，公私合营后，原料增入树脂，质量得以提高，而成为天津最早的专业塑胶线厂——庆生塑胶线厂。厂址在三官庙。1961 年迁往引河桥，1964 年下马才被并入。厂名叫公私合营塑胶线厂。这时产品中塑胶线比重已经加大，但仍有其他产品。1965 年 7 月机电公司为使工业产品结构布局达到小而专，将公私合营塑胶线厂各自分开，组建成天津软线厂、天津塑胶线厂和红旗电缆厂。从此天津塑胶线厂承接了宏达和庆生早先研制和制造塑胶线而继续发展，成为天津专门生产塑胶线的厂家。原宏达电线厂在合营时的主持人张仲衡，原庆生创办人刘首善和技术骨干力量全部到天津塑胶线厂。这时的厂房狭窄，大都是在技改中自行设计和制造的，设备简陋，连塑胶机这一关键设备都是土法的。有职工 92 名，大都是 30 岁以上的中青年，固定资产 24 万元，流动资金 40 万元，厂房都很不像正式工厂。上级抓得紧，领导班子踏实认真，因产品畅销，所以该厂生产形势很好。到 1965 年年底的半年时间里，生产了 9900 千米长的塑胶线，产值 46.2 万元，利润 30 万元，人均创利 3000 多元。当时大江南北仅上海和天津各有一个塑胶线厂，所以产品全部由中国机械进出口公司包销。随着又纳入天津市计划，由一机局统配。“文化大革命”该厂生产基本正常，产值平稳增长，所以品种和规格发展不大。在 1968 年为新安电机厂试制绝缘性好、防水性强的潜水电机绕组线,还研制成功引接线和接头电缆,但只是小批量生产。到 70 年代初,狭窄的厂区已无法维持急需发展的生产需要,一机局电器电机公司为满足机械行业的配套需要,决定将该厂搬迁扩建,并选定在张兴庄大街中段东侧的电气设备控制厂仓库原址,拨款 25 万元扩建,于 1972 年完成扩建和搬迁。新厂址占地 10540 平方米(16 亩地),比原来老厂区扩大了 8.5 倍,为发展奠定了基础。1976 年后,“文革”结束,建设四化的形势愈来愈好,国家下达了生产大功率高扬程潜水电机的任务。它是用于矿山排水救险的必备设备。因长期在水中工作,所以对性能要求极严。当时要求定子绕组的电气性能是 800 千瓦和 3.6 千伏,所以制出符合要求的定子绕组线成了关键。该导线外绝缘皮必须很薄,绝缘和防水性能必须好,只能采用聚乙烯。但电流生热有导致聚乙烯变软变形失去功能的缺点,又成为制造障碍。国外几经研究,用交联方法处理聚乙烯,促使其内部线形结构变成网状而提高耐热程度。该厂科技人员凭借扎实的高分子专业功底,刻苦钻研和千百次试验。在 1978 年 5 月筛选出有机硅烷作交联剂,使交联工艺在 80℃热水中就能完成,消除了因复杂设备而造成的大量投资。用该方法处理后的绕组线,在 90℃以下不变软。该厂成为中国第一个生产潜水线的厂家。到 8 月顺利生产出 500 米为一组,价值 2 万元的潜水绕组线三组,为电机厂制造定子打下基础。而后用它装成高 12 米,外径 1 米的潜水电机,蔚为大观。

为提高绕组潜水线的使用寿命,各国都研究绝缘皮和金属线之间的化学影响。日本 UBEC 公司就研究了十几年。因聚乙烯内有过氧化结构能在接触面将铜氧化,铜离子也可慢慢扩散到绝缘皮里,影响绕线的寿命。国外各专业机构经多年攻关,研究出铜抑制剂，将它掺入聚乙烯中，就可消除铜的氧化作用和铜离子的扩散，但使用何种铜抑制剂是保密的。该厂在 1978 年以后进行该项研究，直到 1980 年由主管技术人员解决了铜抑制剂的化学机理，并找出它的溶剂，然后才使之合理地掺入塑料之中而取得成功，成为全国第一个能生产抗铜氧化绕组线的厂家。1982 年哈尔滨大型电机厂为核工业制造电机，向该厂提出生产抗辐射绕组线的要求。该厂技术负责人主动提出要从辐射化学角度，提高一下绝缘层抗辐射功能。他们经过千辛万苦找出合适助剂，加入聚乙烯中，试制成功，成为中国第一个能生产抗辐射绕组线的厂家。以上成就很受机械电子工业部和国防科工委的重视和表彰，并给予了奖励。

改革逐渐深入，市场逐渐放开，该厂遇到了许多新问题。因为产品是高利产品，盈利较多，于是在整个 80 年代进行了较大规模的基本建设。在 1969 年时因一机部制定出发展航空导线的计划，该厂接受了生产聚四氟乙烯(塑料王)导线的任务。当时一无资料，二无设备，科技人员自己设计设备和工艺，终获成功。它能在正负 250℃条件下保持优良电气性能。1974 年军工局为此投资 14 万建氟导线车间。1975 年建成，后又将其改建为科技办公楼。1978 年为扩大潜水线的生产，建成一幢 1170 平方米的潜水线生产大楼。1985 年投资 74.3 万元新建面积为 2998 平方米的三层引进国外生产流水线车间。一楼是引进日本住友株式会社生产耐高温阻燃 PVC (聚氯乙烯)电缆料的技术和设备，电缆料能在 105℃的高温下保持特定绝缘性能，是生产现代高层建筑防火电线和电缆的必需原料。二楼引进了德国 NSW 公司潜水电机绕组线专有技术和瑞士 Maillefer 公司的 BMA80-24D 挤塑生产线。前者年产量达 3000 吨，后者为 2 万千米。80 年代前期，该厂就靠原有基础高速发展。但由于原料短缺和价格放开,该厂根据需要改进电缆料的配方,在此基础上开发出高压潜水线、阻燃线、抗铜线、耐 105℃电线、双色线。其中抗铜线、潜水电机绕组线,因质量优,在 1983 年获得国家金龙奖和市优秀产品二等奖。引进项目后在这些领域里又使该厂实力倍增。80 年代末期,经济形势发生了剧变。卖方市场基本变成了买方市场,一哄而起的社队电线厂成了国营企业应付的对手,这只有靠科技力量来取胜,既确保老产品升级换代,又要搞新产品的研制开发, 并以质优价廉为企业形象。现代汽车工业需要复杂的电路安装,它要求电线在不大的空间里密集成束。为区别各条线路,以往采用色彩区别,所以不长的一把线各色外皮都有。但颜色区别总有个尽头,越复杂的汽车需要的线数越多,而线把越粗,区别每条线愈困难,因此我国多条汽车流水线上总以进口线来代替。进口线是在电线外皮上压印有特殊彩色环纹,一根一样,各线容易区别。厂里技术力量在极困难条件下,反复试验,改进设备,终于成功。他们将自己研制的公路车辆用低压彩环线, 送交第一机械工业部上海电缆研究所鉴定。经严格检验,得到以下结论:"该产品在中国首次研究成功,填补了国内空白,达到国际 80 年代水平,可替代进口同类产品,每年可为国家节省大量外汇,可批量生产。"现已确定为夏利轿车配套。但是由于外部环境及三角债等原因,企业明盈实亏。1992 年初新班子上任,面对企业既是债主,又是欠主,家当很大,日子却不好过;但基础、科技力量、新产品开发还都有巨大潜力。新班子以身做则,强化全厂全员改革意识,以自己的实际行动促进了全厂的面貌更新。先是搞全员销售,销售有奖,专业销售队伍和个人利益挂钩。调整全厂科室结构,加强技术科、销售科,精减行政科科室人员 17 %以上,搞文明管理和质量效益。现任赵玉厂长和崔喜常书记有一个精辟的共识，办国营企业应实事求是分析本厂优势和劣势，紧紧抓住本身产品，抢占市场，最后拼的还是质量和价格。领导的带头作用是企业兴衰的根本，今年三月份赵厂长自己拿出500元给彩环线研制者做“理解”奖金，对销售有功人员按比例发给奖金，并用法律手段维护本企业合法权益。先将彩环线专利手续补齐，又请技术副厂长李景顺同志承担降低电缆料成本的研制工艺。李景顺同志刻苦研究，在四月份终将成本降到预定目标。为加大改革力度，书记和全体党团员义务搞销售，每人承担定额，必须完成。厂长在3月至5月自己完成销售额135万元，从而带动全员销售热。这样维持厂内正常生产并克服困难偿还三角债，每月还几十万元。今年6月份销售已达243万元，他们虽然劳累，但他们看到了成绩，看到了前途，看到了光明，也给同行业树立了榜样。这种奋进拼搏精神，得到伙伴们同情和支持。现在塑胶线厂美丽整洁，办公大楼窗明几净，从大门到车间，一派欣欣向荣的景象。绿化景观繁茂盛旺，象征着工厂的发展前程。

（刊于《天津河北文史》第6辑，1992年8月）

天津河西区——中国现代地毯工业的摇篮和基地

1974年，刚刚恢复联合国合法地位的中华人民共和国政府为联合国送来一件精美绝伦的超大型工艺品——中国万里长城艺术壁毯。它被悬挂在最引人注目的休息大厅的墙面上，是由天津河西完成的。河西是中国现代地毯业的诞生地和起飞的基地，为天津争得中国第一和世界名品的辉煌。

中国地毯的起源和传播

羊毛是人类最早使用的纤维。我国汉族最先发明了蚕丝和麻纤维的织造技术，所以始终将羊毛纤维放到次要地位。但境内游牧民族，特别是西北地区的突厥民族和蒙古民族则都是靠羊毛织物(包括毯类)来御寒。早在秦代，已有中国境内的毛织地毯传到古波斯、古希腊地区了。到唐朝，中央政府专门成立了“毯纺使”直接指导地毯生产，这些都证明地毯是中国境内的本土产品。

元代是地毯第一发展阶段。首先是图案风格的形成。这时期汉族喜爱的各种寓意富贵吉祥的纹饰图案和具有佛教文化、伊斯兰文化(各种几何图案)的多种少数民族文化风格的图案汇合成中国西北民间地毯的图案风格,进而成了中国地毯的图案基础。清朝中期,西北民间地毯随藏传佛教僧侣进贡进入皇宫和寺院随后进入王公贵族的宅邸。地毯的隔音、保暖、防潮和装饰功能使其铺在青砖或地板上以后,顿时改变了以往单调的视觉效果。地毯的不同色彩和图案让不同的房间有了相对应的庄重、私密、温馨等感觉,使其需要量骤增。引发了地毯制造业在北京扎根发展并向内地扩散,进而形成了一种稳定的手工业,到 19 世纪传入天津。因天津的地理位置优越使地毯行业迅速发展,很快在技术、工艺、质量、产量等方面超过北京,并率先走出国门,享誉世界。中国地毯最早由住在北京的德国人在 19 世纪末带到欧洲,引起上层人士的垂青。在 1900 年又被侵略者大量抢掠到国外。精美的中国图案和手工编织风格,激起了他们经营和转口的兴趣。天津也自然成为外商最先经营地毯的城市,这为地毯业在天津的发展提供了国际条件。

地毯在天津河西被发展成“中国地毯”

1894 年前后,地毯编织技术从北京传入天津。最先到津的是北京东门派(崇文门一带,河北省人较多)师徒三人开设的义盛公毯子铺,而后发展成为义聚恒、义合公、同兴公、庆丰和四个毯子铺,但都是作坊,仅能生产马鞍垫和 3.6 平方尺的小地毯。随后,西门派(打磨厂一带,天津武清县人较多)进入天津,字号都带永字,主要有玉盛永、三顺永、协立永。西门派发展迅速,很快成为地毯业的主流，从此，天津的民族地毯工业和外商的地毯业进行了一个世纪的博弈，和他们展开了外贸权的抗争、商业的竞争，对现代染织和后期处理技术方面的吸纳和创新工艺的赶超等艰辛历程，最后战胜了外商成为天津的特色工业。

地毯业是带有艺术含量的手艺，全凭个人打结织出。但织前的羊毛整理、纺线、染色需要大量的辅助人员，属于劳动密集型行业。洗毛、染色、洗毯等工序用水极多。河西一带具备三个有利条件让地毯业在此扎根和发展。一是天津是西北二大羊毛聚集处，东口（张家口）、西口（包头）和东北羊毛的唯一出口地。中国羊毛纤维粗，弹性好，拉力大，极适合加工粗纺毛织品。河西靠近各国码头和车站，水陆运输方便，羊毛原料易得。二是小刘庄、谦德庄、三义庄和马场道以南近海河处贫苦人民多，劳动成本低。众多妇女大都在家手纺毛线。一般快手每天纺 2 斤。三是周边地形空地多，水坑多，便于洗毛、染线和洗毯的用水和排水。所以在 1900 年前后，先农公司洗毛厂先在德租界大沽路设厂，有动力马达 25 马力洗涤机、甩干机、打包机等设备。雇工人 111 名。武齐洗毛厂在德租界以西 8 里的沿河地带建厂清洗羊毛。有动力马达 20 马力和多种机器。随后多国资本纷纷进入地毯行业。但大都是经营外贸出口，由买办代理收购中国织造的地毯，赚取两头的高额利润。第一次世界大战期间，外商因欧战仅能从中国进口地毯，刺激了天津地毯业的快速发展。1916 年天津有地毯厂家 13 个，织机 398 架，到 1929 年已发展到 303 家，织机 2749 架，工人达 11568 人。1926 年天津地毯出口已占全国地毯出口额的 97.4%，天津地毯成了中国地毯的总代表和代名词，并一直延续到现在。这期间外商垄断着出口贸易，中国地毯厂家沦为他们的加工车间。但他们仍不满足所得利润。他们开始在天津投资建厂,形成产供销一条龙。

1925年美资乾昌地毯厂在苏州道厦门路建成。其规模在天津最大,有工人2000人。前后还有美古绅、海京、倪克等洋行在天津建厂。凭着雄厚资本和先进技术与中国地毯厂进行竞争。中国厂家不甘心被外商两头盘剥利润,首个积极争取到自营出口权的地毯厂是坐落在河西的庆生恒地毯厂。它的经理张庆林原是北京东门派“义聚恒”地毯厂的工人。因技术高超和跑过外柜的经历,1920年在河西开了个毯子铺,而后在徐州道3号建成庆生恒地毯厂。1926年前后是天津地毯业的首个黄金发展期。欧美中上等家庭以地毯为家中必备物品。张庆林聘请留德的陈桂芝为翻译,到地毯最大消费国——美国进行商务考察。临行携带地毯40条,先是找以前就认识的经纪人“伯和”。伯和在业务进行中吃私让其赔了本。但在业务交往中新结识了专做地毯生意的瑞海公司并隐密地和瑞海公司签订了年交货4万平方米的地毯大合同,还参观了先进的气染和美国首创的化学洗毯工艺。回国后增加投资,改进工艺,专聘渤海等老资格染线厂为自己服务,成为中资化学染色、化学水洗第一家。顺利完成出口任务也成为中资地毯厂中的第一个出口厂家,其业绩一直延续到50年代初。

另一个代表是仁立地毯厂。它由留美的朱继圣创建。1930年,组建董事会投资30万银元在天津英国营盘外建成仁立毛纺厂。1932年开工纺制地毯毛线供给华商地毯厂,整体拉动了华商地毯的质量。1935年又扶持芮允之等3人在河西建立东方地毯厂。当时天津为仁立加工的小厂有三四十家,3000余人。1935年又将天津最早规模较大的玉盛永地毯厂收购,组建仁立公司天津地毯厂,在琼州道7号落户,1938年又将东方地毯厂收购。继庆生恒后,华商又有了第二个独立出口地毯的大型中资企业。仁立公司用它的实力整体拉动了天津的地毯工业。

玉顺永地毯厂原是1900年北京西门派继长永地毯厂经理的外甥李玉德等3人来津开设的分号,后独立并改名三顺永地毯厂。李玉德负责外勤业务。1905年在美商协成洋行支持下结合尹奎章等股东自立办厂,为协成洋行加工地毯,收益颇丰。于1915年在琼州道购地建房,建成玉顺永地毯厂。他们自购羊毛、自纺自织,是天津第一个够规模的地毯厂,后因技术及管理不善到1930年李玉德病故后,其子李莲溪于1935年将该厂转让于仁立公司,其后成为仁立公司天津地毯厂。除此三个主要代表外,华资企业还有下瓦房南端的大丰地毯厂、渤海地毯染织厂等规模较大的厂家,也都在河西。由于它们这些“最大”“最老”“最先进”的几个地毯骨干企业在河西的集中,连带出数百个小厂和作坊从事地毯行业的加工和生产。据最近就发现的文献明确记载,从事地毯行业生产的人员在1938—1939年间,第六区(现河西区)有10万多人。天津河西名副其实地成了天津地毯业的大本营。

河西创新并引领了中国地毯的现代工艺

1920年德商爱利斯洋行和德福洋行来津推销染料和技术。1926年中资渤海染厂在徽州道开工,专为中资企业染毛线。到1927年又扩大规模并带动出几个够规模的染厂:华光、天津、同盛大、合聚等厂家专为中资企业服务。而后仁立毛纺厂的建立打破了外资机纺地毯毛线的垄断,解决了天津地毯制造原料的现代化。而最核心的技术创新:高密度栽绒、拉绞过纬、栽绒润色和丝光洗毯等首创技术也是在 20 世纪 30 年代完成的。

第一次世界大战后，美国市场特别喜欢厚重滋密的地毯，并成为新兴地毯消费第一大国。为适应美国市场，天津地毯业在 1924 年改进工艺，将旧有抽绞过纬改为拉绞过纬，增加栽绒密度和弹性，首创中国 90 道手工地毯。1930 年，为增加图案细部的真实感，又创造了润色技术，即在不同颜色的毛线中加入有过渡色的毛线。这期间在天津冠华洗染厂的技师李伯英借鉴国外洗毯经验，又创研出中国自己的洗涤剂和洗毯方法，改变了中国地毯出口后由外国洗毯，若出现缺点而被退货或索赔的现象。用这种方法洗毯改变了毯毛纤维的形态和排列，使毯面呈现出柔滑光亮的丝光效果。中国地毯业在 30 年代的奋发图强的系列创新之举，博得了国际上的真诚赞赏，并在多次评比中荣获大奖。

新中国的地毯业在河西被做大做强

1949 年 1 月天津解放，市政府为解决失业和外贸创汇对地毯业全力扶持。先由市供销社找银行贷款 80 万元（旧币）支持 4 名失业工人组建了天津第一个地毯合作组。6 月就扩展成 64 人的合作社，10 月从业人员增到 228 人。1950 年 4 月义隆地毯厂因故倒闭，天津畜产公司给予借款 45000 万元（旧币）将其买下，也同时保留了该工厂 200 多名工人。至此，该合作社已有员工 437 人，机梁 90 架，新增了洗线和洗毯工艺，并和畜产公司建立了固定的加工关系。原料和销路由公司包揽，生产有了稳定的计划性。1951 年和 1953 年市合作总社选派干部对其进行了两次整社，使其率先成为社会主义性质生产合作社。1954 年工人开展了劳动竞赛和技术革新,人日均产量由 80 平方英寸增加到 120 平方英寸,全年节约羊毛价值达100 多亿元(旧币)。同时,培养了首批能打结织毯的女工。1958 年国家在黑牛城拨地 50 亩建设新厂房,5 月招收 883 名新工人,11 月改为东风地毯厂。随后,天津将地毯厂大排名改名地毯二厂。其在赤峰道的车间改为地毯五厂。

1952 年是手工业合作化的深入阶段, 当时担任地毯同业工会主委、仁立地毯厂厂长的芮允之积极响应合作化,将 189 个小作坊组织起来,成立了天津地毯股份联合公司,有股东 87 名,从业人员 813 名,总资本 49 亿(旧币)。地点在琼州道 63 号。1956 年又吸纳 51 户小厂成为天津公私合营地毯厂。1959 年改称地毯三厂,其在津塘公路二号桥的车间改为地毯一厂。

1952 年河西马场街组织失业工人组建生产自救组。1956 年由生产纸袋改产地毯,1958 年又兼并了红旗、卫星等小厂组成河西地毯厂。1959 年改称地毯四厂(地点在现宾水道一带),其塘沽郭庄子的一个车间改为地毯六厂。经过 1958 年至 1959 年的“大跃进”,天津地毯业已全部成为国营企业的六个地毯厂。但它们的原始核心都是在河西的地毯厂。1966 年又将原先与郊县联营和“困难时期”关、停、并、转的一些小厂组建了地毯七至十六厂。全市地毯厂自成系统后上级隶属关系也有了明确的归属。1959 年归纺织局地毯工业公司。1976 年划归二轻局。我国外贸一直是专营,所以制造地毯企业没有外贸权,只有加工功能。改革开放外贸放权后,1985 年首次组建天津地毯联合出口公司,可是翌年 5 月就被撤销经营权,退回原态。到 1986 年天津共有 13 个地毯厂、3 个专用材料配套厂、1 个研究所和 1 个教育中心,职工 1.4 万余人,厂外加工人员共 2 万余人,年生产打结和背胶地毯 100 万平方米,占全国产量 30%,是全国最大的生产基地。天津地毯从1915年巴拿马博览会首次获奖到1986年一直保持着国内外最高奖项，人民大会堂各厅室几万平方米地毯全部是天津制造的。广州火车站大厅超大型地毯也是天津制造。日本家庭以铺设天津地毯为荣耀……它的出口商标统一为“风船牌”，“风船”仿佛告诉人们天津地毯走向世界的成功。而天津地毯变大变强与世界接轨的现代化过程是在河西完成的。

（刊于《河西文史资料选辑》第9辑《天津河西历史文化》，中国戏剧出版社，2011年10月）

天津最早最大的地毯厂

——从“玉盛永”到“地毯三厂”

天津地毯三厂，是天津地毯行业历史最悠久的地毯厂，也是新中国天津地毯业综合能力最强、产品最多样的第一个国企地毯厂。它的诞生和发展见证了中国天津，特别是河西区的地毯工业的发展史。

地毯三厂主要由两大骨干地毯企业以及后来逐步并入的一百多个地毯小厂和作坊而组成。其中第一个骨干厂家是开办于1905年的玉盛永地毯厂。玉盛永地毯厂的创办人李玉德出生于专出地毯手艺人的天津武清县。1897年他13岁时，投奔北京西门派的“继长永”毯子铺的掌门，也是其表舅郑福明学习地毯手艺。在1900年学完3年而出师，时值庚子战乱，他们二人再加同乡同事李君有三人来津创业。先设分号，而后三人集资在天津海大道英中街创办“三盛永”地毯局。李玉德负责外柜的供销业务，在业务实践中他得到锻炼，眼界大开，遂有了扩大业务的决心。但三人意见不一，最后分道扬镳。郑福明在小刘庄独自经营三盛永地毯作坊。李玉德在其父支持下，变卖老家田产并吸纳了尹魁章等少量股东，创办了“玉盛永”地毯铺。为美商协成洋行生产地毯。业务开展得极为顺利，收益颇丰，资本逐年攀升。在1917年，李玉德已有能力扩大生产和经营规模，当时李善人公园(今人民公园)以西是贫民聚集区和天主教堂地产，而其南面多为水坑和荒地，故在其南面(今琼州道一带)购得土地十余亩，建成当时天津占地最大的地毯厂——玉盛永地毯厂。他自购羊毛、自纺自织，是天津第一家能完成全套工序的规模地毯厂。它当时有弹花机和木制机器百余台，并增设了女工纺线部自纺自染，共有职工近600人。因工厂规模很大，但家族式的管理多有漏洞，成为工厂健康发展的障碍。此时的李玉德身体每况愈下，工厂也开始走下坡路。1930年，李玉德病故，工厂亏损严重。其子李莲溪在1935年将该厂转让于仁立公司，成为以后仁立公司下属的天津地毯厂。组成地毯三厂的另一骨干企业，即优秀的民族工业仁立毛纺公司下属的仁立地毯厂。其创办人为留美回国的纺织实业家朱继圣。1930年，由他牵头组建董事会投资30万银元在英国营盘外(现市一中以西)创办仁立毛纺厂。鉴于当时地毯行业所使用的毛线多为人工纺织，匀度和牢度质量不高，他决遂利用自己从外国进口的先进毛纺织设备，纺制专供地毯使用的地毯粗毛线，并优先供货于华商地毯厂家使用。1932年优质地毯专用毛线成批产出，机制毛线的匀度、牢度和毛线弹性大大高于手工纺制的地毯毛线。各地毯厂家使用后纷纷叫好，整体拉动了天津华商地毯的质量。到1935年仁立毛纺公司贷款扶持芮允之等三人在河西建东方地毯厂。当时使用仁立提供的地毯线，为其加工的小地毯厂家有三四十家，3000余人。到1935年又将玉盛永地毯厂收购后组建成仁立公司天津地毯厂，在琼州道7号落户。1938年又将东方地毯厂收购,成为天津有独立出口资格的骨干地毯厂。抗战胜利后兼并了80多个地毯作坊,改为仁立地毯股份有限公司。1952年,时任天津地毯同业工会主委、仁立地毯厂厂长的芮允之将189个分散的小作坊组成天津地毯股份联合公司。

当时有股东87名,从业人员813名,总资本49亿元(旧币),地点就在琼州道63号。1956年又吸纳51户小地毯厂成为天津市公私合营地毯厂。因地毯是创汇大户和外贸统购商品,"大跃进"期间工厂再次迎来发展高潮。

1959年地毯工业公司成立,对全市地毯行业重新整合排序,将其定为天津市地毯三厂,为全民所有制单位。这期间,该厂规模很大,其劳资、行政、生产计划、工会等厂级管理部门在琼州道125号,而库房、分厂办公室、保健站等后勤保障部门在琼州道63号,织毯工段则在浦口道225号,工厂附属学校则在大沽路727号。从20世纪70年代到80年代,其生产的地毯供不应求。织毯机最高时有267台,片头台案85个。能生产美术式、风景式、彩花式、北京式、素古式、帐秀式等样式的纯羊毛机拉洗栽绒地毯。密度规格有从60道到180道的低、中、高、精等各档次的地毯。并开发出高精档次的180道栽绒地毯和牦牛毛艺术挂毯。从1978年起四次获全国地毯全国质量评比一等奖。1980年后接待80多个国家和地区的客商。该厂还分6批派出20余人,赴阿富汗、马耳他、苏丹、坦桑尼亚等国家传授技术。到20世纪90年代末,其年产值为322.1万元。该厂培养了地毯编织业唯一一个国家级工艺美术大师陈占贵。陈1936年生人,地毯三厂新产品开发科副科长,他是由工人刻苦练习织毯技艺而成为的织毯专家。为提高织毯速度,他刻苦钻研拴头织毯技法,创出"作揖"拴头法。拴头由每分钟40个提高到62个,效率提高了 35%，应邀赴日本进行织毯表演。1973 年参与了中国送给联合国的长城壁毯的织毯工作。

随着改革开放的深入，经济体制发生了重大的变化。地毯三厂也面临着体制改变后的新问题。首先一个问题是要自己要面对市场，而不能像过去那样只管生产不管销售，而一切由外贸公司统购统销。进入 20 世纪 90 年代，外贸形势也不够理想，而国内的竞争对手因市场放开而多了起来，再加上企业办社会，企业负担和债务越来越多，经营出现了困难。进入新世纪后，随着工业公司的撤销，各地毯厂关、停、并、转，地毯三厂也退出了市场。厂区被城市建设而置换，在企业破产的过程中债权债务被注销，但产值首先保证第一线工人的利益。地毯三厂是国营老企业，它也在计划经济转向市场经济的过程中完成了自己的历史使命。

（刊于《河西文史资料选辑》第 10 辑《天津河西老工厂——天津河西工业遗产》，线装书局，2014 年 1 月）

天津地毯业获国家金质奖最多的企业

——天津地毯二厂创业简述

天津地毯二厂是中国和天津著名的地毯厂，其占地规模、产量产值、技术能力、职工人数均为天津各地毯厂之首，它的历史还是天津地毯工人顽强拼搏、自力更生的历史。1949 年 3 月，天津各行各业百废待兴，市政府为解决失业和创汇的需要对地毯行业全力扶植，原大丰地毯厂工人马金台联合其余四个老地毯工人章瑞铭、王文华、闫永福、梁少康在天津市供销合作总社的帮助下成立了天津市第一个男工生产互助组，并获得贷款 80 万元(旧币)支持其扩大生产。6 月就扩展成 64 人的天津第一地毯生产合作社，成为天津市第一个具有社会主义性质的集体所有制企业。10 月从业人员增加到 228 人，并转为天津供销合作总社地毯生产合作社。1950 年 4 月义隆地毯厂因故倒闭，天津畜产公司借款 45000 万元(旧币)予地毯生产合作社，使其买下破产的义隆公司，同时保留了此厂遗留工人 200 多名。至此，该合作社已有员工 437 人，机梁 90 架，新增了洗线和洗毯工艺，并和畜产公司建立了固定的加工关系。原料和销路由公司包揽，生产有了稳定的计划性。1951 年和 1953 年市合作总社选派干部对其进行了两次整社，使其率先成为社会主义性质生产合作社。

1954 年工人开展了劳动竞赛和技术革新，人日均产量由 80 平方英寸增加到 120 平方英寸，全年节约羊毛价值达 100 多亿元（旧币）。同时，培养了首批能打结织毯的女工。1958 年"大跃进"期间，国家在黑牛城道拨地 50 亩为其建设新厂房，5 月招收 883 名新工人，11 月改为东风地毯厂。1959 年地毯工业公司成立，对下属工厂进行调整，东风地毯厂改名为地毯二厂。

其在赤峰道的车间改为地毯五厂。此时的地毯二厂规模为地毯公司老大，承担了地毯出口的繁重任务，为国家创汇做出了巨大的贡献。1971 年一次即给其招工指标 400 多人。从此时到 1989 年是该厂发展的快速时期，产量、产值利润逐年提高。国家为其在四周多次征地扩大厂区规模，使之成为黑牛城地区最大的工厂之一。这期间该厂在技术升级和技术革新等进程中逐步实现了自动化和半自动化，它能生产古典式、古纹式、精美式、园林式、敦煌式等传统与现代相融合的各种高档地毯，特别是手工栽绒地毯为其拳头产品。1965 年，中国参加国际莱比锡博览会获金奖的地毯即该厂所产。1972 年天津接到了为中华人民共和国加入联合国制作纪念挂毯的任务，当时在中央以"上海帮"为主力的"四人帮"成员在中国的政治舞台上有很大的势力。上海作为艺术品制定的首选地，天津则作为备选地，俗称 AB 角。为联合国制作礼品这是件大事，得须中央顶层拍板定夺，当沪津两市将设计样品送至中央时，意见不一。最后经毛主席同意天津报送的长城壁毯被选定。它由当时任地毯工业公司技术科长的李临藩牵头进行画面设计，由二厂的刘永福画出毯稿，集中了二厂众多优秀工人及从三厂临时抽调的陈占贵参与，共同精心制作完成。它长10米，宽5米，重250公斤。在丝光般墨绿色基调的高密度栽绒毯面上，充分体现出天津几位顶级地毯工艺大师在画稿设计、毯稿放大、编线砍头、人工剪裁等高超技艺。依照毯面图案的明暗需要，用手工剪切出的凹凸纹路，使毯面图案有了活生生的立体感。如见层峦叠嶂而又苍翠绵延无际的群山之中，一条气势雄伟的长城蜿蜒其间。立体感造成的视觉效果仿佛是从天空在鸟瞰我们的长城，真实地呈现了“望长城内外惟余莽莽”的气度。B角取代了A角，为天津地毯工人挣得了崇高的荣誉，也使地毯二厂从此闻名遐迩。当时的国家领导人阿沛·阿旺晋美副委员长和十世班禅额尔德尼副委员长都亲临此厂参观具有民族风格的高级地毯。而部级领导和省市间的协作交流都以该厂为窗口单位。

地毯二厂是天津地毯行业获得国家级金质奖章最多的企业，1990年12月其生产的风船牌栽绒地毯在全国首届轻工业博览会获金奖。1991年4月在北京国际博览会其生产的风船牌机拉洗纯羊毛手工栽绒地毯获金质奖章。1984年4月其生产的风船牌机拉洗纯羊毛手工栽绒地毯获中国工艺品百花奖金杯奖。1990年8月，其生产的风船牌90道以上高道数机拉洗手工羊毛地毯获轻工业部中国工艺美术品百花奖优质产品奖。1994年10月，其产品被中国一绝产品国际推展组委会授予“一绝”称号。在1985年以后工厂扩大经营自主权，该厂也由单纯的外贸统销的生产型工厂参与到产销自主的进程中。但因各种体制上的原因未获成功。随着地毯行业的外贸形势下滑，地毯二厂因规模大负担重遇到了一系列困难。在1995年左右，其仍有工人1264人，年收入约480万元，在而后的经济体制深化改革中地毯行业的许多厂家关、停、并、转，退出市场。地毯二厂因产大于销而缩减规模，将部分厂房出租他方，1999年后改组为隆兴集团下属的天成地毯有限公司。

（刊于《河西文史资料选辑》第10辑《天津河西老工厂——天津河西工业遗产》，线装书局，2014年1月）

天津市地毯四厂

天津地毯四厂是天津地毯行业老厂和骨干企业之一。它的诞生源于1952年的生产自救活动,当时新中国刚成立不久,失业人口很多,许多失业人口家庭生活无法维持,政府遂将他们组织起来进行生产自救。当时马场道街有一个糊纸袋的生产自救组,在1956年由三位地毯行业的里手刘耀明、郭意山、张仲华将他们组织起来转产地毯,成为地毯生产合作社。因厂内以女工为主,还不能生产栽绒地毯而生产平针地毯。是天津第一个以女活为主的地毯厂。1958年,全国掀起"大跃进"高潮,各街道兴办企业,因地毯是出口创汇型企业受到政府重视,定为重点发展行业。纺织局将它归为行业管理,并将当时的绒毛女工地毯厂、红旗女工地毯厂、卫星女工地毯厂等合并为河西地毯厂。1959年天津地毯工业公司成立,根据继续"大跃进"的需要,合作社升级为厂,遂将近期并入的地毯生产点和一些转行的小厂共同组建天津地毯四厂。厂址选在佟楼马场道附近,当时叫马场道遵义道1号,即现在的宾馆路。当时它有许多附属车间，主厂房在宾馆路，一车间在徐州道，和线车间在南开区华场大街南头的新兴里。海口路还有一个车间，遂将其在塘沽的车间改为地毯六厂，在黄河道的车间改为机织地毯八厂。随着工业布局的调整和城市建设的大规模展开，到20世纪80年代，其主厂房大部集中在宾馆路。海口路车间改为仓库。还有一些厂区改建为职工宿舍。进入20世纪90年代以后，经济体制改革进一步深化，工厂面临许多市场化的新问题，企业在减员增效过程中也出现了新的困难，而这时的城市建设和房地产市场空前繁荣，在而后的佟楼地区的市政建设深度开发过程中，土地被置换、工厂被拆除，最终退出市场而消逝。

（刊于《河西文史资料选辑》第10辑《天津河西老工厂——天津河西工业遗产》，线装书局，2014年1月）

天津市地毯公司

天津地毯公司原名天津地毯工业公司，是第二轻工业局下属的统管地毯行业的工业公司。它的成立与变迁和天津的经济形势与体制变化直接关联。地毯行业属于手工业,在新中国成立前多为作坊似的手工生产。新中国成立初期即出现了地毯合作社,归天津市供销合作总社生产处管理。在以后的社会主义改造过程中发展很快,规模逐渐集中和变大。1954 年,生产处从供销总社分出,独立成大津市手工业生产合作联合社,简称“市联社”。在 1958 年开始的“大跃进”期间,市联社撤销,所辖企业划归市纺织局管理。1959 年因地毯行业产品特点,特殊外贸任务增大,为近一步增加外汇收入成立了地毯工业公司,地点在河北区民生路。1960 年与毛麻公司合并,组建天津市毛麻纺织工业公司。1964 年毛麻纺织工业公司解体,地毯工业公司再次独立。1965 年划归新成立的第二轻工业局管辖,在“文化大革命”中的 1968 年地毯工业公司解体,1970 年又成立地毯服装行业组,办公地址迁到河北区平安街。1971 年恢复为地毯工业公司。1976 年 7 月再次转入二轻局管辖。1985 年 8 月改为天津地毯联合进出口公司,自营出口。1986 年 5 月又回归原体制。1987 年 7 月,经天津市经委批准更名为天津市地毯公司,性质为企业性公司。20 世纪 70 年代是地毯行业发展的黄金时代。1971 年迁至和平区河北路,1976 年 7 月迁至和平区常德道,1978 年 10 月迁至闽侯路中段西侧与宁波道口交汇处。当时全公司有职工约 11500 多人,机关干部 110 多人,公司设 22 个科室和 11 个企业,还有一个专业研究所和培养中等技术人员的地毯中专。20 世纪七八十年代公司吸纳了一些转产的工厂,又与其他地区联办了一些工厂,到 1990 年公司拥有 19 个企业。其中包括全民所有制企业 2 个、集体所有制企业 9 个、联办企业 7 个、合资企业 1 个。已有职工 14810 人,高级专业技术职称的人员 27 人,中级技术职称人员 205 人,工程技术人员的总数占全国地毯行业技术人员的四分之一左右。而后经济体制的改革向纵深发展, 城市建设大规模展开。许多工厂关、停、并、转,地毯企业部分退出市场,部分划归区属,所剩骨干企业组建地毯集团。但时间很短,于 1999 年地毯公司和其他多个公司合并成隆兴集团。地址迁至新围堤道 5 号办公,并在地毯二厂原址组建天成地毯公司。

(刊于《河西文史资料选辑》第 10 辑《天津河西老工厂——天津河西工业遗产》,线装书局,2014 年 1 月)

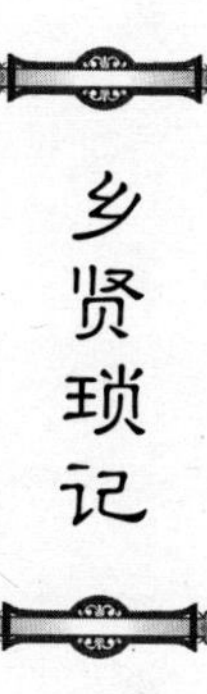
乡贤琐记

用挽联总结老友一生

天津的地缘优势把天津打造成了清末的新政中心。各种新思想、新文化、新思潮、新教育在天津蓬勃发展。转型时代的社会环境造就了大批顶级的各种人才。李琴湘(别号择庐)就是一位杰出的具有全方位才华的代表。由于对他的学术思想研究还不够深入,因此为我们留下了很大的空白和空间。现仅从他留下的几种著作,我们就可以看出他既有严谨与深邃的学者型思想和乐于传道、授业、解惑的教师勤奋;也有社会工作者的亲民和朴素;还有驾驭诗、词、曲、楹联、书法等精深的文字功底。他还是学校建设和管理的实践与理论的探索者。他一生勤奋,关注社会和民生。对朋友、对友人、对社会都是古道心肠,流淌着丰富的情感。最能体现这一论点的典型事例就是:他为同辈分的温世霖夫妇去世后写的挽联。

1934 年 12 月温世霖(字支英)在津去世,李琴湘闻后立即前往吊唁。因志向相同且交往深厚,倍感伤心悲痛。当即写下了一副情深意切的挽联:“为国、为家、为亲朋,热血满腔,都作了人间幻影。

学画、学书、学佛典，孤灯独唸，有谁知老辈英雄。”他称温世霖为老友不但点明辈分上的平等而且质朴亲切，没有一般俗用的虚敬浮情。表达的内容则特别真实和完整，有点睛般的记叙和总结。不是交往甚密、感情深厚是写不出来的。看到这幅挽联便让人想起了天津近代史上的一位刚烈、激进、勇敢的斗士的一生和结局。

他对温世霖为建立有民主、有民生、有民权的国家而满腔热血的拼搏，和为国家的强大而付出的艰辛而赞叹；又为这一切终成幻影和失败而惋惜和哀叹；并对其晚年退出政坛后潜心地学绘画、习书法、研究佛学思想，而逐渐被社会淡化遗忘的老英雄忿忿不平。

我们可将温世霖一生的作为和挽联做一对照。温世霖（字支英，1870—1934），天津宜兴埠人，15 岁时即考上天津县秀才，原想走功名之路，当看到国事衰败而放弃功名，考入北洋水师学堂。因上桅杆受伤跛足而改上电报学堂。一是不要学费且可以学习新学知识开阔眼界。二是能为富国强兵掌握新的实际本领。但因足疾不能终学而进入社会谋生。在这期间接受了新思想，希望用新政来改良社会并充满信心。当时的清政府在国际和国内双重压力下，也作出了立宪的姿态，并允诺各省先成立咨议局。温世霖和孙洪伊积极配合，后来他们看到清政府推出立宪只是一种拖延敷衍的举动而思想逐渐转变趋向革命。他们开始鼓吹各省自治，1908 年，温世霖成为国会请愿代表，组织各界人士赴北京请愿，请求速开国会。1910 年任“顺直国会情愿同志会”干事长。11 月，东三省赴京请愿代表路过天津时，温世霖召集天津地区学生 2000 多人，迎接并交流对时局的看法，因此被推举为“全国学界同志会”会长。1911 年 3 月，他又率天津学界 3000 多人在劝业公署集合，号召罢课请愿。有人割臂破指血书，请速开国会立宪，一时群情激奋并将一辆道台马车砸坏。在去督府路上，遭武力劝阻。带头闹事的温世霖也被清廷发配新疆。因这些往事，李称温为老英雄。1928 年以后，国内的形势和政局已使温世霖以往的锐气骤减，在晚年过起了平常的文人生活。故颂赞他进行的书画和佛学的研究，因平常竟被人们遗忘。但他自己没有忘，对温仍以英雄来称道。

再而几天，李琴湘多次到温家哀思，感到意表未尽，又挽一联，对温世霖在教育上的贡献做了一个总结性的回忆："自谓兴学救国，死生以之，不期天变风云，万里投荒迁客去；可怜闭户作书，英雄老矣，遍历人间坎坷，九泉有路坦途多。"

温世霖在天津教育史上也是一个先河人物。1905 年，温世霖和孙洪伊创办了普育女子学堂。普育学堂是在严修直接支持下创办的。1906 年迁入扩大规模后的新址——火神庙胡同，并增加分校和蒙养园(幼儿园)。温世霖还帮助同族温瀛士在家乡宜兴埠开设了普育女学堂和天津县民立第五小学堂。为办好教育温家投入了大量人力和物力。辛亥革命后，任国民党燕支部总干事。1913 年被选举为议员，参与了反袁讨袁的运动，而后又参与了联直反皖的派系之争。1923 年，因投票选举曹锟为总统之误而受谴责，翌年退出政坛。总揽其一生，他可算天津政坛失败的英雄，又是天津新式教育的探索者。此联对他办教育给予充分肯定的同时，也对他的政治失误而惋惜，还对旧政坛的险恶做了点评。

温世霖首位夫人安桐君也是一位女教育家，在其婆母徐氏去世后，创办育英女校，呕心沥血，打拼十年，又相夫教子，终因劳累过度而先于温世霖去逝。李琴湘也在吊唁时挽到："贤妻良母可作师资，拚将十载功夫，创成教女规模，死而何憾；兴学育才岂惟男子，只叹一生勤苦。赢得满堂弟子，哭不成声。"李琴湘一生的事业以教育为主，对投身教育的人情有独钟，故在温氏夫妇相继去逝时用挽联对他们的一生做了简约而精确的总结。可见，他的楹联已超出了应景之作而成为评判逝者的一幅肖像，也直白地表达了他对逝者的内心情感。

（刊于《天津记忆》第75期《金声琴韵录》，2011年4月）

文理兼备知识结构成就的卢木斋

旧时的文人多以饱读经书为荣，而轻视那些有实际应用价值的知识和学问，即现在社会发展中应用最广泛的理科和工科知识。这种文化传统使得科学思想难以在中国扎根，也使中国的科学技术在世界现代化的过程中落下了第一步。就是这些现代的科学技术打败了闭关自守的清王朝，也惊醒了中国第一批先知先觉者。北洋新政成功的主要条件是拥有一批先知先觉的人才，这是中国第一次和世界接轨，它需要的人才梯队必须有各种新式的才能，特别是对科学技术感兴趣、对理科有研究的新型知识分子。而这样的知识分子在当时的中国却是稀缺资源。在这稀缺资源中，卢木斋以其算学特长及文理兼备的知识结构获得重用，最后成就其一生的业绩。

一、算学才能助卢靖冲垮八股迈进仕途

卢靖，号勉之，又号木斋，1856 年生于湖北省沔阳县新堤镇，

后徙居仙桃镇。因家境贫寒,年轻时以教家馆为生,最难时还卖过酒水。依照社会惯性他不得不读八股经文,因讨厌空洞和脱离社会的经学,直至 28 岁仍未获得功名。但业余他却酷爱中国算学,就是这个爱好使卢靖这个没有师承门第的怪才挤进了仕途。他学习数学的原因和历程非常动人,为考科举在汉阳书肆购得《经世文编》一书,因笃信清代务实的颜李学派,故对《经世文编》刻苦阅读。这使他认识到:天文、舆地、水利、河防、制赋、整军等诸大端,皆以算术为管钥,于是弃绝八股,潜心研究数学。1883 年经过刻苦钻研,卢靖写成《火器真决释例》。这是一部研究火炮射击、瞄准和弹道轨迹的数学著作,书中对炮弹发射角度和着地点的规律用公式和列表进行表述,非常适合编练新军使用。此时正值中法战争期间,被来仙桃镇筹厘饷的倪修梅看中。倪修梅是卢靖父亲的好友,他得知卢靖有数学著作后,遂推荐给他的亲戚——时任湖北巡抚的彭祖贤。彭下令对此书进行刊印,并让卢靖到书院主讲算学,并对当地的炮台建设和防务提出了独到见解。

1884 年,卢靖被学政高剑中(字勉之)看中,调入经心书院学习。因天算对策试卷的才能和非凡学识,卢靖被主试官朱一新评为第一,进而在 1885 年乡试中考中举人,高剑中以“朴学异才”将其推荐给朝廷,被授予“知县”级官员,由直隶总督李鸿章差委。李鸿章也十分欣赏卢靖的算学特长,任其为天津武备学堂算学总教习,成为段祺瑞、冯国璋、王士珍、曹锟等北洋名将的老师。卢靖因教学认真成绩突出,多次受到李鸿章的嘉奖。他是中国第一个自学成才的数学“教授”,也是没有中进士而由专长进入仕途的典型代表。

二、数学才能使卢靖形成缜密务实作风

1887 年,卢靖开始在中国北方多个地区担任知县。数学才能使卢靖养成精确思维的习惯,办事极其缜密严谨,所到各县的水利、财政、治安和农业,特别是文化事业都得到了迅速的繁荣,受到上级和社会的肯定。他历任直隶省的赞皇、南宫、定兴、丰润的知县,以及察哈尔的多伦诺尔厅同知。赞皇县是个偏僻贫穷的小县,在这样的贫困小县里,他认为解贫的良方是去愚,在任六年将县内的书院整顿得有声有色。

从 1893 年到 1895 年,他在后三个县继任县令。丰润县和相邻的三个县经常闹水灾，他到任后大办水利，将境内三条河挖深挖宽,使洪水能畅通流入海河,并开出良田若干顷。各河堤岸标准规范,加修马道便于增高纳洪。他本人亲自坐镇工程监督指导,参与测量和设计,因有数学功底,使质量上乘而费用仅是前任的十分之一。为提升全县的文化事业,他利用县财政办了一所书院和一所经济学堂,还购置大量中西图书,建图书馆一座,为而后的丰润培养了许多人才。丰润是大县,还兼管着东陵的管理工作,他在为政期间使该县的经济和文化稳步繁荣。丰润人都称其为“好父母官”。上级对其为政期间给予“治绩卓异”的考评。

三、务实的学识使卢靖有高超货殖才能

精于算计的头脑使卢靖的货殖之术如虎添翼。在丰润任职期间,他如期完成上交的税赋和县内的各项费用后,因理财精确每年

可余银二万两，再加管理、修缮、看管东陵的费用，可再余一万两。他每年有三万余两的结余。卢靖用这些余银进行经济投资，他先后投资了开平煤矿、启新洋灰、耀华玻璃等公司。卢靖还对各地的经济发展和城市建设有着准确的预测，因此在天津、北京等地广置地产，预留升值空间。在财产保值上他也颇有预见，抗日战争前夕，兑换大量黄金予以保值，而将股票、债券等有价证券都存入外国银行。在投资理念上他鉴于国内的政局混乱，坚持向大型企业投资，向中外合资企业投资，向外资企业投资，决不向中小型私人企业投资。在天津大量购进低洼、闲置的土地，再买土垫高，建成成片住宅后租赁。

早在 1902 年，卢靖获知新河北即将开发，随即购进大片土地，形成元纬路两侧大批房产皆为其所有的局面。他在英租界也有楼房、平房一千余间。建房时，他亲自计算砖、瓦、木料和砂石水泥等建筑材料的成本，并在建设淡季压低价格成批购进，再将工程承包给可靠的工头。只包工不包料，大大地节省了建房成本，一般不到十年就可收回本利，而地产本身又年年增值，仅天津房租一项他每年即有三到四万元的收入。在任多伦诺尔厅同知期间，卢靖廉价购得大批山峦林地和草场，增值收入也颇为丰厚。

第一次世界大战结束时，各国实行虚金本位制，金价大跌，一两仅值十几元。但卢靖认准黄金是硬通货，趁机大量购进。形势稳定后金价大涨，卢靖又及时卖出。

卢靖为官多年，但没有贪污，没有受贿，更没有枪杆子做后盾用武力掘取财富，全凭借着自己的经济智慧，调动资本以增加财富。他在担任直隶提学使期间，对全省的教育发展进行了精细规划，从学校选址到建校规模，再到学校建筑的图纸测绘和设备的购置，都亲自参与精打细算。他为各地方建了许多学校，同时又节省了大量资金,使直隶省的新式教育走在全国的前列。天津现存著名的中营小学,就是他亲自审定而建成的小学“样板校”。

四、财富取之于社会归还于社会的高风亮节

卢木斋的一生虽为官将近半生,但大多是没有实权的文职,经济智慧积累下的巨大财富他没有留给子孙,而是在人生的进程中因地制宜地返还给了社会。他的人生旅途官气非常淡薄,他的形象更像是一个文化事业的建设者。卢靖矢志不渝的一个宏愿是建设能为大众享用的图书馆。为购书和建馆费去了他的大部分积蓄。从1896年开始到1928年他创建的公立和私立图书馆有六七处,其中1906年在天津创办直隶图书馆,1907年创办保定图书馆,而后又创办奉天省立图书馆;1928年,他捐资十万大洋建南开大学木斋图书馆,并捐出价值20余万银元的图书。图书馆开馆时馆长胡千之说道:“卢木斋先生是穷人,还能把信用换来的财产拿出来做文化事业,假如社会上的富人都仿效木斋先生的精神,定能给社会人群造福无量了。”

1934年,卢靖开始筹办北京木斋图书馆,于1936年10月18日正式开馆。其中他亲自捐出的藏书就达十万余卷。1935年他立下遗嘱:死后遗产全部用于教育事业,不传子孙。1947年,他91岁时仍欲捐款筹建北京大学数学研究所。

五、知识结构、人品才能、思想境界对当代的启示

木斋先生是一个没有门第和功名的旧知识分子,没有那些空

洞、僵化的经学羁绊，反而造就了他从实际出发，不断刻苦自学来完善知识结构的成功历程。他以数学为主导，在各个时期研究实践数学，出版了多部涉及微分和积分、数论、解析几何等相关高等数学的著作，成为中国第一批靠自学掌握高等数学的知识分子。他还刻苦学习物理、化学、生物等自然科学，所以没有迷信思想，不信鬼神，特别注意在幼儿园和小学对学生进行科学普及的活动。他反对妇女缠足，反对中医里的许多落后悬空的方法。他率团到日本考察教育，临行前向直隶总督袁世凯慷慨陈词科举的危害，指出读经、试帖、楷法等空泛的技能对人才的摧残。在北洋新政的核心人才队伍中，卢木斋的知识结构最为完善，他文理兼备的通才知识结构使其才能发挥到极致，也因他笃信科学、生活简朴而有规律，遂使他的寿命很长，以93岁的高龄离开人世。

科学技术飞速发展，文理不能偏专。文理兼备的人才有最好的思维和人品，更加符合现代社会发展对人才的需求。这应该就是卢木斋知识结构对现代人的重要启示。

（刊于《问津》总第10期《慎始基斋琐谈》，2013年10月）

固守信仰不等于顽固保守

——华氏家族民族意识浅析

天津华氏家族，自十八世祖华文炳从江苏无锡迁入津门,迄已三百余年。其第七代后人即华氏二十五世有兄弟五位,在老城厢购地建起华家大院,立“心怡堂”为堂号,乃演化成为天津的文化名宅。

天津文化名人华世奎即生于此宅，其书法成就领冠于天津书法界。其实他对天津的教育、慈善事业都做出了自己的贡献,但他给人们的形象是留着辫子、忠于清室,一个清朝顽固的遗老。我们仔细地阅读他留给我们的诗集和文章，梳理他的思想历程和文化行为,可知他是一个有良知的旧式文人。他的民族意识是中华民族的大民族意识,不是狭隘的满汉不同。他醉心于光绪帝的开明和政治改良带来的希望,所以对所谓革命持怀疑态度。他对民国初年的各种政治力量纷争给国家和人民带来的苦难非常不满，并以清朝遗老身份来彰显这种不满。他对八国联军对中国的侵略以及而后日本帝国主义对中国的侵略,愤恨之情溢于言表和诗文。华氏家族都与华世奎一样有着类似情怀。

华世奎的七叔华承沄(1848—1917),字漱石,曾任浙江县丞和广东候补知府。在广东任职期间得开风气之先的熏陶,关注西方先进思想和文化,是最先感知中国社会需要改革的知识分子之一。他把当时国外新出现的马克思的学说做成普及读物,写出《维新人物考》于1912年在天津出版。文中提到:“马格思,德国社会学家及法学家也。法国千八百四十八年革命,马氏与闻其事。后之伦敦,从事著述……千八百六十四年立‘万国工人会’。其最著名之著作为《产业》。”这是天津最早出现的法国二月革命推翻七月王朝,建立法兰西第二共和国和第一国际的记述。当时因“共产党”还没有通用的译法,所以没有指出《共产党宣言》,仅提了《产业》即现在通译的《资本论》。

生于1878年的华世中,则是保定陆军军官学校毕业生,也是最早去日本陆军士官学校留学者之一。1900年八国联军占领天津,日军在汉奸协助下最先攻破南门进城寻找“拳匪”。一个骑马的日军军官,发现东门里一带有几处大宅高出地面,认为是抵抗日军的工事,决定纵火烧毁。华世中走上前去,用日语介绍自己日本陆军士官学校毕业的经历,并告诉这名军官这几处都是民宅,其中一处是自己的家宅。因其军衔和辈分高于这名军官,这名军官下马立正敬礼并说误会,随即命令军队撤离。

同在保定陆军军官学校毕业的,“泽” 字辈的有华泽森、华泽衍。前者后为东北讲武学堂的教官,29军的高级参谋。后者曾任南京首都水上警察局局长。“克”字辈的有华克桓及其弟华克格。华克格为炮兵八期毕业生,和陈诚、蒋介石都是同学。后授衔中将,长期在山东驻防。他还是周恩来中学时的南开同学。1949年前夕准备登船去台,后经中共地下党劝阻未去。周曾建议其到解放军炮兵学校任职,因种种原因未成。后给天津政协撰写文史资料,每月有 30 元钱补贴。“文革”中被迫害致死。民国初年壬子兵变,华世中参与了调查,华克格则亲自看到许多场面,故而他们写出了《壬子兵变记》。这是一篇研究民初政治史的重要史料。

华氏家族还有许多参加过新民主主义革命的英雄烈士,在此不一一列举。通过民国初年华氏家族成员的一些经历,我们有以下认知:华氏家族关心政治和社会的发展,积极参与新制度的建设。华氏家族很大,成员很多,良莠不齐,但这些成员中没有出现忘却民族大义、劣迹昭著的分子。在国家遭到侵略、民族受到凌辱时,他们大都能挺身而出,没有大作为者也能洁身自好,与是非人、是非事保持一定距离。

华氏家族是殷实人家,宗法思想很浓,家风传统敦厚,故不爱张扬,不善钻机,所以家族没有出现特别显赫的政治人物,只有华世奎以书法显扬于社会。旧中国的传统政治结构是县下不设治,基层社会的管理由传统道德做规范,大户人家为协调的自治型。所以大户人家所起的作用至关重要。天津的华氏家族,对天津的影响不像其他大户显赫和张扬,而是一种无声的浸润。尤为可喜的是,至今华氏后裔以延至第三十世,他们多为有成就的文化传习者,并仍保留着显而不露的低调风格。

(刊于《问津》总第 23 期《思闇学行录——纪念华世奎诞辰 150 周年学术讨论会文集》,2014 年 11 月)

剑胆琴心阎道生

北洋时期，在直隶天津武林活跃着一位允文允武、德艺双馨的形意拳家阎道生，他既是精通理法的内家拳高手，还是誉满津门的书画大家、津派国画的开拓者，同时在教育、慈善、诗词、音韵等方面均有建树，堪称近代中国武术界、文化界“文武双修”的典范。

作为天津乡贤，阎道生的武术、艺术活动主要在天津展开，创造了天津城市文化坐标上宝贵的精神财富，在当时影响巨大。但因其盛年即淡出武林、文化界，归隐田园，沉浮于兵燹乱世间，声名逐渐湮没无闻，成为民国史上众多被遗忘的大师之一。近年，通过京津冀文史学者的共同努力，阎道生被重新发现，其人其艺在穿越了尘世的风霜雪雨之后，再次进入当下中国传统文化复兴的大视野。

负才任侠，浪迹天涯

阎道生，字子阳（一作子扬），四十岁后改至阳，号阅庐，别号北溟剑士，1884 年 1 月 24 日生于河北静海县扬芬港村（今属河北霸州市）。明建文年间，先祖阎磐石从燕王扫北，定鼎之后，明永乐二年，蒙军功恩赐，封百户侯世袭，于金陵携父阎公道北迁，卜居扬芬港，堂号诒燕堂。阎家祖居扬芬港村，乾隆初年阎氏东长门一支迁居独流镇。迁祖阎联奎，字鲁堂，监生，“性孝友，好施与，马伏波所谓乡里善人也”[①]。

光绪年间，阎道生的父亲阎恩焕迁返原籍扬芬港。阎恩焕，字炳萱，以教书为业，是当地德高望众的乡绅。他还曾以行医为生，医术高明，颇有口碑。阎恩焕热心公益，曾捐修扬芬港至扬柳青段的中亭堤，当时此堤称为“新中亭堤”。“新中亭堤，在县北扬芬港。光绪中叶，村民阎恩焕等创修。民国十九年，天津、静海、文安三县重修，保障东淀之水，堤内收获恒丰。”[②]光绪二十五年(1899)，阎恩焕创立扬芬港村堤防会。《阅庐日记》写道：“扬芬港十数年之洪水不见陆地，廿五年由先严倡议，有族祖少卿大爷、鹤舫大爷与辅二爷及张君赠三创立堤防，故廿六年正月四望才见着无垠的全成陆地。”[③]民国元年至民国二年天津《大公报》曾连续十余次报道扬芬港村阎恩焕等联合大清河流域七县乡绅请赈开竣河道之事，是当时直隶省的赈务大事。扬芬港村处于东淀大洼洼底，九河下梢，承接白洋淀之水，历来是水乡泽国，十年九涝，疏通下口、补修河堤之事已成常态，也成为阎氏家族世代相承的公务。

阎家家道小康，世代业儒耕读，从教、行医，惠及乡梓，与世无争。阎恩焕育有三子，长子阎旭生，次子阎道生，幼子阎午生。阎道

---

①民国《静海县志》(重排版)“人物志”，第 221 页。

②民国《静海县志》(重排版)“方舆志”，第 52 页。

③阎道生：《阅庐日记》，台北：逸文武术文化有限公司，2010 年，第 174 页。

生出生时其父正受聘于江西教专馆。童年时代家中有良好的文化氛围和家学条件，十岁开始读诗经，兼习书画，并随父亲学唱昆弋。阎恩焕是村中十番会[①]的会首，尤擅武戏，也把自己的身手传授于子嗣，使阎道生从小养成了好武的习性。阎恩焕最为推崇清代颜李学说，颜李学派所倡导的注重实学、强调习行、习动，反对死读书的学风和垦荒、均田、兴水利，向往天地间田，宜天地间人，土地资源共享的经济制度为阎家推崇。颜元所著《四存编》为家中习读之书，书中的存性、存学、存治、存人，所弘扬的注重实事实学，反对伪道门、无神论等思想成为阎氏一门的家风，也是阎道生的思想基础和向往境界。阎道生一生“不信教”，即有其中的根源。颜李学派强调和提倡的“动以致强”“文武兼修”思想成为阎道生孜孜以求的志向。

1901 年，19 岁的阎道生与一位同乡结伴赴武昌报考湖北武备学堂，学习军事。其时湖北武备学堂除招生收营内武弁外，扩大招收 20 岁左右身体健壮、文理通顺的官员子弟和士绅子弟，前者为正课生，后者为附课生。阎道生和同乡被顺利录取。课科分学科与术科两种：学科谓之讲堂功课，有军械学、算学、测绘、地图学、各国战史、营垒、桥道制造之法及营阵攻守转运之要；术科谓之操场功课，有枪队、炮队、马队、营垒、工程队、行军炮台、行军铁路、行军电线、行军旱雷、试演测量、演习体操等。学生除学习主科外，如逢假日，则令诵读四书、披览史籍兵略。武备生待遇优厚，在社会上倍受羡慕，被称为“武备学爷”。

阎道生接受了严格的制式训练，学习优良，一年后，当听说毕

①扬芬港村十番会，成立时间无考，清末在阎恩焕倡导下改为演唱昆腔和弋阳腔的活动，仍名为十番会。

业之后将升任军官之职时，青年阎道生做出了一个出乎所有人意料的抉择，放弃学业，闯荡江湖。阎道生一生无意仕进，此事即是开端，开启了一生遵循的“不就仕”的人生操守。在命运的转折点，在主流与个性之间，阎道生选择了狂放不羁的快意生活，与同乡一起漫游湖南湖北的名山大川，写生画画，临摹山川风景，寻访高人隐士，行侠仗义，落魄时便以乞讨为生，最终走遍了大半个中国。阎道生回津后，终生再未离家远行，这次流浪给他提供了丰富的创作素材和人生体验，成为一生受用的沧海风景。

投身武林，奠基形意

1909 年，归津后的阎道生重新步入生活的轨道，依靠绘画之长，供职于直隶教育图书局和商务印书馆天津分馆，绘制教科书插图。民国成立后，又在《民约报》和直隶学务公所社会科就职，开始与燕赵武林结缘。

《民约报》于 1912 年公历 4 月 1 日正式出版发行，由上海北上的同盟会会员汪兆铭(即汪精卫)、陈其美筹款在津创办，革命党人陈天民主其事，林纾为总纂，每天出版报纸两大张，同时附画报一大张，由阎道生编辑，宣传革命之意义。阎道生与京津一带同盟会员接触很多，交结了不少具有革命志向的朋友。其时，中国同盟会直隶成员张继、王法勤、顾德宝等人正筹备同盟会燕支部，同时联络武术家准备成立北方第一个武术团体“中华武士会”，鼓励同盟会员加入武术组织，培养尚武精神。阎道生虽未正式加入同盟会，但积极参与同盟会发起的武术团体，践行孙中山先生“强国强种”的理念。青年阎道生思想进步，保持着中国传统知识分子的良知和爱国热忱，同时也恪守着自己人生的另一个操守，“不奉党”，一生未加入任何党派，保持着自己在政治上的独立。1912 年 6 月 16 日，中华武士会在三条石直隶自治研究会总所召开成立会，之后中华武士会会馆定址河北公园内学会处，即阎道生供职的直隶学务公所，隶属于社会科管理，阎道生作为学务公所同人，拜中华武士会教务主任李存义为师，被编入本部第一班。阎道生寓居学务公所二楼，自号“北溟剑士”，室号“剑光庐”，一直到 1916 年辞去学务公所事务，专职中华武士会执教。

阎道生从师李存义习形意拳、八卦掌，受教于李彬堂最多，刻苦习练，寒暑不辍，颖悟锐进，遂得李存义父子真传。形意十二形中“燕形”是他最拿手的绝活，表演之时，身子贴地，能在板凳底下一掠而过，出去丈余，再次俯身下探，掠过第二条板凳，轻盈落地，俗名“燕子抄水”。1923 年，孙禄堂曾作《拳意述真》一书，书中为前辈大师宋世荣作传，写到宋世荣精于燕形，及见阎道生演习，孙氏惊为绝技，可追前辈。《拳意述真》最终由阎道生校订，皆因孙禄堂对阎道生文通武备的钦服。阎道生还擅长抖杆子，在中华武士会有“杆子阎”之称。

经李存义老师介绍，阎道生还就学于李瑞东先生，学习太极剑法，融形意、八卦、太极于一身，兼收并蓄。“习形意，十余年来尤笃爱剑，所好头合剑、二合剑、八卦剑、龙形剑、三十六剑、连环剑、十剑以及十三刀法皆精妙，有心得。”[①]“十剑，极飞跃闪变之妙。十三刀法，殆即五公山人受之孙夏峰者。”[②]中华武士会成立之初，“新安王子铭师兄以十刀献于武士会，吾师深许高明，立证为夏峰先生所

①杨明漪：《近今北方健者传》，天津：直隶教育印书处，1923 年，第 43 页。
②杨明漪：《近今北方健者传》，天津：直隶教育印书处，1923 年，第 44 页。

遗也，且夏峰本以剑术名，后世诬习为刀，今需改正。吾师博学多闻，当具只眼也。”[①]阎道生遂与王子铭师兄学得十三刀法，为以后创编十三剑法打下基础。阎道生在日记里记录了他常年研习剑法的经历：“十三剑，在民三年学之新安王子铭师兄。当时，余尚造图说，李老师甚悦之。及民六李星阶兄由云南归，以此非本门之术，渐恶之。予因焚其图说，遂舍而不习。十五年秋，策大伯母由南归，余往视之，既夜深不寐，遂掩门潜归。一路清净无人，因思十剑，得势三十余手，虽不能及全豹而亦觉为可观，复到津与任丘李玉琳研究。廿年冬，又与热河卢文焕研究，订为拿、撩、洗、提、扫、截、云、劈、割、诱、砍、谢、刺十三点。今朝有兴，复加添减，觉更大方，且成一气，最尾云即成云字，云收为提，从此不再变更矣。复订十三字为拿、刺、洗、扫、截、钩、劈、割、诱、撩、谢、云、提，以此名十三剑。”[②]这本书定名为《十三剑》，行世。1926 年，阎道生在日记里曾记录了与好友傅振嵩习剑的过程，十五年“八月初六为内子生辰。傅乾坤（振嵩）来三日矣，研究剑术甚精细。有云，得道者须有缘人。我游十载，真艺竟于家得之。”[③]

1916 年 4 月 2 日，中华武士会本部第一班学员毕业，在河北公园举行了隆重的毕业典礼，五名毕业生分别表演了武技，向同门及来宾汇报，天津《大公报》予以报道。现存毕业摄影一幅，照片背面有阎道生题识：“五年四月为武士会卒业之日，照相以志。倚石而坐者为胶州杨林生，洋服中坐者为广州三水县罗斌甫仲贤，倚栏而立者为定兴胡子高，凭栏微喜者为云南王湄午也。湄午名恕，王人文

①阎道生：《阅庐日记》，台北：逸文武术文化有限公司，2010 年，第 44 页。
②阎道生：《阅庐日记》，台北：逸文武术文化有限公司，2010 年，第 43 页。
③阎道生：《阅庐日记》，台北：逸文武术文化有限公司，2010 年，第 12 页。

之子，当年病弱将危，幸得李老师之传授拳术，今日已成赳赳丈夫也。”

同师弟王湄午一样，习拳前的阎道生由于常年在外奔波、闯荡，生活、饮食无规律，身体虚弱，胃病严重，经过日夕修炼，脱胎换骨，渐成坚毅雄浑、敏捷英勇之气概。一年夏天，阎道生在津染上急性伤寒，数日高烧不退，遂由一名脚夫护送，回乡隔离调养，路遇四名劫匪，形意之功初露。从杨柳青至扬芬港村为十八里青纱帐、树灌，道路不靖，常有一伙歹徒出没，商旅忌惮，四名歹徒见只有一个脚夫与卧倒的病人，有恃无恐，拦路索财，阎道生借病态摇晃起身，俟匪徒靠近，施展形意拳法，将四人重创于地，匪伏罪而去。

当时中华武士会有名闻武林的“定兴三李”，亦称“李氏三杰”，即李呈章、李星阶、李子扬三兄弟，还有小有名气的“阎氏兄弟”，即阎道生、阎飞龙二人。阎飞龙，字娇虎，静海独流镇人，阎道生堂弟，受阎道生影响，加入中华武士会，拜师李存义，从李彬堂、阎道生习武，学有所成，中华武士会举办春秋季武术表演大会，阎氏兄弟均一起担任裁判，后阎飞龙从军，骁勇善战，受吴佩孚赏识，曾充武昌警备司令，最终战死沙场。

数年习练，阎道生一改矜才自傲的书生气，谦和低调，隐忍内敛，愈见风骨。他自言武功尚未精绝，步侪辈后尘而已。遇相争之事，从不恃武伤人，敬以持躬，恕以待人。在家乡习武时，闻鸡起舞，清晨收功即扫去院落里的脚印，撒水洗尘，从不惊扰家人和邻居。

在习武修身过程中，对阎道生影响最大的是李存义的人格魅力。阎道生在日记里写道：“李老师，深县存义先生也，为河北形意拳之祖李飞羽先生之再传弟子。为人忠诚慈惠，为士夫愧对，平生不言人过，闻人有难事，则泣有声，凡来者不必通姓名，则倾囊以助，时人以武圣人称之。人恒名为单刀李，而究不知单刀之神。闲综国术数贤豪，还是吾师道艺高。劈面一刀破群技，伊谁不拜李单刀。”[①]先生侠骨佛心，恩泽四海，高尚的人格成为了阎道生一生追求的目标。多年以后，在中国武林渐成往昔的岁月里，不管是兵荒马乱的日子，还是政治斗争盛行的年代，每一个除夕的夜晚，阎道生都要取出珍藏的李存义老师的遗像，供奉起来，陪伴恩师度过一年中最后的夜晚。

从 1912 年至 1915 年间，阎道生与教育界同人杜之堂主持编修李存义口述的系列拳谱，作为中华武士会本部学员的学习教材。杜之堂，字显阁，河北广宗人，从小喜武，光绪二十三年(1897)举拔贡，游学保定，受业于莲池书院主讲吴汝纶，民国初期任天津女子一中国文教师，兼职律师。同时，杜之堂还是一位书法家，与阎道生友善，中华武士会遂聘请杜之堂为主笔，阎道生负责绘制，开始了形意拳史上首次全面系统的武学编修。现存 20 世纪 30 年代阎道生抄录的《形意六合拳谱》一书，内有阎道生眉批，披露了当年和杜之堂一起，辅助李存义整理拳谱的一个细节：“脱字讹字当不少，二百年传抄互有错落，习拳者功到自能领悟。尝闻吾师云，形意拳出于山西戴龙邦先生家，以上即托岳武穆为五行拳宗。先年在津与杜显阁考据，岳公教兵拳勇，无五行之名，盖系后世托古所附会，或是相演立此名者。”可以看出，李存义治学严谨、实事求是，不迷信不虚饰，因此杜之堂和阎道生编修的形意拳谱系列从未附会和夸大本门历史。

《五行连环拳谱合璧》是流传最广的一部早期著作，1984 年台

①阎道生：《阅庐日记》，台北：逸文武术文化有限公司，2010 年，第 44—45 页。

湾地区“教育部”“体育部”出版的《体育大词典》曾对此书进行考证:“《五行连环拳谱合璧》。书名。李存义口述,杜之堂编录,阎子扬绘图,天津武士会出版。木版,线装本。出版时间不详,惟精武本纪(上海精武体育会十周年纪念特刊)、技击、武库,列有此书。考精武本纪出版于民国8年底或9年初,则此书应在精武本纪以前出版者。”①(原刊词条中“閻”字误为“閔”,今勘正)

对于此书的武学价值,中华武士会第二任会长李星阶曾孙李洪钟进行研究,撰写《〈五行连环拳谱合璧〉赏析》一文:“《五行连环拳谱合璧》是天津中华武士会成立初期由李存义口述、杜之堂编录、阎子阳绘制的我国第一部形意拳术的教材。该书为此后出版的形意拳著作树立了典范。一、建立了系统通俗而层次井然的理论体系。清末流传的形意拳著作,其理论多晦涩难明,同一主题的论述,多分散于全书的不同章节,缺乏理论的层次性、逻辑性。对文化程度较低的习武者来说,如同天书一般,很难正确地指导练拳实践。《五行连环拳谱合璧》一书,对古人的写作方法进行了彻底的改革,实现了理论的系统性、层次性。该书首先阐述形意拳的理论基础——五行理论以及与五行相对应的五脏与五拳;继而介绍了人体基础知识——四梢理论及四梢在拳术中的相应练法和功用。更为难能可贵的是作者把零散存在于古拳谱中的有关形意拳的各部身形要求,做了精准的提炼,总结出了“八字诀”“九歌”这样的不朽篇章。这些基本要求通俗易懂、合辙押韵、朗朗上口,便于记忆,成为了后世传人练习形意拳的准绳,直至今日仍为形意拳著作所引

①台湾“教育部”体育部大词典编订委员会主编:《体育大词典》,台北:商务印书馆,1984年,第491页。

用。二、开创了详细图解拳术的先河。此书问世之前的拳谱，多是只有文字理论，没有插图，即便有图的也无详细的图解，使读者只能望书兴叹，无法学习。《五行连环拳谱合璧》的插图由李存义弟子著名画家阎子阳先生绘制，由于阎先生既是绘画大师又是武林高手，他所画的拳姿，能够精确地表现形意拳的技术要求，同时把动作之间的过渡状态也用虚线形象的描绘出来，还把拳术的行进路线准确的画出，使学者一目了然。该书的图解方法为后世出版的武术著作树立了新的模式。由于该书的口述者李存义为当时的武林泰斗，整理者杜之堂和绘图者阎子阳都是当时的文坛巨匠，使得该书成为我国第一部具有现代形式逻辑的规范的武术教材，开创了我国近现代武术教科书的基本模式。《五行连环拳谱合璧》一书在我国形意拳发展史上占有极其重要的地位，是一部影响深远的不朽之作，连同其后整理出版的其他著作一起，奠定了河北形意拳的理论基础，促进了民国时期中华武术黄金时代的到来。”

现存由杜之堂、阎道生合作编绘的形意拳谱还有《八字功谱》《连环剑谱》《五行剑谱》《梅花剑谱》《飞跃剑谱》《三十六剑谱》等多种，限于当时的出版条件，仅有部分采用木版印制，大部分为油印，还有一部分手抄本。1915 年，教育部在全国明令开设武术课程后，形意拳走进校园，直隶各省武术教员多由中华武士会会员担任，这些拳谱也随之变成各学校的武术教材范本，直接用于武术教学。如 1916 年，保定陆军学校开设武术课，成立武术研究社，于 1918 年出版《武术研究社成绩录》一书，为保定陆军学校“同人将年来所习拳术课目而订之为成绩录”，此书中大部内容采用了李存义口述之拳谱，之后，这部教材又传播到山西、云南等校。而更多的形意传人把这些拳法带到全国各地进行传播，推动了形意拳的普及和发展，使形意拳在民国时期形成主流。

襄办武馆，志在终焉

1916年，因袁世凯称帝，民国进入政治动荡时期，阎道生在直隶学务公所社会科主持的年画改良运动被迫中止，便离开官方机构，专心执教于中华武士会本部。时李存义任会长，嗣子李彬堂主持教务，阎道生等为教员，专职授课。杨明漪《近今北方健者传》一书云："中华武士会创始于李存义，实施教而持久之者，乃郝海鹏、李彬堂、李星阶、阎子阳也。"①

阎道生授课的特点，亦是文武并重，不拘一格，根据学员的特点衍其所长，尤其适合各校教师及高等学生。天津新学书院学生刘楚轩、清华赴美预科班学生卞鑫洲就是其中的佼佼者。二人同时就学于李彬堂、李星阶与阎道生，拜师李存义，与李彬堂、李星阶、阎道生以师兄弟相称，相濡以沫。1918年，在中华武士会本部毕业之时曾摄影留念，题赠师兄阎道生："子阳师兄惠存。戊午夏楚轩鑫洲合影以赠。"1933年，阎道生有感而题："癸酉晒书见象片而相忆。刘楚轩，笃学，曾研学于余，广东人，文学武术俱有可观。数年不见，娶妻未生而殂，其二兄亦继没，至今一门双寡，家境如此可悲矣。闻伊长兄尚为银行经理。卞鑫洲，名彭年，某银行经理卞白眉之长子，兄弟五人皆学于武士会，而鑫洲与楚轩为投帖于我师者。伊幼慧，入美大学，不知何者，未几，竟入疯人院，人生变化亦可叹矣。"新中国成立后，卞鑫洲任中科院电子研究所研究

①杨明漪：《近今北方健者传》，天津：直隶教育印书处，1923年，第22页。

员,是我国著名的电子物理学家。

河北法商学院学生董怡如是阎道生的入门弟子,习文练武。董怡如1908年生于天津,20年代拜阎道生为师，是天津城南诗社秘书、代理过广智馆馆长和河北教育厅长、商职校长。30年代,多次与张占魁、李子扬共同主办天津市体育运动大会，在体育界颇有威望。新中国成立后效力于我国的体育事业,被国家授予多种荣誉。董怡如是国内知名的文武全才,1990年82岁高龄时,仍精神矍铄,在北京民族文化宫举办个人书画展，亚运会前为大会挥毫50余幅，让体委主任袁伟民感慨道:“体育界老前辈，能书会画者太少了,您能赠画赋诗真是太可贵了。”我们从董怡如身上也看到了其师阎道生的才能和风度,应了名师出高徒的俗语。

李敦素是阎道生在中华武士会后期传授的弟子。李敦素出身于中国北方最著名的武术世家,津门武林“定兴三李”李星阶之后,其武学、书画得阎道生衣钵,今天我们能看到的《十剑谱》一书就是阎道生传授于李敦素的武学著作,并由李氏后人珍藏至今,李敦素先后在天津法政大学、北京中法大学任教,受到过教育家李石曾等人的提掖。抗日战争爆发后,不甘做亡国奴,抛却富贵利禄,与父亲李星阶回乡组织抗日队伍,具有高尚的民族气节,这一点尤与其师阎道生相仿。

整理武术典籍、从事武术教学之外,阎道生重在襄办武馆,构建内家拳在中国北方的活动、传播基地。中华武士会是爱国武术家、教育家、政治家共同发起、合力兴办的公益性民间武术社团,创业之初就确立了“发展中国固有武术,振起国民尚武精神”的宗旨。阎道生就是在这种背景下投身武林,走上武术救国之路的,所以他把襄办武馆作为报国之志,践行不辍。1914年阎道生联络津门36

位著名书画家，发起天津红十字会书画慈善会，书画颇受欢迎，有慈善画家之誉。他利用自己的社会名望，以捐卖书画为主要方式，为中华武士会募集资金。杨明漪在《近今北方健者传》一书写道："予与子阳友善十余年，相谈拳械书画事甚众，见其精治缣素，资酬臂助之人，予曰：何为自苦哉，此会非君家物，且平民教育，为人群互助之业，责不专在我辈。子阳曰：君子哉若言，视世人皆禹稷矣，然国粹湮没，世不之信，且有以多事目我者，以是得不倾覆，区区书画何珍焉。"20 年代，阎道生的工笔人物画达到二十大洋一平方尺，为津门书画家的佼佼者。30 年代，又不断提高，阎道生随身弟子李敦素生前回忆："我见过阎先生的画卖到六十大洋一平方尺，全捐给了武士会，自己却不富裕，过着清贫的生活。"

1917 年，直隶督军曹锟赏识阎道生之画品，曾到河北公园拜访画家。阎道生与其切磋画艺，濡笔谈欢，临别互赠作品。不久，中华武士会即上书曹督军，呈请提倡维持："河北公园内中华武士会自民国元年开办以来，讲授本国固有之武术，造就学校技击之师资，历经北京训练总监、南京武术研究社暨各省、本省各级学校团体延聘，该会人员充当教习成效卓著，久为各界社会所欢迎所赞许。惟该会自冯大总统批准立案拨给会所捐资提倡之后，迄未筹有的款只恃教职各员甘尽义务推广传习，本于爱国之热忱，奋为强种之善举，艰难缔造煞费苦心。现闻该会因曹督军素重拳勇关怀武术，已于日昨呈请提倡维持。际此国势阽险之日，幸值硕果仅存之余，曹督军卫国经武定有一番倡导也。"(《益世报》)其后，曹锟常往武士会视事，提供资金，聘请武术人才。

1918 年夏，天津博物院开成立展览大会，以中华武士会为主体，阎道生协助老师李存义及师兄李星阶，召集北方数省 60 多个门派，300 多位武术家莅会表演，规模之大，影响之广堪称空前。各派之间沟通了感情，交流了技艺，受到社会各界的嘉许，数百群众踊跃报名加入武士会，武士会利用天津城厢附近的四个宣讲所，除原有的甘露寺（北大关）宣讲所、天齐庙（东马路）宣讲所，还在西马路、地藏庵（河东粮店街东）两处宣讲所，设立武士会分部，与天津社会教育办事处共同推行社会教育，兼筹并顾，形成德智体三方面兴学的一部分。

北京万国赛武人会后，北方各省掀起习武热潮，前来中华武士会习武人员彻夜不断，令年事已高的李存义难以应付，隐居在英租界弟子张天普家中，由继任会长李星阶掌门。李星阶在主持武士会期间，秉承李存义的办会理念，团结武林人士，联络各个门派，以武术教育为主旨，与阎子阳、王子翙、杨明漪、韩怡庵等一批武士会的骨干成员做了大量卓有成效的工作。

1920 年，直隶实业厅、商品陈列所和天津博物院联合举办展览会，附设武术馆、游艺馆演习技艺。武术表演大会，以中华武士会为主体，参加大会的还有北方数省数百位武术名家。大会取得了极大的成功，为此二单位联合为中华武士会颁赠奖章。这几次重要活动，影响波及全国。社会各界士绅名流，经常到中华武士会观摩，遴选人才或结交朋友，中华武士会成为我国北方武术教育活动的中心。

这个时期的中华武士会成为北方武学的重镇，诞生了一批武术史上的名著，如孙禄堂的《拳意述真》、杨明漪的《近今北方健者传》、阎道生的《十剑谱》等。前两部著作均经阎道生校订，细心为同人斟酌润色。难能可贵的是，阎道生在图书出版时总是悄悄隐去自己的功绩，默默付出。如今我们看到的《近今北方健者传》版权页上校阅者署名黄健亭，其背后却饱含了阎道生的心血。这就是阎道生的行事风格，几乎在他参与的每一本书里都淡化自己，突出同人。阎道生为津门书画巨擘，常有武术界朋友出版著作请求题字，阎道生一律谦逊地婉拒，不愿露名。《十剑谱》是阎道生根据乾隆时期的手抄本整理、绘制，也是其最为擅长的剑术之一，所以绘制起来得心应手、惟妙惟肖。其谱十势：烘、劈、压、推、扫、洗、斩、钩、拿、刺，为后来编创十三剑提供了范本。其十剑传皆传于门生李敦素。目前，存世的十剑谱有两种，一是阎道生的版本，另有湖社名家陈少梅绘于 20 世纪 50 年代的版本，其人物画功底稍逊。所以，阎道生的十剑谱除去它本身的武学价值外，还具有特殊的美学价值。阎道生以神来之笔，传达出中国传统武术古谱中的绘画之美和武技之美，两者珠联璧合，宛若天成，被誉为“世上最美的剑谱”。

在阎道生的推动下，中华武士会也成为新文化思潮的传播之地，20 世纪影响中国的社会主义思潮的传播者，经常活动于武士会，如教育家姜般若，是天津第一个社会主义青年团小组成员，还有中华武士会成员、无政府主义者马阜，与阎道生契若金兰，他们思想前卫，文化超群，为天津的思想和文化发展做出了贡献，可称为近代天津文化“三杰”。从现存马阜致阎道生的书信中，可略窥当时三人的义气与爱国情怀。

1925 年，奉军将领李景林任直隶督办兼省长，武士会的会所被奉军军队占为营房，会长李星阶找李景林交涉，二人一见如故，结为知己，经常在一起谈拳论剑，后来李景林把自己的儿子托付于阎道生学习书剑，阎道生也与李景林结成挚友，凡会中有难事，阎道生便亲自登门，请款或求援，无不迎刃而解。“李督办自到任以来，对于军学各政，无不加意整顿，于武术教育尤注意焉。中华武士会为本埠唯一之武术体育机关，矗立十数年之久，向无的款，全赖教员捐资维持。李督办为求武学之发达，月之二日，特招该会教务主任李星阶研究提倡办法。每月补助常年会费百元，及修房费三百元，以资会务扩充，而发扬国粹云。”（《益世报》）

1926年秋，李景林败走天津，天津陷入军阀混战的局面，中华武士会进入有史以来最艰难的时期。阎道生把全部精力、物力投入到武士会，家中也同样面临生存的困境，阎道生的父亲于一年前去世，由于经济困难，加上水灾淹没祖茔，居然无法发丧，浮厝家庙，只能等待来年。阎道生在日记里写道：“（民国）十五年。去岁乙丑十月，李芳辰败走天津后，武士会竟一变为驻军之区，朝夕支应，不堪其劳。若此曷以筹严亲之殡事，惄焉忧之。遂于丙寅清明前解脱会务归家，移案几于家祠，遂专以画为事。思若得半载所售，复加以好秋，九月间即可卜葬发引。时小庄小族长相伴研文字，恩多小族叔晚来习武术，于振仑复常来瞻顾，是有向学者。我二十年以客为家，今始知乡里之乐趣也。”此时中华武士会由于兵灾，岌岌可危，阎道生复忧父亲殡事，寝食不安，遂临时回乡喘息。然而，阎道生在日记里随即写道：“六月间赴津，张罗画件藉筹武士会之事。小住六七日，连日大雨。及归，瓜田已成泽国矣，忧之。”形势稍有好转，阎道生即张罗画件，筹措资金，继续执着于武士会。

中华武士会成员杨明漪与阎道生共事十余年，是中华武士会发展的亲历者，在《近今北方健者传》一书对阎道生的评价是：“襄办中华武士会，有终焉之志。”“中华武士会矗立十余年之久，经劫不稍颓者，子阳与有力焉。”“为人沉默寡言，不以其能示人”，对阎道生之于中华武士会给予了精确的评价。但阎道生对自己的奉献，从不夸功，亦不言表，在书信日记中也绝少提及，以为人性之常。

1928年，中央国术馆成立后，各省政府闻风而起，纷纷兴办国术馆，民国政府颁布“统一国术，取缔武术团体”的规定，中华武士会作为原北洋政府武术组织，亟待改制，会长李星阶顺应形势，与北平警备司令张荫梧、河北省主席商震、天津警备司令傅作义及社会名流发起，成立河北省国术馆，李星阶被公推为教务处长。中华武士会完成了它的历史使命，一部分成员投入到中央国术馆、河北省国术馆、天津市国术馆、天津县国术馆，一部分成员在民间组织起新的团体。阎道生依旧坚守着自己一贯的民间立场，谢绝了友人张荫梧、师兄李星阶的邀请，转赴程海亭、蒋馨山主持的净业庵国技研究社，再次置身民间武术社团，直至1937年七七事变因忧愤于国破家残，遂退出天津武术界、文化界，隐居乡里。

年画改良 引领新风

1958年，阎道生在回复霸县人民委员会文化科来函征画的书信中，这样介绍自己的艺术履历：“至于我是幼时读旧书而不成，十四五岁即好画，继则以此为生活，在津卖画三十余年，先是专作人物，后亦兼山水与花卉，近年眼花手笨，即改换劳作，只就田畴中拔草拾柴而已。”

14岁，阎道生拜静海县一位民间画师学习绘画，并随师在杨柳青炒米店卖画。杨柳青年画成为了阎道生艺术生涯中最早的尝试。钱慧安的线描技艺、高桐轩的写实风格，以及杨柳青年画中的世俗之美，对其影响很大。阎道生始售花卉，喜欢象征富贵的牡丹，并且不断为杨柳青年画作坊提供画稿，渐渐转向人物画创作。1909年，北归后的阎道生就是凭借少年时代练就的线描功夫，绘制教科书插图。民国成立后，兼职《民约报》画刊，绘制了大量宣传民主共和思想的作品，仍然是以白描为主要手法。本年6月，直隶提学使司学务公所(后称直隶教育司)社会科成立，阎道生担当起了更为重要的艺术创作，开始在直隶省改良旧有年画，推行具有新思想、新文化、新风尚的新年画。

当时的天津是中国北洋新政的基地，社会政治多元、文化多元，各种新思潮、新事物弥漫于全社会。宽松的社会环境为文化转型创造了条件，为有良知的文化人提供了服务社会的契机。在这种社会巨变之际，阎道生凭着文人的良知，俯身屈下，放弃旧时文人的清高，率先用民间艺术为社会进步服务，为底层群众服务。

1912年10月，由阎道生绘制，直隶学务公所发行的四幅彩色石印年画《戒缠足》《幼稚园》《家庭教育》《打球图》同时推出，拉开了民国初年改良年画运动的序幕。之后，一批宣传剔除社会“四毒”即鸦片、赌博、早婚、嫖妓题材的，宣传科学、破除迷信、诚实守信、珍惜光阴、立志报国等内容的石印年画，也在直隶教育司推动下流布开来。作者皆是阎道生。这些改良年画都由阎道生自配白话诗句、说明和点评，文字浅显、通俗易懂，深入人心，如在《戒缠足》中写道：“莫缠足，莫缠足，缠足真个苦，一双小脚两眼泪，筋断骨折血肉枯，文明女子尚天足，大方真自如，何必忍心害理下毒手，致令女儿终身痛切肤，劝世人，莫缠足。”鞭挞了残害女子身心健康的封建陋习。《打球歌》写道：“莫迟迟，练得腿快眼光疾，胆子越大身子越结实，好哥哥，好弟弟，打球去，莫迟迟，他日边疆有战事，好为国家效前驱。”鼓励青少年锻炼身体，将来效力祖国。《破除迷信》写道：“宇宙万象，离离奇奇，若推其理，皆有可知，自然作用，物理为之，科学所考，已无可疑。岂有风伯？岂有雨师？迷信鬼神，其心太痴。更有陋俗，不值一謦；求神祈雨，远道奔驰，抬一神像，遮以柳枝，露顶跣足，相追相随，肃肃其容，喃喃其词，其心实虔，其愚堪悲。嗟此妄举，尸之者谁？戒之戒之，勿事自欺。”呼吁人民摈弃陈旧迷信思想，追求新风尚。《阿豺》一幅中则画面是少数民族：“吐谷浑阿豺，一人令其二十子各奉一箭，令其弟慕利延取一箭折之，既断，又令取十九箭共折之，慕利延不能折。阿豺曰：‘汝曹知否，单者易折，众则难摧，戮力一心，然后国家可固。’”告诫世人，全国人民团结一心才能抵御外侮。《楼护》则是一则流传很广的汉代楼护怜老济贫的故事。《游杨立雪》画的是宋代游定之杨中立就学于理学大师程颐立于雪中待老师睡后召见的画面，弘扬了爱国主义及传统美德，达到了启蒙民众唤醒民众的目的。

民国元年，阎道生还为戴廉增画店绘制了木版年画《中华成立，欢迎共和》《世界大同，文明进步》。《中华成立，欢迎共和》又称《中华成立，民族自强》，为同一画样，此图为辛亥革命后年画界最早出现的拥护民主、共和的经典作品，各画一美人持一五色共和国旗和一折枝花卉，旁随穿制服之学生，游行街上。童子高举一对灯笼，上插一象征五族共和之五色国旗。《世界大同，文明进步》，全图人物以学生跳高、踢球等体育活动为主。同时，画面人物皆穿着新式衣服，行新式鞠躬之礼。背景绘以彩扎牌楼，悬挂民初之五色旗及各国国旗，牌楼上的楹联为：“南北统一纪念，专制已除尽带维新气象，共和初定咸怀尚武精神。庆五族一家，政治变革专制灭，人民共造共和春。贺共和万岁，后世文明基此际，前途幸福立斯国。”反映了辛亥革命后，人们要求文明进步的思想和喜悦欢乐心情。

1913 年 3 月 23 日《大公报》在本埠新闻头条以《改良社会之进步》为题进行报道："教育司社会科去年编印改良年画，行销畅旺，社会欢迎，颇著成闻。刻闻该科于此事仍力为进行，逐日出稿，印刷已至二十余种，惟此次印出者，并不出卖，乃分寄天津县之杨柳青镇及丰润县之丰台镇各画店作为模范稿，以资取法，俾得仿效，因而东三省及山东山西各省教育司皆派员或来文向该科调查以资仿办。"

至此，各年画出版商纷纷掉头出版新内容的改良年画，他们或翻印官方已出版的改良年画，或请人创作新内容新时尚的年画。当时的年画出版巨头戴廉增又专门请阎道生创作了《文明娶亲》《谎言无益》《恩加乡里》《信实》《恤孤》《夫唱妇随》等画稿。

这期间，传统杨柳青年画从内容到艺术风格都有了质的变化，呈现出生机勃勃的局面，改良年画成为天津新文化的亮点。传统杨柳青年画也由此发生嬗变，在由传统到现代的进程中迈出了具有里程碑意义的一步。

可惜的是，轰轰烈烈的年画革新运动，因袁世凯称帝引起的社会动荡而告一段落，其后，阎道生离开直隶教育司，专职中华武士会执教。

著名年画史学家王树村在《中国年画史》中对阎道生的改良年画成就给予了肯定，考证了阎道生留下的部分作品。2012 年，其孙王进主编《民国初期天津改良年画选》一书，收录了王树村年画艺术馆、杨柳青年画社及天津博物馆收藏的阎道生改良年画二十余幅。2012 年正月，天津人民美术出版社举办"社藏老年画展"，展出了阎道生绘制的《戒缠足》《孟母择邻》《班超投笔》《打球图》《新小学与旧私塾比较图》五幅代表作。

津派巨擘 书剑合璧

津派绘画具有明显的地域风格，即多元、包容与创新。为天津画派形成奠定基础的大师中，阎道生举足轻重，不可或缺。他创作的人物画开拓了津派国画的新格局，为津派绘画的成熟与发展做出了自己的贡献。

19 岁的阎道生赴湖北读书时，随身携带着马镜江的《诗中画》，临摹前辈大家的作品是阎道生最初习画的基本手段。肄业后，阎道生游历湖北湖南，临摹山川风景，一度到达南京、上海，为自己的绘画生涯提供了丰富的素材。阎道生书法初师黄山谷，后摹石门铭及素师狂草。绘画私淑任伯年及扬州八怪，颇具海派风格。清末教科书的出版及民初改良年画的发行，使阎道生名声大噪，虽然教科书及改良年画皆不署名，阎道生的名字还是从教育界传播于世，所以阎道生出道很早，少年得志。1914 年阎道生联络津门 36 位书画家成立天津书画慈善会时，是年龄最小的一位，被画坛寄予了厚望。现存阎道生 1919 年、1921 年、1925 年的画例，价格逐年递增，受到市场追捧。

历史上，天津绘画始于明而盛于清，民国时出现辉煌。在清代，天津画家主要受“四王”吴恽的影响，另外还受明四家及宋元一些画派的影响，天津的山水画，主要承系“四王”以及“娄东派”王原祁的传统，一直延续到近代，出现了陈少梅等大家。花卉方面，主要受恽南田等画家的影响，没骨花卉，特别是孟锈村和他的几个弟子，张兆祥、陆辛农等，成就很高，并出现了名家刘奎龄。但明清时代的天津人物画一直乏善可陈，民初阎道生的出现，开创了天津人物画之先河，在天津人物绘画领域独领风骚，其人物绘画对后世津派画家影响巨大，据画家刘子久介绍，湖社画家陈少梅，早年即以临摹阎道生的作品为借鉴，逐渐形成自己的风貌。

虽然由于民国时期天津绘画商业化程度的不足，阎道生作品的影响局限于直隶一带，但其作品作为海派绘画异地传播的典范，引起沪上画坛的关注。1927 年，经好友马阜联络，海派大师吴昌硕欲为阎道生拟定润格，在上海推出，以奖掖这位北方画坛的后起之秀，可惜遽然而逝，愿望未竟。时杭州灵隐寺主持深慕阎道生之佛道题材作品，派两人前来天津，诚请阎道生赴灵隐寺绘制壁画，因中华武士会事务缠身，阎道生婉拒了对方的盛意，推荐自己的一个画友前往，一个多月后，画友归津，灵隐寺托其为阎道生捎来礼品，再次表达出非阎道生本人无人能匹配灵隐之圣殿的邀请。

1930 年 2 月 7 日《益世报》对其画风、性格也作了报道。“阎子扬，名道生，扬芬港人，擅长人物，虽寥寥数笔，而神态生动，近则兼绘山水，渲染特妙，颇有山林之气，指头草画，亦豪迈超卓，惟惜墨如珍，倘非其人，虽豪势巨金，亦不轻作，其赋性古傲，颇有八大山人之风，为近今不可多得之作家。曾忆民初有师范学生嬲其作画，慨然命笔，绘一妙龄妇手提溺器（尿壶），素服麻冠，类似新寡，悲惨之状，活跃纸端，题曰《孝妇哭壶》，寓意滑稽，见者绝倒，并于绘事之暇，兼习武术，亦颇有深造，现居天津中山公园武士会。”同年，天津市立美术馆成立，为他举办了个人画展，而后作品赴日本参加中日现代绘画名家联展，摄影立传：“阎道生，字至阳，号阅庐，河北人，能书擅画，好剑术，喜歌咏，性恬默，不以其所能示人。家贫以画自给，故以画名。人物山水笔法伟岸，欲学陈章侯而复参己意，邈然高远，极斥脂粉蹊径，故白描画尤重于世。复追殷周鼎彝之学，文器兼重,考据颇勤,今年四十又六矣,尚力行不辍,殆保扬国学,无懈心者。"在日本应艺术界之邀出版了个人画集。

阎道生的画以写意为主,兼用工笔;精工人物,兼善山水、花卉。综观他的作品,既有鲜明的时代特征,又有独特的个人风貌。

阎道生最大的艺术成就体现于人物绘画。他的人物画取材广泛,内容丰富多彩。在人物画中不仅有名人轶事、历史典故、文学故事、神话传说,而且还有剑侠故事、淑秀才女、孩童嬉戏、渔樵庶人以及现实人的肖像等,突破了古人提出的人物画应多画"圣贤仙佛及高隐通达之流"的限定,从不同视角层面为人们展现了天上、人间各类各色的美好人物形象。而所画人物虽然多系古装,但形神兼备,令人可亲可近,生活气息浓厚,反映了画家思想的开阔、情感的丰富和对世间民情民风的关注。阎道生的人物绘画作品当中,仕女人物是他的重要内容之一。清代人物仕女画创作十分活跃,在嘉道年间,以美女为表现对象的仕女画更加引起人们浓厚的兴趣,以改琦、费丹旭等为代表的文人画家成为这一时期仕女画发展的代表。而清末民初之时,任伯年又受到陈洪绶、上官周、费丹旭等人的影响,将清代仕女画中的审美情趣、表现方式融入其绘画创作中。阎道生继承了任伯年的画风影响之后,将清代仕女画的风格进一步发展,创造出独特的个人风格。清代仕女画强调"玩赏性",人物造型趋于瘦削,到晚清则更加纤弱不振,但阎道生摒弃了这种格调卑下、思想不健康的作品,而是吸收了前人仕女画中如人物情态的含蓄温婉、景物配置得当、诗情化特征的加强,以及对于简洁美、境界美的探求等有益经验。阎道生在继承前人经验的基础上,又在反映仕女画人物精神层面上进一步融入现实生活的情感,将历史典故以及民间传说中具有阳刚之美或智慧之美的女性表现为笔下的仕女人物,这种美不仅仅是视觉的美,更具有内涵以及积极向上的审美情趣。这可以说是阎道生在仕女画上的一项重要突破。

其山水画,也是多彩多样,不仅有春夏秋冬之异,而且还有风晴雨雪之别,并且将点景人物与景物巧妙结合,使作品情景交融,富有诗意,别具清新活泼之趣,体现了对生活对大自然的热爱。

阎道生的绘画艺术兼融诸家,复参己意,而独具一格。从其现存作品可以看出,画家的画除师法明末大家陈洪绶之外,还吸收了清中后期改琦、费丹旭和清末“海派”任伯年、钱慧安,以及扬州画派黄慎等名家的长处。可贵的是,他不仅将诸家之长融为一体,而且还将自己富于金石意味的书法笔意和技击之功参入画法,既显出深厚的传统功力又富有新意,形成一种情韵蕴藉、苍劲高古的超越格调。其用笔朴拙而流畅,其用墨浑厚而多变,其用色鲜明而典雅;所绘人物形象鲜活而高迈,所绘景物天然而幽远,均给人以丰富的美感享受。当然,不同作品在共同特色中又有不同画法与情趣倾向。

阎道生的作品往往体现出诗书画三者的魅力,他自己是一位诗人,创作了大量诗歌作品。“有近二百篇传世,所吟于恬退中时舒宋唐筋骨,二径幽情,则堪成一抹靓丽夕晖矣。”

书法上,阎道生力追殷周鼎彝之学,对旭素狂草笔耕不缀,胸中自有怒猊、渴骥、镂凤、雕龙,毕生所习武艺尤能体现得淋漓尽致。所以,阎道生的书法作品,就是一路奇逸跌宕的剑术表演,而他的剑术套路,就是一幅酣畅淋漓的狂放草书。阎道生一生致力于形意、八卦、太极诸家剑术的研究演练,能将丹田之气贯至剑峰,运剑时,可见剑尖瑟瑟抖动;临池作书时,可把周身之气送到笔端,在其手迹的字里行间则多见颤笔。

他常教导自己的弟子，拈笔作书不可直入直行，要屻、挫、捻、转，才能含蓄多变，不板不滞。这一功法，同样体现在他的剑术之中，其剑锋无论洗、扫、撩、刺，都是螺旋运动，绞转向前，犹如龙行蛇走，显得神采飞动。

在写字作画神疲力倦时，阎道生常挥剑起舞，一番拧腰舒臂，恣意挥洒，即觉意气勃发，文思飞扬，再据案搦管，无不落笔生花，如有神助。阎道生在形意剑的迂回盘旋末尾的凌空一点，犹如狂草游丝婉转后的蓦然一顿，似高峰坠石，一点一顿，灵性相通，貌异神同，可谓奇妙绝伦。

阎道生晚年编创形意林泉剑法，把书法的乍徐还疾、倏聚忽散、参差错落的意态，巧妙地移植于剑术的腾挪回绕之中，并以艺术家独特的视角，超凡的悟性，将狂草造型的“雲”字，做了巧妙地、恰如其分地空间移位，使龙飞凤舞的狂草笔意在“展转云剑”的一系列动作中，得到了淋漓尽致的发挥。无论身段的高低、倚侧、俯仰、收纵，还是剑势的舒缓、柔韧、连贯、绵长，既具备了狂草的豪放激荡，又体现了剑术的淋漓顿挫，可谓神来之笔，在武术界是绝无仅有的。

乡里圣人　淡泊终生

阎道生还是一位民间教育家和慈善家。作为一个儒生及画师，阎道生孜孜一生经世济民，力行教化事业，其上下求索的历程和精神，使得他成为近代社会与教育转型中众多默默无闻而又最值得尊重的民间教育家之一。他一生对教育的追寻中，受四种思潮影响最深。一是先秦儒家经世济民及风俗教化的思想。阎道生遵循孔孟富民教民之旨,对于实业和民生尤其留心。又尤重社会教化,希望建立中国本位的新风尚。二是清代的颜李之学。阎道生对颜李之学推崇备至,并身体力行,引为身家性命。三是当时兴起的平民主义。四是道家思想。阎道生四种思想其实又是一以贯之的,分而为四,合而为一,贯穿其中的,是纯粹的人道主义。这种纯粹的人道主义,让阎道生不论在任何时代,从任何角度来审察,都算得上一位优秀的人师。

1929年年初,阎道生捐办的两所小学分别在天津西沽和家乡扬芬港正式成立,分别是天津私立桃林学校和扬芬港平民学校。桃林学校于1916年,由阎道生族叔阎鹤林租得西沽龙王庙后王姓废栈房一所,开设学校,在天津县立案为天津市34代用民国小学校,阎道生任董事,鼎力扶助。1929年2月阎鹤林病故后,在本校任教的阎午生接任校长,扩大规模,阎道生出资捐办,本校亦称阎氏小学堂。阎午生,阎道生三弟,民国元年(1912)在静海县高小毕业后考入天津法政学校,又转入北京中华大学法律科别,所有读书费用均由阎道生鬻画筹措,把三弟培养成才。1929年,阎道生又购置场地,为桃林学校建设操场,开设了体育课。扬芬港平民学校是本村历史上第一所新式学校,《阅庐日记》记载了当天开学典礼的情况。"旧历二月五日,平校开学。乡中识者咸集,为一时之盛。员教职务为济舟、少耕、紫晖、佩纶、佩青诸同志。会之余兴,有马熙臣之三合剑,余与紫晖之太极四手,终会作十番三遍。尔申来家祠就学。"平民学校设在阎氏家庙,教员由阎道生聘请,桌凳是阎道生捐做,出席开学典礼的并没有官方人士,典礼节目也完全由阎道生和他的弟子组织的昆弋班、拳房所包揽,这些都是阎道生家族特有的庆祝模式。

1934年,阎道生创办扬芬港女子学校。学制四年,教室在阎家祠堂大厅内,由静海师范毕业的王、萧二位老师任教。二位老师居住在阎宅南屋。阎道生兴办女学,提倡"男女平等",破除"男尊女卑""女子无才便是德"等旧思想。阎道生在女子学校设立了武术课,教授女生武术,这在当时成为一大新闻,在静海县一带影响很大。

1936年扬芬港完小教学楼建成。一年前,扬芬港小学由初小组建成完小。阎道生任校董,筹划将破旧的学校建设成新式学校。阎道生在天津考察了众多学校,最后选中了天津侯家后三十八校,取其教学楼为样本,绘图设计,准备施工建设。1936年由阎道生主办,史义熙等协作,动工盖楼。当时学校只有底款三四百元大洋,此三四百银元系梁郎氏所捐之校田收入几十年来办学之剩余。建楼工程虽已在白衣庙旧址掘槽打夯,可计划中的两千现洋并未到位。史义熙四处奔走赊借,阎道生忙于绘画、售画。此笔建校的二千元善款最终由阎道生捐出。教学楼落成,当地群众高兴地称之为"大楼",这是附近农村仅见的高层建筑,已属宏观巨制,成了扬芬港村的标志性建筑。杨柳青距扬芬港二十余华里,从杨柳青到扬芬港的行人,过了西河桥,从官厅或白滩寺一登上中亭堤远眺扬芬港,便可望见扬芬港有两栋大楼矗立在天宇之下,蔚为壮观。1947年静海县县长王锡侯来校视察,深为震惊,在《天津民国日报》接受采访,称扬芬港完小是河北省农村最好的小学校。解放后,扬芬港完全小学成为本乡各所中小学的前身。

然而,阎道生系一介布衣,并非豪门富户,他一生勤俭,梢有富裕就奉献于公益。"尝奔走冰天雪地中不辍,饥溺之怀,同乎古初,可以愧当时风天下矣。"

1937 年,在经历了名利场的浮华和江湖的风雨之后,面对国破家亡的社会现状,阎道生开始厌恶尘嚣,走向遁世之路,自甘与草木同腐。归隐后的阎道生生活在兵燹战火、自然灾害之中,仍躬身于学校教育、族事以及中亭河堤防会,修堤治水,以一己之力保全家乡父老。1937 年 8 月,日军攻陷静海独流镇,近三千独流难民到扬芬港村避难,凡二十余天,阎家祠堂由阎道生、阎少耕等人操办,小学校由史义熙等人操办,天主教堂由教徒操办,分头负责难民的吃住,村民捐款捐物,至使近三千难民平安躲过一场大劫难。为此独流镇在局势刚刚稳定之后即会集各界人士，带着旌旗罗伞和匾额到扬芬港隆重酬谢。

在乱世之中,阎道生始终保持着高尚的民族气节,不与日伪同流合污。1940 年前后,阎道生客居静海县城内,日军军官闻知阎道生的名声,前来索画,均被阎道生拒绝。日本军官十分恼火,把阎道生押到日军驻地,强令动笔。阎道生遂画一幅恶犬图,画面上是一只凶相毕露的狼狗,以影射和痛骂日军。此事被静海县百姓传为佳话。阎道生还鼓励自己家乡的弟子参加抗日队伍,如扬芬港村革命烈士邢玉明就出自阎道生门下。

1943 年 6 月,东淀苇塘土匪东挺支队百余人进村洗劫,枪杀无辜,焚毁阎道生家藏万卷书画,绑架阎道生及家人,索要赎金,阎道生竟然无力筹措,村人们纷纷施援,凑集了赎金,把先生从匪窟中救出。

40 年代,天津一贯道在扬芬港村设坛,发展会徒,阎氏宗族一位长者四合爷加入组织,竭力拉拢阎道生入会,期望以阎道生的声望来发展信徒。阎道生被邀至道场,参观法事,四合爷苦口劝说阎道生加入组织,阎道生申明自己不信教的原则,四合爷恼怒,召集预先埋伏的打手围住院子，放言如果不答应，今天就出不了这个门。阎道生滞留于道场，从容应对，以三体式站桩，静立院中，对围堵者视而不见，整整一天时间，阎道生岿然不动，如置无人之境，围堵者见阎道生有如此功力，深为惊讶，不敢贸然动手，天色一晚便散去。因为阎道生的无声抵抗，扬芬港村一贯道的香火不旺，也有一部分信徒撤出。

新中国成立后，阎道生加入天津国画研究会，作品代表河北省赴日参加中国画展，1957 年被县政府列为关心照顾的老艺术家。这一年，阎道生率领弟子们在扬芬港村绘制了大量象征着国泰民安、家庭美满、喜庆丰收等题材的壁画，对人们寄予了美好的祝福。阎道生也在一次次的政治风浪中苦度余生。1958 年，观摩天津市武术表演赛，归后，致书弟子李敦素，慨叹人世之沧桑、同人之凋零："吾去岁到津，知子扬三哥与春舫相继谢世，使人惊悼何如。吾们四五十年天津，一旦收场，岂不可叹。继起虽有人在，可也失却了当年的样子了。""又作津门客，无聊只自知。空余长剑在，独恨故人稀。小技难投合，衰年不适宜。明朝趁天气，还去卧茅茨。"

晚年的阎道生以书画诗剑为伴，崇尚老庄，自比陶潜，寄兴东篱，以恬淡超脱的田园生活为适，临终时虽贫病交加仍乐天知命。此时正是中国遍地饥馑的第三个年头，阎道生身陷无食之苦，无医之痛，在生命的最后，蘸指为笔，作了一幅绝笔画，以端午蟾蜍自比，表露了对生死的通达，对理想世界一以贯之的向往和热爱："吸得人间砚水枯，腹中含气口含酥。莫嫌形状无人赏，写向端阳作画图。"

（刊于《霸州历史文化之旅丛书·名人卷》，霸州市文联编印，2013 年 5 月）

津派绘画奠基人阎道生

津派绘画有明显的地域风格，即多元、包容与创新。为天津画派形成奠定基础的应首推阎道生。他既是天津文人画的奠基者，又是天津近代改良年画的开创者。

阎道生字子阳（又作子扬），后改至阳，号阅庐，祖籍霸州市扬芬港村人。家道小康，世代业儒耕读，其父阎恩焕，善音韵，喜昆弋，并习医济仁，早年曾从医为业，后专业教书，子阳出生时其父正在江西教专馆。

子阳幼年从父读书，12 岁拜静海县一民间画师学习绘画，开始在年画之乡杨柳青习画卖画。19 岁时考入湖北武备学堂，学习军事，肄业后游历湖北湖南，临摹山川风景，一度到达南京、上海，北归后落脚天津，展开了自己的艺术生涯。为津派绘画的成熟与发展做出了自己的贡献。这期间，阎道生书法师黄山谷，绘画私淑任伯年及扬州画派名家，技艺渐熟，名声渐震。天津绘画始于明而盛于清，到民国初年还有一次创新的飞跃。在清代，天津画家主要受“四王”吴恽的影响，另外还受“明四家”及宋元一些画派的影响，天津的山水画，主要承系“四王”以及“娄东派”王原祁的传统，一直延续到近代，出现了陈少梅等大家。花卉方面，主要受恽南田等画家的影响，没骨花卉，特别是孟锈村和他的几个弟子，张兆祥、陆辛农等，成就很高，并出现了名家刘奎龄。但历史上的天津人物画一直是个弱项，阎道生遂开人物画创新之先河。持久钻研，终成大就，奠定了其在天津人物绘画领域里的领军地位。其人物绘画对后世津派画家影响巨大，据著名画家刘子久介绍，湖社画家陈少梅，早年即以临摹阎道生的作品为借鉴，逐渐形成自己的风貌。

20 世纪 20 年代，阎道生与天津无政府主义思潮传播者姜般若、马觉非等结为挚友，并结识李大钊等京津共产主义小组成员，李大钊先生对阎道生的人品、画品极其钦佩，通过书信往来给予高度评价。1927 年，海派书画大师吴昌硕临终前欲为阎道生拟定润格，以奖掖这位北方画坛的后起之秀，可惜遽然而逝，愿望未竟。1930 年 2 月 7 日《益世报》对其画风、性格也作了报道。“阎子扬，名道生，扬芬港人，擅长人物，虽寥寥数笔，而神态生动，近则兼绘山水，渲染特妙，颇有山林之气，指头草画，亦豪迈超卓，惟惜墨如珍，倘非其人，虽豪势巨金，亦不轻作，其赋性古傲，颇有八大山人之风，为近今不可多得之作家。曾忆民初有师范学生嬲其作画，慨然命笔，绘一妙龄妇手提溺器（尿壶），素服麻冠，类似新寡，悲惨之状，活跃纸端，题曰《孝妇哭壶》，寓意滑稽，见者绝倒，并于绘事之暇，兼习武术，亦颇有深造，现居天津中山公园武士会。”同年，天津市立美术馆成立，为他举办了个人画展，而后作品赴日本参加中日现代绘画名家联展，摄影立传：“阎道生，字至阳，号阅庐，河北人，能书擅画，好剑术，喜歌咏，性恬默，不以其所能示人。家贫以画自给,故以画名。人物山水笔法伟岸,欲学陈章侯而复参己意,邈然高远,极斥脂粉蹊径,故白描画尤重于世。复追殷周鼎彝之学,文器兼重,考据颇勤,今年四十又六矣,尚力行不辍,殆保扬国学,无懈心者。”在日本应艺术界之邀出版了个人画集,为首获此荣的津派画家。

阎道生的画以写意为主,兼用工笔;精工人物,兼善山水、花卉。综观他的作品,既有鲜明的时代特征,又有独特的个人风貌。

具体说来,其特点之一,是取材广泛,内容丰富多彩。在人物画中不仅有名人轶事、历史典故、文学故事、神话传说,而且还有剑侠故事、淑秀才女、孩童嬉戏、渔樵庶人以及现实人物肖像等,突破了古人提出的人物画应多画“圣贤仙佛及高隐通达之流”的限定,从不同视角层面为人们展现了天上、人间各类各色的美好人物形象。而所画人物虽然多系古装,但形神兼备,令人可亲可近,生活气息浓厚,实际上不过是现实生活和自我心境的一种间接表现,反映了画家思想的开阔、情感的丰富和对世间民情民风的关注。

阎道生的人物绘画作品当中, 美人仕女人物是他的重要内容之一。清代人物仕女画创作十分活跃,在嘉道年间,以美女为表现对象的仕女画更加引起人们浓厚的兴趣,以改琦、费丹旭等为代表的文人画家成为这一时期仕女画发展的代表。而清末民初之时,钱慧安又受到陈洪绶、上官周、费丹旭等人的影响,将清代仕女画中的审美情趣、表现方式融入其绘画创作中。阎至阳就是继承了、或者说接受了钱慧安的画风影响之后, 将清代仕女画的风格进一步发展,创造出独特的个人风格。清代仕女画强调“玩赏性”,人物造型趋于瘦削,到晚清则更加纤弱不振,但阎至阳摒弃了这种格调卑下、思想不健康的作品,而是吸收了前人仕女画中如人物情态的含蓄温婉，景物配置得当，诗情化特征的加强，以及对于简洁美、境界美的探求等有益经验。阎至阳在继承前人经验的基础上，又在反映仕女画人物精神层面上进一步融入现实生活的情感，将历史典故以及民间传说中具有阳刚之美或智慧之美的女性表现为笔下的仕女人物，这种美不仅仅是视觉的美，更具有内涵以及积极向上的审美情趣。这可以说是阎至阳在仕女画上的一项重要突破。

其山水画，也是多彩多样，不仅有春夏秋冬之异，而且还有风晴雨雪之别，并且将点景人物与景物巧妙结合，使作品情景交融，富有诗意，别具清新活泼之趣，体现了对生活对大自然的热爱。其特点之二，是艺术方法兼融诸家，复参己意，而独具一格。从其现存作品可以看出，画家的画除师法明末大家陈洪绶之外，还吸收了清中后期改琦、费丹旭和清末“海派”任伯年、钱慧安，以及扬州画派黄慎等名家的长处。可贵的是，他不仅将诸家之长融为一体，而且还将自己富于金石意味的书法笔意和技击之功参入画法，既显出深厚的传统功力又富有新意，形成一种情韵蕴藉、苍劲高古的超越格调。其用笔朴拙而流畅，其用墨浑厚而多变，其用色鲜明而典雅；所绘人物形象鲜活而高迈，所绘景物天然而幽远，均给人以丰富的美感享受。当然，不同作品在共同特色中又有不同画法与情趣倾向。

一百多年前的天津是中国北洋新政的中心，当时的社会政治多元、思想多元、各种新思想、新文化、新风俗、新事物弥漫于全社会。宽松的社会环境为文化转型创造了条件，为有良知的文化人提供了服务社会的条件。在清末民初社会巨变之际，阎道生凭着文人的良知，俯身屈下，放弃旧时文人的清高，用艺术为社会进步服务，为底层群众服务。

宣统元年，受聘于直隶教育图书局画学部、商务印书馆天津分馆，绘制教科书插图。民国鼎革后，任《民约报》画刊编辑。《民约报》由上海北上的同盟会会员汪兆铭（即汪精卫）、陈其美筹款在津创办，革命党人陈天民主其事，林纾为总纂，每天出版报纸两大张，同时附画报一大张，由阎道生主编，宣传革命之意义。画刊发表了大量阎道生绘制的宣传民主共和思想的作品，反响极大。同时，阎道生仍受聘于直隶提学使司学务公所（后称直隶教育司），在社会科从事年画改良等艺术活动，担任主创。利用最亲民的年画开展了新风气的教化。当时的文人，对年画等通俗作品不屑一顾，但他却勇敢的力排众议，引领了年画的改良潮流。在作品中他用新视角将传统题材注入新思想，他亲绘了辛亥革命后天津美术界第一幅欢呼民主庆祝共和的作品。把天津旧年画里习惯表现的一些陈旧迷信的民间信仰、功名利禄、祈福盼子的内容改为宣传教育的重要性、教育环境的重要性、团结互助、立志爱国、破除迷信、戒早婚、戒缠足、戒游惰、诚实守信、文明娶亲、世界大同、恤孤、信实等新思想、新观念，使改良年画生机勃勃，成为天津新文化的亮点。1913 年 3 月 23 日《大公报》在本埠新闻头条以《改良社会之进步》为题进行报道："教育司社会科去年编印改良年画，行销畅旺，社会欢迎，颇著成闻。刻闻该科于此事仍力为进行，逐日出稿，印刷已至二十余种，惟此次印出者，并不出卖，乃分寄天津县之杨柳青镇及丰润县之丰台镇各画店作为模范稿，以资取法，俾得仿效，因而东三省及山东山西各省教育司皆派员或来文向该科调查以资仿办。"阎道生凭借自己的良知和才华将传统年画改造成现代年画，为新式年画的诞生和发展奠定了基础。他的成就为中国年画质的变化做出了突出贡献。他也是天津年画走向现代化的奠基人。

1915 年后，直隶社会因袁世凯称帝开始了民国初年的动荡，年画革新运动告一段落，阎道生离开官方机构，专心从事书画创作及武术的修练。这个时期，新式教科书的出版、改良年画的影响以及自身创作的实绩，使阎道生驰名津沽，以多才多艺著称。1914 年，阎道生联络津门书画界 36 位同人发起天津红十字会书画慈善会，他本人是会中年龄最小、艺术天分最高的画家，被画坛寄予了厚望，阎道生也成为了天津本土第一位专门从事津派人物画的画家，以充满“海派”及“扬州画派”风格的绘画，融合杨柳青年画的民间特色，开拓了津派绘画中人物绘画的新格局。他也是当时天津润格最高的画家。

1937 年天津沦陷之际，时当画家创作的鼎盛时期，因忧患于国破家残，淡出天津文化界，归隐田园。新中国成立后，加入天津国画研究会，作品代表河北省赴日参加中国画展。阎道生一生勤奋好学，淡泊名利，不喜欢社会交往，朴实宽厚，安贫乐道，热心于公益事业。晚年因社会政治形势复杂多变，他的思想境界趋向老庄，自比陶潜，寄兴东篱，以恬淡超脱的田园生活为乐，躲过了许多政治冲击。他的这些性情、品德，影响了其艺术声誉的继续弘扬，但有益的一面却是恰好成就了其多方面的才能与技艺，而多种的才艺修养和特有的天然恬淡的心理素质，更滋养了其绘画艺术的高逸品味。他晚年的作品已达炉火纯青的地步。

阎道生的一生，是执着追求艺术完美的一生，挖掘、整理、研究他的艺术生涯，是研究中国绘画史和天津绘画史的重要环节。这对我们继承、发展中华绘画艺术有着永恒的意义。

（刊于《廊坊文明》2012 年第 2 期）

阎子阳生平
及对天津改良年画的贡献

阎道生字子阳(也作子扬),后改至阳,号阅庐,别号阎仲子、北溟剑士,天津静海扬芬港村(今属河北霸州)人。家道小康,世代业儒耕读,其父阎恩焕字炳萱,善音韵,喜昆弋,并习医济仁,早年曾从医为业,后专业教书,子阳出生时其父正在江西教专馆。家中有良好的文化氛围和家学条件。其父是推崇清代颜李学派的乡儒。颜李学派所倡导的注重实学、强调习行、习动,反对死读书的学风和垦荒、均田、兴水利,向往天地间田,宜天地间人,土地资源共享的经济制度,为阎家世代推崇。颜元所著《四存编》为家中习读之书,书中的存性、存学、存治、存人,所弘扬的注重实事实学,反对佛道和伪道门,不迷信等思想成为阎氏一门的家风,也是子阳的思想基础和向往境界。其祖居扬芬港是一个多水的河边村落,与杨柳青有河相连,每天都能见到从海河上逆的潮水,水乡田园的生态景观也是刻在其幼年心田的艺术景观和原始素材。当时的社会环境使阎氏一家世代耕读,从教、行医,惠及乡梓,与世无争。但不富有的家庭,让家庭成员必须靠自己的文化本领生存养家。

子阳 10 岁从父读书,首学《诗经》, 13 岁受父命拜静海县一民间画师学习绘画。这个民间画师是熟悉杨柳青年画技艺的高手。杨柳青木版年画因处于天津文化氛围内, 天津又是近代最早开放吸纳域外文化的前沿阵地, 各种艺术题材和风格都有很大的创新空间,使其有紧跟社会和市场的活力。杨柳青年画虽然是传统年画,但始终有两个层次,一是画技和内容简单,仅表现简单民间信仰民间习俗的简笔画,如娃娃、缸鱼、门神、财神、灶王等廉价品种,但又有大量反映历史故事、文学典故、民间传说、戏剧人物、民风民俗等极富观赏魅力的写实画, 到了清末画的内容还出现了一个联系社会现实的内容飞跃。为反映这些时尚内容,年画则要由专门画师来设计出画稿,而这些画稿又必须继承宋代画院院体工笔画的特点,线条细腻细部精确,而画风又能展现出钱慧安为代表的南派画风。当时好画稿一幅可售银二两, 这就为一些画师谋生提供了保证并促进了他们钻研技法并必须有画出人物生气的过硬功夫和画实景的技法。当时这些画稿虽然没有西画严格的比例和透视理论,但他们必须凭自己悟性在关注意境的中国画技巧里再融入加大写实的技法和本领。杨柳青是天津地区古老著名的水陆码头,其四周各村都是出年画的基地,因它是集散基地,所以都将杨柳青视为地域名片和商标。扬芬港也是一个出年画的村落,阎的师傅就是一个画风技艺高超的高手,尤善花卉,他为子阳进行了画技启蒙,并在 13 岁时带他到另一大年画基地炒米店卖画。在卖画的过程中,阎接触了各种内容的年画, 特别是钱慧安铁线画风、高桐轩年画的写实创作,对其影响很大,也逐渐熟悉了市场对年画的需求。这期间,子阳开始购买多种年画,在业余临摹学习,作画兴趣大增,同时也涉猎了金石书法，由于家乡是多水的田园风光，特别是每年夏季过后，秋水的闲静，牢牢地注入心田而形成了闲静的心理景观，对南派的飘逸细腻画风特别推崇，故有意识有方向地向南派画风逼近，最后下定决心，书法师黄山谷，绘画私淑任伯年，并一生坚持了继承和创新，最后形成独立风格。在卖画过程中，经常乘船下卫见到天津也是多水地面，水路将扬芬港、杨柳青和天津紧紧联在一起，于是自然地形成了家在扬芬港，但绘画事业却定在了天津并成为第二故乡，为以后在天津画坛展示作为圈定了地域范围。在 14 岁时，他就走进天津石竹斋古玩店，用卖画所得三角钱毫购得一方上刻有“明月为宾”的油暇石，由朋友为其刻改，刊“子阳”为字。随着年龄增长和很小就步入社会谋生，社会阅历渐丰，再加家风一直以务实为本，在 1901 年 19 岁时，同一和湖北有关系的同乡报考湖北武备学堂，接受了严格的制式训练，但不适江南口音和校内南方人多的环境及习俗而弃学。随后游历了湖北、湖南，临摹山川风景，一度到达南京和上海，了解了江南和上海的繁华。北归后落脚天津。这期间画技大增，技艺渐熟，在 22 岁时开始售画，并以人物画为始售。

此时的天津是中国最活跃最开放的城市，是北洋新政的基地，新政最明鲜的是思想潮流里有了民主的呐喊，有了新式的实业倡导，有了新教育理念的实验，特别是实业和教育最为突出。而一个长期在社会实践中历练而又受过新式教育的阎子阳思想能紧跟潮流，对政府腐败社会黑暗民风日下风气颓糜，深恶痛绝，产生了文化人的良知，因志趣相投广结天津文化界诸友，最早结交了书法家马阜、教育家姜般若，而后结识了具有科学思想的天津写实画大家陆辛农。陆辛农在遗著《天津书画家小记》中对阎做了如下简介：“阎道生，字子阳，武清羊芬港人，居津甚久。善书画。人物、仕女宗改七芗、费小楼。余友李贯三藏有道生所画梅花仕女横幅。设色淡雅,极静逸之致。"对阎的画记述用了"藏"和"设色淡雅,极静逸之致",是高于天津其他画家的评述语。陆是天津书画大家和博物事业的开拓者,对绘画既有传统又有西画技巧,对阎的画给予这种评述,可见其对阎画的推崇。子阳的画能引起陆辛农的推崇是阎画的文人画优秀,故其是天津有名的画家。但未提其年画成就,是因为在当时历史条件下对画家的推崇是专指文人画,而对画年画等应用美术的人都称画师或画匠,前者为正宗,后者为旁门,所以为杨柳青年画提供画稿,直接推动年画发展的绘画者在杨柳青年画史里提及者寥寥无几,多被淹没。如年画大家高桐轩的事迹也残缺不全。现在公认高是杨柳青年画中成就最大者,但他的作品成熟是在60岁以后,从1894年至1904年是其作品成就的最高峰,他于1906年病故,高峰期间的画风直接影响了阎年画创作的画风。二人对杨柳青年画的贡献是相辅相成的。高去世后,将杨柳青年画继续发展并推至民国使其发挥社会教化作用的改良年画,阎为现已知的大家。阎、高和陆辛农先生三人都有一个共同的绘画创作历程,他们都是从写实、临摹开始学画,阎从蟹的写生开始,高从青蛙写生开始,陆从画标本实物开始,这样他们写实的技艺从观察所画物体细部开始,不玩弄渺茫的虚幻的技法。虽没有西画比例透视理论指导,但画起各种实际物品和人物来有得体的比例,画起风景来远近透视让人看了舒服而实感,加以他们又都有深厚的中国传统诗文和文化功底,故在人物画上使整体形态都能展现出飘逸舒展的意境。所以阎子阳与高桐轩所画年画都有文人画的功底,文人画家的长处,在写实画的内容里有意境有想象。所以在创作年画的画面里,都将人物的传真画像、实物的写生及平时观察到的自然景物,据画意以写实的方法,融入场景布局中,使整个画面达到雅俗都能接受的一种艺术风格。如树木疏密参差之势,茅屋柴扉远近虚实的区别,都用写实手法,所用墨线极其细致,看上去清新别致。但在内容上阎所处的时代已是社会转型期,此时清王朝行将崩溃,进步人士已认识到旧文化的糟粕已是阻碍社会进步的思想基础,众多有志之士都在疾呼启民智、树公德、破陋习。这种形势和阎的思想基础非常吻合,他很自然地就投入到这一普及社会新风尚的潮流中。杨柳青年画从诞生之日就是面对市场的一种年画,社会的变化是它创作的动力,而社会进步的动力之一是新事物对人们的刺激,有人对新物猎奇而效仿,有人因新旧比对而悟出新思维,有人以新事物参照而改革,有人觉醒而呐喊。齐健隆和戴廉增二个老的年画出版商在 1900 年前后先有此类年画出版,大受欢迎。譬如画里出现的自行车、自鸣钟、新服饰、洋马车给人一些时尚的猎奇和仿效。但其中也有历史事件、民间疾苦、新式学堂等内容,启迪了人们的进步思想,对传统题材里的一些精华和普世价值则在年画中有意表现出新观点,让这些旧史实成为人们的新知识。虽然内容为新思想但深度不够,原因是帝制专政仍是社会主流思想。此时西方报纸书刊的传入也让人们对社会实事有了关注的习惯,都让杨柳青年画有了一个创新的机遇。雅俗共赏和色彩绚丽仍是人们的欣赏习惯。这时的阎子阳除了完善自己的文人画创作以外,以极大的热情投入到杨柳青新年画的创作之中。这期间他完成了木版年画的代表作有:《窦燕山》,内容突出了窦燕山教子有方其义学受欢迎,这是有意把视角突出在教育和重要性上;《孟母择邻》突出了孟母注重教育必须和良好儿童成长环境一致;《完璧归赵》则突出了不畏强权的爱国主义。相同题材还有《窃符救赵》《张良刺秦》,这些历史题材以前也有绘图出现，但大都以脸谱化戏曲场面出现，表现力极弱，而他则以写实场景全面展现的手法，使画面真实动人、丰满、好看，大受欢迎。辛亥革命后帝制灭亡了，人们特别是知识界以极大的热情来歌颂新政体，阎子阳的改良年画立即出现了创作高峰，引领了当时新年画的潮头，为杨柳青年画内容从传统走向现代做出了筚路蓝缕的贡献。一种画品的成功其核心价值是内容跟上社会发展，将民间一种顽固的思想传统即专制模板派生出来的民间祈盼、民间信仰，改造成新思想，既需要勇气也需要宽松的社会环境。当时这二种条件都有，阎画就引领了当时天津年画的这股潮流。1912年他率先为戴廉增画店绘制了《中华成立，欢迎共和》《世界大同，文明进步》。《中华成立，欢迎共和》又称《中华成立，民族自强》，为同一画样，此图为辛亥革命后年画界最早出现的拥护民主、共和的经典作品，各画一美人持一五色共和国旗和一折枝花卉，旁随穿制服之学生，游行街上。童子高举一对灯笼，上插一象征五族共和之五色国旗。《世界大同，文明进步》，全图人物以学生跳高、踢球等体育活动为主。同时，画面人物皆穿着新式衣服，行新式鞠躬之礼。背景绘以彩扎牌楼，悬挂民初之五色旗及各国国旗，牌楼上的楹联为："南北统一纪念。专制已除，尽带维新气象；共和初定，咸怀尚武精神。""贺共和万岁，后世文明基此际，前途幸福立斯国；庆五族一家，政治变革专制灭，人民共造共和春。"反映了辛亥革命后，人们要求文明进步的思想和喜悦欢乐心情。也是天津唱响共和国体的首篇图画作品。继而又创作了针砭时弊反映旧礼教丑陋的画稿《文明娶亲》《谎言无益》等画稿。清末，石印技术由日本传入；中国其将图画用转写纸涂于石面制成石板，印刷成本比木板雕刻省时，对小字体细线条和面积小而精确的细部的画面，优于木板印刷，很快被印刷业采纳,中国现代科学和新技法大都移植于日本。石印图画、石印书刊也由日本传入中国。它首先用于新式教科书和各种插图的印制,1909 年阎 25 岁时当旺年，由于新式题材绘画的功力受聘于直隶教育图书局和商务印书馆天津分馆，从事绘制课本插图和新式年画。

中国新式教育实验是从天津开始的，天津的新式教育机构要早于 1903 年成立的学部,1902 年直隶省就成立了学校司,1904 年改名直隶学务处,1905 年迁天津办公,1906 年又改设提学使司,直接受直隶总督节制,其职责是专门管理新设学堂的事务,所以天津新式教育发展的早、快,其原因有二条,一是天津是北洋重镇,有开风气之先的地缘优势。二是由一大批当时思想最先进且锐意改革教育的知识分子和领导人物,其核心人物是严修,陈宝泉、傅增湘、李琴湘、林墨青、张伯苓等人是其团队骨干。这些人大都东渡日本学习,深知日本因发展教育带动起国力的增强。新式教育的核心是启民智、树公德的社会教育。日本提升国民素质的体制和教育方法引起了他们的高度关注，对广大民众进行启迪教育最得力和方便的手段就是形象直观的宣传画。旧文化培养出来的文人对突出教化的直白图画不屑一顾，而清高的文人画对民众来讲同样是远敬而近不爱,但阎子阳恰恰是二者兼备的大家,尽管他的文人画润格已很高,但仍以极大的热情投入这一领域。1909 年正式受聘直隶教育图书局,为学部绘制教科书画插图,同期也受聘于商务印书馆天津分馆为修身课本画插图。中国新式内容和版式的教科书是由学部率先编纂而各省翻印,但天津早于学部就开始自编教材了,随后商务印书馆集大成,系统编纂教科书而取代学部,到辛亥革命后学部仅起审订批准作用了。阎子阳参与了这一过程而且画得非常认真，这些插图多为人物故事，画面风格全为写实，易懂、直白，其绘制杨柳青年画的功底有了新用场。当时课本插图为小技，既不署名又稿酬很低，之所以乐于其间是此时阎在天津绘画圈已经有名气，再而从学部到天津参与课本编纂的核心人物多为天津名人，阎自然被吸纳介入。现仅从收集到的民国元年商务印书馆《新修身》课本来看，共 144 课而插图近百幅，有动物寓言故事、典故、成语、格言、铭句，派生的说明画面，并有了许多域外故事的画面，许多背景画面材料有明显天津的痕迹。内容特别强调了“技能”“自治”“责己”“择友”“友谊”“睦邻”“宽容”“忠勤”“仁勇”“公益”“合群”“仁慈”“爱国”“爱同胞”等国民(公民)意识的灌输与培养。使学生达到公德之增进。而易于躬行实践，取材从身边事物说起，以普通常识为例，让学生读看起来简明通畅，没有一点晦涩深奥而易于领悟，特别是低年级课本，更是如此，阎子阳为此做出了独特贡献，但研究课本史的文献对插图作者少有提及也是缺憾。

课本针对的是学生，其辐射仅于校内，而在社会上普及新思想新知识新时尚，批判陈风陋习的意义更大。清末这一思潮虽然在天津北洋新政中已现端倪，但碍于帝制不可能深入下去，民国后的共和新国体、新政治、新文化鼓舞了有良知知识分子的思想解放。他们都有一种既注重学校教育，又要加强社会教育的共识。辛亥革命一年后的 1912 年天津就酝酿社会教育办事处，而直隶提学使司学务公所社会科直接领导和指令进行年画改良，即要用直白内容的用石印年画来完成社会教育。阎是这一活动的主要创作人员，并利用当时先进的石印技术印制出了色彩艳丽、画面逼真、制版快而效果优的新年画，并开始署名。这一活动在中国版画史上被称作改良年画。这些新内容年画当时当务之急是宣传剔除社会“四毒”即鸦片、赌博、早婚、嫖妓，而后更广意义上的宣传科学破除迷信、诚实守信、珍惜光阴的石印年画，也在政府推动下流行开来。这些年画基本全由阎子阳完成。这些改良年画不但有图而且都配上了流畅的说明议论和点评，其宣传作用超过了其他手段，如在《破除迷信》一图中题词写到："宇宙万象，离离奇奇，若推其理，皆有可知，自然作用，物理为之，科学所考，已无可疑。岂有风伯？岂有雨师？迷信鬼神，其心太痴。更有陋俗，不值一謦，求神祈雨，远道奔驰，抬一神像，遮以柳枝，露顶跣足，相追相随，肃肃其容，喃喃其词，其心实虔，其愚堪悲。嗟此妄举，尸之者谁？戒之戒之，勿事自欺。"在《阿豺》一幅中则画面是少数民族："吐谷浑阿豺，一人令其二十子各奉一箭，令其弟慕利延取一箭折之，既断，又令取十九箭共折之，慕利延不能折。阿豺曰：'汝曹知否，单者易折，众则难摧，戮力一心，然后国家可固。'"《楼护》则是一则流传很广的汉代楼护怜老济贫的故事。《游杨立雪》画的是宋代游定之杨中立就学于理学大师程颐立于雪中待老师睡后召见的画面，彰显了天津地方政府对广大民众尤其是儿童进行爱国主义弘扬传统美德，达到了启蒙民众唤醒民众的目的，而在李金藻（琴湘）领导下，天津另一位兴学有功的林墨青担任了社会教育司办事处负责人，专门管理指导民间年画的创作和出版，当时的年画出版巨头戴廉增又专门请阎子阳创作了《恩加乡里》《谎言无益》《信实》《恤孤》《夫唱妇随》等。到 1914 年，直隶巡按使公署天津教育司社会科做出对社会年画进行改良的指令，教育司长李金藻亲自对市面流行的年画进行了考察分析，指令木刻年画也必须出版新年画。至此各年画出版商纷纷掉头出版新内容的改良年画，他们或翻印官方已出版的改良年画，或请人创作新内容新时尚的年画，而阎是首选人物，他不但是天津直隶学务公所专职绘画人员，也是戴廉增、齐健隆画店的特聘创绘画家。这期间把杨柳青年画的内容从传统进行现代化的改良，使其内容和艺术风格有了质的变化，彰显了改良年画的生气，也是在社会教育起到教化作用最为突出的阶段，这是他对社会转型期做出的最大贡献。这一活动虽然由官方行政推动开先河，但大面积在社会普及则是这些老年画出版商推广，他们的历史贡献功不可没。这一新事物的关键是新思想新内容的注入，领军人物首推阎子阳。通过其艺术历程我们可推知阎和天津众多教育大家交往必然很深很厚，但因其不善言辞（说话很慢，有时口吃），所以其言行文献记述不多，但和陆辛农心心相印，故陆对天津众多书画家点评时对阎做了详细的高规格评价，且二人斋号都用"庐"字，陆用"蘧庐"，阎用"阅庐"。二人都是文人画大家，一个在花卉（画植物实体形态）一个在人物（生活中实体人物形态），让中国画中都突出了写实的技巧使人看了舒服。对阎子阳改良年画的贡献给予关注的是天津年画研究大家王树村先生。树村先生是我国系统研究年画史的第一人，也是个人掌握天津年画资料最多的人，他也注意到年画的核心和活力来自创作人员，但留下的痕迹太少了，他只能用"民间画师举要"来勾勒一些史实，他发现许多重要的改良年画面上残存的署名得知是阎子阳，并分析出其是一传统画家，其余则一概不清，可谓后人对阎知之甚少，这是轻视社会功能巨大，但文人又不屑欣赏的通俗作品没人研究记述的习惯势力所至。所幸王树村先生钩沉出年画史上细部的残存痕迹，将阎子阳的创作历程残缺地保留了下来，才让我们沿着这些痕迹得以挖掘。1949 年以后对旧时代特别是民国时期不同于新的意识形态作品有一个系统剔除的除旧过程，所以此类作品留传下来非常困难，现在我们所见及存目的20 多篇改良年画仅是他作品极少部分,虽然量小,但毕竟展现了其历史价值,也使杨柳青年画研究史里众多空白和缺失得以补充和衔接。杨柳青年画史作者的研究应是年画史最核心部分，因为无画稿其他就无从谈起,但这方面实在薄弱,故而我们通过艰难的收集整理对众多作者群中的一个重量级代表阎子阳的发现并对其作品收集和整理进行研究,是珍惜天津文化遗产的具体体现。

1915 年后,社会因袁世凯称帝开始了民国初期的动荡,阎的思想基础使其离开官方机构，专心从事绘画并以较大精力从事武术的练习和武术典籍的整理。1912 年他在津拜形意拳大师李存义为师,加入中华武士会,1913 年将李存义十余部著作配图,为普及形意拳做出了独特贡献，并被 1923 年出版的《近今北方健者传》录入,该传记翔实地记述了他:“阎道生,字子阳,静海之扬芬港村人。世业儒。父炳萱,善音韵,喜昆弋。子阳即根抵家学,更喜古今体诗,善绘画。书初师山谷,后摹石门铭及素师狂草,复力追殷周鼎彝金石之学,文器兼重,考据颇勤。遍游湖南北,民国元年归津后,襄办中华武士会,有终焉之志。习形意,十余年尤笃爱剑,所好头合剑、二合剑、八卦剑、龙形剑、三十六剑、连环剑、十剑以及十三刀法,皆精妙,有心得。中华武士会矗立十余年之久,经劫不稍颓者,子阳与有力焉。为人沉默寡言,不以其能示人。售画自给。年四十矣,力行不辍,殆褒扬学术无懈心者。明漪曰:予与子阳友善十余年,相谈拳械书画事甚众,见其精治缣素,资酬臂助之人,予曰:何为自苦哉,此会非君家物,且平民教育,为人群互助之业,责不专在我辈。子阳曰:君子哉若言,视世人皆禹稷矣,然国粹湮没,世不之信,且有以多事目我者,以是得不倾覆,区区书画何珍焉。津门售画,子阳门人及他画家,多冒其名而得善价,子阳手迹少,人重之。又与书画家办书画慈善会，以为常，尝奔走冰天雪地中不辍，饥溺之怀，同乎古初，可以愧当时风天下矣。十剑，极飞跃闪变之妙。十三刀法，殆即五公山人受之孙夏峰者。”

1930 年，天津美术馆成立，在馆内举办了他首次个人画展，而后作品到日本巡展，在中日现代绘画名家联展中摄影立传：“阎道生，字至阳，号阅庐，河北人，能书擅画，好剑术，喜歌咏，性恬默，不以其所能示人。家贫以画自给，故以画名。人物山水笔法伟岸，欲学陈章侯而复参己意，邈然高远，极斥脂粉蹊径，故白描画尤重于世。复追殷周鼎彝之学，文器兼重，考据颇勤，今年四十又六矣，尚力行不辍，殆保扬国学，无懈心者。”并在日本出版了个人画集，此事轰动天津社会，在当年 2 月 7 日《益世报》对其画风性格也做了报道：“阎子扬，字道生，扬芬港人，擅长人物，虽寥寥数笔，而神态生动，近则兼绘山水，渲染特妙，颇有山林之气，指头草画，亦豪迈超卓，惟惜墨如珍，倘非其人，虽豪势巨金，亦不轻作，其赋性古傲，颇有八大山人之风，为近今不可多得之作家。曾忆民初有师范学生嬲其作画，慨然命笔，绘一妙龄妇手提溺器（尿壶），素服麻冠，类似新寡，悲惨之状，活跃纸端，题曰《孝妇哭壶》，寓意滑稽，见者绝倒，并于绘事之暇，兼习武术，亦颇有深造，现居天津中山公园武士会。”

此期间，阎子阳的文人画到达到了技艺高超的阶段，并在津收徒多人，有董怡如、李敦素等。董怡如 1908 年生于天津，在 20 世纪 20 年代拜阎为师学画，是天津城南诗社秘书、代理过广智馆馆长和河北教育厅长、商职校长，是国内知名的文武全才。1990 年其在北京民族文化宫举办个人书画展时年已 82 岁，亚运会前为会挥毫 50 余幅，让体委主任袁伟民感慨说到：体育界老前辈，能书会画者太少了，您能赠画赋诗真是太可贵了。袁说出了体育界人士的文化实情，我们从董怡如身上也看到了其师阎子阳的才能和风度，应了名师出高徒的俗话。李敦素是阎子阳在天津中华武士会执教期间的弟子，出身于中国北方最著名的武术世家，津门武林“定兴三李”之后，其武学、书画得阎子阳衣钵，今天我们能看到的《十剑谱》一书就是阎子阳传授于李敦素的武学著作，并由李的后人珍藏至今，李敦素先后在天津法政大学、北京中法大学任教，受到过教育家李石曾等人的提掖。抗日战争爆发后，不甘做亡国奴，抛却富贵利禄，与父亲李星阶回乡组织抗日队伍，具有高尚的民族气节，这一点尤与其师阎子阳相仿佛。在 20 世纪 30 年代，阎的书画不但在天津看好，上海和江南也受人青睐，从其已发现的阎的润格单，在 1925 年其白描人物画达到了 20 大洋一平方尺，在当时的津门画家里已属最高。30 年代，其润格又有提高，足见大家对他的追捧。1928 年后阎对国民党主政的社会逐渐远离，寓居天津净业庵，加入天津净业国技研究社，1931 年出版了《书法指南》一书。1935 年个人捐资为乡梓建扬芬港小学，1937 年隐居老家乡间，1940 年迁住静海县城鬻画，1943 年 6 月东淀苇塘土匪伪东挺支队洗劫扬芬港村，见阎为村中殷实门户，遂被绑架并将其家中保存古籍拓片画稿各数百件及十年所画精品烧抢一空，但他并没有消沉，继续创作，1944 年汇集编定《阎庐题画诗》2 册；1946 年绘制绢本册页数十幅准备结集出版；1949 年 8 月洪灾大饥荒，使其体质下降；1956 年多幅作品参加河北省、天津美术展览，《赤壁夜游》赴日展出；1957 年加入天津国画研究会；1958 年对河北画界领导刘子久过分强调“大跃进”新题材的绘画，提出传统画仍有意义的异见，此后不再参与活动。1961 年大饥荒，体质进一步下降而患淋巴癌，秋作绝笔画《指画蟾蜍》自比，维持到 1962 年 7 月 21 日凌晨，以 80 岁逝于扬芬港。

纵观其一生,阎是自学有悟有成的绘画大家,但小心谨慎的低调做人习惯,使其自食其力地度过了一生。他剑胆琴心的风度在巨变动荡多灾多难的社会环境中恪守着文人的良知,他有名而隐名,有才而不恃才,有能不逞能,但心中的信仰、对好友的顾念,在其残存日记、信札中都有刻骨铭心的记述,整理他的画作、文稿、撰写他的传记都是天津文化史、河北省文化史及中国武术史上一件有意义的事, 我们钩沉挖掘这些材料就像在茫茫雪地上小心地寻找长空前飞驻足地上的大雁的足印。我们发现了,我们惊喜,我们不安,我们无奈,保留下来的雪泥鸿爪太少了,寻觅长空里月影下这些前飞的“雁群”壮观历程是一切有良知人们的永远追求。

吾世居天津,热爱乡梓文化,故而坚持涉猎乡邦文献是我最大爱好。阎伯群乃子阳先生嫡长孙,幼承庭训,秉承家风,而立之年立志整理祖父事迹,克服种种困难,渐成大器,继出版阎子阳日记书信集之后,欲要出版阎子阳改良年画集。我和津门书法巨子马阜亲侄马学森先生是老友,阎、马又是深厚世交,于走访马学森先生过程中,在王振良先生介绍下与伯群结交甚密,对伯群弘扬优秀文化的精神由执着而钦佩,他嘱我写一文对画集做一简介和说明,我阅毕所见全部资料,深感子阳先生是天津不能忘怀、必须纪念的文武全才型的大家。拙文不可能写足、写精,但盛情难却,贸然动笔仅以此文为序,纪念这位画成大器的文化先人。

辛卯中秋写于津沽凡平斋

(刊于《天津记忆》第 103 期《阅庐艺文记》,2012 年 1 月。本文为《民国初期天津改良年画选》序文)

陆观豹妙法祛湿毒

陆观豹生于1895年，与其兄陆观虎同为清代江苏名医陆九芝后裔。陆九芝是吴医的杰出代表，发展了中医伤寒的理论，是治温热病的大家。兄弟二人都继承了祖上辨证精确、体人入微的医风。客籍津门后，刻苦钻研医学，都成天津名医大家。1925年至1935年，陆观豹所著带有中西医结合性质的著述就有三十余种。因其性情秉直，坚持独立行医，用丰富的理论和实践经验，为天津医学事业发展做出了独特贡献。

1939年夏秋之交，华北地区暴雨成灾，洪水从天津的西南方向冲垮堤防进入市区。天津大部分地区被水浸泡。当时仅在租界地区有污水管道，这样天津就被雨水、脏水、粪便混在一起的污水长期浸泡。水灾过后许多人得了皮肤病，浑身起水疱，孩子们头上长了黄水疮。尤其住在租界的一些妇女，因家境优越营养丰富又缺乏劳动锻炼，许多人得了带状疱疹和手足皮肤病。这些人又不愿让西医直视检查和涂抹药物，纷纷找到住在法租界丰领事路（现赤峰道）

泰丰里的陆观豹求治。

陆观豹明确地指出，这是湿毒积蓄在体内所致。只要按规定服药去掉湿毒即可自然而愈。祛湿就要利尿、利水、排汗，解毒就要去热、消炎、清理血液。而要巩固疗效就要进行饮食调节，吃一些利尿祛湿的食物以辅助治疗。他开出了自己精心化裁的大抵以土茯苓、苦参、蛇床子、滑石为主的方剂，并根据不同的体质随症佐以青黛、炒薏仁、荆芥穗、苍耳子、车前子、白鲜皮、紫苏叶等解湿毒的处方，疗效十分显著。病人服后尿汗增多，水疱逐渐干瘪脱皮且不留疤痕。但他又叮嘱这些家庭富有的妇女，回去后用上等粳米炒成微黄泡水喝，并建议用五加皮酒佐餐。这些妇女的家庭许多祖籍来自江南，对能祛风湿的五加皮酒乐于接受，再加上天津又是制造出口南洋五加皮酒的基地，一时酒的销量剧增。而对贫苦人家，他则尽量开具价格低廉的简易处方，并告诉他们用六一散煮水洗洗皮肤，充分体现了医者的良知。到十月中下旬，天津的暑气全消，因湿毒带来的皮肤病逐渐消失。

陆观豹是天津第一位以西方的食物科学为依据，再加上中医食药同源理念研究食疗的大家。他 1935 年出版的《食疗本草学》，是中国第一部中西医结合的食疗专著。20 世纪 60 年代初，已出现通货膨胀，这时他以在家行医为生，但门诊费从未超过五角钱，也使我们想象得出他当时的生活状况。

（刊于 2014 年 6 月 9 日《今晚报》）

黄汲清与大庆油田

1963 年，周总理在第二届全国人民代表大会第四次会议上宣布：我国的大庆油田建成了！石油现在已经可以自给了！参会代表们听后，纷纷要求石油部负责人讲一讲大庆油田的发现和建设，人们才第一次知道了一直处于保密的大庆油田从发现到出油的过程。“铁人”王进喜成了中国工人阶级的最杰出代表，但对于油田勘测的科技工作者都没有提及。大家都去问时任地质部科学院副院长的黄汲清，他却说：“只要说明大庆油田是咱中国人自力更生发现的就可以了，别的什么都不重要。”但有些代表却要刨根问底：油田是怎么发现的？井位是怎么确定的？黄汲清欲言又止。

这些人都要听，不讲不行了，他只好简单地说：“东北松辽地区是一个陆相沉积的大盆地，这大盆地是可以含油的。地质队在那里探查了五年，后来在松基三号井位打了一口深井，石油喷出来了。这就是大庆油田！”后又说道：“之前，许多国家的地质学家认为只有海相地层才可能生油，但咱们中国搞地质的人不信那一套。我们很早就有了陆相地层生油的理论。新中国成立后，我们依此理论找到了大庆油田！”

黄汲清原名黄德淦（1904—1995），1921 年考入天津北洋大学预科，1924 年转入北京大学地质系，毕业后任北平地质调查所调查员。他用两年时间走遍了辽东、辽西、陕西、四川、云南、贵州，对典型地貌地质进行调查，掌握了大量第一手资料，为以后编绘中国地质构造图打下基础。1922 年美国地质学家 E.Blackwelder 依据波斯湾许多阿拉伯国家都有大油田的特点，认为只有中生代第三纪的海相沉积才是主要生油层；而中国北方多为陆相地层，没有大油田，是个贫油的国家。但黄汲清认为无论是海相地层还是陆相地层，只要是中生代有大量水生生物聚集的水域被沉积物填满后，都可能形成储油构造，中国许多陆相地层都能生油！这是石油地质理论的一次突破。

早在 20 世纪 40 年代初，他就指出：生油和储油地层是多旋回运动发展的。因此，中、新生代陆相盆地应是找油气的主要对象。新中国成立后，他按此理论，和同事们将柴达木、准噶尔、四川和鄂尔多斯盆地列为找油重点地区，并特别强调了华北平原和松辽平原也应是找油重点区。

黄汲清年轻时思想活跃，爱运动，好观察。1921 年，他因看中北洋大学理工并重而考入。入学后，他被校内丰富的矿产标本所吸引，立志学习能野外考察探究地下奥秘的矿学专业。当时的预科课程需要学英、德两门外语，还要学习国文、数学、物理和图画。他这几门课的平均分在 80 分以上，当时很难得。1924 年，国内各种政治力量角逐剧烈。黄汲清思想活跃，因参与了多次学潮而被劝退，只好进入北京大学，继续学习他所热爱的地质专业。他是名副其实的"中国石油之父"！

（刊于 2015 年 8 月 21 日《今晚报》）

陈国符与“道藏”

天津大学的理工科，在全国赫赫有名！出人意料的是，这所理工科大学竟有一位主业是化学教授、副业是道教研究领军人物的陈国符。他是江苏常熟人，1914 年生于书香世家。1937 年，他于浙江大学化工系毕业后赴德留学，以刻苦的精神和超凡的记忆迅速掌握了德语，1942 年获工学博士学位。陈国符回国后，任西南联大化学系教授，后任北京大学化工系教授。1952 年，全国高等学校院系调整后，北京大学化工系调整至天津大学，陈国符被调到天津大学化工系创办造纸专业，并承担细胞纤维素化学的教学与研究工作。

陈国符一直保持着精确、缜密的研究和思维习惯。高深的化学学养，助推了他对含有化学之源的“道藏”理论进行研究的决心。道教各个时期的典籍总称“道藏”。道教典籍汇成“道藏”始于六朝，到明代已达 5000 多卷。内容除了道家的经书外，还大量涉及中国古代的医学、化学、生物、体育、保健、天文、地理、音乐等学科。可以说,“道藏”是中华文化的大成。因其以宗教面目出现,躲过了历代的文化摧残;但因语言晦涩、隐语繁多、术语驳杂,再加一些流传过程中加入的符咒和自创字,到明代以后基本无人能完全读懂了。

陈国符先生使用创新的考据方法来解读“道藏”。他对“道藏”与道教全方位的深入研究，始自西南联大任教之余。他通读“道藏”,并对当时的心情自述道:我对于浩繁之“道藏”毫不畏惧退却,反而以初生之犊不畏虎之精神研究。有时,读某一部分要与前后关联,才能理解;通读之后,他在脑中形成了对“道藏”总观念的认知。随后,他开始撰写《道藏流源考》。此书 1943 年成稿,1949 年由中华书局正式出版,被认为是通向“道藏”王国和研究道教的必读经典。在这本书中,他清晰地理清了“道藏”的结构、脉络以及道教流派的师徒传承关系。1979 年 9 月,他应邀前往瑞士苏黎世参加第三届道教研究国际会议,递交论文 4 篇。法籍华裔研究员吴其昱非常崇敬地对陈说道:有此书(指《道藏流源考》)才能阅“道藏”。

陈先生晚年精力不逮,但许多出版社都想出版其著作。他只好找到好友南开大学历史系教授陈生玺先生，希望他参与其著作的修订与校勘。陈先生欣然应允,参与了《道藏流源考》《陈国符道藏研究论文集》《中国外丹黄白法考》的校勘,并撰写了序言。二位老先生珠联璧合的合作,为天津学界做出了榜样。

(刊于 2015 年 9 月 11 日《今晚报》)

《中国外丹黄白法考》的世界意义

西方科学史当初认为,欧洲中世纪化学技术的代表炼金术,是由阿拉伯人传入的。却不知阿拉伯人的技术是在公元8世纪学习中国的炼丹术而成的。

1952年，留学德国的化工博士陈国符由北京大学调入天津大学任教。他把母校的学风带入天大,成为骨干教授。在繁重的教学之余,他潜心研究道藏,并将其中的炼丹术黄白法逐条破解,最后搞懂了这一古老又神秘的炼丹术，确定了中国在世界古代化学史上的地位。1977年他发表了外丹黄白材料的研究论文,引起社会轰动。1979年,《中国外丹黄白术词义考录》《中国外丹黄白术经诀出世朝代考》在苏黎世第三届道教研究国际会议上交流。

炼丹术在道教中也称黄白术,黄指黄金,白指白银。古代道士认为用一些贱金属和盐类可以炼成药用金银,服用后可长生不老,成为神仙。因为是外来服食之物,称之为外丹,与内丹相对(道教理论认为人体为一炉鼎,体内精气为药物,以心神来烧炼,即可在体内形成内丹)。

中国的炼丹术在唐代以后传至域外，在西方转化为炼金术。用这些方法想炼出长生不老的药物或者黄金白银，都不可能成功,但却因此记录和保存了古代很多实际发生的化学反应,这是中国人对世界古代化学发展的重要贡献。中国是世界上历史最悠久的国家之一,也是民族文脉传承和发展没有间断的国家。其不仅表现在儒家经典上，还表现在和人生实践紧密关联的农学、医学、冶金、炼丹等许多技术实践的总结和整理过程中。唐代大食、波斯的使节、商人、旅行家和中国开展了频繁的物质和文化交流，中国道家通过炼丹来制造黄金和白银的过程被阿拉伯人羡慕并效仿。至今阿拉伯语中炼丹术称作 al-kimiya。据科学史家研究，al-kimiya 是汉语“金液”两个字的古音,“al”是阿拉伯语中的冠词，所以 al-kimiya 可以认为是“金液学”,而“金液”是中国炼丹术中一种主要的探讨对象。这是比较语言学的证据。再分析两种炼金术之间所用的药物、方法、设备,竟然基本相同。所以英国科学史学者李约瑟说道:“整个化学中最重要的根源之一就是地地道道从中国传出的”。科学史有此定论是因为陈国符先生对道教炼丹术中的黄白法进行了艰难的破译。破译艰难的原因是:这些炼丹原料因不同时期有不同的名称、产地,炼丹过程中的化学现象汉语、汉字又无法表述,因此就编创了许多特殊的新字,而且各种代名词、隐语,都不是一般汉语文献所记录的。但经过数十年的艰苦奋斗,陈国符终于把炼丹术中的黄白法搞清楚,包括这些过程的化学解释,从而让今人对中西方炼金术可以进行顺利的比较,知道古代化学技术无论是文献还是实践,中国都遥遥领先,火药的发明也源于炼丹术。这些古文献的破解,才使李约瑟(Joseph Heedham)有了以下结论:整个化学的根源之一——炼丹术,是从中国传至西方的!

《中国外丹黄白法考》一书,就是陈国符先生对道教炼丹术研究的总结。在这方面,他被国际同行公认居于领先地位。1997 年 12 月,上海古籍出版社出版了这部书。这是他倾其毕生精力研究道藏的另一个收获。

(刊于《向海而行:北洋大学—天津大学建校 120 周年征文集》,天津人民出版社,2015 年 10 月)

我所接触的雷梦辰先生

雷梦辰(1929—2003)是天津古籍书店(原天津新华书店古旧书收购部)店员,河北省冀县人。他是北京琉璃厂古旧书专家孙殿起的外甥,也是同样有名的古旧书专家雷梦水的胞弟。雷梦辰出身寒门,仅读过几年私塾,但凭借着刻苦自学,他在漫长的古旧书收购过程中,掌握了各种古籍版本鉴定知识,并十分留意各类旧书的细部特点,终成天津古旧书鉴定大家,也是天津古旧书界少有的有著述的从业人员。我和雷梦辰有近 40 年的交往,今凭借记忆说一说他的轶事。

天津是旧中国古旧书资源最为丰富的少数都市之一，中国老一代知识分子无人不知北京琉璃厂和东安市场的旧书店，也大都知道天津天祥商场的众多旧书门市。1949 年前,天祥商场内有几十家个体书商经营,他们为了生计也为了知识分子的需要,殚精竭虑地搜寻各种图书资料。我家世居天津,从十四五岁起就在天祥旧书店淘书,逐渐和雷梦辰、李广玉、李同金、李贺年等售书者成了熟人,其中与雷梦辰交往的时间最长。

雷梦辰与古旧书业

1960年前后,当时正处于困难时期,社会对文化的管控出现松动迹象。香港电影和外国电影多了起来,天祥商场的旧书和旧邮票等也突然多了起来。人们开始有了凭兴趣购买的空间。我当时十四五岁,常步行到天祥商场二楼购买成袋的旧邮票。那时旧邮票很便宜,块儿八角钱就可买一袋。这些邮票都装在一面是玻璃纸做的信封里,一般十张左右,我经常买的是外国邮,因为旧中国的邮票几乎见不到。在邮摊西面不远,就是天祥旧书市场,每次我买完邮票,都要顺便到旧书店逛一逛。那时我就几次见到过雷梦辰先生,但只当他是普通店员,并不了解姓甚名谁。

1961年底的一天,我又像往常一样走进天祥商场的旧书店,突然看见案子上平摆着许多以往见不到的旧书,其中有一本叫《同治嫖院》,厚纸封面上还有插图,总计有一百余页。我对这本书的印象之所以深,是因为在我的脑海里这是一本坏书,是不应该让人读的书。但出于好奇,我还是把它拿起来翻了翻,然后又放回原处。这时,以前几次见过的一个近30岁的售货员主动问我:"你要是要这本书,就到收银台去交钱,然后我们给你盖章包装。"这本书我最终并没有买。但我见店员态度这样好,就问收银员他姓什么,这才知道他姓雷,在收购部工作,只是偶尔临时顶班。我觉得认识书店收购部的人,起码买书会方便些,所以此后就刻意和雷先生接近,不想竟交往了几十年。

在和雷梦辰长期交往的过程中,通过他的言谈话语,我逐渐知道了天津旧书业的一些内情。新中国成立后,对旧中国的各种意识形态载体,展开了迅速的除旧过程。当时对旧书管控很严,尤其对有欧美背景知识分子观点的社科人文书刊, 基本上判断为反动书刊,不准在市面流通,但可以内部卖给各研究机构。对有资料价值的书刊,则对口售给高等院校。此时,新中国的高校纷纷建立,新的图书馆特别需要历史文献和历史资料, 古籍书店为他们提供图书资料成为重要任务。例如日本满铁株氏会社出版的《天津银号业概览》,蓝色漆布面,上面印有机密字样,是日本满铁情报机构对天津银号业最详细的调查报告,不但收录有各个银号的地址、资本、规模,还有各银号负责人的家庭状况。此书卖给天津财经学院,作为资料使用。

为了加大对古旧书的收购,1956 年以前的天津人民广播电台,在各个节目之间反复播送两个广告: 一个是国营企业生产的光荣酱油, 一个是新华书店滨江道古旧书门市部大量收购各种旧报纸旧期刊和古旧书。新中国成立后, 新思想新文化日益成为社会主流,许多家庭往往把古旧书刊当成废品处理,而卖给古旧书门市部价钱可略高些,故颇有人家前往那里卖书。除去稀见版本的线装书以外,其余各种古旧书都非常便宜。收购价一般一到二折,出售时可卖五到八折,甚至比原定价还高,利润可谓十分丰厚。雷梦辰主要负责的就是线装书收购,偶尔也参与一些平装书定价。他之所以能胜任这项工作,主要源于家族的传承、师傅的引领、同行的提携,此外还有一个重要原因就是他时刻向买书人学习。当时买书的多是知识分子, 每当他们买到自己心爱的旧书时, 总要评头品足一番。雷梦辰就是从这些评价中,逐渐了解到各种书的价值和特点,并且熟记在心,有时还做笔记保留资料。

据雷梦辰讲，他读过的第一本书是张之洞的《书目问答》及其补正。正是通过这本书，以及经手的成千上万册古旧书刊，雷梦辰逐渐构筑起自己巨大而完美的知识系统。他有着非凡的记忆力，也有着留意书刊细部的良好习惯。他根本没有学过外语，却能熟记大多数市场上流通的外文书刊。他能从单词的字母特征上，熟练地分辨出英、法、德、俄、西班牙等不同文字的图书。1972年，我开始中断俄语学习而改学英语，我求他给我找几本英语的语法书，他很快从书库中取出两本：一本是《CORRECT ENGLISH》、一本是《英文典大全》。他告诉我说，这是新中国成立前高中学生常用的两本语法书，俗称"谭氏英文法"和"纳氏英文法"。书买到手后，我找到英文辅导老师——英国牛津大学神学院毕业的宗继友先生，问这两本书是否合适，宗先生高兴地说："这两本书非常好，前者严谨，后者是专为东方人学习英语而编制的。"雷梦辰就是这样卖了许多外文书刊，我曾问一些年轻的售货员，雷先生怎么学会的外文？他们答道：从来没听他说过一句外语，他也没有学习过外文，书名完全是凭记忆硬背下来的。雷梦辰对蒙古文、藏文的经卷也不陌生。一次他收到一沓非常残破的经卷，凭经验他认定是藏文的古经卷，为此与西藏相关研究部门取得联系，很快就被买走。

20世纪60年代，雷梦辰收购到一部日本精印的彩色中国华北地区大比例尺地图，页面用折叠式的分幅装订。该图系日本军用地图，各地水井位置以及能否饮用等，都标注得一清二楚。此书后来上交给中国国际书店。20世纪80年代初，雷梦辰收到一部30年代日本人出版的《新疆地质志》，他马上和新疆大学取得联系，结果卖了200元。1985年以后，书店的经营模式逐渐发生变化，天津古籍书店已从新华书店分出，各个门市部也开始自主经营。雷梦辰退休后,被返聘到天祥商场对面的泰康商场里的古籍书店新址,继续担任旧书定价和收购工作。一天下午,洛阳龙门博物馆的负责人来到门市部,推销新出版的精印龙门石刻碑拓。他们告诉雷先生,龙门石刻千百年来被人不知拓过多少遍,很是养活了一批人,但这些拓片都是悬空或屈体在石壁上拓的,多少都有些变形。这次因为赶上修水库,把这些石刻取在地上,是平面软拓的,比以往的拓本都好。他们还说拓本印量很少,出口整价,内销半价。雷梦辰仔细看了一下拓本,立即向古籍书店的领导请示,订下了 20 册,并迅速联系买方,很快即售罄。此事为我亲眼所见,此后我再也没见过那么精印的龙门拓片。

书行里的高眼

作为古旧书店,只有在旧书刊资源特别丰富的环境里,才能获得较高的利润。天津的书源条件,正好为古旧书业提供了得天独厚的经营发展空间。旧天津是北洋人物活动的中心,且有多国租界,文化多元而丰富。在社会剧烈变动的过程中,天津积淀下大量的中外珍贵图书。仅凭在浩瀚书海里的云烟过眼,天津就熏陶出许多玩古旧书的高手。这些人有的成了书商,有的成了书虫,他们在实践中积累的经验和知识,让不少专家学者都望尘莫及。这些人大都文化程度不高,对古旧书版本的鉴定虽不乏经验,但却很少有专著问世。雷梦辰则是其中的一个例外。

雷梦辰曾和我谈及古旧书业中一个很重要的问题,即旧书的发行与销售。他说书的编著是一个过程,书的印刷和出版又是一个过程,但是要想把它送到读者手中,还离不开发行过程。没有发行过程,图书就变不成财富。因此,大的出版社都有完善的发行网络,并且不惜重金做出版预告和销售广告,有的图书的封底和内封,也会有新书预告。此外,各个文具店、南纸局和个体书商,也都是最后的发行环节。对天津旧书业发行的历史,雷梦辰有着深刻的研究。他曾请我帮他收集各大出版社的发行公告,我就把一个百城书局在20世纪30年代的发行公告提供给他,他看后非常高兴。天津出版史志编辑部门向他征集出版史料时,他就根据自己几十年在售书过程中搜集整理的卡片目录,写成《晚清至解放前天津书坊刻印本书籍知见录》长文。该文不但是这些书的出版目录,也是这些书的发行广告。他共搜集了65家书店,店址明确者43户,店址不详者22户,并且按照现行行政区划分区排列。通过该文,我们可以看出从晚清到新中国成立前,天津自营出版发行的繁荣景象。雷梦辰还为天津市政协文史资料专门撰写了《津门书肆记》长文,详细记录了小书商门市的创建人、经营者和传承人。这些材料都是他在几十年的售书生涯中,一笔一笔地记录整理出来的,同时他还遍访书界的前辈,追根溯源反复核实。这些东西似乎很不被官方重视,但是对于研究社会文化发展历程,其重要价值却是无法替代的。更为难得的是,雷梦辰还利用所能见到的各种文献和线索,写出了一本极够分量的学术专著《清代各省禁书汇考》。雷梦辰曾对我说,这是他几十年搜集清代民国以来各种版本的清代禁书目录的一个成果,其中涉及的多数图书,他都想方设法找到原著进行了核实。

书海边的几枚贝壳

“文革”后第一批珍贵图书涌向社会时,我的工资是五六十块钱,而好的旧书每册总在十元以上,我实在是买不起。每次到书店里,看到还没定价的好书,我总是用一种祈盼的眼光问雷先生:这个书卖多少钱?他不忍地说出价位,我便很尴尬的放下,再计算着口袋里的钱,而拿起些次一点的图书。这时,雷先生经常看着书对我说:你给×块钱吧,看完了再卖到我这来,我还给你×块钱。然后,他就在书的后背认真地打上价钱。民国版的《文化词典》以及韦尔斯的《世界史纲》、黑格尔的《历史哲学》、丹纳的《艺术哲学》等汉译世界名著,还有众多平装的旧中医书,我就是在这种情况下买回家的,而真正还回去的情况极少。那几年,我几乎花掉工资的一半来购买图书。后来我逐渐有了一些稿费,也全部用来购买旧书了。

有一段时间,我为许多工厂和单位写过厂史和行业史。当时都不给稿费,但一般会给我报销一二百元书费。每次我就从雷先生那买走一捆书,带上发货票,再到相关单位去报销。这往往是我最惬意、最高兴的日子,也是我到古籍书店最勤的一个时期。

雷梦辰为卖书谋生而不断收书。他年轻时,为有书可卖不得不艰辛地用各种方法收购旧书。其中有件必须提及的趣事,虽然中国历史悠久文化绵延,但旧时普通百姓与书刊却很少结缘。珍贵图书一但离开主人手中,大都进了破烂堆和废纸店,有的成了包装纸,有的还去了造纸厂。为了能收到极便宜的旧书,雷梦辰常常天不亮就到天津广开的破烂市去买旧书。他特别关注那些残破离群、摆放混乱的旧书。1950年初,他在西市大街鬼市购得一大堆残破的线装书,回家整理时竟发现有袁克文的真迹,由此推知这堆旧书与袁家有关。这是篇在笺纸上为一部名为《新华私禀》的书写的序言。此序写于“辛酉(1921)二月朔”。这是一部针对社会上以袁世凯称帝为背景写的小说、轶闻大量虚构史实不满而为袁家辩解的书。作者表明，自己与先公朝夕接触，愿意将许多事实写出，以正视听。此序文佳字美，极有研究价值。但鉴于新中国刚刚成立，袁氏家族已成反面教材，故雷梦辰将其妥善收藏，秘不示人，得以逃脱“文革”劫难。20 世纪 90 年代，雷梦辰为撰写图书发行史料而求助于天津档案馆，故将原件于 1994 年捐与该馆，同时将复印件一张送给我。

孤独的清醒者

20 世纪 80 年代末到 90 年初，各行各业对从事技术工作的人员都进行了职称评定，并和待遇直接挂钩。雷梦辰满怀信心地报了个中级职称，结果因一无学历、二非领导，且硬条件不够根本未入围，仍然享受一般售货员的待遇。这对雷梦辰来讲，是一种残酷的心理折磨。但是他忍了，只跟知心的朋友发发牢骚。

雷梦辰先生不苟言笑，这种内向且自尊的性格，促使他转向文字撰述，写下数篇有极高史料价值的文章并出版了专著。对此古籍书店领导没有任何肯定性的表示，但史志部门却给予了他充分的肯定，支撑着他继续写作。我曾在他家里看到，他购存的大量而且系统的天津乡邦文献，仅《天津指南》就有三四种。他苦笑着对我说，你别看我在书店工作，按照规定我们不能在店里买书，如果认为某本书特别有用，必须让别人以顾客身份代购，还要计算好时机，别让领导和同事知道，价钱自然一分也不能少，否则很难买成。

雷梦辰的家住在宜兴埠，改革开放前衣食住行都不方便，改革开放后宜兴埠成了天津周边富庶城镇，他自己也有了一个大院子，也有了书房，也有了儿孙绕膝的家庭氛围，但在古籍书店他仍然是孤独者。他除了资格老、业务精，再没有其他资本，退休后虽被返聘但待遇很低。但雷梦辰坚持上班打发岁月。他内心的极大愿望就是自己开个书店,或找个能让他全权负责的书店来经营。20世纪80年代是渴求知识的时代,也是出版业、旧书业最为昌盛的时期。“文革”后幸存下来的图书和老一代知识分子保存下来的图书,以及被解禁的各种图书大量出现在市场上,图书交易异常活跃。新生代的淘书者,很多就是这时起步的。

我是民盟的基层负责人,因对书行情有独钟,曾决心开一个书店,挂靠在民盟区委社会服务部,为此我专门向雷先生请教。他听说我要开书店的消息后,对我讲了许多书行的生意经。我尚能回忆起来的有如下几点:第一,民国旧版的学术著作和所有的图志、图集都是新善本书,利润空间极大。第二,商务、中华、开明、世界等著名出版社出版的学术大家的专著都要大量收购。第三,民国期间出版的所有旧杂志,都是研究历史和学术的最好、最直接的参考材料。第四,犄角旮旯、专业性强、出版量极少的书刊都值钱。日本出版的书因印刷精良、应用价值高都值钱。日本出版的研究中国的各种资料丛书、各种应用技术丛书、各种图鉴都是稀缺资料。例如一本《蹄铁术》就被人以五十元的高价格买走。第五,刊载有详实地方资料的各种广告、各种手册是研究某地的一手材料。第六,清末出版的介绍新思想、新文化、新知识、新技术的所有书刊,以及用白绵纸石印的各种书刊都具有文物价值。第七,照片汇编、印制精良的花笺和名人信札以及以真实书信编辑的尺牍也非常好卖。第八,通俗唱本、老小说、老小人书等底层读物有市场潜力。第九,从清朝到新中国成立前出版的所有以西法绘制的地图,特别是比例尺大的详图、邮政舆图,相关研究部门需求量极大。第十,出版量少而题材怪异的书也不愁卖。大部头的文学读物因出版量极大最不值钱,但研究它们的资料性的书却值钱。

雷梦辰还特意给我写了一封信，推荐了一位古籍书店退休人员加盟。他满有信心地对我说：如要开店，起名最好为“古旧书店”而不要称“古籍书店”。他还说，只要会卖，没有卖不出去的书，没有不赚钱的书；书只要对路，价钱定得很高也有人买。可惜开书店的事最终因门店难以解决而搁浅。但我至今难忘的是，我俩第一次谈论开书店时的情景。他住在宜兴埠南菜园，那天吃完午饭没睡觉，从当时的张兴庄北道（即清朝时的下卫道支路）步行到我家，敲开院门的时候，肩上背着蓝布书包，双手捧着泥坨，里面有一株漂亮的虞美人，盛开着紫红色的花。我是学生物的，知道虞美人是用种子来繁殖的，种子非常细小，发芽育苗极为困难。而且虞美人又怕冷又怕热，在天津很难繁殖。我就问雷先生，您从哪里挖来的虞美人？他说，我在工厂墙根下看见这花，太好看了，就用玻璃片一点点挖出来了。我问是哪个厂子？他说第六开关厂。我决定要到那里看一下，这地方怎么能长出野生虞美人。

雷梦辰先生告辞后，我急忙赶到第六开关厂，只见靠近墙根的地方，有一片长满苔藓的地，上面散生着几簇野花。地面上苍翠的绿苔，在夕阳照射下像一块绿毛毯，上面还有雷先生掘出的土坑。这里长青苔，就证明这个小环境气候不干燥不湿热，土壤不酸不碱，再加上此处僻静，不易被别人发现，故能生出美丽的虞美人。这也很像雷先生工作的环境，他在那个冷漠的环境里清醒地工作着。

2003年的一天，我到古籍书店古文化街门市部闲逛，无意中从胡玉璞处得知雷梦辰先生去世的消息，让我很是伤感了一段时间。

（刊于《藏书家》第18辑，齐鲁书社，2014年3月）

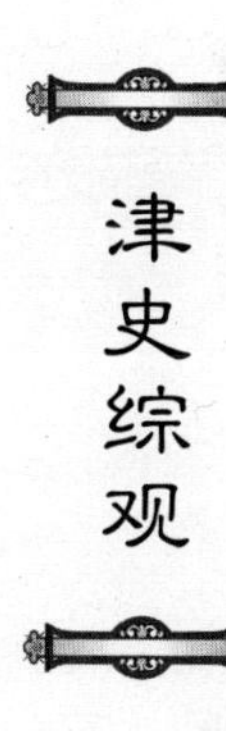

津史综观

中华武士会百年后的再解析

整整一百年前的 1912 年，中国侠义风范最浓的燕赵文化圈里，出现了一个新式的民间团体——中华武士会。它以传播、教授、弘扬中国特有的国粹武术为己任，引领中国兴起了一股为保国而强身健体，重新提升国民体魄素质的武化教育运动。它的实体组织存在时间虽然不太长，可派生出的组织机构特别是其所号召的强体保国的思想和对旧教育结构缺陷引起的反思，则直接植根在众多关注中国命运志士仁人的心田之中，并影响了他们的成长，使中国出现了众多倡导国术的教育家和代表人物，甚至影响了到了毛泽东。

中华武士会为我们留下一笔至今仍可圈点、可参考、可反思的诸多命题。由于各种原因，至今对它的研究非常零散，许多史实都未搞清，其走过的历程和发展脉络仍有许多未解之谜。今根据目前能搜集到的文献资料，做一些简略的分析。在搜集整理资料过程中，我们越来越有对其研究的紧迫感，因为它可能是中国最早的国家级的专门研究、弘扬、教授国术活动的民间团体。通过对它的研究，会近一步认清它的历史地位和社会意义，是研究中国近代素质教育、国防教育、民间社团史、武术史和中国传统思想领域里文化和武化两种思潮碰撞的重要内容。中华武士会首次将武术推向社会，推向课堂，提供了一种体魄双修的教育思想，并由此派生出许多社会现象。对它的深入研究，也是充实中国近现代史研究众多薄弱环节的需要，也是当前文化大发展大繁荣形势下一种对新的文化资源的开发和探索。

一、中华武士会的成立是当时中国社会先进理念的体现和新兴社团的楷模

第一，中国传统文化在形成的早期无论是资源还是环境，都非常完善，富有朝气和活力。出现了战国时期的百家争鸣，这其中就包括侠义文化。但汉代以后受思想专制体制的限制，禁锢了中国文化的自由发展，至封建社会晚期则更加变本加厉。儒家文化作为封建中国传统文化的主流，日益脱离科学，脱离底层群众，并且泯灭了个体价值，让文化充满玩弄文字和辞藻的士大夫味道。中华武士会在成立的公告中，从中日两国对武术的比较，引申出当时中国社会轻视武术的制度根源、文化根源和思想根源。公启明确指出："各专制君主皆极思柔弱其民，使易于控驭，自是武道始不竞矣。"我们知道，自清代雍正年间公开禁止民间习武，直到太平天国运动兴起后，为组办团练与太平军对抗才放松对民间习武的管制。"极其弊而通国士夫，皆以习武事为轻狂，不但不以为可贵，而反蔑视之，遂使通国之人靡弱若病夫。""我则藏精具粹，而世莫知焉，国家亦未

能得其利者，何也？此无他，以我之视，此直蔽屣之，不若故也，吾国则反，是文人直以运动为轻佻，而且视为下流。”这里，对旧文化对社会的腐蚀作用提出了尖锐批判，并得出了“国风之文弱，与士气之不振，则为其原因中之过且大者无疑也”的结论。一个民间团体能从制度、思想、文化三方面剖析中国武术复兴的必要，在当时就是一种振聋发聩的呐喊，而能以民间社团的角度发出此种呐喊，其意义则显得更加重大。

第二，首次对中国武术做了通俗准确和接近科学的解读。中华武士会对中国武术的实质也在公告中进行了说明。由于历史和文化的原因，中国旧有武术的典籍很分散，多附以神秘性和牵强性的包装，使外人很难理解。这也限制了中国武术理论的研究与发展。中华武士会在公告中明确对中国武术做了如下的解释：“我中国之击技，其神妙实甲全球，若其变化莫测、刚柔并用、运气诸法，又为外人所梦想不到者。皆我先民好武者，久由经验而得之，岂有神权涉其间者。”1912 年，能对中国武术的实质去掉神秘化是难得可贵的。它明确地指出了中国武术的种种心得，是无数习武之人经验所得，没有什么神秘力量所授。中国武术很注意神和意的整合，引领动作。按照现在人体科学来解释，就是调动人的潜意识，及调整植物性神经功能。虽然人体科学发展至今，对精神层面的规律仍所知甚少，但中华武士会当时能对中国武术提出这种认识，已说明它在当时是一个拥有最新思想理念的民间团体。

第三，中华武士会在当时展现了中国非政治性民间社团的风姿。中华武士会作为一个弘扬、教授、传播武术的组织，不但有方针，有组织，有日常工作机构和经费筹措渠道，而且还有组织严密的教学程序和其他各种规定。它向社会表明，中华武士会不是江湖练家子组成的乌合之众,而是由一批接受了新思想,有知识、有文化、文武全才型人士为骨干组成的非政治型的民间社团。在当时动荡的年代里,堪称为一个有良知、有正义,倡导公益活动的社团楷模。

二、中华武士会的历史价值应该总结

中华武士会为当时的军校和普通学校普及武术教育,起到了发端和示范的作用。由于当时社会的形势,中国军队装备较差,而非常适于近体格斗用的形意拳非常实用。所以当时许多军校都开展了武术训练,而这些教官和教材大都来源于中华武士会。如中国近代著名的保定军官学校就聘请了武术教官,开设武术、劈刺等课程。其教官多为中华武士会的骨干,教材也多使用李存义编著的形意拳谱。其中张荫悟就是著名代表,他武术教得好,教材写得精,并被其他学校广泛翻印使用。值得提出的是,当时新式学校的快速发展,普遍建立了新式教育体系。新的教育思想,在各学校牢固树立,并都把德、智、体全面发展的理念作为学校的教育方针。一个突出的特征是:新式学校摒弃了单纯使用德式和丹麦式的体操体育教学,普遍感到作为个人体魄全面发展,武术的作用不可替代。

清华大学在1912年就聘请中华武士会的刘文华作为武术教授,并专门为其教学课程出版专辑,而后由中华武士会骨干李剑秋接任。在马约翰的支持下,武术教学成为清华大学的一个亮点。1919年,马约翰在美国的体育研修硕士论文就是“中国拳术入门”,书中还用李剑秋的形体照片作为附图,并在理论上对中西体育进行了比较与分析，系统地向世界介绍了中国功夫，也让洋人佩服了中国功夫。而后，山西国民示范学校、云南示范学校也都使用了相似教材，开设了相同科目。中小学此时普遍增设了拳术课，所用教材大都相似。中华书局从 1912 年到 1949 年共出版 17 种武术教材，虽然直到 1931 年才正式出版形意连环拳图书，但之前以中华武士会教材为蓝本的形意拳谱已有十几种了，由此可见中华武士会对社会所做出的巨大贡献。

三、中华武士会为中国培养了一批正规化的武术教育家

中国武术门派很多，多为师徒相授，使其传播和发展受到很大限制。但中华武士会成立后武术教育面向社会，招收学员，向公众开放，并在众多学校成为课程。它提高了武术教育的社会效益，它将师徒私授的模式转变成大众教育。形意拳至今不到 200 年，它本由心意六合拳演变而来，将心意发展成形意是河北深州的李老能，可称形意门一世。而后由其弟子郭云深、刘奇兰等发展成形意拳，可称形意门二世。形意拳的成熟与大发展并走向社会，是由其三世传人完成的，其代表人物有李存义、张占奎等七人，俗称“结义七侠”。

他们起初多为镖局的镖师，民国后觉悟有了提升，投身于武术的教学和武术的普及。这让他们的思想得到进一步提升，其骨干成员纷纷投向军校和民校做专职武术教练。李剑秋成为清华大学有著作、有影响、有名望的武术教育家。张荫悟在多个军校和民校既教课又著书，影响颇大。李存义的弟子阎子阳培养出来新中国体育界少有的文武全才的大家董怡如，他曾代理过河北省教育厅厅长

和广志馆馆长。1990 年,董怡如 82 岁时还为亚运会作画,时任体委主任的袁伟民感叹道:体育界能文能武仅董老也!中华武士会为进行形意拳教学,由李存义编写了拳谱,但插图准确是一难点。因当时还不可能有表达体位变化的科学符号,遂由其弟子阎子阳利用自己高超的绘画技艺,绘制了一套形意拳图谱,为形意拳的普及做出了独特的贡献。直至 1928 年以前,各校进行武术教学的书籍和教员,多为中华武士会所派生。

四、研究中华武士会的当前意义

第一,提高国民体魄也是硬道理。中国武术和中医一样是个宝库,中国功夫在形神双修强魄健体方面有独特的优势。普及中国武术是一种高效能低成本的方法,可使国民素质在体质、身魄、境界方面都得到提升。用大量国力打造少量体育精英,体现出的价值主要还是政治功利,而全体国民体魄雄健才是强国之本。在当前的条件下,在学校和社会普及一般的武术训练,是全民体育健身运动的落脚点,应大力倡导。

第二,对燕赵文化圈应该重新认识。中国的武术起源传说与黄帝打败蚩尤有关。现在的考古已证明,泥河湾文化是中国旧石器文化的代表,所以燕赵文化圈的形成有其深刻的历史地缘关系。它是中国北方最典型的侠义风范文化圈,故有“燕赵之地多慷慨悲歌之士”之说。中华武士会成立后举行第一次表演时有 67 名代表,其中仅有 3 名是外省人士,其余皆为河北省人。可见中国北派功夫基本就是燕赵之地的功夫。开发这一文化资源是当今发展文化产业的大手笔,也应该是燕赵各界人士共谋的目标。

可喜的是，中华武士会百年后的研讨，已汇集了各路贤达，他们中有关心中国武术发展的各方面专家学者，有从事武术史研究的民间人士，有中华武士会成员的后裔和传人，也有致力于弘扬中华武术文化的民间志愿者代表，这恰恰也证明了上述意义。

（刊于《追寻湮没的武林历史——纪念中华武士会百年学术讨论会文集》，台北逸文武术文化有限公司，2012 年 12 月）

《近代天津教育图志》综述

天津是近代中国新式教育的重要发祥地。1860 年天津开埠后，新式教育区别于以科举为目的灌输经史子集的旧式教育。在天津开埠后其发展速度和形成的规模都是中国新式教育最显著的地区。不到半个世纪就形成了规模大、层次全、种类多的繁荣局面。其前瞻式的教育思想、新式的教育制度、新式教学内容的研究和教材的编辑出版，都在中国起到了示范和引领的作用，为中国新式教育的发展做出了独特的贡献。

开埠为新式教育落户天津提供了先天条件

1860 年，天津开埠后成为中国北方联系世界的前沿。又因是北京门户而成为直隶总督兼北洋大臣的驻地。开放的空间强化了城市文化的开放、多元、包容的特征，为新式教育的发生发展提供了优于其他开埠早于天津的众多城市的条件。它为新式教育在天津的首先驻足提供了政治、思想、人才等社会优势。政治优势源于天津的北洋地位及诸位北洋大臣手中握有的刚性权利。北洋重臣李鸿章、王文韶、袁世凯及所属官员周馥、盛宣怀、严修等众多开明官员在洋务实践中直接看到了清帝国与域外的差距,真实的感到了国力衰弱带来的危机。他们从政治功利出发有了改造旧教育、兴办新式教育的前瞻思想和动力。思想优势源于最早一批在海外留学归来的知识分子落户天津,参与了洋务实践。他们成为当时中国思想最先进的分子。在天津这个洋务中心的舞台上,昭示了自己的新思想、新理念。向社会发出了批判旧制度培养新人才的号召。1895 年,严复在天津《直报》先后发表《论世变之亟》《原强》《救亡决论》及《辟韩》等政治论文。对专制政体进行了尖锐的抨击,并首次介绍了斯宾塞的教育理论。提出"鼓民力、开民智、兴民德"的主张。而"开民智"的根本办法是废除八股,提倡西学等改良主义理论。严复等人的主张在天津这块土地上最先得到响应并形成社会共识。为新式教育的创立和全面发展提供了理论支撑。人才优势源于从最高官员到社会贤达对新式教育的发展都有一种前瞻的战略眼光并形成了自觉的行动。这种人才优势的组成有一个完善的体系。他们由最高行政首脑、幕僚、社会贤达与最先成长起来的一批新式知识分子组成。这些人有远见、有胆识、有才能,共同积极助推新式教育的发展,从 1860 年新式学校在天津落户后,在以后不到半个世纪的时间里他们自觉地将发展新式教育提升到国家发展战略层面上去考虑。天津新式教育形成了第一个高潮并为以后教育平稳发展打下了坚实的基础。这个人才团队的领军人物一是直隶总督袁世凯及周馥、盛宣怀;二是以严修为核心的集体团队,他们主要有:

陈宝泉、傅增湘、卢木斋、林墨青、李琴湘、刘宝慈、胡家祺、张伯苓、金韵梅、吕碧城等一大批当时最先进的分子，他们为中国和天津教育的现代化做出了突出的贡献。

军工学校在洋务运动中落户先行

天津的洋务运动由北洋大臣李鸿章引领，他的洋务实践使其深知国内外在科学技术上的巨大差距，于是他坦率向清廷表明：天朝第一中华最大的形势已不存在！必须改革教育，培养人才，以富国强兵。1871 年，李鸿章上奏《筹议海防折》：力陈轮船机器、铁路、电报诸事，在所必办。认为科举文、武两科考试，以章句、弓马施于洋务，隔膜太甚，科举即不能骤变，时文即不能遽废，而小楷试贴太蹈虚饰，甚非作养人之道。李鸿章建议对科举考试稍加变通，另开洋务进取一科，以资造就。在海防省份主张均宜设立洋学局，分为格致、测算、舆图、火轮、机器、兵法、炮法、化学、电气学数门，选择通晓时务大臣为主管，延请博学西人为教师。1876 年，他在天津机器制造局内开设了电气水雷学堂。1880 年，他甩开清政府的旧规陈章，直接在天津创办了独立的天津北洋水师学堂。1881 年建成时被外界誉为："实开北方风气之先，立中国兵船之本。"同年 9 月 16 日又建立了与之配套的北洋电报学堂，为中国培养出第一批电信通讯人才。到 1900 年该校教职工皆由中国人担任，到 1904 年共毕业 300 余名学员，遍及全国各大电信局，为中国电信事业的发展奠定了人才基础，也使天津成为中国最早的电信通讯网中心。1881 年在天津建立了医学馆。1893 年改名为北洋医学堂，1913 年改名为直隶医学专门学校，1915 年又改为海军军医学校,为中国培养出第一批正规军医。1885 年又建成北洋武备学堂,成为中国第一个新式的陆军学校,培养出了段祺瑞、冯国璋、吴佩孚、曹锟、李纯等中国最早一批具有现代军事知识的将领。他们都是以后袁世凯新练陆军的骨干领导。到 1895 年以前,天津率先在中国建成的以军事功利为主要目标的专科学校已初具规模,领先于国内。

兴办新式教育在维新变法中形成社会共识

1894 年的中日甲午之战以中国惨败告终,丧权辱国的《马关条约》使全社会上下形成了维新变法救亡图强的社会思潮。这种思潮对严复等人的新思想普及传播起到了强化作用，使开办新式学校成为维新变法运动中的一种主流思潮。1895 年 5 月光绪皇帝下达了一系列创立新式学堂的诏谕。天津海关道盛宣怀请直隶总督王文韶转奏在梁家园博文书院原址建立北洋大学堂。1895 年 10 月 2 日准奏成立。内分头等学堂和二等学堂并针对当时国内外形势,中国对西学人才的急需状况直接提出了该校的办学方针为：西学体用。与当时的国外大学直接接轨,不受中国旧有体制的束缚。避免干扰,提高了办学效率。课程设置体现专门之学。头等学堂设:法律、土木工程、采矿冶金、机械工程。二等学堂设:英文、数学、各国史鉴。并于 1898 年又特设铁路班。1902 年由袁世凯批准将其迁至西沽武库。1903 年又增设法文、俄文译学班。1906 年又增设师范课。天津北洋大学堂的创建为中国新式大学的建立起到了最早的示范作用。此间,天津还设立了育才馆、俄文馆、芦汉铁路学堂等一批新式学校。一些外国传教士开设的教会学校也相继成立。

天津新式教育在北洋新政中位居之首

1901年清政府与八国联军签订了使中国彻底沦为半殖民地半封建社会的《辛丑条约》,清政府被迫颁布新政举措。天津成为北洋新政的中心城市。建立新式教育的高潮自上而下有序展开,并普及村镇、社区。天津新式教育发展进程有其特点,即最早由政府因功利兴办的专门学校率先展开,继而助推到培养社会急需的西学高端人才的西式大学。继之是各级师范院校的设立,最后到初等教育在天津地区全面铺开。走的是一条政府主导、官员积极行动、社会贤达助推、基层百姓响应的发展格局。1902年由直隶总督袁世凯下令动用库银五万两在西沽武库重建北洋大学堂。同时适应新政需要的各种学堂相继兴建。1903年创办北洋工艺学堂,新政期间还创办了北洋军医学堂、北洋武备速成学堂、北洋巡警学堂、北洋法政学堂、北洋女医学堂并加大了对师范学堂的创建。1905年创建天河师范学堂,9月又奏请设立北洋师范学堂并在新开河北岸规划出校区,与北洋法政学堂毗邻。各种简易师范、速成师范、保姆讲习所也相继成立。更为突出的是废庙兴学,新式中小学的全面铺开。1900年9月,严修、林墨青、王竹林募捐在旧城里创办了东一、东二、西一、西二、北一五个学塾。1902年改为民立第一两等小学堂,随后又创办民立第二两等小学堂,为天津民立小学之始。1901年冬,高凌雯、王世芸等建立了天津首座中学"天津普通学堂"。1903年改为"天津官立中学堂"。1903年在西北角城隍庙创建的官立两等小学堂为官办小学之始。之后,接着建立了河北大寺小学堂、盐官厅小学堂(行宫庙小学)、慈惠寺小学堂、药王庙小学堂,俗称"城河盐慈药”，至1907年创办官立小学堂16处。1904年，天津成立了最早的官立女子小学堂——官一女学堂，校址在河北关上肉架子胡同西的毗卢室内；时隔不久，共创办了官立女子小学堂11处。天津的许多旧有寺庙已改成男女小学堂。在普及的基础上天津的基础教育又建成了有模范、示范作用的样板校，以提高和引领众多小学的教育质量。1906年天津官立模范两等小学堂（今中营小学）建成开学。1916年改名为直隶模范小学校，1928年又更名为河北省第一模范小学。该校是一所符合当时国际标准的样板校。校内设有回廊相连的多间教室、有风雨操场、有筵宾室、有钢琴、有东西洋进口的教具和器材，由日本留学回国的刘宝慈任校长，是中国少有的特色校。从1900年到1911年，天津县范围内共有大学堂1所、高等专科学堂3所、男小学堂89所、女子学堂23所，其中北洋女师范学堂、北洋高等女学堂、北洋（长芦）女医学堂、北洋女子公学、严氏保姆讲习所，为专科学校，其余皆为女子小学堂。还有其他各类学堂24所、蒙养园3所、洋学堂6所，无论是数量还是规模位于全国领先地位。形成了天津新式教育发展的第一个高潮。天津的新式教育实现了从最初的以明显政治功利为目标的专门教育走向以提高国民素质的普通教育和基础教育。

共和体制下新式教育转型后的新发展

1912年中华民国临时政府成立，新学制颁布实施，首先在教学内容上，废除了讲经读经及颂扬清政府的内容，缩短了中小学的修业年限。天津的专门学校和大学做了调整和改制。除北洋大学外全部取消了北洋的冠名，相应改为直隶冠名。并进一步加强实业教育。建于1910年的直隶水产讲习所于1912年迁入河北种植园新址，改称直隶水产学校。天津中等商业学堂也易名为“公立甲种商业学校”，迁至东马路。这期间，天津工商界人士及社会贤达捐资助学。1919年9月，私立南开大学创建；1922年在八里台村得地400余亩建设新校；1923年8月正式迁入，成为北方私立大学中实行男女同校的第一家。此间众多教会学校快速增加。其中1921年法国天主教献县教区于在英租界马厂道（今马场道）始建天津工商大学，于1923年9月25日正式开学。天津在这期间共增加了各类中学20余所，各类小学40多所。著名的有：扶轮学校、河东中学、耀华学校、河北中学(民德中学)等。到1927年，天津共有各类学校约245所。

民国中期的平稳发展

1928年至抗日战争前，社会相对平稳，天津教育在良好的基础上进入了稳定的提高和发展阶段。1928年，国民政府将天津改为天津特别市；直隶省改为河北省；天津四郊改为天津县。因行政区划的变更学校隶属关系随之发生了变化。冠以“直隶省”的学校皆改为“河北省立”，如1933年天津工商大学改称河北省私立天津工商学院。此期间为天津高等院校发展最快时期，公办大专院校已达5所，私立大专院校2所，这些学校在科研、教学、为社会经济发展服务等方面都达到了最佳状态。许多私立中等学校又有增加，天津市立师范学校也于1930年建成。到1936年天津中等学校已达26所。这期间也是天津教育投入最丰厚的时期。天津市政府每月将天津市教育经费由天津卷烟税直接拨付市教育局

6万元作为补充经费。不仅使市立中小学扩大了班次，增添了设备,而且对私立中小学也给予了补助。同时,还规定了小学教职员的薪级和年功加俸的办法。到1934年,河北省的教育经费仅次于全国最富足和人口密度最大的江苏省。而天津用度最大。这种局面一直维持到抗日战争前,为天津教育的持续健康发展提供了资金保障。

民国后期稳中有变的曲折发展

天津的教育事业在“七七事变”后到1945年受到日本侵略者的局部破坏。1937年天津沦陷,北洋大学和被炸的南开大学、河北女子师范学院等被迫外迁。河北省立工业学院被解散。私立天津工商学院得以保留并得到较大的发展。其余各类学校都只能在日伪当局的管控下艰难维持。但因天津特殊的地理位置,没有太多的战事。对教育的需求仍使一些学校得以建立。1939年创建了私立天津达仁商学院、私立达文中学、私立含光女子中学、私立商科职业学校、私立仁爱高级护士职业学校……这些学校规模不大，经费不丰。小学因人口的增多而略有增加,从1937年至1945年小学增加了36所。新建的小学有不少是工厂子弟小学。教学内容被日伪当局增加了“大东亚共荣”等奴化教育课程,中等以上的学校派入了由日本人担任的训育主任,并推行日语教学。学生被迫参加“勤劳奉仕”等体力劳动。国办小学经费普遍缩减,许多校长为员工工资和办学经费四处奔走。日本特工对抵制日本奴化教育的学校领导人进行暗杀,如1938年发生了著名爱国教育家、耀华学校校长赵天麟被暗杀的事件。当时中国共产党在教育系统秘密开展抗日宣传活动。租界内有的学校仍悬中国国旗、唱三民主义国歌、宣传爱国抗日、抵制日货、拒绝使用日伪教材。一直到1941年年底太平洋战争爆发,日伪当局强行接收租界,对抗日活动进行了更加严酷的镇压。日本投降后,天津教育因基础扎实恢复很快并有了短暂的新发展。国立北洋大学、南开大学、河北省立女师学院相继回迁复课。河北省立工业学院、河北省立法商学院及河北省立水产专科学校相继复校,高等学校得到了恢复。同时又迁来了国立国术体育专科学校、河北省立医学院等。省立师范、扶轮中学、南开中学等相继复校,并增加了一些规模不大的中等学校。如:介寿中学、崇化中学、养正中学等。公私立小学也有所增加。内战爆发后,物价飞涨带来的教职员工实际收入的减少,引发了多次抗议和游行。教育系统广大师生在中国共产党领导下与旧政权进行了各种斗争,并积极保护学校。1949年1月15日天津解放时,各级各类学校完整地保留了下来。

教会学校本地化提升了天津整体教育质量

教会学校在天津开埠后,伴随着西方宗教和文化的传播迅速进入天津。这些学校既有宗教传播也有西方文化传播,以及工业革命后产生的新科学、新技术、新理念的传播。其教学内容在道德思想层面既有宗教灌输也有西方人文精神的讲授,在科学思想层面讲授的则是工业文明后的内容,科学精神已很突出。教会学校在天津的落户与发展过程中经历了短促的宗教文化传播,随即转为科学文化的传播。教育对象也由培养华人精英和侨民子弟迅速普及到教徒子弟,最后完成了面向平民的开放。随着天津城市各项事业的发展，这些学校吸纳了大量天津知识精英介入，促进了这些学校天津本土化，并保持着自己的特点。

1860年，柏亨利第一个在天津建立了“小书房”，教中国儿童读书识字，传播“福音”。而后天主教会、基督教会纷纷在天津建立宗教场所，并附带学校。1887年建立了圣路易中学、1890年建立了成美馆（汇文中学前身）、1895年建立了法国学堂（后改名法汉中学）。1900年以后，各国租界相继建立，这类学校又有一次更大的发展。1903年由青年会筹办的私立普通中学堂、1905年由英国安立甘教会建立的英国文法学校（今二十中学）、1907年德国人建立的德华中学、1909年建立的中西女中、1914年建立的圣功女学（今新华中学、劝业场小学）、圣约瑟女校（今十一中）、1922年建立的苏联中学、1926年建立的究真中学……这些学校的分布多与宗教场所毗邻。一般以大型教堂为中心在其周边配套设置幼儿园、小学、中学和医院，使之成为一种适合他们居住、学习、医疗、娱乐、休闲为一体的社区。体现上述特点最明显的是以西开教堂为中心的老西开地区和以岗纬路教堂为中心的岗纬路地区，即便是在非租界地区，基本都能保证每个教堂附近都有教会小学，在教堂附近也尽量做到建有中学。如：1906年在基督教西沽教堂附近建立了究真小学、仰山女学。1926年究真小学、仰山女学迁至岗纬路地区，升格为究真中学、仰山女中。西沽教堂附近“究真”“仰山”旧址建立了育真小学。大学则是为解决高端精英的培养所以不在此例。如：法国献县天主教会创办的天津工商大学。这些教会学校因为有西方背景，故而能在旧中国社会动荡的年代中不受干扰。又因经费充足、设施完善、师资水平很高，故教学质量上乘。尤其外语教学水平高，文体活动新颖活跃。这种局面一直维持到新中国成立前夕，教会学校收归国有后大都成为历史名校。日本帝国主义因早有侵略中国的野心，又因在日本占领期间侨民剧增，他们建立的学校最多，主要是为日益增多的日侨服务、为培养亲日分子服务、为侵华战争服务，也有少数教授应用技术的学校。抗战胜利后大都收归国有或停办。教会学校在融入天津教育体系的过程中为提升天津总体教育实力发挥了独特作用。丰富了天津的教育资源，强化了天津教育文化开放、多元与包容的特点。

天津对中国教育现代化的贡献

天津是中国新式教育的首善之区，在兴办新式教育的过程中，天津做出了许多先试先行的独特贡献。

第一，率先提出了普通教育的概念。1905 年清朝正式成立学部，严修任左侍郎。他做的第一件事是《奏请颁布教育宗旨折》，在这个奏折中，首次提出了"普通教育"这一新命题，认为"仅中国振兴学务，固宜注重普通之学"。"普通云者，不在造就少数人才，而在造就多数之国民"，所以要"全国之人，无人不学"。为了具体推行普及教育，他于次年即致函天津知县章师程，要先行"调查学龄儿童之确数，以渐谋义务教育之普及，"及"试行于一县，而递推于全国"。另外还首次系统地提出了道德教育、军国民教育、实用教育的概念，认为"中国民质之所最缺而亟宜箴砭以图振起者有三：曰尚公、曰尚武、曰尚实"。这些思想无疑是当时中国国内最先进的教育理念。普通教育这一概念即含有原始的义务教育理念。

第二，样板校的建设走在中国的前列。北洋大学堂为中国第一个国立综合性大学。所设的文、理、工、法诸学院水平极高,其水利和建筑专业一直领先于国内。南开大学为全国第四所私立大学,有极其浓厚的人文精神。为中国培养了大批优秀人才。其经济专业密切联系社会实际,而化学、数学等理科始终处于中国的高端。河北工业学院是中国第一个工学一体的工科大学,河北水产专科学校是中国第一个系统研究水产的专业学校。至于南开中学、扶轮中学、耀华中学及众多教会办的中学在中国也都有地位。而模范小学是全国少有的小学样板校,受到黄炎培先生的高度赞扬。

第三，教育行政机构的建设为国家教育制度的建设提供了最早的参照系。清末,直隶省最先设立"劝学所",为新式教育的教育行政机构,于 1906 年由学部推广到全国。如:直隶学务处、提学使司等机构设置均早于中央。

第四,最早为中国教育现代化培养了一大批优秀人才。天津无论是向国外派遣研学新式教育的留学生如:陈哲甫、李琴湘、郑菊如、刘宝慈等十人到日本宏文书院留学师范专业;还是出国考察各国新式教育的官员和学者,如:严修、张伯苓,他们都是中国最早的一批教育家。天津为此做出了重大贡献。这些教育家有的能创新教育思想,有的擅于制度设计,有的擅丁教育管理,有的学术成就卓著,还有的从事最基础的工作。如:中华民国最早的小学语文和修身教科书都有他们参与编著。

第五,丰富多彩的社会教育领先于全国。1915 年,天津社会教育办事处成立,林墨青任负责人,有计划地开展了社会改良工作。在各方支持下,房屋、设备、图书、经费都得到落实,并出版了《社会教育星期报》。1925 年天津社会教育办事处改名为"广智馆",

1905—1906 年建立了四个宣讲所。1928 年又改名“民众教育馆”，直至新中国成立后它们都成为各区文化馆的基础。它在开展科学普及、提倡移风易俗、传播新思想、倡导爱国主义等方面发挥了极大的作用，成为天津新式教育社会化的又一种模式和亮点。因为社会教育不但能针对学校，而且还惠及了全体百姓。它的时代意义更大。在经济、科学落后，文盲众多社会条件下，用直观手段传播新思想简便而高效。早在 1912 年，严修、王劭廉、林墨青、蔡儒楷、汪笑侬在天津发起了戏剧改良工作。用戏剧传播新思想新文化，为天津成为中国话剧的摇篮打下了坚实的基础。早在 1906 年，学务公所社会科就发出指令开始对群众乐于接受的年画进行改良，达到用最直白的手段来传播新风俗。即选用石印年画来完成此项任务。指派阎子阳为这一活动的主创人员，这些新年画运用当时最先进的石印技术印制，色彩艳丽、画面逼真、制版快而效果优。这一活动在中国版画史上被称为改良年画。画面内容直指当时必须剔除的社会“四害”，即鸦片、赌博、早婚、嫖妓。而后又在更广义的内容上宣传科学知识、破除迷信、诚实守信、珍惜光阴等进步思想。这一活动在政府推动下迅速流行起来，一直延续到民国初年。对社会教育起了积极作用。当时这些做法曾为全国各地积极效仿。

第六，为教育立法、入宪呼吁最早的城市。1903 年成立于天津的直隶教育总会为全国最早的教育团体。1915 年向全国发起成立全国教育联合会，并于 4 月 23 日至 5 月 12 日在天津召开第一次代表大会。此会通过了将义务教育列入宪法，军国民教育实行方法和实业教育等提案报教育部。天津为中国义务教育法制化和新式教育制度的设计做出了重大的贡献。

近代百年中国教育看天津。天津新式教育的历程是中国新式教育发展历史中的精彩篇章。回顾这一历程,天津的近代教育是天津历史的骄傲。

(刊于《天津近代教育图志》,天津古籍出版社,2013 年 12 月)

河西区历史地理变迁概述

一、原生态的北方江南

来自太行和燕山峡谷中的流水汇集成海河。它们带来的泥沙和黄河的泥沙共同淤积了海河平原,最终孕育了天津。海河水文地理条件的变迁直接影响了天津城市化的过程。天津在城市化的过程中也和其他古代城市一样，是一个城与市结合成一体的过程。河西地区因位置特点在天津城市化过程中有别于其他区域。

海河平原地势低洼,海拔仅 3 至 5 米。流水不畅,使海河的河道成为羊肠状。大小河套在环抱处产生了相对应的环水高地——沽。沽给人们在岸边水旁生活创造了条件。河西地区因处于海河上游河道弯曲最多的地段，就成为古代海河沿河村落分布最密集的地区。早在宋代已有三女寨(现灰堆一带),元代沿河居民开始增多。到明代有名有姓的村庄已很多了。1404 年(明永乐二年)三岔口建城设卫，城的北门与东门外很快繁荣。到1902年又向东北方向开辟新河北地区推行新政，天津城市化的过程基本完成。河西地区距老城较远，没有参与天津旧有商业带和文化带的发展，而是以独特的原生态农耕区成为起点并以天津农耕文化的源头成分融入天津市区。1404年明王朝在下令设卫的同时又下令在天津屯田，到后期已成高潮。

1598年(明万历二十六年)官员汪应蛟经过观察分析认为，海河沿岸土地非常肥沃，但无水则碱，得水则润，若挖沟筑埝定成膏腴。他亲自组织开垦了贺家围、何家围(现上下河圈一带)等十围屯田。其中何家围就是十字围中距天津城最近的一围。到天启年间，左光斗又将屯田与办学结合，安排卢观象增垦4围屯田。现河西地区的陈堂庄(现陈塘庄)、土城、东西尖山、何家圈(现上下河圈)、寇家口(现贺家口)等村落已是鸡犬相闻，鱼蟹举网、风景依稀，绝似江南。这次在贺家口以南共垦出良田3000亩。1704年(清康熙四十三年)天津总兵蓝理又在城南开垦水田近200顷。河渠圩岸周数十里，其范围北从马家口，南到贺家口，西至八里台，东到海河边，全是水田漠漠，十里稻香。改变了以前城南水乡泽国没有人烟的状况。完成了农业区域向北推进与老城连成一体，到1727年(清雍正五年)贺家口地区已出现2–3穗的水稻变异品种。清代诗人姚承丰写道：十字围，获早稻，车戽声中波浩浩。七十二沽云水乡，半是捕鱼不插秧。汪司农，蓝总戎，能以人力夺天工，二千余亩分田界，葛沽以北白塘东。秋色红莲稻花吐，直使斥卤成膏土。吁嗟乎，十字围，非小补。河西地区的原生态景观一直延续到1900年前后。

二、租界的建设切入域外风情区域

1860 年天津的大门被打开，天津这片土地切入了西方资本主义的理念，它在推进天津走向现代化的同时也蚕食了农耕文化为主体的原生态。1862 年英法率先将海河北部西岸辟为租界。后起的资本主义国家德国到 1895 年也趁清朝败绩之时在英租界南部获地 1034 亩辟为租界，使河西地区也有了一块域外风情的区域。1902 年天津城南海河两岸共辟出 8 个国家的租界。德租界也向西拓展到 4200 亩,形成了德租界的最后范围。但新拓展的区域,德国没有建设,只是着力将沿河地区努力开发。1895 年先将大营门附近的三个小村并迁到西边组成三义庄,并向南规划道路,到 1908 年仅完成了北部道路的规划和建设。修筑的第一条道路是和英租界中街(现解放北路)衔接的威廉街。在 1902—1903 年期间,海河两次裁弯,改变了挂甲寺村的临河位置,并将上下河圈和何庄子连在一起。在这个过程中,将清淤的泥土填高了沿河的地面。德租界当局也对沿河地块做出详细规划,使德租界有了有序而科学的发展。1910 至抗日战争前,是该地区发展最快时期。到 1914 年前该地区的道路走向和建筑布局已基本固定。这种格局在北从开滦胡同(现开封道)南至 14 号路(现琼州道),西到海大道(现大沽路)东临海河的近似梯形地块内,建成二纵多横的棋盘状道路走向。这期间德式建筑有序地建于各方块地区内。这些建筑多以一个别墅式建筑为中心,再辅以若干公寓式建筑,形成德国海外少有的大面积德式风情街区。其中以威廉街(现解放南路)为中轴所有重要租界单位都建于该路两侧,如领事馆、武官处、工部局、德军司令部、学校、医院、电影院、餐馆、俱乐部和官员、商人住宅等。在威廉街与 6 号路

(现浦口道)交口还建有一座10米高,头带钢盔,手持宝剑的卢兰德铜像。德租界离市中心较远,开发晚且规模小,但有自己的特点。即没有商业带如菜市场、百货商场等一般消费场所,也没有洋行和金融机构的门市。其业务门市早已设在英法租界,不便迁回,以免影响传统经营模式。但建有少量娱乐场所。多条不宽但幽静横排的街道直通河边。幢幢小别墅与高大的德国洋槐互相辉映,显得规模不大的小洋楼格外清秀与院落的宁静,这种氛围特别适宜人们休憩。许多达官显贵、下野军阀、政客及逊清的遗老多在此购房或建房,1917年德租界被收回,该区域的建设仍有序地进行,使沿河条条道路向外延伸,域外风情建筑向南向西扩展,20年代达到高峰一直到30年代中期结束。但基本没有突破人民公园以西。

1917年天津四周遭受洪灾,天津当局为保护租界在河西修建了一条贯穿东西的围堤(今围堤道),将全区分成南北二块,北部靠近租界边缘,在天主教崇德堂属地形成新贫民居住区——谦德庄。而在马场道南侧相继建成工商大学及许多风格各异的欧式建筑群。在小刘庄、三义庄等距域外风情区很近的居民区,相继出现多处中西合璧型的庭院也很有特色。但围堤以南各居民点人口迅速增多向外扩展,各居民点四周已成为田地与水坑、坟地、窑地、荒地相间的杂乱地带。但西南方仍是水多、田多的农业区域。

三、工业带的出现到工业区的形成

德国是世界制造业的摇篮,许多世界第一的制造技术多源于他们。这种传统也被他们植入德租界。这使河西成为天津现代工业出现最早的地区。1903年在穆姆路(现徐州道)建成德华印字馆(后改为北洋印字馆）。备有当时世界最先进的海德堡印刷机，是当时中国少有的高水平印刷厂。该厂能油印、铅印、胶印，直到抗日战争前仍为华北著名印刷厂。1908 年 3 月 4 日津浦铁路北段开工。铁路由德国设计修建。全部设备由德国提供，又因当时车站（西站）尚未定址，先从良王庄修起。为卸下从德国水运来的器材，先修建了陈塘庄水码头，再由此修建一条铁路，向西经傅家屯，再折向北至良王庄，这条铁路叫陈良支线，陈良支线实际是天津津浦铁路的第一段。铁路修成后德国器材很便利地运到良王庄进行了干线的建设。这期间，陈塘庄设立了机车修配车间，安装了车、钳、铸、锻、焊等各种设备，并招募了上、下河圈一些工匠做工，诞生了天津第一代有现代技术的工人。1910 年 12 月 14 日用德国材料建成了完全德国风格的津浦天津站（现天津西站）并使用。为解决津浦线的机车维修任务并准备与京奉铁路（现京沈铁路）衔接，将机务段建在陈塘庄显然不行，于是在西沽以东河北新开河，京奉铁路桥处建设永久机车维修车间和津浦天津机务段。1910 年建成。1911 年正式开工，这期间将陈塘庄全部设备和工人迁来。工厂附近有空地，津浦第一代中国司机多在此安家。人多了，房子建成了，就以该地为机车掉头的设施——转盘为名，取名转盘村。该厂是天津第一座现代化机械修造工厂也就是现铁道部天津机车车辆厂的前身。工厂虽然从陈塘庄迁出，但沿河向东，向南到上、下河圈的区域仍是津浦铁路材料场。陈良支线离市中心远而且半径很大，它为天津南部工业区的形成及发展做出巨大贡献。又因铁道以北区域极大，使河西区的发展空间不受纵向分割，独有其他市区没有的区位优势而形成自己规划优势。从德国人在南部沿河最先植入工业，日本紧随其后也在此发展工业，而规模和力度远远超过德国，从已知文献可看出，日本在天津南部构建工业带是早有全盘考虑的。

1898 年，日本在英法租界的西北部也抢得租界。它对中国的侵略有全盘的谋划，野心大大超过了英、法。在《天津日本租界条款》中附带了许多隐蔽的阴谋，一是为扩大租界创造条件，二是将德租界以南小刘庄附近 200 亩地划归日本作为停船码头使用，后来表面虽然交回，但设施一点未交，以后成为日本建立天津南部沿河工业带的基础。1914 年以后，天津民族工业在河西有较快发展。他们为运输及取水排水方便将厂址多选在河边。先后建成裕元和北洋两大纱厂。而三义庄、下瓦房则成为天津地毯业的织造中心。庆生恒成为天津第一家自营出口的地毯厂。但 1931 年以后日本凭借武力在天津进行经济扩张。他们以购股、收买或独资等手段大量兼并或新建企业，形成天津南部沿河工业带，其中有大型造纸、印刷、化工、纺织等企业。

1949 年这些企业回到人民手中，成为天津第一批国营企业，共有 10 家。这些企业是天津现代工业的基础，在天津三年国民经济恢复期间做出了巨大贡献。1952 年天津开始实施第一个五年计划，河西因有工业基础，同河北区被市政府订为工业发展区。并开始筹建陈塘庄、土城两个工业区，有计划地新建、扩建、迁入各门类企业。1957 年初具规模，而后快速发展，共有大中型企业 150 多家，河西区工业的发展门类多而全，最先是纺织业为最，而后发展成冶金、化工、机械、电子、建材、食品、轻工业制造 7 个门类，最后又增加了轧钢、五金线材、机械制造、工具制造、电工器材、电梯制造、半导件元件、服装、皮革、文体、小五金等行业，到 20 世纪 90 年代已有市属企业 544 家，共 20 个门类 100 个行业。许多产品和厂家享誉海内外。此外还有从手工业发展区来的区街工业，到 20 世纪末已有260个厂家,涉及10个行业。到90年代中期,已形成20个行业并形成自己的品牌。工业的快速发展使闲置土地被利用,也使成片农田转变成工业用地,到80年代中期,全区仅剩西部南部还有不成片的农田。全区已成为天津南部门类齐全的工业区域。

四、现代都市风貌的展现

没有铁路和河流纵向分割造成的交通不畅，没有久远的商业带和文化带形成的历史包袱,开阔的地域和20世纪留下的难得的水面,这些区位优势使河西加快了现代都市化的进程。

1952年围绕着工业区而配套的新中国第一批工人住宅建成。它包括西南楼、吴家窑、佟楼3片大约42.57万平方米。1953年天津第一片职工宿舍楼区——尖山片建成。1958年东风里、卫星里建成。已使河西展现生气。而1976年地震后带来的契机又将大营门、三义庄、下瓦房、东楼等5片破旧房屋一扫而光，共建住宅143446.41平方米,1982年又建成小海地住宅区。1986年又将面积1.2平方公里体院北住宅区建成,并带动了体院东、体院南、纪庄子、黑牛城等区域的建设,到1995年底河西西部已成为现代化的新兴城区。

河西区的城市现代化建设从20世纪80年代起步，既有大规模的住宅,也有各具特色的公共建筑。特别是依托干部俱乐部和周围水面建设了天津的迎宾区和大型公众福利设施。如水晶宫饭店、喜来登大酒店、原有的天津宾馆、天津迎宾馆形成的组团,成为天津会务和接待中心。拓宽后的条条大道两侧簇立着日报大厦、凯旋门大厦。有22公顷水面的天塔已成为天津标志性建筑。青少年活动中心、天津博物馆、天津图书大厦成为天津文化繁荣的标志。现在的河西区道路宽阔、大厦林立、绿地均匀，水面和建筑互相辉映，众多高架立交桥腾空而起，不同风格的小区有机地组成一体，原有水面成为亮点，旧貌荡然无存，东部德租界作为域外风格的文化遗产，也融入了现代化的河西区。河西地区经过100多年的发展完成了由水多、田广原生态一跃成为现代化的大都市。

（刊于《河西文史资料选辑》第5辑《海河河西史话》，中国文史出版社，2004年9月）

天津河西老街道形成与发展

人们依据文化认同的心理需求，对自己都有一个空间地域的归属,这就是街道社区。众多街道社区交织在一个大的区域内仍然会有各自的特点和性格，常听一些老天津人带着自豪的口气说："我是某某地的娃娃",这就是天津人的街道社区情结。认真地研究天津河西街道社区的形成与发展,对天津河西长远发展至关重要。河西区是天津市中心城区,是政治文化和商务中心,发展快、经济总量大,大型公建设施集中。这种区位优势来源于它的先天空间优势和后天的社会环境。

一、河西区辖区的形成与发展

中国行政层次的骨干是省和县,中间还有府和道。明朝,天津是武清县和静海县下属的天津卫。从清朝中期到 1927 年天津是直隶省天津县。区本意原是指区域而言,不是行政层次。它作为一级行政级别是在天津中心城区城市化以后。1902 年,天津建立了天津警察厅管理社会。为便于管理,把租界以外的区域划成两部分:中心城区和周边四乡。中心城区被划为东、西、南、北、中五个警区,四乡共设八个警区。这时天津县境内有了区的名称,但是警区不是行政单位。租界有治外法权,由各租界工部局进行社会管理。和天津县仅保持外交联系。1917 年中国因参与第一次世界大战,遂将 1895 年建立的德国租界收回。此区域因界限清楚、四至明确、并有完善的西方城市管理体系,不同于其他地区,且有许多特殊的情况,由此被命名为“特别区”,后称“特别一区”,简称“特一区”,成为天津县内第一个区级的政权机构。特一区设区公署,接管了租界工部局的一切事权。内设秘书处,有华人、洋人秘书数人,管理机要、外交。署内设有总务科、捐务科,另设有稽查长、消防队长及捐务巡查等人。卢篆、黄一欧先后出任区公署主任。1918 年特一区公署的税捐收入为 133295 元(银元),支出为 133769 元(银元)。1928 年天津建立特别市后,特一区和公署全部保留,区公署主任权限甚广,除司法外凡捐务、警务等皆归其管辖。此时河西的其他区域由警察局乡区第二、第五分驻所管理。1934 年天津市辖区内实行政警合一的管理体制,撤销特一区公署,政务由区警察分局取代。1938 年日伪政府鉴于中心城区的扩大遂将六个警察分局增至九个,警区也变为 9 个。河西地区的东南、西南部合并为第六区。1943 年日伪政府全面接管其他租界,将原有的特别区改为普通区,特一区按序改为第十区。1944 年日伪政府为适应战争体制,把天津市整合为八个区。第十区并入第六区。至此,天津市警察局所管辖的第六区奠定了现在河西区的核心部位。1946 年,抗日战争胜利后,天津市政府重新划分行政区域,将全市划为十个行政区。各区成立区公所。5 月，王云奎任第六区区公所行政长官。至此第六区才真正成为河西地区的一级政府。1956 年元旦天津市人民政府将第六区改称为"河西区"。在以后的岁月里，河西区的西部和南部吸纳了一些郊区的土地，面积逐渐增加，但名称一直沿用至今。

二、古老村落变老街

"河西"作为称谓叫响得很晚。旧天津以老城为城市坐标，最先使用的大地名有："城里"和东、西、南、北四个"市"与四个"关"，并派生出其他关联地名。又因老城傍河而建，又有河东、河北的称谓。而河西地区在 1900 年以前还都是沿河村庄和稻田菜地。但这些村庄有名有姓，非常古老。有的早在天津建卫前，它们就已存在很久了。其中小刘庄和挂甲寺最为著名。挂甲寺据传因其唐代征东战争获胜在此祝捷而名。而小刘庄则是有出土文物可佐证的元代村庄。1954 年在浦口桥(今南京路与浦口道交口附近)出土了一块黄溥的墓志，碑文上刻有："奉柩于静海县大直沽河西祖茔之次"。黄溥是卒于 1520 年的天津左卫指挥，是明代天津早期的高级军官。这个墓碑直接证明了小刘庄和大直沽是海河两岸同为一体的区域，在元代是大直沽的一部分，此时的大直沽是天津地区的漕运管理中心和第一个出现的城市行政单元。因此小刘庄是河西地区明代以前的村落，也是河西地区形成与发展的原点。

因土地肥沃、河渠成网、航运便捷，河西地区沿河村庄林立，大都建于明代。清道光二十六年(1846)《津门保甲图说》出版。其中清晰地标注出了现今区域内有八里台、五窑(今吴家窑)、佟家楼、纪家庄、黑牛城、西楼、王家台、后李七庄、南李七庄、大土地庙庄、靳庄子(小靳庄)、东楼庄、梁家庄(园)、小王庄、小刘庄、贺家口、大孙庄、小田庄、土城村、后尖山庄、前尖山庄、宣家楼、杨庄子、陈塘庄、上圈庄、下圈庄、灰堆等,共计28村。1901年海河开始在河西挂甲寺地区第一次裁弯取直，原在河套东岸的挂甲寺村和杨庄子移到海河西岸。因德租界的北部又向西扩张,强迫天津县政府将墙子河内的梁家园、小靳庄、小王庄迁往墙子河以南。三村合村后改称"三义庄"。1900年八国联军入侵天津,1902年德军趁势又将三义庄和桃园村开辟为德租界新区，使三义庄地区成为河西中西文化融汇的最早地区。河西地区以姓氏命名的村庄多以"小"字打头,如"小刘庄""小靳庄""小王庄",但数量很少,这间接地表明它们都是派生出来的村庄。其他村名则明显地展示了河西地区的地形和空间特征。"尖山"是洼淀当中的高台,"河圈"是湾水处的高地,"楼"是建筑,多为水旁、路旁的村庄,"口"直接表明此处是河的出口,城南地势低洼都有围村的土堤,"土城村"因有明显的"土塍"而称之为"土城"。这些明代的村庄到清代已初步发展。这些村庄都形成了河西区的老街区,地名一直沿用至今。它们的分布密度呈现出东北部大于西南部的规律,并在20世纪30年代快速发展。河北省的历次水患使其南部灾民多次流入河西地区。向西南部的腹地栖居又使河西地区形成了许多带"窝铺"的居民点和地名,其数量之大为天津市之首,并在城乡结合部形成了一个大的居民点——"谦德庄"。该地区位于河西地区的边缘地带,行政区划界限模糊,且地价低廉,土地多为天主教献县教区所有,北与天主教校区毗邻,天津权力机构不愿过多干预,形成河西地区的"三不管"。因生活成本低廉,成为底层居民的聚集区。人口增长极快，随之伴生出大众生活带、娱乐带，最后成为河西地区的“江湖世界”。它虽然有些畸形的繁荣，但对底层人民来讲，它却是一个容易生存的空间。为底层劳苦大众提供了衣食住行和吃喝玩乐。形成了河西区商业网点最密集的地区。

在1949年以前，整个河西地区内老街密度、人口密度、社会繁荣程度都呈现出北部成“片”、东部成“线”的格局。西南部仍很空旷。全区土地面积高于其他区域。据1950年统计，河西区共有土地面积29521.81亩，而其中属于外侨所有的土地面积达2977.308亩，占全区土地面积的10.028%。占全市外侨土地总面积的46.26%。这些外侨土地多分布于西南楼一带，由教徒分管，雇佃户耕种，佃户多为献县一带的农民。另外，还建有许多现代化的养鸡场和奶牛场。出现了许多机械排灌的地块。这些土地在解放后收归国有，为河西地区长期保留和发展都市农业做出了贡献。也为1952年以后建设西南楼工人新村和众多工厂宿舍，以及开发西部腹地提供了土地资源。在广阔的土地上纵横分布着许多河流、洼淀和大小不一的水面，形成了都市里的田园风光。如：罗园、新农园、蔡家花园和陶园都是天津历史上有名的景点或娱乐场所。其中吴家窑地区的蔡家花园占地很大，自设排水系统，院内种着法国梧桐和钻天杨。硕大的金鱼在水中游荡，是避暑胜地。到20世纪40年代，佟楼、吴家窑和马场道的南端，仍保留着中西合璧、活水环绕的别墅群和幽静的名人墓地，为在河西区建设公园、绿地、医院、学校、疗养院、宾馆群等公建设施打下良好的基础。至今河西区仍是中心城区水面最多的区域。这也是河西老街道蕴含的另一种地理资源。

三、新街区向腹地发展

河西地区是天津近代工业发源地之一,1886 年即在贺家口创办了天津自来火公司;1903 年建成北洋印字馆,1908 年建成德租界电灯房,1918 年裕元纱厂在小刘庄建成,1921 年北洋纱厂在挂甲寺建成;到 30 年代东方、天津等地毯厂建成;1936 年日本沿海河由北往南建成工业带。这些工厂的出现使周围的居民剧增,使附近村庄快速向外发展,在老厂附近还出现了专门为外地工人建的“北洋工房”等平民居住区。东部、北部多个老街在新中国成立前已连成一片,未来的新街区只能向西、南方向发展。新中国成立后经过三年的国民经济恢复,到 1952 年准备实施第一个五年计划。河西区规划为工业区,大规模工业建设兴起,至 20 世纪 60 年代,已成为天津南部规模最大的工业区。为安置工人家属,自 1952 年起政府投巨资在区内西部大规模建设成片工人新村,并在一些工厂周围建设成片的职工宿舍。西南楼建成 15.73 万平方米、吴家窑地区建成 2.6 万平方米、佟楼地区建成 24.24 万平方米的成排平房宿舍。这些房屋南北朝向,规划整齐,都用段、排称呼。这些新村都由新建的道路包围起来独立成块,块内划成 6 ~ 8 公顷的街坊,并有一块公共绿地。

1958 年天津划归河北省管辖。河北省大批干部及家属进津,为解决住房问题在尖山地区建成三四层楼房为主的建筑区片。以红升、红霞、红星、红光、红山、金星、曙光和光明为里名,俗称八大里。新区片使围堤道以南地区特别整齐靓丽,整片区域仍以尖山代称。在西南楼建成河西地区最大的公交站。全国第一条行驶进口公交车的线路——4路,在河西区开行。它产自匈牙利的布达佩斯,浅黄色铝合金外壳,从西南楼至小王庄,成为连接南北两大工业区的一条耀眼交通线。“文革”前的60年代,是河西区政治、经济、文化和生活稳健发展的时期,商业繁荣,网点众多,河西区人民处于一种生活朴素和便利的时代。电影院、戏院、书场、药铺和卫生院和谐地分布在各个街区。老区片没有大规模的改造,低矮的平房、弯曲的胡同、沿街的铺面和拥挤的居住条件和过于稠密的人口仍然保留着历史的痕迹。但公厕、排污、公园、绿化、美化却在时时进行。一些历史上的名宅名楼、德国风情的街区、沿河码头的风貌,都保持着历史的原貌。客运码头的民主号客轮按时抵达。全区在小白楼、佟楼、下瓦房、东楼等地区形成繁荣的商业带。留在河西地区的俄裔侨民,起士林西餐厅、重庆理发馆、徐州道委托店等店铺,风船牌地毯、玉川居酱菜、桂发祥麻花等名牌,解放南路的北京影院、马场道的干部俱乐部、友谊路的河北宾馆等及保留下来的众多残存的水面,共同组成了河西区的形象和符号。

四、老路、老河结伴发展

河西区现在的路与河都很长,很多,结伴发展。它纵向的骨干道路是大沽路、解放路、友谊路、卫津路等;横向的骨干道路是马场道、绍兴道、围堤道、黑牛城道等;这些道路一般都很长,但走向常与河相伴,并顾及某些大型建筑及设施。这些骨干道路将河西区的东西南北分割成若干个区域。而涵盖在老街道内的窄马路、小道和胡同已在20世纪80年代逐步消失。河西不少道路与河流很有历史,河道因人工开挖,很直。它也决定了以后道路的走向。明清时期各村庄间都有乡间小路,早年水运比重大于陆运。境内最早的大沽路又宽,又长,曾称"海河叠道""海大道""大沽街"。这条海河叠道是在继承北宋军事寨铺哨所间的通道、元朝屯田垦盐活动的不完整道路的基础上,经过明朝大规模屯田,使海河南大堤逐步形成了由卫城通向海口屯田区的大道。清康熙年间,由天津城区往东南至咸水沽,有官商捐助修筑的叠道,长约50余里,为大沽、新城等地与天津唯一通衢。因年久失修,到清雍正时已坍毁损坏。乾隆四年(1739)官员陈宏谋建议重修这条海河叠道。高7尺、顶宽2丈、底宽6丈,其走向即为现在的津沽公路。使它既是一条通衢大道,又是一条抵御洪水的长堤。这个长堤形成的道路既是河西地区的南北骨干道路,又是经济和社会发展的纵轴。它直接拉动了东楼地区的发展。使东楼地区成为河西地区发展最早、最快的区域。在筑路的同时,于乾隆五年(1740)又组织开挖了贺家口至佟楼的引河,后又继续开挖了佟楼至八里台的引河,总长度1336丈。使河西区中部的东、西之间有了一条河流,为全区提供了排水便利,也促进了其北部老街的快速发展。

1745年,何家圈引河开挖,它自西部的波水洼向东经仉黄庄到何家圈入海河,何家圈即现在的河西上、下河圈地区。纵向河流是卫津河,它是一条解决南乡水患的泄洪河。1890年南运河决口,南乡水灾严重,李鸿章遂下令于1891年开挖此河。上口自八里台向南经卫南洼(即波水洼)、水柳殿、秋麦港等洼淀共长50余里。再向东南将诸村庄之间的支河连通,形成一个南乡的泄水水网。在而后的岁月里因修城防形成了壕沟,因灌溉和排污形成了四化河、双林引水河、长泰引水河,再加一些残存的减河,共同构成了河西的水网。这些水网使河西地区排水通畅,很少有低洼积水片,保证了河西区的众多居民片和土城、陈塘庄工业区不被水淹。这些河流的两岸都派生出许多沿河马路。现在它们已成为河西区的景观河道,也使河西地区成为生态景观非常丰富的区域。因河道派生出的道路最典型的是围堤道。

1917 年天津突发大水灾。1918 年直隶警察厅长杨以德为防洪自天津三元村向东南修筑了一条南围堤,直接与海大道衔接。此围堤于 1952 年兴建西南楼工人新村时,将堤埝推平,修成一条渣石路,定名“围堤道”。1954 年改修柏油路面。海河挂甲寺段裁弯取直留下的弯河道填埋后形成小围堤,共同构成河西区东西向的一条主干道——围堤道与小围堤道。围堤道又成为河西地区发展的一个横轴,其北部为老区片,其南部多为新中国成立后发展起来的新区片。1918 年在原起点向南向东又修一条新的围堤,并和 1924 年沿陈唐支线铁路外围的围堤相连,形成一个新的大围堤。这条弧形界限一直控制着河西区的核心地带,将工业区的大部分划在其外,控制着河西区的总体规划,使该地区的路名和街道没有任何老的痕迹。

德租界初建时期道路建设很缓慢,直到 1919 年才见雏形。其纵轴为威廉街,与英法租界衔接。横向多条街道与此街相交形成棋盘型的格局保持至今。德租界的道路多以人名命名,还有一些以建筑物和序号为名。1917 年德租界收回以后改为中国地名。

1953 年河西区为适应工业发展,对骨干道路和连接工业区的道路进行了大规模的整修,还新建了一些道路。如对围堤道路面加高整修,安装路灯;对大沽路进行了拓宽;对陈塘庄工业区、西南楼工人新村、尖山居住区和柳林疗养区的路网进行了新的规划与建设。陆续建成珠江道、尖山路、洪泽路、柳林路等通无轨电车的路段。至20世纪70年代末,全区已有主干道路150多条。这个完整的路网保障了区域内居民生活的便捷，促进了河西经济与社会的发展与繁荣。使全区内的村庄消失,各区片连成有机整体,也为各街道的划分提供了精确的界限。

随着天津城市建设的有序发展和规划的实施，保持交通顺畅的格局被摆在首位,许多道路被拓宽和取直,还有一些不同的道路经过小的位移而对接。许多老街道被改造或消失。河西区部分老街道逐渐消失,但地名、路名多在新貌中保留了痕迹。20世纪60至80年代，西部区域仍有许多菜地和农田，保留下了丰富的土地资源。为河西区在改革开放后城市发展和公建设施的南移提供了宝贵空间。河西区内没有铁路分割,交通顺畅的优势使其地价快速上升,但河西在开发建设的过程中有意保存下德式风貌区,也对老区片的地名和标记做了保护,为研究河西地区的老街道、老社区的变化发展,留下了研究空间。河西区政协长期坚持挖掘整理河西区的历史文化资源,为经济建设服务,为改革开放服务,为建设美丽天津服务。对老街道历史、地理、文化的梳理研究还能为城市建设中的征地、规划、路名地名的制定、街道景观设计提供依据,这对建设美丽天津既有现实价值,又有历史意义,同时还会激发人们知乡、爱乡、建设家乡的美好情感。

(刊于《河西文史资料选辑》第11辑《天津河西老街道》,团结出版社,2014年12月。本文为该书综述)

《天津河西老工厂》综述

扇形的海河水系，在流入渤海前的汇集点上孕育出了天津。在壮阔的历史波涛中天津是中国最先吸纳西方工业文明并形成独特工业文化的城市，丰富多彩的工业文化也是百年中华看天津的重要看点。洋务运动、北洋新政都是以兴办实业为起点的，它的起因虽然有明显的政治功利性，但也培养了一大批最先接受西方工业文明的先驱。他们率先将科学技术引入天津，促进了天津的社会发展与经济繁荣。他们自觉自信地学习和仿效工业文明的优秀成果，使天津成为中国北方最先形成现代工业并逐步取代手工业的城市。现代工业在天津的蓬勃发展才是天津城转变为天津市的重要标志。

现代工业最先驻足海河西岸

19 世纪是西方工业文明的青年时代，科学技术快速推进了社会繁荣和经济进步。1843年中国被迫与英国签订了《中英五口通商章程》,让西方工业文明合法的浸入中华的农耕文明。广州得风气之先,出现了首批掌握工业技术的工匠。1860年天津被迫开埠,遂成为京畿地区吸纳工业文明的首善之区。这些工业文明率先在海河西岸驻足,这是因为海河东岸多为储盐的盐坨分布区,与城里又隔河相阻,而海河西岸河堤以外多坑塘荒地,地价极贱,与城里又畅通无阻。此时的货物运输以水运为主,海河西岸就成了修建码头的理想区域。吸引了最早一批民族实业家在此投资建厂。其代表是:中国第一家机制面粉加工厂——"贻来牟"。贻来牟在紫竹林庙宇以南,轮船招商局码头区域内建成,清光绪四年(1878)十一月二十一日上海《申报》对此进行了报道与点评:"机器制造创于泰西而效行于中国。五年以前,粤东购有织布及轧花机器两架,华人耳目为之一新。天津麦面盛行,今秋又有宁人购来磨面机器一座,在紫竹林招商局下开张磨坊,名曰'贻来牟机器磨坊'……出面极多且面色纯白,与用牛磨者迥然不同,现已远近驰名。"又报其每年可获利六七千两白银。其创办人即为招商局会办朱其昂。

1884年,在与英美租界毗邻的海大道一带,广东人罗三佑创办了德泰铁工厂为船舶、矿业提供修配服务。1886年,以制作小型铁质器具为主的万顺铁工厂也相继出现。这一年汇丰银行买办吴懋鼎相约中外股东购地64亩在河西贺家口建成天津最早的大型火柴厂——天津自来火公司。之所以在这建厂也是因为运输制造火柴用的优质木材便利,到1900年以前海河西岸就已成为天津民族工业最为集中的区域。

德租界的开发与轻纺基地的形成

德国早在 1895 年就获得了 1034 亩的河西租界地，但没有开发，到 1900 年以后又向东向南扩展到 4200 亩租界地。而后市政建设才逐步展开，并切入了德国优势工业。1903 年在穆姆路(现徐州道)建成德华印字馆，后改为北洋印字馆。备有当时世界最先进的海德堡印刷机，是天津印刷技术最先进的印刷厂。它能承担油印、铅印、胶印和印制精美的各种带照片的广告，为天津印刷工业的发展起了引领的作用。此时的德租界已有了经济的初步繁荣，德国人起士林与巴德尔创办了起士林西点铺，而起士林本人曾担任过远洋轮船上的厨师，他做的西点引起了天津中西各界人士的青睐。也是西方食品工业在天津的最早雏形。

1908 年 3 月，津浦铁路北段开工，因起始站尚未定址先从良王庄修起，为卸下德国水运来的铁路器材和机车部件先在沿河陈塘庄修建码头和站场。因此津浦铁路所属的机车修配车间在此落成。建设了车、钳、铸、锻、焊等各种一流设备，而后发展成津浦铁路局附属的机车修配厂——津浦大厂。它是天津第一个大型机械厂。1914 年第一次世界大战期间为天津民族工业发展提供了一次空间。因取水、排水和水运方便，1918 年在小刘庄附近沿河地带建成“裕元纺织股份有限公司”。该厂资本为 560 万元，织布机 1000 台，纺织能力为 75000 纱锭。工人最多时达 6000 人，每年产棉纱 54000 包，棉布 641982 匹。是天津乃至我国北方最大的纺织企业。1921 年在挂甲寺附近又建成“北洋商业第一纺织股份有限公司”。其资本 300 万元，纺织能力 28000 纱锭，工人 1600 人，年产棉纱 20000 包。使河西沿岸成为天津南部纺织工业带。

在1900年以后河西地区又诞生了一个为中国创汇达一个多世纪的地毯工业。先是先农公司在德租界大沽路建立的洗毛厂,用机械洗整羊毛。其西南方又建有武齐洗毛厂。小刘庄、谦德庄、三义庄和马场道以南区域的众多家庭妇女都在家手纺毛线，为地毯工业提供原料。到1916年天津有地毯厂13家,织机398架,而后快速发展。到1926年天津地毯出口已占全国地毯出口额的79.4%,够规模、产量大、质量优的地毯厂绝大部分集中在河西地区。其中有名的是:美资“乾昌地毯厂”是天津最大的地毯厂。它的出现激发了中国民族地毯业的崛起,1926年张庆林在徐州道建成“庆生恒”地毯厂并亲自携带翻译到美国进行商务考察和推销产品。在美期间,与新伙伴瑞海公司签订了4万平方米的地毯合同并吸纳了美国的先进洗、染、织等技术。成为中资化学染色、化学水洗,具有独立出口权的第一家中资地毯厂。其余像仁立地毯厂、东方地毯厂、玉顺永地毯厂、大丰地毯厂、渤海地毯染织厂等众多地毯厂家都集中在河西地区。为以后新中国的地毯工业打下江山,成为中国现代地毯业的摇篮和基地。

1928年以后天津社会形势比较平稳,河西地区工业稳步发展。利津铁厂、同兴利铁厂等十几家小型重工业厂家相继建成。当时所用的车床、电机、锻炉等设备已很先进。而规模更小的机械、铸造、纺织等小工厂在小刘庄以北沿河地带大规模的出现。

日本经济侵华的战略催生了日资在河西大规模建厂

早在1898年日本已在英法租界西北部抢得日租界,但在《天津日本租界条款》附带了许多隐秘的阴谋。一为扩大租界创造条件，二是将德租界以南小刘庄附近200亩地划归日本专用码头用地。遂经中国政府交涉,土地收回但码头设施日本仍然掌控。1931年九一八事变后日本利用中国华北政局混乱之际强行在河西地区兼并中资企业和建立日资企业。1936年收买了裕元纱厂。1936年至1945年在该地区建立了规模大、设备新的工厂22个。其中有华北地区最大的现代化造纸厂——东洋制纸工业株式会社，即后来的天津造纸总厂。维新化学株式会社、上海纺织株式会社天津工场、协和印刷厂、满蒙毛织株式会社天津第一工场、兴亚钢业株式会社等工厂，这些企业利用中国的资源和廉价劳动力掘取大量利润,挤垮了中国的民族工业。

河西区担当了新天津的工业区

抗日战争胜利后，国民政府经济部和资源委员会将日伪财产收为国有。新中国成立后它们都回到人民手中,成为新中国第一批国营企业。从此河西区就依照工业区的规划进行布局和建设。首先是对私营企业的改造与提升,1952年全区有私营工厂900多家,但都规模小、布局分散,自1953年4月开始成批进行私营企业的社会主义改造。到1956年1月份改造完成。其主要代表厂家有:北洋纱厂、新兴钢厂、华北化工厂、惠福木器制造厂、公裕化工厂、联华橡胶厂、大明钢厂、渤海化学厂、仁立蛋厂、仁立毯厂、大成五金机械厂、同华茂铁工厂、美亚织绸厂。到1956年1月14日又将规模极小的216家私营工厂全部实行公私合营。1953年开始实施第一个五年计划，天津市决定在陈塘庄铁路以南及土城一带建设整片的新兴工业区。而后天津市的大批私营企业经合营改造陆续迁入此地。到 1957 年陈塘庄土城工业区已初具规模。1958 年迎来了工业“大跃进”,该地区快速发展,一大批新型的重工业工厂建成。形成了大中型企业为主,门类齐全并附带仓储和铁路入厂的大型工业区。主要有:天津市第四造纸厂、天津感光材料厂、天津无缝钢管厂、天津工具厂、天津焊条厂、天津第二冶金机械厂、天津真美电声器材公司、天津渤海无线电厂、木材二厂和木器三厂等。这个发展历程使河西区成为天津南部工厂最集中、类别最齐全、技术最先进、经济贡献最大的区域之一。这种局面一直持续到 1975 年。在 1975 年天津市做工业布局规划时仍然将河西地区许多土地作为工业预留地。这些工厂生产的重工业产品支撑了天津工业的发展,轻工业产品成为“三北”地区人民乐于消费的优质产品。如:保温瓶、纯棉布和精纺细纱高档府绸;有些是优质军用无线电器材;染料和玛钢件闻名国内外;手工地毯成为国际工艺精品。到 1995 年底,河西区共有市属企业 544 家,20 多个门类,近 100 个行业。而后随着经济体制改革的深入发展,天津工业布局调整,进行战略性东移。再加经济结构的变化和新兴产业的兴起,许多耗能高、污染重的企业被淘汰。许多工厂被关、停、并、转,迁出市区,腾空后的陈塘工业区却迎来了新的机遇。

2008 年,根据《市内六区土地平衡项目试点暂行办法》,此处规划为“陈塘科技文化园”。2009 年更名为“天津陈塘科技商务区”,使其成为河西区重点打造的“八大功能区”之一。商务区总占地面积 2.78 平方公里,由微山路、珠江道、城市景观带、郁江道等合围而成,总规划建筑规模 491 万平方米,平均容积率 3.94,预计总投资将近 400 亿元。在建设中,商务区以“总部基地、北方高技术服务核心区和天津文化传播中心”为产业定位,按照“3+1”发展模式,重点发展高技术服务业、高技术楼宇工业、文化创意产业和总部基地。这是天津中心城区唯一一片较为完整保留下来的升级换代的工业区。

天津河西老工厂、老企业经过一百多年的沧桑,演绎了中国工业化的历程,留给了我们极其丰富的工业遗产。河西是天津工业化的沃土，是天津由港口码头升为繁华都市又进步到工业化城市的历史演绎舞台。梳理、研究河西的工业遗产,触摸这些老工厂、老企业留给我们的人文精神，感受工业文化遗产的魅力是天津河西人独有的骄傲与享受。

(刊于《河西文史资料选辑》第10辑《天津河西老工厂——天津河西工业遗产》,线装书局,2014年1月)

北辰地区在天津发展史上的贡献

位于天津东北部的北辰区，在天津市的城市发展史上有其独特的辉煌。是天津城市繁荣和发展的重要资源。研究这块热土的古今贡献远远没有展开,有许多待解之谜。经过热心史志的方方面面的人士几十年的梳理,愈显研究它、解析它、使用它的当今意义。本人曾在北辰区住过9年,和它感情很深,现谈谈个人的看法。

一、北辰地区的方位为天津市提供了大量的土地资源和城市发展空间。海河是天津发展的主轴,而汇入海河的诸条水系皆从海河西部汇集而入，形成了一个海河上游西有多条河东有多个淀的格局。河北省西北部的文化是随着这些河流进入天津核心区域的。从前人们的行走和运输多以船入津并带来人流、物流、信息流,综合起来就是西河文化流。而其东北部因有浩淼的塌河淀和东南的七里海相连,形成了天津东北部的洼淀亲水文化。西河文化流进入天津是注入式的,而洼淀形成的文化对天津是浸润性的。前者容易形成商业文化，后者容易形成民俗的和宗教文化而更显其朴实性和原生态。天津的妈祖文化只上溯到三岔河口附近，是典型的闽地海洋文化。以北地区大家供奉的娘娘不是闽地的海洋文化，指示方位为东的泰山为发源地的碧霞元君娘娘文化。它沿塌河淀周边一直到汉沽，广泛分布。都称娘娘却本质不同，象征与隐喻有交叉但主要功能不同。前者是庇护海运而兴起，后者则是主人生平安和多子多福的民间信仰。天津东北部地区始终人少地多，水多，易于生存。沿淀的移民许多从七里海以东的俵口移来，其原祖皆来自山西洪洞县。明清两代沿运河漕运形成的村落最后又扩散至塌河淀四周，也证明了村落密度小，易于迁徙的规律。仅塌河淀的水面所占区域留下的土地资源至今仍然是天津市区扩展的最宜地区。因为上面没有村庄，土地转换不涉及拆迁。

二、北辰区为天津孕育出不可替代的名镇，天津的新四区即1928年以后天津市县分立后的天津县地区，有许多名镇，这些名镇的发生、发展历史有许多都早于天津卫，但是在天津众多名镇中以北辰区三大名镇最为著名。在抗日战争以前北辰区的宜兴埠、北仓、天穆三镇的规模、地位、文化都位于前列。三镇的历史涵盖了天津的漕运、民族迁徙、江南移民的北上和市区交通水陆干线的构建都做出过巨大的贡献。而天津南部的城市漕运文化是断线的，因为海上漕运持续时间很短，内河漕运不经过这些村镇，研究北运河的历史北辰区可独领风骚，而北洋新政在天津的兴起，宜兴埠是天津所有名镇中最具内涵的地区。无论其出现的新政人物、新政事物、参与程度都遥遥领先其他各地。它直接影响了新河北的建设与开发，直接孕育了天津最早的一批高等学校。北仓也有许多可圈可点之处。

三、北辰地区为天津保留了大量的原生态文化资源。北辰地区的村落大部分在明代形成,而以山西洪洞县迁来居多。始终保留着吃寒食等山西文化。更特殊的是各村在形成时都以一两户为主(宜兴埠除外),所以风俗习惯有一种最早的原点。再加各村之间在独立小农经济状态下人员很少流动,使文化各自独立。各村的方言和语调都有特点:北边的向武清过渡,东边的向冀东过渡,西南的向市区过渡,而各村基本都有自己的大众娱乐风俗。各种老会、秧歌、高跷历史悠久。北仓的皇会是天津主流皇会的代表。

四、塌河淀的文化博大精深,具有深度开发的重大意义。公元前602年黄河才离开此地。不仅制造了新的陆地,还加厚了地面上的黄土层,使天津平原得以新的开发。黄河和其他河流入海时,和海潮相互作用,将浅水海域的沙嘴和沙坝封闭而形成了许多条形的洼淀和潟湖。塌河大淀就是和七里海连在一起的较小的潟湖。距今已有两千多年了。转眼又过了一千多年,这个大淀连同白沟河再连上海河都成了宋辽对峙的边境防线。水边除去少量的军事寨堡外,没有居民。

一天淀北来了一队辽国的女骑兵,为首的是能文能武的辽国女统帅。她姓萧,名燕燕。都称她萧太后。她当时三十出头,英姿勃发,骑在桃红马上,站立水边向水面望去。只见方圆百里的水面宛如平镜,淀边水草茂盛,气候凉爽。她感叹到,天下竟有如此好的地方,这可比塞上的海子强多了。这里没有山峦的起伏,一马平川,水甜草清,冬天不很冷,夏天不很热,真是天赐的牧马场。遂急忙派人告诉坐镇析津(现北京)的儿子,让他派人在此处为她修建一处行宫。不到一个月行宫修好了。议事处是大小不一的帐篷,中间一座是50人拉手才能围起的中军帐。地铺红毡毯,小帐分布四周。近水处修一宫殿,面水开窗,檐脊上挂满银铃。每当月亮升空,她都面窗而坐，或赏月或吟唱，快活无比。每早都要面窗临水梳洗打扮，水面的微风吹动银铃，带来阵阵响脆的铃声，遂给宫殿起名为“银銮殿”。萧太后着实在这享乐了几年，谁知后来的日子里，发生了几次地震，萧太后也离此而去，银銮殿也就倒塌沉入淀中了。

塌河淀所承载的宋辽传说有历史依据，有地理依据，有文化依据，是一个内涵丰富的、博大精深的文化单元。萧太后的故事是天津宋辽时期历史文化的最具体的传说。塌河淀的得名和这个传说互相辉映。随着城镇化的展开塌河淀周围的村庄大量消失，抢救这些文化仅剩最后一点时间了，作为文化化石应该赶紧抢救性的保存，不要等到北辰区很快现代化后留下文化断层的遗憾。抢救文化是全区各级领导各部门和全体人民的共同责任。

五、北辰区为保市区消弭水患做出了独特的贡献。减轻海河干流上游洪水的压力仅有两策，一是在海河干流西南部开挖减河分流入海；一是拦截上游洪水在北辰区东北部减洪放淤。后者历史最悠久，时间最长，达四五百年，将塌河淀的浩淼水面淤成良田。放淤区从 1932 年首次放淤到 1971 年放淤结束共放淤 22 次，分洪 5 次，淤区地面平均淤高 0.7~1.2 米。因 1971 年永定新河开挖完毕解决了永定河、北运河分导入海，淀北地区只作为超标洪水的蓄洪区。

六、北辰区为新中国的现代化工业做出了巨大的贡献，北辰区京山铁路两侧地势较高，又和京津公路比邻，是建设大型工矿企业的单元区域，早在“一五”期间为衔接日本统治时期在新开河北岸小王庄地区建成的综合工业片，在白庙地区形成了新中国最早一批大型工矿企业聚集区。它聚集了制药、轻工和尖端化工等厂区。在“大跃进”期间北仓地区因地势较高又建成了国内著名的大型工矿企业，如：天津重型机械厂、天津发电设备厂、天津合成化工厂、天津农药厂。它们为国家的现代化做出了巨大的贡献。北辰区提供了全部的土地资源和部分人力资源与社会管理与后勤供给资源。至今形成的京津走廊经济带仍是以前辉煌的再现。

七、多个科技园区为天津市的改革开放提供了参照模式。著名的上市公司天士力、合资企业 LG 及王朝酒业公司与多个科技园区及大量民营实体经济为壮大北辰区的经济实力做出了贡献，也为天津的经济活力提供了资源。北辰是一片热土，在旧中国的革命时期，和新中国的建设时期和改革开放以后的创新时期都有大量可圈可点的精彩篇章。整合其总量大但密度不够的文化资源是文化强区的一个基本共识，也是经济转型期北辰区后续发力的另一个着眼点。

（刊于《北辰史志》总第 2 期，2013 年 10 月）

《天津记忆》:重构着天津的历史地理

人生就是历史,但仅是历史长河的水滴。关注历史是人类的本能,刻意留意历史、分析历史、研究历史是专门历史工作者的神圣职责。但所有情感丰富的民间人士也同样持上述态度而且有更大的意义。因为凡是已过去的事都是历史,历史过程是有因果关系的。从前影响着现在,现在又受着从前的制约。所以社会生活就是最生动而丰满的历史。这就是历史的人民性和本位性。

还原历史的神圣目标要多角度、多方位、多层次才能达到。一本小小的《天津记忆》,从它诞生之日就向这个目标迈出了坚实的步伐,它将专业和民间联在一起。它朴素但厚重,它以开放的胸怀吸纳着所有有价值的历史信息。它艰难地搜寻着残存的历史印痕,它积极主动地补充这历史历程的空白和衔接着断裂的链条。它为所有为社会做出过贡献的人和事甚至小人物树碑立传。它对一些因某些原因而被屏蔽的人和事给予重视,让人们自己去审视去判断。它又给了人们一个广角镜,它让我最为感动的是对地域、对乡土的特殊部位的全景关注。培根说过:“你要了解某一行业都可在历史中找到答案。”现代科学研究方法和科学技术手段与传统历史方法联姻使历史研究插上了翅膀，也使历史研究有了科学思维和精确的推理,从而不仅是只靠文字记载。

历史研究和地理研究联姻，让历史事件有了空间坐标和实感方位。顾颉刚先生 1924 年对初中学生讲授历史时强调,社会的形成必有附着的地盘才得有托迹，又必有环境的驱迫才得以交流变迁并逐渐构成新的境界,地理对历史的影响极大,即地可证史、就史可以证地……

顾颉刚强调了历史地理一起研究的重要性，因为地理是一个民族的先天条件,没有地域条件历史无从谈起,《天津记忆》正是沿着顾先生的思路以天津的地缘特点展开史料的搜集与整理，重构着天津的历史地理,从而解释出许多规律性的东西,不但使人知道了历史,还启发人们认知了地理,更明白了为何发生此事,此事为何在此处发生。

实际上,天津城的四个城角、四个城门、五个开地都是人流物流信息流的交汇之处,都各自有特点、有个性,尤其五个开阔带全是大众的文化带和商业带。

天津旧中心城区的边缘，都因和临区行政划界不清而形成三不管式的江湖世界,它们的分布形成非常有规律,这些规律对我们研究天津民间文化的发生规律有很大指导意义，但大部头的地方史都未涉及这些方面，至今天津地方史都未对细部的地域方化规律有清晰的解读，这恰是因为没有把地域细部特点和文化之间的联系搞清楚。一个市场的出现,一个大型地产商业的建成,一条河的流向和关卡的设立,都可以引发文化和历史的发生发展。

天津是地当九河之津要，路通七省之舟车的畿辅重地，人流物流信息流是如何流向并汇集天津，融合成津派文化，至今历史界仍没有做出满意的回答。但文学界和创意界使用码头文化、“混混儿”文化，甚至有人提出盐文化（不知是何概念）来标记天津文化，这都是用表象代实质、用局部代整体、用管窥代全貌，致使文学故事直接影响了人们对天津历史的认知，把一个伟大、深厚、丰富多彩的首创近代中国许多之最的社会承载力最强的北方大都市低估了。

欣喜的是，《天津记忆》在众多老专家和年青学者鼎力合作下沿着科学、大胆、务实、开放、包容的态度，自觉地修正着天津人的记忆，弥补天津历史研究的不足和不屑顾及的部分，如对南市、对老城里，对影响中国近代中国进程的名人宅邸，甚至甲骨文的发现地都做了卓有成效的整理和挖掘。对在天津历史上做出重要贡献而又因某些原因得不到褒扬的知识分子都进行了史料的系统搜集和整理，直接对天津历史的研究起了补白的作用。

我世居天津，是地道的天津人，对 20 世纪四五十年代保留着的旧天津风貌记忆深刻，当我初次拿到《天津记忆》时，其文图使我备受感动，无论是作者还是编者，都是执着的天津历史研究的建设者，每当读到我熟知的内容，顿觉回到了孩童的时代，引发了我因回忆而产生的记忆幸福。我感谢他们，在这本小刊物里，我看到了文人良知的执着，看到了历史的魅力和文化的顽强，也看到了坚持的困苦与快乐，我也自觉地走进这个群体向他们学习，也有了参与的勇气和信心。

100 期是个吉祥数，是一个“小周天”，它表明新的 100 期又开始了，我希望它的创意者和建设者，更有规划，更有眼光，将这本刊物办得让人刮目相看，但我们绝不满足。历史是一种让人聪明的学科，让众多人聪明起来，是何等神圣的伟大。伟大的事必然艰巨，不管社会何等发达，何等浮华，但总有一些筚路蓝缕的文化人，不受干扰地固守着情操，顽强地为人们提升心灵而美化其心理景观，让人们镇静下来，为和谐社会增加积极的力量。

（刊于《天津记忆》第100期《三年间：百期行旅纪念集》，2011年11月）

海河上游后五公里欧式景观建设之我见

——兼论整体文化景观的叠晕

海河原本是一条典型的本土河流，但从1860年天津开埠后海河逐步成为一条中国北方的国际航运水道。而后,其堤岸和桥梁特别是三座大型铁桥都是海外技术的产物,与之配套的两岸各种功能的建筑都为欧式建筑。各国租界也都是全国少有的多国欧式风格。域外景观丰富多彩是天津整体景观中独特的篇章。保留这些基础景观使其发挥作用和天津的海河开发正好有机衔接并进一步发散出天津文化的多元和开放性。从市相关部门已批准的海河整体开发思路上来看,也体现了这一思路。特别是中心城区的海河上游一主两副三个中心和四个功能区的规划非常科学。三岔河口附近规划为:传统文化商贸区,保留和延续了古老的天津本土文化,而向下推进的三段都呈现出大气、洋气的现代风范。这些区段两岸建筑尤其是旧租界建筑已有凝固的欧化洋气,但后五公里则是空白。如何完成规划要求的“洋气”必须引起我们的关注。必须和已开发区段有机衔接并融为和谐的整体,使其达到整体布局和谐的文化景观。后五公里建设项目的规划必须成熟而稳健,不能草率。可以借鉴以前建设的得失与不足。对“上”它是海河上游的结束，对“下”它是走向滨海的起点。它比西站副中心更显重要，更具有潜力，更具创新空间。绘画上有叠晕法，中心最浓，边缘最淡。文化景观也有叠晕，核心部分最凝重，边缘部分最活泼。最活泼就最有创新能力。所以，这部分的景观建设必须体现创新精神。小白楼的主中心景观密度要大，后五千米的景观单元应该疏朗。使一主两副的景观达到整体叠晕的美学标准。

一、后五公里的价值空间

1. 离市区较远，土地资源充沛，纵横开发空间较大，成本较小。可以使各种项目做足。

2. 原有的水面两岸护坡及原有工业区的设施可以改造利用。

3. 从历史和区位角度考虑它可和原德租界延伸范围衔接，建成欧式景观顺理成章。因其上有德租界，它可以建成一种让各国游人都留恋的建筑景观风貌区。

4. 从现代社会的发展来看，现代人工作节奏快，欧式景观更能满足他们的休闲心理。

5. 欧式冷凉型的景观可降低天津炎热气候的负面作用。

6. 该处建立各种大型会所、休闲娱乐场所。它距市中心的距离最为合适。

二、欧式风格不能是一种泛论，应是具体细部风格的落实

1. 建设何种欧式之我见

为达到规划功能的目的特别是减弱炎热天气带给人们的烦躁

和压抑。建筑景观应以北欧、中欧风格为主,特别突出德式风格(天津德式建筑很少)和英式乡间别墅风格为主的建筑群。色调应以深色为主。建筑群整体不高而稳重,建筑单元间疏朗有距,显示出凝重的氛围。纵深应有小型广场,并配置少量哥特式和巴洛克式建筑使后五公里整体体现出休闲、放松的境界。利于会务和娱乐,降低商业交易场所的噪杂。使之与主中心的区位功能错位,特别体现出中心城区宁静而有绿色林区纵深的一片景观。

2. 种植何种植被之我见

植被能直接反应气候条件,也是地理景观的背景材料。它与建筑景观境界一致, 才能共同增加和谐的美感。才能凸显景观的个性。既然定位为欧式景观,植被必须以欧洲植被类型切入。主体色调应以湿润冷凉的植被为主。应在建筑群内种有高大乔木,使之具有森林纵深的效果。树种以德国洋槐和法国悬铃木为主。灌木应以紫穗槐为主。草皮以深色、较高较软的冷凉型草皮为主。草花以蓝、紫、白为主色调,红、黄为辅色调,以增强本区片宁静凉爽略带神秘探究的感觉。

3. 堤坡建设之我见

堤坡要低缓,要有亲水性,有过渡带。河床外缘距堤坡下端不应超过 50 厘米,在夏季突出亲水性。在秋季有水天一色的感觉。

4. 公共设施之我见

区域内应有开放式的大型露天游泳池, 周边有更衣的小木屋群和鹅卵石的甬道。使之成为一个有天然湖泊的外在感觉。河边应有游船码头,充分利用水面、使用水面和制造水面。

5. 在外环线节点建设大型标志建筑之我见

在大沽南路和外环线交汇处建一大型标志性建筑。其比例应与立交桥相协调,可建成凯旋门式样。

6. 建筑景观的外在形式与内涵技术之我见

后五公里景观建设是新建,是一种建筑文化景观的创造,应充分解放思想。为天津人创造出一种新奇的境界。天津最熟悉的古老景观是三岔口附近的以天后宫、老城为代表的本土文化景观。对它们最熟悉最亲切,但却少了新奇和异样。后五公里已远离传统老城区,堤岸两边原本是村庄,可不受原有基础的束缚。但所强调的欧式风格并不是建设造价昂贵的欧洲古典建筑和文艺复兴式的各种洋古董,而是外观和表现形式要使用高科技高仿真材料表现出古典风貌的装饰效果。其内在结构和材料上则完全使用现在通用的手段和技术。使之实用并降低造价。

后五公里的科学规划是众多专家和各级领导以及全市人民共同参与下完成的,已很成熟和完善。但在具体细部的内涵上并没有划一的规定,还是给民间各界人士留下了探究的空间。精确地设计好细部的空间是落实规划的重要环节。结合自己的学识提出以上陋见敬请批评指正。

(刊于《海河与津沽文化》,2012 年 9 月)

后记

立言是许多草根知识分子的追求和向往，所以我很感谢王振良和问津书院构建的民间学术平台，为我提供了话语和研究的空间。我也感谢天津古籍出版社的远见卓识，为学术成果的出版提供了巨大支撑。我还要衷心感谢所有学界朋友的帮助以及“问津文库”的建设者和参与者。

看到打印的书稿，勾起了我酸甜苦辣的回忆。我脑海中最早的记忆是，三岁时在母亲怀抱里，看到一个手持刺刀的戎装战士，他与母亲打完招呼后匆匆离去。后来知道这是解放天津时的事情。我家原来在南开区，五岁起我在广开华明补习小学上学，七岁转入南开第八小学。后来家搬到河北区，北站、仓联庄、堤头、元纬路我都生活过。

在仓联庄住时，我家是有城市户口的居民，真实地感知了宜兴埠农民在三年困难时期的艰辛岁月。我也结交了为李氏存朴堂看坟地的刘姓一家，从他们的口中知道了李筱楼家的一些轶事。现在我已是古稀老人了,之所以很动情地回忆这些琐碎的事情,是想向读者诉说一下我心中的感慨。

我从小就敏感而多思。十岁时我问及的一个问题是,内蒙古和外蒙古有什么区别?最终给予我明确回答的人,是毕业于日本早稻田大学的中纺七厂厂医邓先生。在小学念书时,我是唯一订阅四种少儿读物的学生。每天傍晚时分,我还爱听当过警察分局长(当时骑加重水管自行车卖菜)的王大爷,讲述旧天津的各种奇闻异事。我从不间断地收听广播里的儿童节目、长篇说唱、科普节目……《西流水的孩子们》欢快的伴奏曲,翟万盛说琴书《伍子胥》时的苍凉声调,艳桂荣西河大鼓《杨家将》的有板有眼,至今仍根植在我的记忆里。关注社会,热爱知识,体味人生百态,特别是经常观察城市三百六十行手艺人和农民仅剩的生存消费的生活习惯,使我的社会认知基础至今也没有枯竭。

初中毕业时,我已被天津师范学校录取,但因为居住地不通邮,面试通知书放在副食店被耽搁了,这使我只能进入高中就读。结果高中毕业,我又因"政治"评语不佳,被取消考取医科大学的资格。于是在十九岁那年,我直接成为一名教师,八个月后"文化大革命"就开始了。教师对"文革"的感知远比学生深刻,二十岁的我就对政治运动有了极深的理解。

而后的岁月,我遇上了一些好的运气——脱产两年系统学习英语,又半脱产系统学习大学水平的物理、化学和生物。因此,我在学校里共教过四门课。我还当过政治师范学校复校后首届毕业生的班主任,教过职教班、课改班等,后来又被天津市警官职业学院聘为兼职教师。在四十一年的教学生涯里,我和很多普通学生及家长成了好朋友。通过他们,我又加深了对社会的认知,逐步形成我对文化现象的个人思考。

我认为,任何一种文化现象的形成,都必须有三个支撑条件,即社会生态、精神生态、自然生态。其中的自然生态,是民族文化形成的先天条件和物质基础,也是我们探究一切文化现象的重要视角。从这样的视角来看问题,远比就事论事来得更深刻,这也使得自然科学和社会科学交汇成为一种必然,并由此形成我的生态文明观。个人生态文明观的逐渐形成,促使我不断从环境空间角度探寻天津文化因子。我特别关注水文地理对天津城市和历史文化发展的作用。我长期担任河北区环境学会副理事长和天津市环境科学学会理事,特别崇尚绿色文化理念。因此我认为:一个尚未真正富足起来的社会,如果消费文化过度发展,很不利于社会稳定;如果不关注生产文化,则不利于培养人们的劳动意识,从而推动社会的实质进步。旧中国的民族资本家以及工人阶级,其实都有着非凡的聪明才智,他们在极其恶劣的空间环境里,仍然支撑起了我们国家的工业文明,使得新中国的工业发展有了基础和两次勃发时期。为了记录这一过程,我不辞辛苦地对天津市的八大工业局进行了走访,对有代表性的大型企业和名牌产品进行了调查,撰写了一些行业史和厂史。

搞历史离不开档案资料。20世纪80年代,各部门各单位的档案还比较容易查阅。为了多摘抄些档案史料,我有一次在有关单位彻夜未归。当时家里四邻都没有电话,妻子不知我出了什么事情,抱着女儿一夜未睡……成果终于一点点显现。1986年,天津市水利志编辑部的宁培芝先生,骑车经过还未通车的盐坨桥,给我送来四十多元的稿费,这抵得上我当时月工资的一半。宁先生对我说:"你是个中学教师,能把金钟河的来龙去脉梳理清楚,很难得。你写说明文的功底不差，但标点符号用得不好。”这是我第一次接受长者和报人对我的教诲。几十年来，我用不多的工资购买了大量旧地图和旧书刊，而全家为支持我的研究写作，也付出了巨大的牺牲——我的书放在什么地方，别人是不能随便动的，有字的纸也不能随便扔，我找资料时全家齐上阵。电脑早已普及到家庭，但我依旧不会使用，所有稿件都是我用笔写好，再由女儿逐字录入。如今每天收发邮件，小外孙也开始帮忙了。

一个人的生活，就是要在平凡中找点作为。我是个天津出生的小人物，更是几代在天津扎根的天津人，对天津故土的乡恋和乡愁，早已注入心田之间。匆匆老境已至，总是愿意回忆过去的社会和生活。我有个坚定的认知，人要想不被社会发展淘汰，就要保持终身学习的姿态以及合理的发展目标、敏锐的社会感知和收放自如的心态。我也会努力地朝这方面调整。我会关注每位天津学人的建树，并从他们的建树中吸取营养。

20 世纪 80 年代开始，我为各种书报刊撰写了不少关于天津历史、地理、文化方面的文章。转眼三十多年过去，这些零散文字能够结集成为《沽文化诠真》，对我来说确实是个极大的告慰，也算是一个小人物对天津历史发展的点滴思考和对沽上文化研究的些须回报。希望各位同仁和读者，对拙作提出真诚的批评和指正。

尹树鹏 2016 年 3 月 22 日于凡平斋

《问津文库》已出书目

（总计 38+2 种）

◎天津记忆

沽帆远影　刘景周著	59.00 元
荏苒芳华：洋楼背后的故事　王振良著	49.00 元
津门书肆记　雷梦辰原著/曹式哲整理	49.00 元
故纸温暖：老天津的广告　由国庆著	28.00 元
沽上文谭　章用秀著	38.00 元
百年留踪：解放桥的前世今生　方博著	39.00 元
南市沧桑　林学奇著	79.00 元
津沽漫记：日本人笔下的天津　万鲁建编译	39.00 元
忆弢盦：来新夏先生纪念文集　焦静宜编	92.00 元
与山河同在：天津抗日杀奸团回忆录　阎伯群编	38.00 元
楮墨留芳：天津文化名人档案　周利成著	30.00 元
布衣大师：允文允武的艺术名家阎道生　阎伯群著	30.00 元
口述津沽：民间语境下的堤头与铃铛阁　张建著	28.00 元

大地史书:地质史上的天津　侯福志著　29.00 元

丹青碎影:严智开与天津市立美术馆　齐珏著　28.00 元

立宪领袖:孙洪伊其人其事　葛培林著　30.00 元

津门开岁:徐天瑞日记解读　王勇则著　58.00 元

水产教育家张元第　张绍祖编著　36.00 元

八年梦魇:抗战时期天津人的生活　郭文杰著　28.00 元

沽文化诠真　尹树鹏著　48.00 元

◎**通俗文学研究集刊**

望云谈屑　张元卿著　39.00 元

还珠楼主前传　倪斯霆著　38.00 元

品报学丛.第一辑　张元卿、顾臻编　38.00 元

云云编:刘云若研究论丛　张元卿编　38.00 元

品报学丛.第二辑　张元卿、顾臻编　32.00 元

◎**三津谭往**

三津谭往.2013　王振良主编　39.00 元

三津谭往.2014　万鲁建编　39.00 元

◎**九河寻真**

九河寻真.2013　王振良主编　59.00 元

九河寻真.2014　万鲁建编　59.00 元

◎**津沽文化研究集刊**

《雷雨》八十年　耿发起等编　55.00 元

陈诵洛年谱　张元卿著　48.00元

碧血英魂:天津市忠烈祠抗日烈士研究　98.00元

◎**津沽名家诗文丛刊**

王南村集　王煐原著/宋健整理　68.00元

严范孙先生古近体诗存稿　严修原著/杨传庆整理　48.00元

星桥诗存　苏之銮原著/曲振明整理　58.00元

退思斋诗文存　陈宝泉原著/郑伟整理　88.00元

◎**津沽笔记史料丛刊**

严修日记(1876—1894)　严修原著/陈鑫整理　138.00元

桑梓纪闻　马鸿翱原著/侯福志整理　42.00元

◎**随艺生活**

方寸芸香:藏书票里的书故事　李云飞编　98.00元

问津书韵:第十三届全国读书年会文集　杜鱼编　78.00元